Marcia Mattos

O Livro da Lua
2003

Como a Lua influencia as decisões do dia-a-dia

SEXTANTE

preparo dos originais
Virginie Leite
Antonio dos Prazeres
revisão
Sérgio Bellinello Soares
projeto gráfico e capa
Studio Creamcrackers
diagramação
FA Editoração Eletrônica Ltda.
Astrólogos Colaboradores
Marcia Costa
Fatima Carneiro Bastos
Guilherme Carvalho
Programador responsável pelos cálculos e tabelas
Genildo Santos de Freitas – Gê
fotolitos
Mergulhar Serviços Editoriais Ltda.
impressão
Lis Gráfica e Editora Ltda.

CIP-BRASIL. CATALOGAÇÃO-NA-FONTE
SINDICATO NACIONAL DOS EDITORES DE LIVROS, RJ.

M392L
Mattos, Marcia
O livro da lua 2003: como a lua influencia as decisões do dia-a-dia
/Marcia Mattos. – Rio de Janeiro : Sextante, 2002
ISBN 85-7542-042-9
1. Astrologia. 2.Lua - Influência sobre o homem.
I. Título.
02-1809. CDD 133.5
CDU 133.5

Editora Sextante (GMT Editores Ltda.)
Av. Nilo Pecanha, 155 • Gr.301 • Centro
20020-100 • Rio de Janeiro • RJ
tel. (21) 2524-6760 • fax (21) 2524-6755
Central de Atendimento: 0800-22-6306 (ligação gratuita)
e-mail: atendimento@esextante.com.br
www.esextante.com.br

Sumário

O Livro da Lua ☾ 2003 — ☾ *para quem* ☾ *para quê* ☾ *modo de usar* — 7

☾ Calendário de 2003 — 9

☾ Previsões dos signos em 2003 — 10

☾ Fases da Lua — ☾ *interpretação (texto na íntegra)* — 27

☾ Lua fora de curso — ☾ *tabela e interpretação* — 32

☾ Eclipses — ☾ *tabela e interpretação* — 35

☾ Mercúrio retrógrado — ☾ *tabela e interpretação* — 35

☾ Planetas retrógrados — ☾ *tabela* — 36

☾ Entrada do Sol nos signos — ☾ *tabela* — 37

☾ Solstício e equinócio — 37

☾ Calendário lunar — ☾ *céu do mês* ☾ *posições diárias da Lua*

☾ *lunações* ☾ *eclipses*

☾ Janeiro — 39
☾ Fevereiro — 65
☾ Março — 89
☾ Abril — 115
☾ Maio — 140
☾ Junho — 167
☾ Julho — 192
☾ Agosto — 217
☾ Setembro — 245
☾ Outubro — 270
☾ Novembro — 297
☾ Dezembro — 323

☾ Bibliografia — 349

O Livro da Lua ☾ 2003

Caro leitor,

O *Livro da Lua* está de cara nova! Este ano, resolvi dar mais destaque às informações sobre as posições e aspectos diários da Lua e as interferências que ela terá sobre nossa vida em 2003. Com essas interpretações à mão, você poderá escolher o melhor dia para fechar um contrato, fazer um jantar romântico e até marcar uma cirurgia. Aqui, você encontrará todas as dicas para organizar seus compromissos de forma a usufruir os aspectos positivos da Lua. Que seja assim na terra como no céu!

A primeira parte do livro foi enxugada, já que a maioria das informações não muda de ano para ano e pode ser consultada tanto nas edições anteriores do *Livro da Lua* quanto no meu site **www.marciamattos.com.br** na Internet. Mantive as seções fixas de maior interesse e, assim, pude fazer uma previsão dos signos caprichada para 2003. Boa sorte!

Para quem

O *Livro da Lua 2003* é um guia de Astrologia que trata do mais popular dos corpos celestes: a Lua. É um material de consultas para leigos. Qualquer pessoa que tenha curiosidade em saber como está o dia segundo as indicações do céu e queira orientar suas decisões a partir dessas informações é um possível usuário deste livro.

Estudiosos, profissionais e amantes de Astrologia encontrarão dados técnicos e interpretações muito úteis para seus estudos e para aplicação em consultas.

Ao contrário da maioria dos livros de Astrologia, que geralmente se baseiam nos signos (solar, lunar, ascendente, etc.) e que são utilizados de forma individual, o *Livro da Lua 2003* bem poderia se chamar “O céu é para todos”.

Este trabalho se baseia na análise e interpretação das posições dos planetas no céu (seção Céu do mês) e dos movimentos da Lua (seção Posições diárias da Lua).

Nesta edição, nos empenhamos em destacar os efeitos das atividades planetárias responsáveis por um *astral* que afeta a todos, coletiva e individualmente.

Para quê

O *Livro da Lua 2003* pode ser usado como uma agenda. Como a esfera de domínio da Lua se estende sobre várias áreas das atividades e do comportamento humano, podemos usá-la como meio de consulta a respeito de inúmeros assuntos:

Fertilidade – partos – nutrição – dietas – estética – saúde – cirurgia – sono – cultivo – humores – emoções – vida sentimental – negócios – vida profissional – público.

Que melhor maneira de planejar nossas vidas senão de acordo com os ritmos e ciclos espontâneos da natureza?

Modo de usar

O *Livro da Lua 2003* é um guia de consulta. Freqüente. Diária.

Na primeira parte, além das previsões dos signos em 2003, encontram-se as seguintes informações *fixas:*

☾ Calendário do ano
☾ Fases da Lua (texto de interpretação na íntegra)
☾ Lua fora de curso (tabela e texto de interpretação)
☾ Movimento retrógrado de Mercúrio (tabela e texto de interpretação)
☾ Movimento retrógrado dos demais planetas (tabela)

Na segunda parte estão relacionadas as informações *móveis*, que variam dia a dia. Aí temos a seção Posições diárias da Lua, com a fase da Lua naquele dia (a interpretação está na primeira parte do livro) e o signo em que ela se encontra. Além disso, são relacionados os aspectos diários da Lua e de outros planetas, com hora de entrada e saída e uma breve interpretação.

Na entrada de cada mês há um calendário lunar mensal, a seção Céu do mês (com a interpretação da posição dos planetas e importantes ocorrências astrológicas, como eclipses, solstícios, etc.) e as interpretações das lunações. No corpo desse calendário-agenda encontram-se também as informações sobre a Lua fora de curso, com hora de entrada e saída (a interpretação está na primeira parte do livro).

Calendário de 2003

JANEIRO

D	S	T	Q	Q	S	S
			1	2	3	4
5	6	7	8	9	10	11
12	13	14	15	16	17	18
19	20	21	22	23	24	25
26	27	28	29	30	31	

FEVEREIRO

D	S	T	Q	Q	S	S
						1
2	3	4	5	6	7	8
9	10	11	12	13	14	15
16	17	18	19	20	21	22
23	24	25	26	27	28	

MARÇO

D	S	T	Q	Q	S	S
						1
2	3	4	5	6	7	8
9	10	11	12	13	14	15
16	17	18	19	20	21	22
23	24	25	26	27	28	29
30	31					

ABRIL

D	S	T	Q	Q	S	S
		1	2	3	4	5
6	7	8	9	10	11	12
13	14	15	16	17	18	19
20	21	22	23	24	25	26
27	28	29	30			

MAIO

D	S	T	Q	Q	S	S
				1	2	3
4	5	6	7	8	9	10
11	12	13	14	15	16	17
18	19	20	21	22	23	24
25	26	27	28	29	30	31

JUNHO

D	S	T	Q	Q	S	S
1	2	3	4	5	6	7
8	9	10	11	12	13	14
15	16	17	18	19	20	21
22	23	24	25	26	27	28
29	30					

JULHO

D	S	T	Q	Q	S	S
		1	2	3	4	5
6	7	8	9	10	11	12
13	14	15	16	17	18	19
20	21	22	23	24	25	26
27	28	29	30	31		

AGOSTO

D	S	T	Q	Q	S	S
					1	2
3	4	5	6	7	8	9
10	11	12	13	14	15	16
17	18	19	20	21	22	23
24	25	26	27	28	29	30
31						

SETEMBRO

D	S	T	Q	Q	S	S
	1	2	3	4	5	6
7	8	9	10	11	12	13
14	15	16	17	18	19	20
21	22	23	24	25	26	27
28	29	30				

OUTUBRO

D	S	T	Q	Q	S	S
			1	2	3	4
5	6	7	8	9	10	11
12	13	14	15	16	17	18
19	20	21	22	23	24	25
26	27	28	29	30	31	

NOVEMBRO

D	S	T	Q	Q	S	S
						1
2	3	4	5	6	7	8
9	10	11	12	13	14	15
16	17	18	19	20	21	22
23	24	25	26	27	28	29
30						

DEZEMBRO

D	S	T	Q	Q	S	S
	1	2	3	4	5	6
7	8	9	10	11	12	13
14	15	16	17	18	19	20
21	22	23	24	25	26	27
28	29	30	31			

Previsões dos signos em 2003

Áries (21 de março a 20 de abril)

Até agosto os arianos serão brindados com os preciosos presentes de Júpiter: abundância, sorte, alegria de viver e bem-estar em geral. Os arianos do segundo decanato serão os mais favorecidos até junho. Em julho e agosto, será a vez dos afortunados arianos do terceiro decanato. Eles receberão os fartos benefícios de algo plantado há quatro anos. Será só colheita! Um momento de avanço. A área do lazer, da diversão e do prazer será um foco importante e de pródigos efeitos na vida dos arianos. É tempo de se divertir e de se dar os merecidos mimos e luxos.

Os romances estão promissores. Para quem está sozinho, está para chegar alguém muito estimulante. Esse novo par será, possivelmente, de terras distantes e uma de suas principais características é a capacidade de se divertir e usufruir a vida. É também um momento muito fértil e propício para engravidar e ter filhos.

Ainda no primeiro semestre, até junho, Saturno, nos últimos graus de Gêmeos, faz os arremates finais para deixar a vida dos arianos toda em ordem. Falamos para os arianos do terceiro decanato.

Esta é uma energia de realização. O que for possível acontecerá agora. É um excelente momento para consolidar a vida profissional e receber o reconhecimento e a avaliação merecidos.

Muitas oportunidades virão do contato com pessoas de seu meio próximo, como indicações, boas referências e sábios conselhos. Cursos, estudos e informações em geral serão um bom trampolim para o acesso a posições profissionais melhores. Documentos emperrados e questões pendentes há muito tempo serão finalmente resolvidos. Transações comerciais serão feitas com bastante critério e segurança. É um bom momento para se pensar em adquirir um imóvel ou comprar um carro.

A partir de junho, o quadro muda de figura. Saturno entra no signo de Câncer e, no decorrer do semestre, como um pai severo, vai "puxar a orelha" dos arianos do primeiro e do segundo decanatos. Conselho: tente não entrar no segundo semestre com pendências. É muito mais árduo resolver assuntos antigos sob a influência de Saturno.

Os arianos serão mais exigidos profissionalmente e terão que fazer um trabalho mais pesado por uma recompensa menor. Quem estiver desempregado terá mais dificuldade para ser recolocado. Quem estiver mal no emprego deverá se esforçar o dobro para manter o cargo. É muito fácil se indispor com chefes e superiores quando se está sob esta desaprovadora influência de Saturno. Será difícil agradá-los: muita exigência e pouco reconhecimento. Para quem já estava insatisfeito com seu trabalho, talvez seja a hora de reorientar a vida profissional.

Essa pressão de Saturno sempre diminui a vitalidade e gera desânimo. Deve-se combater a tendência ao pessimismo e evitar alimentar a frustração. Em vez disso, deve-se fazer um balanço realista e justo das áreas que não estão dando os resultados desejados e se estabelecer um plano consistente de soluções para elas. Saturno é amigo da realidade, do esforço e da perseverança.

Um cuidado maior deve ser tomado com relação a ossos, articulações, pele e dentes, pois há uma predisposição a problemas nessas áreas.

Os arianos do terceiro decanato podem aproveitar até março para fazer algumas alterações significativas em suas vidas, pois Urano lhes traz uma energia positiva de mudança e renovação. O mesmo se dá nos meses de setembro, outubro, novembro e dezembro. Nesse período, os arianos podem dar uma boa guinada em suas vidas, modificando projetos, grupos de amigos e participação em equipe.

Um amigo pode ser a fonte de uma transformação inesperada e muito positiva. Gente nova está trazendo um futuro novo. Nesta fase, as soluções mais criativas no âmbito de qualquer atividade surgirão no trabalho em equipe.

Durante todo o ano os arianos do segundo decanato terão as bênçãos de Netuno, entre elas a ajuda genuína de bons amigos. A vida parecerá estar sendo conduzida por anjos e, sem saber nem como, nem por que, o ariano encontrará os lugares certos e as pessoas certas. Isto é sinal de sintonia. Às vezes, o auxílio virá de pessoas desconhecidas ou por puro acaso – uma prova de fé e de que as circunstâncias conspiram a nosso favor.

Mais uma vez, o trabalho em equipe e a participação em projetos que dependam de um esforço comum e não individual renderão os melhores frutos. Os arianos terão motivos de sobra para renovar suas esperanças. Plutão, com força total, promete devolver aos arianos do terceiro decanato muito do brilho que eventualmente tenham perdido. É hora de tirar da gaveta projetos que estavam esquecidos. Esta é uma energia de resgate. Muitas oportunidades retornam, e pessoas importantes que estavam afastadas são reencontradas e retomam outra vez seu lugar de destaque.

Mas é no final do ano – em dezembro –, quando Marte entra em seu próprio signo, Áries, que eles irão ver sua capacidade de conquista realmente comprovada. Quase não há o que queiram que não consigam. A partir de então, por dois anos irão colher os frutos dos projetos que começarem aqui. Um interessante e estimulante relacionamento deve entrar em sua vida de uma maneira tão explícita e franca que não há como se opor a ele. Boa sorte!

Por falar em relacionamento, os melhores meses inspirados por Afrodite, a deusa do amor, são: janeiro, março, fim de abril até meados de maio, meados de junho até início de julho, agosto até o dia 20, meados de setembro até o começo de outubro, novembro e final de dezembro. Os piores meses para os romances são: fevereiro, julho, dezembro.

Touro (21 de abril a 21 de maio)

Várias influências planetárias se reúnem para tornar a vida dos taurinos promissora e bem interessante no segundo semestre. Dois eclipses marcam profundamente a vida dos nascidos neste signo de terra.

O primeiro acontece em maio e vai influenciar a vida, principalmente, de quem faz aniversário perto do dia 16 desse mês. Apesar de conservadores e de gostarem das coisas como estão, eles serão forçados a olhar a vida de uma nova maneira e de encarar um futuro diferente. Hábitos, apegos e experiências baseados em comportamentos já conhecidos devem ser abandonados para dar vez a novas direções. O que não aconteceu até agora e era apenas uma mera intenção pode surpreendê-los. Algo inesperado deve emergir com força total e se realizar num futuro muito próximo. Coragem taurinos!

O segundo eclipse que afeta a vida desse estável signo de terra ocorre em 9 de novembro e, mais uma vez, os taurinos têm uma chance espetacular de dar um salto. O futuro é aqui. Bye bye, passado!

Com isso, algo de extraordinário e transformador deve acontecer em suas vidas. Nos primeiros seis meses, Júpiter desarmoniza trazendo-lhes um excesso de expectativa e de otimismo que não vingam na medida esperada. Algumas coisas boas acontecem, mas pequenas e frustrantes aos olhos de quem queria muito mais. É preciso evitar a tendência de se querer muito sem fazer o esforço necessário. Afinal, *moleza* já é com o taurino mesmo.

A facilidade dos taurinos para engordar deve ser combatida pois Júpiter sempre acrescenta uns cinco quilos a mais – sem nenhuma cerimônia.

Os taurinos também poderão se ver envolvidos com muitos projetos ao mesmo tempo e todos de grande porte, o que acaba consumindo energia e dificultando sua realização. Por isso, é preciso parar e pensar: "Tudo ao mesmo tempo não dá!" É melhor fazer uma coisa de cada vez.

No segundo semestre, Júpiter – agora harmonizado – está disposto a lhes oferecer as mais ricas colheitas, principalmente de projetos implantados há quatro anos. Este será um período de fartura, de prosperidade e de muita sorte. É um bom momento para se divertir, viajar e curtir as boas coisas da vida com folga e serenidade. Será também um período de ótimo relacionamento com os filhos e favorável para quem quer engravidar.

Amores e romances devem chegar na vida dos taurinos trazendo uma dose extra de alegria e aventura. Tudo de bom! Tudo para o segundo semestre!

Também nesta segunda metade do ano, Saturno chega para colocar um pouco de ordem e dar segurança à vida dos taurinos do primeiro e segundo decanatos. Realização, projeção, reconhecimento e promoção são possibilidades praticamente garantidas na área profissional. Eficientes, produtivos e concentrados, os taurinos conseguirão realizar muito e poderão estar construindo uma sólida estabilidade para o futuro. Quem estiver pensando em sossegar, se estabilizar, casar e formar família terá as bênçãos de Saturno no segundo semestre.

Já os três primeiros meses do ano estão de cabeça para baixo para os taurinos do terceiro decanato. É o dedo de Urano, revirando a vida dos pacatos taurinos. Tudo sairá do eixo e mudanças serão inevitáveis mesmo para esse previsível filho da terra. Cortes, rupturas e afastamentos totalmente inesperados devem ocorrer, obrigando os nativos deste signo a criar alternativas, mudar de rumo e fazer alterações significativas em suas vidas. Quer na área familiar, profissional ou afetiva.

Os taurinos devem observar uma predisposição a riscos de acidentes e dar mais atenção à circulação e ao coração – áreas prováveis de desequilíbrio para a saúde.

Todo este quadro volta a perturbar a vida dos taurinos do terceiro decanato, nos meses de setembro a dezembro. Em compensação, a partir de março até setembro, os taurinos do primeiro decanato terão motivo de júbilo com a presença harmoniosa de Urano lhes trazendo as mais deliciosas e improváveis surpresas. Podem mudar de casa, de emprego, de chefe, de par... tudo para melhor e sem traumas maiores. A vida lhes oferece uma janela aberta para novas paisagens e muito ar fresco.

Netuno perturba a vida dos taurinos do segundo decanato por todo o ano de 2003, causando-lhes uma sensação de desorientação, incerteza e indefinição tornando muito difícil focar a atenção num objetivo determinado. Tudo parecerá vago e fora de forma. Às vezes, até mesmo sem sentido. Em alguns momentos, eles poderão ser dominados por uma vontade de não fazer nada ou só fazer o indispensável. Essa queda de energia, além de prejudicar a vida profissional, pode ser indício de alguns problemas de saúde, que está mais debilitada. Esquecimentos, distração e *brancos* são comuns quando se está sob a difusa influência de Netuno.

Mesmo os práticos e realistas taurinos poderão se deixar enganar e poderão ser persuadidos a fazer maus negócios ou a se relacionar com pessoas que não lhes são benéficas. É melhor evitar negócios e intimidades com quem se conhece pouco.

Vênus – regente de Touro e protetora do amor e dos romances – estará cuidando da vida afetiva dos taurinos nos seguintes meses: fevereiro, abril até dia 20, meados de maio até 10 de junho, julho, final de agosto até meados de setembro, outubro e dezembro. Em compensação, nos meses de março, agosto e no final de dezembro, os taurinos não terão a proteção dessa *deusa*.

Gêmeos (22 de maio a 21 de junho)

O ano de 2003 continua agitado para os geminianos. Aliás, nos últimos dois, eles têm sido bravamente desafiados pela difícil oposição entre Saturno e Plutão. Transformação forçada e alguma redução do padrão de vida foram os temas que marcaram este difícil período na vida dos geminianos. Dois eclipses mantêm este clima de desafio e alguma tensão para esses já inquietos filhos do ar. O primeiro no dia 31 de maio e o segundo em 23 de novembro.

Os geminianos que aniversariam por volta de 21 a 23 de maio ou no final deste mês e início de junho são os mais afetados. E como serão afetados? Primeiro, como se trata de um eclipse solar, eles devem cuidar com carinho da sua vitalidade para não prejudicar a saúde. Depois, devem ser cuidadosos para não tomar decisões significativas nem forçar a barra em nenhuma área, pois não estão vendo as coisas sob uma perspectiva panorâmica e objetiva. Falta clareza e capacidade de julgamento.

Finalmente, é bem provável que alguém muito importante no passado volte a fazer parte de suas vidas. Algum precioso tesouro enterrado nas águas do passado deve ser resgatado.

Temos também algumas boas notícias para os geminianos: Júpiter no pródigo signo de Leão até agosto dá um empurrão e promete bastante abertura para os projetos geminianos. É hora de tirar proveito daquilo que o geminiano mais sabe fazer: circular, se comunicar, se informar, estudar e se relacionar com as pessoas de seu convívio. Fale com todo mundo, informe às pessoas do que você precisa... Alguém será portador de boas soluções.

É bem provável que uma boa oportunidade de trabalho ou de relacionamento esteja em cidades próximas e não exatamente onde os geminianos moram.

Saturno – finalmente – abandona os geminianos em junho deste ano. Até lá os nascidos no terceiro decanato deste signo ainda sofrerão as duras cobranças do exigente mestre. O que Saturno quer com eles? Que caíam na real, amadureçam, assumam seus compromissos e responsabilidades. Que aprendam que as circunstâncias por que estamos passando não são conseqüência apenas do dedo severo do destino... Muitas vezes são resultado de comportamentos passados inadequados ou negligentes. Saturno sempre nos faz cobrança de responsabilidade sobre nossos atos. Isso é amadurecer.

Qualquer projeto que esteja em andamento ou em fase de implantação só dará certo se for realizado com esforço, determinação, bom planejamento e seriedade. Os geminianos poderão realizar muitas coisas se seguirem esta trilha. A vida profissional deles está em xeque. Devem redobrar a competência e a qualificação a fim de manter sua posição ou conseguir reconhecimento.

Também devem poupar energia e cuidar dos ossos, articulação, coluna, dentes e vista. Uma certa sensação de isolamento, baixa auto-estima e uma tendência ao pessimismo devem ser combatidas com estratégia e inteligência para não deixar de criar as oportunidades que, num futuro muito próximo, serão imensamente gratificantes. O momento pode parecer difícil, porém é mais produtivo do que supõem. O que for construído agora não ruirá jamais. O que for retirado é porque não servia para mais nada.

Urano faz sua última passagem pelos últimos graus do signo de Aquário e, nos meses de janeiro, fevereiro, setembro, outubro e novembro, dá uma agradável sacudida na vida dos geminianos do terceiro decanato. Mudanças que foram tentadas previamente sem sucesso ocorrem agora com uma facilidade surpreendente. A mulher geminiana, nesses meses, pode aguardar a chegada inesperada de um homem interessante, inteligente e bem estimulante. A vida está plena de novidades e de caminhos alternativos. Uma atividade ou emprego novo dará vazão à imensa criatividade dos geminianos.

Em compensação, a turma do primeiro decanato sofrerá alguns impactos e redirecionamentos de vida graças a uma influência eletrizante de Urano, entre março e meados de setembro. Planos são desfeitos e mudanças significativas são impostas. É também um daqueles momentos em que se pensa em mudar de cidade, ir para longe, deixar o emprego, começar outra atividade, terminar um relacionamento e partir para outro. Nada disso é impossível quando é o imprevisível Urano quem está dando as cartas. Ter um cuidado maior com acidentes e com a circulação e o coração é um bom conselho.

Os geminianos do segundo decanato são agraciados pela abençoada presença de Netuno durante todo o ano. Vai lhes parecer que um fio invisível tecido pela Providência está conduzindo suas vidas. Um homem romântico, sensível e de alma refinada deve estar se aproximando da mulher geminiana deste decanato.

O segundo e terceiro decanatos de gêmeos estão sob forte pressão de Plutão. Transformações inigualáveis estão para ocorrer. Algo que fazia parte da vida dos geminianos desses decanatos está definitivamente encerrado: um modo de ser ou de pensar, um relacionamento, uma visão de mundo, um ramo de atividade. A vida agora é outra: cheia de recomeços, resgates e renascimentos. Esqueçam as perdas e mirem apenas nas novas sementes plenas de seiva e promessa que estão germinando agora.

Marte abre o ano no signo de Sagitário – seu signo oposto – forçando-os a agir logo de saída e não esmorecer na luta. O ano começa na batalha. Até início de março.

Os melhores meses para o amor são: janeiro, março, final de abril até meados de maio, junho, agosto até a última semana, meados de setembro até meados de outubro, novembro e final de dezembro. Os meses menos promissores para sedução e romance são: abril, final de agosto a meados de setembro.

CÂNCER (22 de junho a 23 de julho)

O ano de 2003 será muito mais importante para os cancerianos a partir do segundo semestre. A primeira metade do ano não oferece nem grandes desafios, nem grandes promessas. De qualquer maneira, os primeiros meses serão proveitosos na vida material. Há dinheiro à vista e uma boa entrada de receita, resultado de espetaculares plantios feitos em 2002. Os cancerianos terão também meios para executar planos que foram até então adiados.

No segundo semestre, um agradável apoio de Júpiter, já no signo de Virgem, amplia a vida social desses geralmente caseiros e intimistas cancerianos. Propostas oriundas de outras cidades representarão excelentes benefícios. O que fizerem será conhecido e bem recebido em áreas geograficamente distantes. Excelente momento para divulgar o trabalho, difundir idéias ou concluir cursos, se informar e praticar toda forma de comunicação. Compra, venda e marketing estarão trazendo bons lucros.

Papéis, contratos e documentos que poderiam ser fonte de problema ou preocupação serão desembaraçados com êxito. Saturno entra no signo de Câncer no dia 4 de junho e aí permanece até julho de 2005. Serão dois anos cruciais na vida desses emotivos filhos da água. É um daqueles momentos onde se recebe prêmios por realizações bem-feitas ou recriminações por projetos que foram mal trabalhados.

Há mais ou menos 14 anos, os cancerianos deram partida em algum projeto de importância crucial em suas vidas. Principalmente na área profissional. Agora, será o momento ou de colher frutos desse longo empreendimento ou de avaliar se os resultados são suficientemente satisfatórios para se continuar o esforço. Só o que valer a pena e for produtivo continuará de pé. O que não tiver dando retorno é sinal de que ou não está sendo bem-feito ou não era mesmo uma área para se insistir.

Atenção, cancerianos: resolvam todas as suas pendências, tarefas e obrigações até meados de 2003. Não se entra em ciclo de Saturno com problemas crônicos para se resolver. Eles se tornam fardos ainda maiores. Outra dica: não comecem negócios ou atividades paralelas. Concentrem-se em seus objetivos principais que já estão em andamento. Só comecem algo novo depois de ter concluído a etapa anterior. Qualquer aspecto da vida – material, doméstica, afetiva, familiar – que não esteja funcionando mais poderá ser simplesmente banido. Uma baixa de energia e cansaço freqüente podem prejudicar a saúde. Será um momento de poupar energia e não desperdiçá-la.

Os românticos cancerianos terão suas melhores chances amorosas nas duas primeiras semanas de janeiro, em fevereiro, final de março até meados de abril, meados de maio até meados de junho, julho, final de agosto até meados de setembro, segunda metade de outubro e dezembro. Os meses mais contrários à satisfação amorosa são: final de abril até meados de maio, meados de setembro até meados de outubro.

LEÃO (24 julho a 23 de agosto)

Parabéns, leoninos! O ano de 2003 será um período agradável, próspero e de visíveis avanços. A sorte estará do lado de vocês, tornando todas as peripécias em que se envolverem em chances de sucesso. Como o vento sopra a favor, é hora de pôr as caravelas no mar, pois novos continentes estão para ser conquistados. É bem possível que venham de longe – das regiões mais distantes do país, ou até de fora – as melhores oportunidades.

Para os leoninos que gostam de viajar, este ano despertará mais do que nunca o desejo de conhecer terras distantes. Nada de voltar aos lugares de sempre. O momento é de explorar o desconhecido. Quanto mais puderem plantar agora e quanto mais áreas fertilizarem, mais próspera será a colheita dentro de no máximo dois anos. O território leonino só esteve tão fértil há doze anos. Tudo isto se passará na primeira metade do ano. Aproveitem!

Também nessa metade do ano, os leoninos do terceiro decanato se verão aquinhoados pela dádiva de Saturno, consolidando seus projetos e lhes dando um alicerce seguro para o futuro. Planos que pensavam executar só daqui a alguns anos serão viáveis agora. Todos os tipos de investimento para garantir um futuro mais estável devem ser implantados este ano: poupança, casa própria, seguro, aposentadoria, ou qualquer outro investimento para renda futura. É Saturno quem nos alerta que o futuro é planejável.

Trabalhos e projetos comuns com amigos de longa data, todos com chances de sucesso. Aliás, o valor da amizade – principalmente dos amigos antigos – será comprovado. Que bom ter amizades assim! Os leoninos descobrirão que parte da estrutura sólida de suas vidas vem desses companheiros de sempre. Fase boa para se comprar casa, quitar imóvel, construir, fazer obras.

O último decanato deste entusiástico signo do fogo ainda está sob as últimas provocações de Urano nos dois primeiros meses do ano e nos três últimos. Alguma instabilidade, mudanças e alterações de rumos podem ocorrer. Rompimentos inesperados são sempre prováveis sob a batuta de Urano. Tudo que estiver muito igualzinho, repetitivo e sem novidade há algum tempo será alvo deste irreverente planeta que adora agitar águas paradas. As mulheres leoninas neste período poderão conhecer um homem tão incomum e em circunstâncias tão diferentes que não terão nem tempo de resistir a este inesperado invasor. A vida afinal, de quando em vez, pode ser diferente. Para quem sofre de problemas circulatórios, cardíacos e vasculares, o cuidado deve ser maior.

Netuno também dá as graças e perturba as águas dos leoninos do segundo decanato. Ao longo do ano de 2003, todo o cuidado é pouco. "Nem tudo o que parece é", "As aparências enganam", "Nem tudo o que reluz é ouro" devem ser recitados como um mantra por esses normalmente crédulos leoninos. Netuno é o rei dos enganos e dos disfarces. Muitas vezes nos conduz a caminhos e escolhas que superficialmente parecem de sonho, mas que sempre escondem uma armadilha. Uma desilusão. Isso se aplica aos assuntos do bolso e aos do coração. Desconfie de qualquer coisa que pareça perfeita demais. É aí que mora o engano.

A saúde pode estar debilitada pela influência deste planeta que sempre subtrai um pouco do vigor físico. É bom reforçar o sistema imunológico para evitar gripes e infecções, que serão mais constantes. Os leoninos também não devem estranhar se se sentirem em alguns momentos mais indolentes e sem vontade de fazer nada. É comum um sentimento mais letárgico e contemplativo quando se está sob a influência deste vaporoso planeta. Se a vida não estiver um pouco encantada, os leoninos poderão se sentir desinteressados pelas atividades mais corriqueiras. Cuidado ao se apaixonarem para que não sejam levados pelo que estão sentindo, e não pela pessoa em si. Os mesmos leoninos do segundo decanato e agora também os dos terceiro têm um grande aliado em 2003: Plutão – com sua imensa força regeneradora. Com ela, não há o que queiram que não consigam. Plutão é uma energia de poder. Potência!

Engenhosos, os leoninos conseguiram criar saídas para os mais obscuros problemas. Qualquer questão de saúde – inclusive cirúrgica – pode ser superada pela influência regeneradora de Plutão. Boa ocasião para relacionamentos com os filhos e até para uma reaproximação, se andavam um pouco afastados. É também um bom momento para gravidez.

Os melhores momentos para o amor, graças ao charme de Vênus que aumenta o magnetismo dos leoninos, são janeiro, março, final de abril até meados de maio, meados de junho até meados de julho, agosto, meados de setembro a meados de outubro, novembro e final de dezembro. Os meses de baixa são meados de maio a meados de junho, final de agosto a meados de setembro, meados de outubro até meados de novembro.

Virgem (24 agosto a 23 de setembro)

O ano começa realmente para os virginianos no segundo semestre. Esse período será tão agradável – graças à exuberante presença do pródigo Júpiter em seu signo – que se esquecerão das pressões dos últimos dois anos. Além disso, Saturno, depois de passar um bom tempo lhes dando um enorme trabalho, muda de signo em junho e resolve lhes proporcionar sólidas recompensas.

O primeiro semestre no entanto ainda é marcado por alguns sacrifícios. É o próprio Saturno que nos cinco primeiros meses coloca tantos obstáculos que fica muito difícil e demorado cumprir mesmo as pequenas obrigações. Grande parte da pressão virá da área profissional, onde estão sendo duramente exigidos e sabatinados para conseguir manter a posição que já conquistaram. Não é hora de relaxar no trabalho, pedir aumento ou esperar regalias. Essa é a hora de investir, mostrar serviço e fazer tudo com uma competência exemplar. Só o básico não serve para Saturno. Em compensação, se estiverem muito insatisfeitos com a atividade atual e com a sensação de que não é bem isso que querem da vida, essa é a melhor hora para mudar de direção profissional. O que não deu resultados até agora talvez deva ser abandonado.

Todo cuidado é pouco com ossos, articulação, vista e dentes. Um pouco de desânimo e cansaço são comuns sob a influência de Saturno. Mas não se deixe paralisar por eles. Todas essas influências serão muito mais fortes para os virginianos do terceiro decanato. Mas Júpiter irá compensar todas essas provações no segundo semestre. Alegria, otimismo, sorte, prosperidade, abundância voltam a colorir a vida desses laboriosos filhos da terra. Um ciclo que só se repete de doze em doze anos vem dar um grande impulso de crescimento e apontar horizontes muito mais amplos para os virginianos. Crescer, expandir, prosperar e avançar limites será a dádiva que Júpiter lhes reserva. Não é para pensar pequeno, e sim para agarrar todas as chances que a vida oferece.

Saturno também na segunda metade do ano – agora já no signo de Câncer – tranqüiliza esses trabalhadores virginianos e lhes concede um dos seus objetivos mais sonhados: uma vida organizada, estável, segura e – melhor – com bases sólidas. Poderão adquirir imóvel, quitar débitos, planejar melhor a renda, depositar quantias regulares em poupança e assim garantir um futuro mais sereno. O básico está assegurado por muito tempo. Isso lhes trará uma calma há muito buscada.

Entre março e setembro será a vez de Urano trazer um inquietante alvoroço para os virginianos do primeiro decanato. Mudanças que não estavam planejadas – como gostam os sistemáticos virginianos – lhes pegam de surpresa. Mudança de casa, de cidade, de ambiente e de trabalho criarão uma certa turbulência e clima de instabilidade na vida deles. Algo ou alguém que já estava muito desgastado será simplesmente afastado. É hora do novo. De modificar a aparência, alterar o visual, mudar a casa, buscar novos amigos, ter novos interesses – mudar a cara da vida. É isto que devem fazer!

Mas os relacionamentos serão os responsáveis pelas mais espetaculares mudanças para os virginianos. Uma relação antiga e desgastada dificilmente sobreviverá aos ventos renovadores de Urano. Em compensação, um eletrizante e inesperado romance está a caminho. E, então, tudo será diferente: a própria pessoa, o outro, o sentimento, a relação.

Os virginianos do segundo e do terceiro decanatos terão uma conversa desafiadora com Plutão. É melhor escutá-lo. Este poderoso planeta exige transformação. E transformação exige desapego de uma situação anterior para que novas formas de vida tenham vez.

De junho até dezembro, Marte – no seu signo oposto – provoca os virginianos e lhes impõe um ritmo de ação mais acelerado e agressivo, se quiserem vencer seus concorrentes. Os virginianos terão a sensação de enfrentar um adversário espertinho para tudo que quiserem fazer. Não é hora portanto de fazer corpo mole para não ceder espaço.

A vida amorosa dos virginianos em 2003 tem os seus melhores momentos no início de janeiro, em fevereiro, final de março até meados de abril, meados de maio até início de junho, julho, final de agosto até meados de setembro, outubro e dezembro. Os meses menos atraentes para o amor são: meados de janeiro até início de fevereiro, meados de junho até início de julho e novembro.

Libra (24 setembro a 23 de outubro)

Desde meados do ano passado, Júpiter vem garantindo aos librianos um período bastante benéfico e fluente. Esse clima de facilidade se estende até o final de agosto de 2003. Há uma nítida predominância de bons acontecimentos. Mesmo as adversidades que eventualmente surjam, serão abrandadas por esse benevolente planeta. Ou é o próprio espírito otimista com que os librianos vêm conduzindo a vida que lhes faz parecer que as frustrações não são tão importantes assim. É hora de pensar grande e de se envolver com projetos à altura de suas reais ambições. Não irão faltar recursos, disposição nem ajuda.

Saturno ainda protege os librianos do último decanato até junho de 2003. Qualquer pendência ou assunto inacabado deve ser concluído – sem resíduos – até meados de junho. A partir daí, Saturno entra no signo de Câncer e passa a botar algumas pedrinhas no sapato dos librianos. É muito mais difícil caminhar assim.

Mas até lá estão num período extraordinariamente produtivo. Eficientes, concentrados e usando muito bem o tempo, eles conseguem realizar mesmo as tarefas mais prolongadas e árduas.

As áreas mais favorecidas são os estudos, os cursos, a aquisição de conhecimentos e todas as formas de exames e concursos. A mente está disciplinada e capacitada. Se falta alguma lacuna no conhecimento é hora de procurar preenchê-la. Muito do sucesso e do reconhecimento profissional virão neste momento de mais informação, cultura e aprendizado.

Logo em seguida, a partir de junho de 2003 até julho de 2005, Saturno marca sua presença no signo de Câncer e traz pesados desafios para os librianos. Estes são tempos de provações. Os librianos são postos à prova para ver se estão no caminho certo. E se estão se empenhando na direção que trará os resultados desejados. Saturno odeia esforços em vão. Não tem nada mais honroso do que perseverar – apesar das dificuldades – em conquistas viáveis. Não tem nada mais inútil do que insistir em alvos que não se alcança. Este é o momento de prestar contas e avaliar com realismo o que vale a pena. É a vida profissional que sofrerá os maiores testes. Nesta área, terão que provar que são tão bons quanto querem parecer. Serão avaliados pelo que estão fazendo e pelo que fizeram nos últimos anos. Neste momento, o currículo é considerado e realizações passadas ganham uma extraordinária evidência. Esta influência está particularmente marcante para os librianos do primeiro e do segundo decanatos.

Urano será responsável por um bafejo de renovação e de um sem-número de acontecimentos surpreendentes para os librianos do último decanato até março de 2003 e depois de novo entre setembro e dezembro. Romances inesperados, considerados até mesmo improváveis, entram na vida dos librianos e os levam para caminhos inusitados. "Quem diria? Nunca pensei!", é o mínimo que eles poderão dizer desta virada em sua vida afetiva. Um filho também – vindo de uma maneira inesperada – será responsável por uma alegria e vitalidade incomparáveis.

Netuno também contribui para a descoberta de talentos ocultos. Só que agora será a vez dos librianos do segundo decanato. É hora de viver a vida com arte. Um novo amor, desses bem românticos, inspirados e idílicos, vai envolvê-los de uma maneira tão completa, que se sentirão gratos só pela sua capacidade de sentir um amor tão profundo. O amor eleva as pessoas. É isso que descobrirão.

Além disso, os librianos do terceiro decanato serão beneficiados pela influência harmônica de Plutão. Amigos do passado serão reencontrados, trazendo uma força de reconstrução muito grande. Eles lhes mostrarão quem eram, que sonhos tinham e que qualidades possuíam. Tudo para colocá-los de volta em seu verdadeiro caminho, do qual eventualmente podem ter se afastado. Ninguém nos conhece melhor do que velhos amigos. Que bom tê-los por perto de volta.

O final do ano – a partir de meados de dezembro – será um período turbulento devido à provocadora influência de Marte. Agora a arena dos desafios é transferida para os relacionamentos. Mesmo para os diplomáticos librianos será difícil manter harmonia nas relações, de tanta provocação proveniente dos seus parceiros. Há um limite para tudo, mesmo para os librianos.

Os melhores meses para o amor são: janeiro, março, final de abril a meados de maio, meados de junho a início de julho, agosto, meados de setembro a meados de outubro, novembro. Os meses menos convidativos para a sedução e os romances são: fevereiro, julho, final de novembro até meados de dezembro.

Escorpião (24 de outubro a 22 de novembro)

É o segundo semestre de 2003 que reserva os melhores momentos para os nativos de Escorpião. É para este período que seus projetos mais ambiciosos devem ser adiados. O ano começa com uma inquietante influência de Júpiter, que se estende até o final de agosto. Se de um lado ocorrem boas chances de crescimento e realizações grandiosas que atiçam o intenso desejo dos ardentes escorpianos... de outro, elas vêm de uma maneira tão dispersiva e de tantas direções que acabam prejudicando a "pescaria". Fica parecendo festa de adolescente, onde há tantas ofertas e estímulos que os jovens acabam ansiosos e não aproveitam quase nada.

Dois eclipses agitam a vida desses já intensos filhos da água. O primeiro – lunar – em 16 de maio, acertando em cheio os escorpianos do terceiro decanato. O segundo – lunar – em 9 de novembro, provocando turbulência para os nascidos no segundo decanato. Em ambos os casos serão forçados a abdicar de alguma situação ou relacionamento ao qual estavam apegados e a se lançar para o novo. Experiências anteriores não lhe servem mais como guia. Só vencem se abraçarem a vida com um sabor de futuro. Finalizações, encerramentos e perdas podem ocorrer.

O segundo semestre será muito mais vantajoso para os escorpianos do primeiro e do segundo decanatos. O privilégio de se verem agraciados pelas bênçãos de Júpiter. Algo que lhes parecia impossível vem ao encontro deles só porque a vida está sendo generosa. Um grupo de pessoas novas entra na vida deles e traz um colorido, um otimismo e um impulso para projetos audaciosos.

Saturno também privilegia os nascidos neste signo – só que agora do primeiro decanato. Um pouco de estabilidade, segurança e estrutura não faz mal a ninguém. É isto o que eles obterão. Promoção, reconhecimento profissional, aumento da capacidade de produção, gratificação financeira por esforços realizados e a inigualável sensação de prazer dos esforços serem recompensados. Está para surgir alguém que lhes dará uma estabilidade afetiva. Uma pessoa séria, emocionalmente madura e confiável.

Entre os meses de janeiro e março e de setembro a dezembro, os nascidos no terceiro decanato deste signo ainda devem viver algumas turbulências e bruscas viradas do destino. Urano ainda está ativo e disposto a intervir no que for preciso ser mudado na vida dos teimosos escorpianos. Uma mudança de casa, de cidade, de trabalho, de relacionamento e de estilo de vida está na lista do que pode ser alterado.

Em compensação, para aqueles nascidos no primeiro decanato, entre março e agosto, a vida lhes reserva as mais agradáveis e criativas surpresas. De onde menos esperam surge uma boa notícia, um alívio de pressão, o término de um aborrecimento, um convite, uma porta aberta. É na área amorosa que devem aguardar as mais estimulantes novidades. Como o amor pode fluir quando não estamos presos a inúteis amarras!

Durante todo o ano, Netuno confunde a vida e a cabeça dos escorpianos do segundo decanato. Aí todo o cuidado é pouco. Netuno tem o péssimo hábito de nos vedar os olhos e querer brincar de cabra-cega. O desconhecido está cheio de armadilhas e perigosas seduções. Uma baixa de energia e defesa imunológica precária podem causar problemas de saúde. Os escorpianos do terceiro decanato podem também estar predispostos à perda de vigor devido à debilitadora influência da *cauda do Dragão,* que passa pelos últimos graus do signo de Escorpião. Outro efeito esperado desta delicada influência pode ser um profundo questionamento sobre os seus verdadeiros objetivos de vida.

O ano abre com Marte no signo de Escorpião exaltando-lhes a força, a iniciativa, a coragem e a agradável sensação de que a vida é o que você faz. De meados de junho até meados de dezembro, Marte navega sereno nas águas de Peixes. Por todo este período terão o fôlego e a agilidade de um exímio nadador. A vida sexual – tão valorizada por esses ardentes escorpianos – num momento de glória. Os sedutores homens deste signo terão conquistas amorosas garantidas. E o amor chega de uma maneira quente, mas romântica como convém a esses apaixonados do signo da água.

Os melhores momentos para o amor em 2003 são: início de janeiro, fevereiro, final de março até meados de abril, meados de maio até meados de junho, julho, outubro e dezembro até a sua última semana. Os meses menos propícios para o romance e a sedução são: março, agosto e final de dezembro.

Sagitário (23 novembro a 22 de dezembro)

O ano de 2002 castigou um pouco os normalmente alegres e otimistas sagitarianos. Uma combinação celeste bastante recessiva obrigou os expansivos nativos deste signo a se retraírem mais do que gostariam e a viver com menos. O primeiro semestre de 2003 ainda tem um pouco esta cara. Uma desafiadora oposição de Saturno ainda os deixa de castigo e lhes cobra um dever de casa muito bem-feito. Não poderão se mexer muito, nem dar passos amplos enquanto não tiverem os objetivos bem estruturados e amadurecidos. A vida lhes parecerá desagradavelmente restrita. Não se preocupem, é para o seu próprio bem – diz o mestre Saturno.

De qualquer maneira, o primeiro semestre é atenuado pela facilitadora e generosa influência de Júpiter. Ela lhes garantirá o ânimo, a disposição e a fé para que não se desviem da busca de seus verdadeiros interesses. Este é um ótimo momento para estudar, pesquisar, concluir uma formação ou preencher qualquer lacuna de conhecimento. Quanto mais souber, se preparar e se informar, mais recompensas conquistará. E muito em breve. Em tudo o que fizer deverá ter um procedimento ético, agir de acordo com seus princípios e respeitar a medida da dignidade. É a única exigência de Júpiter para que ele derrame todas as suas bênçãos e benefícios. De vez em quando, a virtude compensa e a justiça vence. Este é o caso.

Na segunda metade do ano, Júpiter solta as rédeas numa hiperdinâmica ativação. Muita agitação, movimento, incentivos e múltiplas oportunidades podem desviar os sagitarianos do caminho. Principalmente depois de viverem tanto tempo *a seco*. Podem ser apanhados de roldão e se verem atraídos por tantas opções que acabam deixando escapar as melhores chances. Esta influência é mais marcante para os nascidos no primeiro e no segundo decanatos.

Os sagitarianos do primeiro decanato serão confrontados por dois eclipses neste ano de 2003: um eclipse solar em 31 de maio e outro em 23 de novembro. O que podem esperar? Lembranças de velhos assuntos, de problemas e sentimentos voltam a lhes ocupar a mente. Hábitos e reflexos condicionados ganham força e fica mais difícil rompê-los. Alguma experiência muito bem-sucedida e realizações que deram certo no passado podem ser reaproveitadas; excelentes chances surgirão por conta de realizações e relacionamentos. Alguém muito importante voltará a brilhar e lhes indicará interessantes caminhos.

Os sagitarianos do terceiro decanato terão a vida social revitalizada entre os meses de janeiro e março e de setembro até dezembro. Convites, contatos e muito assunto novo por conta de encontros com pessoas estimulantes e interessantes. No entanto, entre março e setembro, os sagitarianos do primeiro decanato viverão algumas crises com resultados inesperados envolvendo a família, a casa e o setor doméstico. Devem evitar tensão nesses setores. É provável que pensem em mudar de casa, reestruturar completamente a vida doméstica e até mudar de cidade, o que não é nada improvável para a alma cigana dos sagitarianos.

O segundo decanato deste signo é brindado por uma harmoniosa proteção de Netuno. Pessoas próximas lhes proporcionarão momentos de camaradagem e solidariedade.

Plutão, ainda bastante ativo no signo de Sagitário, se dirige agora aos nascidos no segundo e no terceiro decanatos para empreender a mais espetacular transformação de suas vidas. Terminar e recomeçar. Morrer e renascer. São os ciclos que Plutão impõe a todos aqueles para os quais dirige suas influências. Talvez tenha chegado a hora de começar um negócio próprio, trabalhar como autônomo ou de fazer qualquer atividade que dependa quase que exclusivamente de sua iniciativa pessoal. Isso porque Marte em seu signo – Sagitário – lhes sinaliza que estão começando um novo ciclo, que se concluirá em dois anos. Neste período devem dar prioridade a qualquer iniciativa cuja marca seja uma autonomia maior em suas vidas. Isso se refere aos meses de janeiro, fevereiro e março.

Os melhores meses para o amor são: janeiro, março, meados de abril a meados de maio, meados de junho a início de julho, agosto até a terceira semana, meados de setembro a meados de outubro, novembro e final de dezembro. Os meses menos atraentes para a sedução e romance são: final de março a meados de abril, final de agosto a meados de setembro.

CAPRICÓRNIO (22 de dezembro a 20 de janeiro)

O primeiro semestre de 2003 não apresenta eventos celestes significativos para os capricornianos. Com isso, terão mais liberdade para conduzir suas vidas nos seus próprios termos. No segundo semestre, no entanto, o ano começa a esquentar. Cheio de desafios, mas também de prósperas promessas.

A partir de agosto os capricornianos do primeiro e do segundo decanatos serão brindados pelas graciosas ofertas de Júpiter. Eles que não são acostumados a ter sorte serão abençoados por ela. Onde tinham dificuldade vão encontrar facilidade. Onde sofriam com aridez ou falta terão agora abundância. Onde haviam perdido a esperança serão beneficiados com uma renovação de otimismo, fé e autoconfiança.

A vida se mostra fértil, generosa e próspera. É um excelente momento para regularizar, formalizar e legalizar qualquer assunto que dependa do aval da lei. Podem esperar pródigas colheitas daquilo que andaram plantando. A terra está fértil e as sementes germinarão bons frutos. Cursos, concursos, exames e qualquer atividade que represente aumento de conhecimento será a fonte de promissores progressos. Saber e progredir andarão juntos neste ano.

Esta influência é determinante para os capricornianos do primeiro e do segundo decanatos.

Como nem tudo é perfeito – como os capricornianos sabem melhor do que ninguém –, uma pesada oposição de Saturno recai sobre os nascidos no primeiro decanato deste signo. Mas nada com que eles não saibam lidar. Maior exigência, esforço, disciplina e empenho para conseguirem realizar seus objetivos. Paciência para chegar aonde pretendem. Nada disso é realmente novo para os capricornianos, está apenas sendo relembrado por seu severo regente, Saturno.

A área de maior dificuldade e pressão deve recair sobre os relacionamentos. Cuidado para não tornar as relações insustentáveis devido a censuras e críticas mútuas. Pode ser que venham a assumir o ônus de ter de cuidar ou se responsabilizar pelo parceiro que pode estar temporariamente debilitado por problemas de saúde, familiares ou materiais. Ou pode ser que o parceiro esteja tão sobrecarregado que não possa lhe dar nenhuma ajuda. É o momento em que os capricornianos podem se sentir sós. Mesmo a dois. Ainda há a possibilidade de serem tão cobrados e exigidos pelo parceiro que será quase impossível contentá-los. Em resumo: as relações pesam. Alguma relação ou atividade pode chegar ao fim. Se isto acontecer, não tente recuperá-las. O que acaba sob a vigência de Saturno não tinha mais serventia. Qualquer problema que se apresente deve ser resolvido de forma estrutural e definitiva. Saturno detesta medidas provisórias e soluções quebra-galhos.

Urano dá uma boa mão para os capricornianos do primeiro decanato entre março e setembro. Oportunidades imprevisíveis, opções surpreendentes, idéias geniais, informações de fontes inesperadas dão um toque renovador à vida desses capricornianos. Uma sensação de alívio, de que podem circular mais soltos e de que um peso foi tirado de seus ombros, permitirá que mudem de assunto e passem a ocupar a mente com novos interesses.

Uma troca de ambiente também tornará suas vidas surpreendentemente estimulantes. Que tal estudar algo totalmente novo e diferente? É preciso arejar a cabeça. E os capricornianos terão todas as chances para isso. Querem mudar de cidade? De bairro, passar o fim de semana fora, alugar ou comprar uma casa de praia ou de campo? Oportunidades não faltarão.

Maio e abril serão meses dinâmicos devido à influência de Marte no signo de Capricórnio. Um ciclo novo, que se estende por dois anos, se inicia neste período. O que começar aqui – atividades, projetos, tratamentos, relacionamentos – promete ter bastante fôlego e energia para ir adiante. O que quer que dependa exclusivamente de sua iniciativa dará certo. O clima está tenso, competitivo e conflituoso. Não é o melhor momento para se lidar com problemas de natureza íntima, doméstica, familiar e imobiliária.

Os melhores momentos para o amor são: fevereiro, abril até a terceira semana, meados de maio até meados de junho, julho, final de agosto até meados de setembro, meados de outubro até início de novembro, final de novembro até meados de dezembro. Os meses menos inspirados para os assuntos do Cupido são: final de abril até meados de maio, meados de setembro até início de outubro.

AQUÁRIO (21 de janeiro a 19 de fevereiro)

Os aquarianos podem brindar antecipadamente um excelente momento em sua vida pessoal ao longo de todo o primeiro semestre de 2003. Os relacionamentos serão a maior fonte de alegria e satisfação para eles. Os aquarianos solitários certamente encontrarão um parceiro à altura de suas aspirações. Alguém culto, curioso, inteligente e disposto a viver com eles a vida com sabor de aventura. Os que já tiverem um par viverão momentos de especial abertura e desenvolvimento em suas relações. Afinal, só vale a pena estar junto se for para ser feliz a dois. É isso que conseguirão obter de seus relacionamentos. Aqueles que estiverem insatisfeitos com o atual estado de suas relações dificilmente irão aturar qualquer coisa abaixo de suas expectativas de felicidade. E pensarão em se arriscar em novas e estimulantes opções. Relacionamento não é lugar de acomodação e de escolhas insatisfatórias. Ou as relações melhoram ou melhores relações virão.

Ainda neste período, Saturno dá boas notícias para os aquarianos do terceiro decanato e os conduz a um caminho de muita produtividade e concretização de projetos há muito acalentados. O que quer que tenham em pauta deve ser trabalhado para acontecer até junho. Saturno sempre traz uma energia de materialização. O que parecia antes apenas um plano, um esboço, pode agora ganhar concretude e se tornar real. É um excelente momento para pensar um pouco em sua vida material, na segurança de um futuro mais estável, de administrar melhor despesas e poupança e de pensar em realizar objetivos duradouros.

Um romance deve ganhar força e se mostrar mais promissor, estável e durador do que se podia supor. Qualquer área ou atividade em que tenham um talento especial, uma capacidade exemplar, dará um retorno concreto. Como nunca tinha dado antes. Com remuneração, reconhecimento, promoção e tudo o mais.

Urano dá suas últimas cartas de janeiro a março e de setembro a dezembro para os aquarianos do terceiro decanato. Depois disso, se despede de sua longa passagem pelo signo de Aquário e entra na diferente vibração do signo de Peixes. Nesses meses, os aquarianos ainda poderão dar os últimos toques de mudança, reforma, alterações, viradas que quiserem dar em suas vidas. Quem estiver pensando em mudar de casa, de aparência, de estilo, de comportamento, de emprego, de parceiro e de vida não pode perder mais tempo. É a última chance.

O que quer que esteja parecendo repetitivo ou monótono deve ser imediatamente substituído, ou então lhes será retirado. Urano é o profeta do novo, do ousado, do não experimentado. O céu está lhes dando uma rara oportunidade de reinventar a própria vida. Não percam este espetáculo!

Os aquarianos do segundo decanato sofrem por sua vez a influência de Netuno. Neste caso, a energia é outra. Podem se sentir letárgicos, confusos, desorientados e incapazes de tomar mesmo as mais simples decisões. Como se a vida estivesse temporariamente suspensa, obedecendo a uma lentíssima transição. Podem se sentir de uma hora para outra totalmente desinteressados por algo que antes os encantava. Como se aquilo tivesse perdido o sentido. Não se preocupem, logo, logo o sentido e o encantamento estarão de volta, mas com certeza já apontando para uma nova direção.

Algo se desmanchou. Eles não sabem bem o quê. Algo está sendo lentamente recriado. Eles não sabem bem o quê. Mas o céu sabe. É só esperar o quebra-cabeça estar completo. Evitem cirurgias desnecessárias e medicamentos ou tratamentos muito agressivos. Vocês estarão mais sensíveis em geral.

Felizmente, Plutão contrabalança e protege os aquarianos do segundo e do terceiro decanatos. Com esta força regeneradora, conseguem se recobrar facilmente de eventuais abalos financeiros, emocionais e físicos. Plutão é um planeta que dá de volta aquilo que foi tirado, perdido ou roubado... desde que se tenha aprendido a viver sem aquilo e se tenha conseguido valorizar outros itens da vida. Portanto, os aquarianos podem esperar ricas devoluções: de amor, de poder, de amizade, de recursos. De sonho.

Do final de abril até meados de junho, Marte voa no próprio signo de Aquário e desperta neles um desejo irrefreável de agir, começar algo novo, criar, ousar e aumentar ainda mais o seu campo de autonomia e liberdade. O que quer que façam agora terá um impulso que se manterá por dois anos. Só depende deles.

O Cupido testa sua pontaria bem no coração dos aquarianos nos meses de janeiro, março, final de abril a meados de maio, meados de junho a início de julho, agosto, meados de setembro até início de outubro, novembro e final de dezembro.

Em compensação, os períodos de meados de maio a meados de junho e meados de outubro a início de novembro não são bons para o romance.

Peixes (20 de fevereiro a 21 de março)

Peixes faz parte da cruz dos signos mutáveis (Gêmeos-Sagitário, Virgem-Peixes) que há quase dois anos sofrem uma perseverante pressão da dificílima oposição entre Saturno e Plutão. Durante todo esse período, eles foram obrigados a fazer severos ajustes impostos pelas restrições e limites próprios dessa combinação celeste. Devem ter passado por uma fase recessiva, de encolhimento e de duras provas para se enquadrarem no próprio orçamento. Essa é uma energia de escassez. Podem ter tido que se esforçar em dobro para sobreviver na posição conquistada. Ou, talvez, a redução não tenha sido de natureza material, mas sim de restrição para a saúde ou mesmo para a vida amorosa. De qualquer maneira, tiveram que abrir mão de algo muito precioso para eles. O primeiro semestre de 2003 ainda conserva alguns resíduos desta fase. Não estão ainda totalmente livres deste astral. Em compensação, o segundo semestre é generoso. Grandioso.

Simplesmente o mais alvissareiro e portador de bons fluidos dos planetas lhes tocará a vida e lhes proporcionará caminhos muito mais floridos. Os tempos serão de fartura, colheita, desenvolvimento, amplitude e renovação de fé. Estão retomando o crescimento que lhes tinha sido prometido pelo mesmo Júpiter havia seis anos. Uma enorme vontade de viver com a grandeza e o espírito de aventura que a vida merece, de se lançar em novos projetos, semear amplas áreas, todas férteis, e de ir para bem longe do caminho estreito que vinham trilhando.

Relações realmente satisfatórias e à altura do coração idealista dos piscianos estão para chegar. Uma pessoa bem legal está encomendada por Júpiter para fazer com eles uma bela parceria.

Saturno também desiste de lhes perturbar a vida e, a partir de junho, lhes dá a estabilidade tão duramente perseguida. Terão a partir desta data um período muito mais equilibrado na vida financeira e profissional. Poderão fazer planos de médio e longo prazo porque terão reservas para isso. Qualquer atividade em que estejam empenhados trará recompensas sólidas e duradouras. Os piscianos terão controle sobre as rédeas da vida, que volta a ter alguma constância e previsibilidade. É um bom período para se pensar em quitar imóveis, adquirir casa própria, fazer um plano de investimento ou aposentadoria para assim garantir um futuro estável e seguro.

Saturno sempre premia as pessoas precavidas que sabem guardar para momentos menos fartos.

Entre os meses de março e setembro, Urano experimenta entrar no signo de Peixes. Essa experiência custará aos piscinianos do primeiro decanato uma verdadeira revolução. De onde menos esperam virão novidades inimagináveis. Novas relações? Novo trabalho? Uma nova casa? Nova filosofia de vida? Quem sabe? A verdade é que algo totalmente diferente está para surpreendê-los e conduzi-los a caminhos inusitados.

Plutão avisa aos piscianos do segundo e do terceiro decanatos que ainda há risco em torno deles. Não devem se envolver com nada ou ninguém que esteja acima das forças ou dos recursos deles. Trata-se sempre de uma questão de poder. Devem reconhecer onde não têm poder ou o quê e quem têm mais poder do que eles. Não devem confrontá-los. Perderão a parada. Neste caso, perder é melhor do que insistir. Muito menos doloroso e muito mais barato.

É imprescindível que tenham um cuidado maior e evitem situações e ambientes de violência. Qualquer risco financeiro também deve ser afastado. Com Plutão, o mar não está para Peixes. Logo, logo essa grande onda passa e poderão de novo nadar em águas cristalinas.

Marte passa um longo tempo no signo de Peixes no ano de 2003. De meados de junho até meados de dezembro. Quase todo o segundo semestre. Com isso terão energia de sobra para se recuperar de qualquer desafio que lhes seja imposto. Coragem não falta. Disposição menos ainda. Consciência de que algo de imediato pode ser feito por eles mesmos, também não. Existem alguns momentos na vida em que as coisas só acontecem se decidirmos que elas têm de acontecer e agirmos para tal. Esse é um deles. Mesmo para os passivos e maleáveis piscinianos. Há sim alguma coisa que podem fazer.

Os romances estão pródigos para os piscinianos nos meses de: fevereiro, final de março a meados de abril, meados de maio a meados de junho, julho, final de agosto a meados de setembro, meados de outubro até início de novembro, final de novembro até final de dezembro. Os meses onde não se pode esperar muita felicidade para o coração são: janeiro, meados de junho até início de julho e novembro.

Fases da Lua

Lua Nova

Ocorre quando o Sol e a Lua estão em conjunção, isto é, no mesmo signo, em graus exatos ou muito próximos. Neste momento, a Lua nasce e se põe junto com o Sol. Ofuscada pela proximidade do Sol fica invisível. Como o Sol e a Lua voltam a se unir no mesmo grau, considera-se este período um ponto de partida. Novos começos, projetos e idéias estão em plena germinação. Um alívio ou liberação das pressões do mês anterior nos dá a sensação de estarmos quites e agora disponíveis, como se pudéssemos começar algo novo em folha. Não vamos trazer nada da fase anterior para este momento – o que era importante e nos envolvia perdeu a força. Todas as possibilidades estão presentes. Qualquer coisa que fizermos nesta época, uma palavra, até um pensamento, terá muito mais chance de se concretizar.

Bom para:

☺ Comprar casa. Adquirir imóvel para investimento.
☺ Fertilidade em alta: concepção, fertilização, gestação.
☺ Comprar flores desabrochadas só para consumo imediato (acelera a deterioração).
☺ Comprar legumes, verduras e frutas verdes e flores em botão (acelera o amadurecimento).
☺ Criar.
☺ Relacionamentos passageiros e que servem mais para afirmação do ego.
☺ Ganhar peso.
☺ Cortar cabelo para acelerar o crescimento.
☺ Introduzir um elemento novo em qualquer esquema.
☺ Viagem de lazer.
☺ Começar poupança.
☺ Cobrar débitos.
☺ Começar cursos.
☺ Iniciar um novo trabalho.
☺ Trabalhos autônomos, os que dependem de iniciativa pessoal e de pouca colaboração.
☺ Contratar empregados que tenham iniciativa própria.
☺ Começar uma construção ou uma obra.
☺ Consertar carro.
☺ Cirurgia: cinco dias antes e cinco dias depois.

Desaconselhável:

☹ Cirurgia no dia exato da Lua nova.
☹ Exames, check-ups e diagnósticos, pois falta clareza.

Lua Crescente

Ocorre quando o Sol e a Lua estão em signos a 90 graus de distância entre eles – uma quadratura –, o que representa desarmonia de qualidades. A luz refletida da Lua é progressivamente maior. Agora pode ser vista metade da Lua. Ela é visível ao meio-dia e desaparece à meia-noite. É um aspecto de crise e resistência. Não é hora de fugir, desistir, duvidar. Temos que aumentar a nossa resistência contra resistências encontradas.

Bom para:

☺ Cortar cabelo para o crescimento rápido (em compensação o fio cresce mais fino).
☺ Para acelerar o crescimento quando se quer alterar o corte anterior, eliminar a tintura ou o permanente.
☺ Tratamento de beleza.
☺ Para ganhar peso ou aumentar o peso de qualquer coisa.
☺ Fazer poupança e investimentos.
☺ Comprar imóvel para investimento.
☺ Cobrar dívidas.
☺ Viagem de lazer.
☺ Começar cursos.
☺ Começar novos trabalhos.
☺ Trabalhos de venda, contratar empregados para área de venda.
☺ Para acordos e parcerias.
☺ Romances iniciados nesta fase são mais duradouros e satisfatórios.
☺ Para atividades físicas que consomem muita energia e vigor.
☺ Lançamentos, noites de autógrafos, exposições e *vernissages*.
☺ Favorece mais quem empresta do que quem pega o empréstimo.
☺ Presença de público.
☺ Assinar contratos, papéis importantes e acordos.
☺ Novos empreendimentos.
☺ Comprar flores desabrochadas só para consumo imediato (diminui a durabilidade).
☺ Comprar legumes, verduras e frutas verdes e flores em botão (acelera o amadurecimento).
☺ Plantio de cereais, frutas e flores.
☺ Transplantes e enxertos.
☺ Crescimento da parte aérea das plantas.

Desaconselhável:

☹ Dietas de emagrecimento (é mais difícil perder peso).
☹ Propósitos e planos com pouca praticidade ou imaturos.

Lua Cheia

Ocorre quando o Sol e a Lua estão em signos opostos a 180 graus de distância – formando uma oposição. A luz refletida da Lua atinge o seu ponto máximo. Agora todo o círculo lunar é visível durante a noite toda. O Sol se põe a oeste e a Lua nasce na direção oposta – no leste. A atração gravitacional do Sol e da Lua sobre a Terra é a mais forte, equivalente apenas à da Lua nova. Só que aqui essas forças operam em direções opostas sobre a Terra. Este é um aspecto de polarização, culminância, mas também de complementaridade dos opostos.

A Lua cheia é um transbordamento. Ela revela o máximo de qualquer situação. O sucesso ou o fracasso dos nossos esforços serão revelados sob a plena luz da Lua cheia. O humor das pessoas está completamente alterado nesta fase. Tudo chegou ao seu clímax e à sua energia máxima. As sensações e emoções estão muito aguçadas. Pode-se esperar mudança de tempo, marés altas devido ao aumento da força gravitacional e sensível aumento de partos. É comum ocorrer antecipação dos nascimentos devido ao aumento de volume de água no organismo.

O que quer que tenha de ser atraído energicamente se dará aqui. Ocorre um aumento de preocupação com os relacionamentos. Pode-se mesmo ficar obsessivo com alguma relação em particular. Em nenhuma outra fase os relacionamentos terão igual importância. Encontros iniciados nessa fase exigem o máximo de negociação e colaboração dos parceiros, pois é uma fase que mostra muito explicitamente as diferenças.

Se o que tentamos até agora não teve forças para ir adiante, ou se faltou empenho para lutar por aquilo, será hora de abandonar as expectativas e voltar a tentar na fase da Lua crescente do mês seguinte. Um ar de anticlímax pode nos invadir. Logo após a fase da Lua cheia, 45° depois, entramos numa fase chamada disseminadora: a segunda fase da Lua cheia.

Lua disseminadora

Aqui é aconselhável espalhar, disseminar, desconcentrar. É favorável dispersar energia, porque os problemas também se dispersarão. Ao mesmo tempo, essa fase indica espalhar os recursos, partilhá-los, pensar nos outros porque os retornos podem se desdobrar e se multiplicar. Os relacionamentos criados nesta fase são bastante resistentes, mas as pessoas que atraímos gostam de impor seus pontos de vista a todo custo. Isso acaba gerando relações onde um dos parceiros termina cedendo e se submetendo à firme vontade do outro.

Bom para:

☺ Cortar cabelo para crescer mais cheio com fio mais forte (volume).
☺ Hidratação e nutrição da pele (os poros mais dilatados absorvem melhor os nutrientes).
☺ Encontros sexuais.
☺ Encantamento e magnetismo.
☺ Grande presença de público.
☺ Atividades de muito público realizadas num ambiente externo (as pessoas saem mais e a freqüência em bares e restaurantes aumenta).
☺ Atividades de comércio.
☺ Apresentações, shows, exposições, espetáculos, lançamentos e noites de autógrafos.
☺ Acelerar amadurecimento de frutas e legumes.
☺ Desabrochar os botões das flores.
☺ Colheita de plantas curativas.
☺ Colheita de frutos mais suculentos.
☺ Pesca.

Desaconselhável:

☹ Cirurgia (aumenta o risco de hemorragia, inflamação, edemas e hematomas).
☹ Dietas para emagrecimento (há maior retenção de líquido).
☹ Depilação e tinturas de cabelo (crescimento acelerado dos pêlos).
☹ Capinar e aparar grama (crescimento acelerado do capim).
☹ Legumes e frutas já maduros (acelera deterioração).
☹ Comprar flores desabrochadas (diminui a durabilidade).
☹ Sono (predisposição para alteração do sono e insônia).
☹ Cerimônia de casamento (excesso de vulnerabilidade, excitação e predisposição à discórdia).
☹ Pegar estrada (predispõe a aumento de acidentes).
☹ Sair de carro (caos e congestionamento no trânsito).

Lua Minguante

A luz refletida da Lua começa progressivamente a diminuir. Na primeira fase da Lua minguante, ela ainda é bastante visível, mas, aos poucos, vai extinguindo seu brilho. É a fase de menor força de atração gravitacional da Lua sobre a Terra, é o mais baixo nível de volume de água no organismo e no planeta. O período sugere mais recolhimento e interiorização. Os resultados do ciclo inteiro devem ser revistos, avaliados e resumidos aqui. O que não aconteceu até agora não terá mais forças para acontecer. Não devemos nos desgastar portanto com situações que podem ser retomadas à frente. Não temos a menor condição para uma reviravolta.

Em compensação, conflitos e crises perdem igualmente força e podem se apaziguar e até desaparecer por completo ou perder totalmente o impacto sobre nós. Temos mais facilidade de abandonar as coisas, pois estamos menos afetadas por elas. As pessoas que não têm o hábito da introspecção e da auto-análise podem reagir negativamente a esta fase e sofrer um pouco de depressão. Não é recomendável divulgação, lançamento de produtos ou promulgação de leis. Eles podem passar despercebidos.

A Lua balsâmica – o último estágio da Lua minguante – é um tempo de retração, restauração, cura e rejuvenescimento. O termo balsâmico quer dizer: elemento ou agente que cura, suaviza e restaura. Devemos aceitar as coisas com os resultados que se apresentam. Tudo está na sua forma final e não vai passar disso. Colhemos o que semeamos. É tempo de retroceder, levantar acampamento, limpar o terreno, descansar e, principalmente, armazenar forças para a próxima fase que em breve se inicia.

Não se começa coisa alguma, mas é preciso acabar com todas as pendências, senão elas vão perdurar no mês seguinte. Nesses últimos quatro dias da Lua minguante, um clima propício à reflexão nos invade naturalmente. Não é um período brilhante para entrevistas de trabalho, pois falta clareza e objetividade na expressão e definição do que se pretende realizar.

Bom para:

☺ Dietas de emagrecimento (intensivas para perder peso rápido).
☺ Dietas de desintoxicação.

☺ Processos diurético e de eliminação.
☺ Cortar cabelo para conservar o corte e para aumentar volume (fios mais grossos, pois o crescimento é lento).
☺ Tintura de cabelo.
☺ Depilação (retarda o crescimento dos pêlos).
☺ Limpeza de pele.
☺ Tratamento para rejuvenescimento.
☺ Cirurgias.
☺ Cicatrização mais rápida.
☺ Tratamentos dentários.
☺ Cortar hábitos, vícios e condicionamentos.
☺ Encerrar relacionamentos.
☺ Dispensar serviços e funcionários.
☺ Arrumar a casa.
☺ Jogar papéis e outras coisas fora.
☺ Conserto de roupas.
☺ Pintar paredes e madeira (a absorção e a adesão da tinta são melhores).
☺ Dedetização.
☺ Combater todos os tipo de pragas.
☺ Colher frutos (os que não forem colhidos até aqui não vão crescer).
☺ Comprar frutas, legumes e verduras maduros (retarda a deterioração). Cuidado para não comprá-los já secos.
☺ Comprar flores desabrochadas (retarda a deterioração). Cuidado para não comprá-las já secas.
☺ Poda.
☺ Tudo que cresce debaixo da terra.
☺ Plantio de hortaliças.
☺ Corte de madeira.
☺ Adubagem.
☺ Desumidificação, secagem e desidratação.
☺ Capinar e aparar a grama.
☺ Balanço financeiro do mês.
☺ Corte de despesas.
☺ Pegar empréstimo.
☺ Terminar todas as pendências.
☺ Romances começados nesta fase transformam as pessoas envolvidas.
☺ Finalizar relacionamentos.
☺ Quitar pagamentos.
☺ Fazer conservas de frutas e legumes.
☺ Cultivo de ervas medicinais.
☺ Retardar crescimento.

Desaconselhável:

☹ Inseminação, fertilização, concepção e gestação.
☹ Atividades direcionadas ao grande público (freqüência baixa).
☹ Divulgação.
☹ Poupança e investimentos.
☹ Abrir negócios.
☹ Lançamentos, *vernissage*, noite de autógrafos, exibições, estréias, exposições, inauguração.
☹ Conservação de frutas, verduras, legumes e flores.
☹ Comprar frutas, legumes e verduras verdes (ressecam antes de amadurecer).
☹ Comprar flores em botão (ressecam antes de desabrochar).
☹ Começar qualquer coisa (é uma energia de fim).

☹ Lua fora de curso

É o intervalo que vai da hora em que a Lua faz o seu último aspecto a um planeta antes de deixar um signo e entrar no seguinte. Tradicionalmente, esse tempo ficou conhecido como um período infrutífero. As atividades realizadas enquanto a Lua está fora de curso geralmente não dão resultados. Este ponto cego vem da idéia de que, depois de a Lua ter percorrido todos os aspectos dentro de um signo, ela cai num vácuo, como se estivesse sem curso. Vazia. Sem objetivo. Entra, então, no próximo signo e começa uma nova série de aspectos com outros planetas. É como se ela entrasse simbolicamente em repouso. Não temos, neste momento, o conhecimento instintivo das coisas que a Lua nos dá. Podemos nos sentir vagos e confusos. Este é, no entanto, um bom momento para assimilar o que nos ocorreu nos últimos dias, antes de iniciar um novo curso de ação. Algumas coisas que não sejam bem-sucedidas nesta hora podem ser tentadas de novo em um outro momento, quando a Lua não estiver fora de curso.

Tabela da Lua fora de curso

janeiro • 2003

entrada		saída	
01	15:25	01	21:44
03	22:56	04	01:57
06	06:45	06	08:57
08	09:55	08	19:15
11	01:10	11	07:48
13	15:44	13	20:08
16	00:17	16	05:56
18	08:48	18	12:30
20	11:47	20	16:33
22	07:35	22	19:24
24	17:49	24	22:10
26	21:15	27	01:26
29	01:27	29	05:30
30	08:35	31	10:45
02	14:02	0	17:55

fevereiro • 2003

entrada		saída	
04	12:53	05	03:45
07	12:22	07	15:59
10	01:29	10	04:46
12	12:30	12	15:20
13	10:23	14	22:05
16	22:19	17	00:23
18	12:57	19	01:49
21	01:30	21	03:10
23	04:15	23	05:46
25	08:51	25	10:11
27	9:58	27	16:25

março • 2003

entrada		saída	
01	23:30	02	00:26
04	10:05	04	10:30
06	22:11	06	22:37
09	11:30	09	11:39
11	08:25	11	23:13
13	18:14	14	07:07
15	22:25	16	10:53
18	07:35	18	11:43
20	00:02	20	11:38
22	01:31	22	12:33
24	08:59	24	15:49
25	15:17	26	21:51
28	17:28	29	06:26
31	03:59	31	17:05

abril • 2003

entrada		saída	
02	19:06	03	05:21
04	21:16	05	18:25
07	18:35	08	06:36
10	02:34	10	15:54
12	11:19	12	21:07
14	15:38	14	22:42
16	17:22	16	22:16
18	18:53	18	21:52
20	22:03	20	23:21
22	09:41	23	03:59
25	03:20	25	12:03
27	14:19	27	22:55
30	03:12	30	11:27

maio • 2003

entrada		saída	
03	02:27	03	00:28
05	05:43	05	12:42
07	01:21	07	22:47
10	00:13	10	05:31
12	04:09	12	08:43
14	05:14	14	09:14
16	00:37	16	08:44
18	05:43	18	09:04
20	10:30	20	12:02
22	15:50	22	18:42
25	02:33	25	04:59
27	15:41	27	17:33
29	12:53	30	06:32

junho • 2003

entrada		saída	
01	17:55	01	18:28
03	13:28	04	04:26
06	03:19	06	11:52
08	13:28	08	16:31
10	14:01	10	18:40
12	18:51	12	19:13
14	18:05	14	19:39
15	00:13	16	21:42
18	22:08	19	02:57
21	11:45	21	12:06
23	00:28	24	00:15
25	10:42	26	13:14
28	23:32	29	00:53
29	15:40	01*jul*	10:14

Tabela da Lua fora de curso

julho • 2003

entrada		saída	
03	15:07	03	17:17
05	01:16	05	22:21
07	07:24	08	01:44
09	14:59	10	03:49
11	12:53	12	05:21
13	16:21	14	07:38
15	19:58	16	12:14
18	11:49	18	20:20
21	04:02	21	07:49
23	06:15	23	20:43
25	18:39	26	08:24
28	16:26	28	17:17
30	12:47	30	23:27

agosto • 2003

entrada		saída	
01	06:02	02	03:48
03	22:34	04	07:13
06	02:22	06	10:11
08	06:01	08	13:03
09	11:57	10	16:24
12	15:36	12	21:20
14	07:30	15	05:01
17	11:37	17	15:53
20	01:30	20	04:41
22	15:16	22	16:45
24	17:51	25	01:49
26	08:59	27	07:27
29	04:26	29	10:41
30	15:37	31	13:00

setembro • 2003

entrada		saída	
02	07:19	02	15:32
04	08:24	04	18:52
06	09:44	06	23:16
08	06:02	09	05:08
11	02:42	11	13:10
12	22:40	13	23:50
16	12:26	16	12:32
19	00:51	19	01:07
21	07:21	21	11:03
23	16:34	23	17:05
24	22:52	25	19:49
27	20:11	27	20:53
29	21:09	29	21:58

outubro • 2003

entrada		saída	
02	00:26	02	01:22
03	20:41	04	05:46
06	11:07	06	12:21
07	21:30	08	21:08
11	06:31	11	08:05
13	19:03	13	20:45
16	07:54	16	09:41
18	10:32	18	20:42
21	02:19	21	04:02
22	11:20	23	07:28
25	06:32	25	08:09
27	06:16	27	07:56
29	06:52	29	08:37
31	06:07	31	11:42

novembro • 2003

entrada		saída	
02	17:41	02	17:52
04	04:36	05	03:03
07	12:16	07	14:29
10	01:00	10	03:15
12	13:58	12	16:11
14	11:40	15	03:49
17	10:40	17	12:37
19	12:16	19	17:43
21	17:45	21	19:24
23	17:28	23	19:03
25	16:58	25	18:32
27	01:52	27	19:48
29	22:47	30	00:26

dezembro • 2003

entrada		saída	
02	07:40	02	08:57
04	18:53	04	20:31
07	07:56	07	09:27
09	20:49	09	22:12
12	04:54	12	09:41
14	18:06	14	19:07
16	15:49	17	01:47
19	04:39	19	05:20
21	05:43	21	06:16
23	05:30	23	05:56
24	11:53	25	06:14
27	08:58	27	09:10
28	22:04	29	16:09

Os cálculos foram feitos considerando-se a vigência do horário de verão conforme a tabela a seguir.

Tabela de Horário de Verão

início	*término*
00h00 de 03/11/2002	24h00 de 15/02/2003
00h00 de 05/10/2003*	24h00 de 21/02/2004*

*estimativa

Eclipses para 2003

Tabelas

A vigência de um eclipse é de 30 dias antes da ocorrência até o próximo eclipse do mesmo tipo.

Eclipse lunar umbral	16/05/2003 às 00h35 a 24° e 53' de Escorpião
Eclipse solar anular	31/05/2003 às 01h19 a 09° e 20' de Gêmeos
Eclipse lunar umbral	08/11/2003 às 23h12 a 16° e 13' de Touro
Eclipse solar total	23/11/2003 às 20h58 a 01° e 14' de Sagitário

Acompanhe a interpretação de cada eclipse na seção Lunação.

Esteja atento aos graus da ocorrência dos eclipses. Eles ficam marcados como uma cicatriz. Cada vez que Marte passar por este grau, os efeitos do eclipse serão reativados mesmo depois de sua vigência. O trânsito de Saturno sobre o grau do eclipse é outro fator que reaviva e muitas vezes conclui os efeitos deste fenômeno.

Eclipses

Os astrólogos, desde os primórdios da tradição desta ciência, sempre foram apaixonados pelos eclipses e lhes deram os mais variados significados. Historicamente, atribuiu-se aos eclipses desgraças e catástrofes. Eles sempre despertaram muitos temores. Os astrólogos contemporâneos continuam dando destaque e prestando muita atenção a este fenômeno celeste. No entanto, eles extraíram todo o caráter trágico e dramático do eclipse, como convém ao homem contemporâneo.

De origem grega, a palavra eclipse significa desmaio. No entanto, o emprego mais comum deriva do próprio nome: ocultamento, perda de luz. Em Astronomia, o fenômeno ocorre quando um corpo celeste é ocultado parcial ou totalmente por outro. Para que isso ocorra, três astros precisam estar próximos ou completamente alinhados.

Mercúrio retrógrado

Mercúrio entra em movimento retrógrado a cada três meses, durante três semanas. Quando Mercúrio está no seu movimento retrógrado, há uma interferência no funcionamento das áreas de comunicação, telefonia, telecomunicação, componentes eletrônicos, serviços de entrega, serviços de informação, correio, transportes, veículos, fretes, estradas e acessos. É indispensável ser mais rigoroso no uso ou na prestação de serviços que envolvem essas áreas.

☞ Fax, telefones, veículos, equipamentos, máquinas e computadores apresentam mais defeitos.
☞ Veículos e máquinas comprados apresentam defeitos crônicos ou dificuldade de entrega.
☞ Fios, ligações, tubos e conexões podem falhar ou ser malfeitos.
☞ O trânsito, acessos e redes estão prejudicados.
☞ Papéis, documentos, contratos e assinaturas apresentam problemas e devem ser copiados e revisados.
☞ Cláusulas de contratos e prazos estabelecidos geralmente são alterados e renegociados.
☞ Tarefas apresentam mais falhas e precisam ser refeitas.
☞ Cirurgias devem ser evitadas. A perícia está menos acentuada e erros podem ocorrer.
☞ Os exames e diagnósticos devem ser reavaliados.
☞ Mudanças de idéias ocorrem para favorecer ou desfavorecer uma situação.
☞ A comunicação pessoal pode gerar mal-entendidos.
☞ Informações devem ser conferidas. Os dados podem estar alterados, errados ou incompletos.
☞ Obras em estradas, rodovias e viadutos apresentam atrasos.

Em caso de se lidar com um desses tópicos, evitar o período em que Mercúrio estiver retrógrado.

Mercúrio retrógrado

Planeta	Início do retrógrado	Término do retrógrado
Mercúrio	02/01/2003 às 16h13	22/01/2003 às 23h02
Mercúrio	26/04/2003 às 08h51	20/05/2003 às 04h26
Mercúrio	28/08/2003 às 10h36	20/09/2003 às 05h43
Mercúrio	17/12/2003 às 13h54	....

Planetas retrógrados

Planeta	Início do retrógrado	Término do retrógrado
Saturno	01/10/2002 às 10h04	22/02/2003 às 03h45
Plutão	22/03/2003 às 21h08	28/08/2003 às 18h40
Júpiter	04/12/2002 às 09h36	03/04/2003 às 22h59
Netuno	15/05/2003 às 16h26	22/10/2003 às 17h45
Urano	07/06/2003 às 01h48	08/11/2003 às 07h57
Marte	29/07/2003 às 04h30	27/09/2003 às 04h30
Saturno	25/10/2003 às 20h43	....

Entrada do Sol nos signos

signo	dia	hora	signo	dia	hora
Aquário	20 de janeiro	9h53	Leão	23 de julho	03h04
Peixes	18 de fevereiro	23h00	Virgem	23 de agosto	10h08
Áries	20 de março	21h59	Libra	23 de setembro	07h47
Touro	20 de abril	09h03	Escorpião	23 de outubro	18h09
Gêmeos	21 de maio	08h13	Sagitário	22 de novembro	15h44
Câncer	21 de junho	16h11	Capricórnio	22 de dezembro	05h04

Solstício

O início do inverno é marcado pela entrada do Sol a zero grau do signo de Câncer, em 21 de junho de 2003, às 16h11 – horário de Brasília –, para o hemisfério Sul. Esta mesma posição solar corresponde no hemisfério Norte à chegada do verão. Quando o Sol passa pelo grau zero do signo de Capricórnio em 22 de dezembro de 2003, às 05h04 – horário de Brasília –, abre o verão no hemisfério Sul e o inverno no hemisfério Norte. O solstício é o nome que se dá à entrada nessas duas estações.

Durante o solstício de verão os dias são mais longos do que as noites e há uma predominância de luz na alternância claro/escuro dos ciclos da natureza. A chegada do solstício de verão sempre foi comemorada com muita alegria. Muitos rituais foram criados para celebrar "o retorno da luz".

O solstício de inverno corresponde a dias curtos e noites mais longas, com visível predomínio do escuro, na alternância claro/escuro dos ciclos da natureza. Em lugares onde o inverno é mais rigoroso e em tempos antigos onde se contava apenas com a luz do Sol, pode-se imaginar o impacto da chegada do solstício, levando e trazendo a luz.

Equinócio

Todo ano, quando o Sol entra no grau zero do signo de Áries (20 de março de 2003, às 21h59 – horário de Brasília), inicia-se o outono no hemisfério Sul e a primavera no hemisfério Norte. Quando entra no grau zero do signo de Libra (23 de setembro de 2003, às 07h47 – horário de Brasília), marca a entrada da primavera no hemisfério Sul e do outono no hemisfério Norte. Essas duas estações são contempladas com temperaturas mais amenas e menores rigores da natureza.

A palavra equinócio quer dizer noites iguais e distribui a mesma duração de horas entre noite e dia. Isso sugere uma volta de equilíbrio entre claro e escuro, sem predominância de nenhuma das partes do ciclo de luz. A chegada dessas estações, tradicionalmente, sempre foi celebrada com inúmeros rituais que homenageavam e agradeciam o reequilíbrio das forças do dia e da noite.

CALENDÁRIO LUNAR DE

Janeiro

dom	seg	ter	qua	qui	sex	sáb
			1 MINGUANTE lua CAP 21h44	**2** NOVA 18h22 lua CAP	**3** NOVA lua CAP	**4** NOVA lua AQU 01H37
5 NOVA lua AQU	**6** NOVA lua PEI 08h57	**7** NOVA lua PEI	**8** NOVA lua ARI 19h15	**9** NOVA lua ARI	**10** CRESCENTE 11h14 lua ARI	**11** CRESCENTE lua TOU 07h48
12 CRESCENTE lua TOU	**13** CRESCENTE lua GEM 20h08	**14** CRESCENTE lua GEM	**15** CRESCENTE lua GEM	**16** CRESCENTE lua CAN 05h56	**17** CRESCENTE lua CAN	**18** CHEIA 08h46 lua LEO 12h30
19 CHEIA lua LEO	**20** CHEIA lua VIR 16h33	**21** CHEIA lua VIR	**22** CHEIA lua LIB 19h24	**23** CHEIA lua LIB	**24** CHEIA lua ESC 22h10	**25** MINGUANTE 06h32 lua ESC
26 MINGUANTE lua ESC	**27** MINGUANTE lua SAG 01h26	**28** MINGUANTE lua SAG	**29** MINGUANTE lua CAP 05h30	**30** MINGUANTE lua CAP	**31** MINGUANTE lua AQU 10h45	

Céu do Mês

Janeiro é mês de Capricórnio. Até o dia 20, o Sol atravessa este perseverante signo de terra. Um bom momento para começarmos a aplicar os planos e promessas que geralmente nos fazemos na virada de cada ano. Um signo econômico que nos inspira a cortar despesas, planejar poupança e a viver dentro de nosso orçamento. Sob Capricórnio, os limites não nos parecem tão dolorosos.

Entre os dias 11 e 14, uma rápida aproximação entre Mercúrio e o Sol nos permite pensar melhor sobre todos os detalhes que envolvem nossos projetos e objetivos. Também fica mais fácil recolher as informações necessárias e abrir todos os canais de comunicação, favorecendo contatos, conversas, entrevistas, reuniões, etc.

No dia 21, o Sol entra no signo de Aquário e dá vez à criatividade, ao improviso, acolhendo com benevolência todas as mudanças, os projetos ousados e as atitudes menos conservadoras.

Se pretendemos mudar alguma coisa em nossas vidas – na área que for – chegou a hora!

Na última semana do mês até a primeira de fevereiro, uma desconfortável ligação entre Sol e Netuno pode nos tornar mais letárgicos, preguiçosos, e não é de esperar que a nossa produtividade e concentração caiam sensivelmente.

Não é um bom momento para tomar decisões definitivas, porque a nossa clareza de percepção está prejudicada. Há muita indefinição ainda para podermos enxergar todos os lados de uma questão.

Incidentes envolvendo água, inundação, chuvas, transportes marítimos não são improváveis sob esta combinação planetária.

No mesmo período, uma interessante ligação entre o Sol e a Cabeça do Dragão pode coincidir com a descoberta de vocação, caminhos de vida para aqueles que se sentiam perdidos ou insatisfeitos com a estrada até então trilhada.

Mercúrio – também no signo de Capricórnio –, por todo o mês, em princípio, nos daria uma extraordinária capacidade de concentração mental, mente disciplinada e pensamentos totalmente voltados para a prática. Ocorre que ele nos trás alguns embaraços quando entra em movimento retrógrado no dia 3 de janeiro até o dia 24, quando retoma o seu movimento direto.

No decorrer desse período, é recomendável todo o cuidado com documentos, informações emitidas e recebidas, compra, uso e instalação de equipamentos de comunicação e veículos. Compromissos agendados devem ser reconfirmados e dados devem ser conferidos novamente.

Sempre que possível, devemos evitar cirurgia quando Mercúrio está em movimento retrógrado. Lembre-se também de que nenhuma transação ou negociação são definitivas enquanto durar este movimento.

O mês inicia com influências muito harmônicas entre Mercúrio e Vênus. Até por volta do dia 8, devemos conseguir excelentes ofertas no comércio e bons resultados em negociações de preços, cobranças, taxas de juros e até de salários.

Pensar em negócios, aplicações financeiras e formas de melhorar a receita, quando estamos sob a benéfica influência de Mercúrio e Vênus, costuma trazer pródigos resultados. Também podemos esperar mais sociabilidade entre as pessoas e um grande favorecimento para o amor – principalmente aquele baseado no diálogo, entendimento e afinidade mental.

Ainda na primeira semana de janeiro estamos sob a interessante influência de Vênus e Marte – muito próximos do signo de Escorpião.

No campo dos afetos, podemos esperar – além das afinidades e do companheirismo – um aumento da chama da paixão. Esta dupla celeste é amante dos amantes e confere aos relacionamentos uma dose picante de erotismo e atração. Histórias começadas aqui têm a marca do fogo da paixão.

Os ganhos financeiros se alteram com a mesma agilidade que perdem. Transações que estão prontas para ser realizadas não passarão desta semana para dar frutos.

Fiquem atentos às oportunidades de momento que poderão surgir aqui. São boas, porém rápidas!

Urano também acompanha Vênus nos primeiros sete dias de janeiro, numa desafiadora posição. É temeroso arriscar com dinheiro. As taxas podem oscilar de uma hora para outra e as condições de um negócio podem se alterar bruscamente. Despesas inesperadas podem nos pegar de surpresa.

Esta é uma combinação típica de ruptura. A menos que queiramos nos livrar de alguém, é melhor conduzir as relações com muita folga e pouca pressão

A partir do dia 8, Vênus entra no signo de Sagitário e é visitada por muitos planetas que com ela formam interessantíssimas ligações. A começar por Netuno, que entre os dias 15 e 21 promete um clima de idílio, romance e sedução. Também garante retornos e vantagens financeiras que parecerão caídos do céu, mas que na verdade são frutos de esforços despendidos e que agora nos surgem como dádivas.

Auxílio e boa vontade por parte de alguns colaboradores contribuirão para a realização de ótimos negócios.

A seguir é a vez de Júpiter, que, numa espetacular aliança com Vênus – a partir da segunda metade do mês – amplia a chance de sorte, vantagem e prosperidade na vida material.

Principalmente para quem tem negócios em outros lugares distantes de seu local de residência, o momento é auspicioso.

Novos romances podem surgir sob a proteção desta influência e antigas ligações podem ser reavivadas com o toque de aventura que esta dupla sempre inspira.

Há um sensível aumento de viagens.

Na última semana do mes, Plutão encosta em Vênus nos alertando para dívidas e despesas acima de nosso orçamento. Esta é uma combinação de prejuízo e é sempre mais difícil recuperar ganhos ou saldar débitos sob sua influência. Não saia da linha! Relacionamentos em crise sempre sofrem quando Plutão e Vênus se alinham.

É sempre bom nesta ocasião não ultrapassar limites ou provocar reações intempestivas. O amor pode não sobreviver!

Ainda na última semana dos mês, Saturno faz uma dura oposição a Vênus e nos obriga a manter o juízo nos assuntos financeiros. Os relacionamentos que não são levados a sério e não têm vocação para um compromisso mais firme podem simplesmente esfriar.

Marte no signo de Escorpião até o dia 17 nos impele a agir de uma maneira profunda e completa para resolver pendências ou impasses. Quem tem receio de agir, decidir ou assumir posições encontrará o apoio deste guerreiro planeta por todo este período.

Entre os dias 8 e 16 uma desajeitada visita de Urano a Marte aumenta o risco de acidentes, principalmente envolvendo velocidade.

Um clima de inquietação, impaciência e ansiedade nos torna mais intolerantes e sensíveis a toda forma de pressão e contrariedades. Situações de última hora podem nos obrigar a mudar completamente o rumo da ação que vínhamos seguindo.

A partir do dia 18 Marte entra no signo de Sagitário, e agora sim é a hora de ações corajosas que ampliem o nosso raio de autonomia e conquista. A nossa mira está muito boa e podemos atirar longe!

Já no final do mês, entre os dias 24 e 31, Marte – em desencontro com a Cabeça do Dragão – nos prejudica a vitalidade e também põe em risco os relacionamentos que estejam sendo levados com agressividade e egoísmo. Líderes podem desgastar sua autoridade se estiverem agindo com autoritarismo.

Júpiter entra o ano em pleno signo de Leão (onde ele se encontra desde agosto de 2002) favorecendo as atitudes nobres, grandiosas e entusiastas. Os signos de fogo – Áries, Leão e Sagitário – têm um excelente período pela frente graças à passagem de Júpiter por este irradiante signo.

Saturno e Urano abrem o ano em harmonia, protegendo os novos negócios e dando base e sustentação para todas as mudanças e novidades econômicas e políticas que eventualmente estejam sendo implantadas.

Finalmente, o novo não assusta!

Posições Diárias da Lua

Dia 1º de Janeiro – Quarta-feira

Fase Lunar: Minguante
Lua no Signo: Capricórnio – a partir das 21h44
Lua Fora de Curso: das 15h25 às 21h44

Aspectos Diários da Lua	entrada	exato	saída
Lua oposição Saturno	07h07	21h11	17h16
Lua sextil Urano	10h18	15h25	20h32

Lua em Capricórnio

Com a entrada da Lua no signo de Capricórnio na parte da noite, as pessoas se tornam realistas e conseguem resolver tudo o que dependa de esforço e determinação. Conta-se, também, com eficiência e com um estado de espírito mais organizado, ideal para se fazer planos a longo prazo. Dias de grande produtividade nos aguardam! As emoções tornam-se mais frias e diminui o romantismo. Uma preocupação maior com a segurança material favorece a que se faça contas, se revise orçamentos ou se tenha uma ótima idéia de como diminuir os gastos. Este signo é um excelente conselheiro para nos ajudar a fazer um planejamento bem acertado para o ano que se inicia. Então mãos à obra! E um Ano-Novo pleno de realizações! Ter o dia seguinte bem planejado ajuda a pegar no sono.

Desaconselhável cirurgia de coluna, articulações, joelho, pele, dentes, olhos, vesícula, útero, seios e abdome.

Lua oposição Saturno

Hoje os compromissos – e tudo o que foi planejado – tendem a ser cumpridos, mas há um tom de reserva no ar. Evite o espírito crítico. Afinal, o ano está só começando. É feriado e aproveite para fazer alguma coisa que ajude a relaxá-lo.

Lua sextil Urano

No primeiro dia do Ano-Novo, contamos com um estado de maior desprendimento e as coisas não nos afetam tanto. Este é um momento propício a que se faça um balanço de nossa vida, para descartarmos o que, de alguma forma, ainda nos aprisiona (como situações indesejáveis, vícios, hábitos, etc.) e inovarmos. Aproveite. Tente alguma coisa diferente.

Dia 2 de Janeiro – Quinta-feira

Fase Lunar: Nova às 18h22
Lua no Signo: Capricórnio
Lunação de janeiro
Lua nova às 18h22, horário de Brasília
Lua nova no signo de Capricórnio, no grau 12º01'
Duração até a próxima lunação: 18/01/2003

Aspectos Diários da Lua	ENTRADA	EXATO	SAÍDA
Lua conjunção Sol	12h48	18h24	00h01 de 03/01

Lua conjunção Sol

Nosso irmão Sol e nossa irmã Lua dão as mãos no céu nas primeiras horas do dia, para anunciar a entrada da Lua nova. Permita que uma nova sensação lhe invada – a sensação de "começar de novo". Renove esperanças e entusiasme-se! Mas lembre-se: tudo está só no começo.

Lunação de Janeiro

Fase Lunar: Nova em 02/01/2003 às 18h22, horário de Brasília

Lua no Signo: 12º 01' de Capricórnio

Vigência: até a próxima Lua nova, em 1º de fevereiro 2003

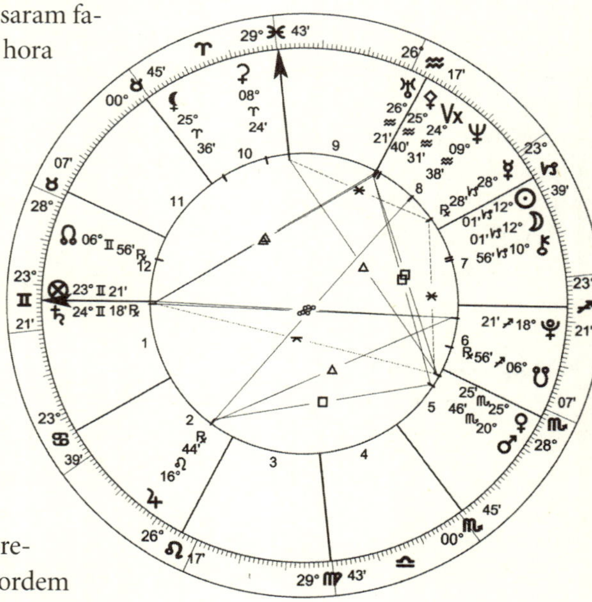

A primeira Lua nova do ano põe em evidência a aliança que partidos e políticos precisaram fazer para concorrer às eleições. Agora é hora do vamos ver. Na prática.

Há um comprometimento e adesão às propostas fechadas em torno dessas alianças no que se refere a assuntos essenciais. Reina o bom senso. Afinal, esta lunação se dá no signo de Capricórnio, tão afinado com a idéia de responsabilidade com as prioridades e um forte realismo. Uma delas é com certeza a oferta de emprego, pois há muito bons contatos entre os planetas que envolvem a casa 6 e a casa 8 – respectivamente, áreas ligadas a emprego e a orçamento. Parcerias de toda ordem – comercial, empresarial, institucional e até mesmo pessoal – estão muito bem protegidas devido à presença da Lua nova – na casa 7 –, área dos relacionamentos. Outra área que parece dar sinais de reestruturação e modernização é o de exportação e de uma maneira geral de relações exteriores, graças à presença de Urano, na casa 9, em ótima ligação com Saturno. Este bem colado no Ascendente do mapa da lunação.

Conselho do mestre Saturno: vamos iniciar o ano arrumando a casa e para começar qualquer assunto vamos dar passos seguros, sólidos, muito bem planejados, nem que tudo isto demore um pouco mais.

A destacada presença de Saturno nesta lunação e em aspectos favoráveis nos indica que aparentemente o Brasil começa o ano com as rédeas na mão e muito ciente das árduas tarefas que têm pela frente. Ainda há sinais de alguma recessão da economia devido a oposição entre Saturno e Plutão muito destacados no mapa desta Lua nova. Toda Lua nova é propícia a começos. Sob a influência deste produtivo signo de terra nada como começar a lidar com assuntos de ordem prática e material. Esta lunação é mais significativa para os nascidos nos signos de Câncer e Capricórnio. Quem nasceu nos signos de Áries ou Libra também será afetado e pressionado a assumir responsabilidades e cumprir prazos que podem estar negligenciados.

A Lua nova em Capricórnio é estimulante para todos aqueles que queiram aplicar as qualidades próprias deste signo: praticidade, determinação, estabilidade, eficiência, produtividade, maestria com o tempo, senso de realidade, capacidade de tolerar frustração momentânea para se atingir metas de longo prazo.

Dia 3 de Janeiro – Sexta-feira

Fase Lunar: Nova
Lua no Signo: Capricórnio
Lua Fora de Curso – das 22h56 às 01h57 de 04/01

Aspectos Diários da Lua	entrada	exato	saída
Lua sextil Marte	04h52	10h23	15h00
Lua sextil Vênus	13h55	19h37	01h21 de 04/01
Lua conjunção Mercúrio	17h43	22h56	04h11 de 04/01

Lua sextil Marte

Ótima influência para se agir, tomar atitudes e decisões, pois contamos com garra, dinamismo e ousadia. Em pouco tempo dá para resolver pendências que vinham se arrastando. Alta disposição e sensação de capacidade ampliada. Impasses e dúvidas serão superados.

Seja espontâneo nas relações. Aceitar propostas de última hora trarão bons resultados.

Lua sextil Vênus

Esta energia somada à anterior, brinda a nossa sexta-feira com um astral propício aos romances e afetos. Aproveite para seduzir e amar. Ótimo para novos encontros. Bom momento para reuniões sociais, atividades de lazer, compras e para cuidar da beleza.

O romantismo mais aguçado privilegia o gosto das pessoas por shows, filmes, músicas e livros de conteúdo romântico.

Lua conjunção Mercúrio

Reserve estas horas para trabalhos de ordem intelectual, para escritos, leituras, correspondências, enfim, o que estiver ligado à comunicação, a trocas de informação e também ao comércio, estará bem favorecido. Bom para circular e encontrar pessoas. Aproveite para ter "aquela" conversa que você vem adiando. Haverá maior entendimento e receptividade.

Fale de seus sentimentos, dê explicações, se for necessário. Com mais facilidade encontramos as palavras certas para tocar as pessoas.

Dia 4 de Janeiro – Sábado

Fase Lunar: Nova
Lua no Signo: Aquário – a partir de 01h57

Aspectos Diários da Lua	ENTRADA	EXATO	SAÍDA
Lua conjunção Netuno	13h57	18h23	00h51 de 05/01

Lua em Aquário

No signo avesso a regras e compromissos, a Lua sugere atitudes mais despojadas e um "viva" à liberdade. Ponha de lado as preocupações e restrições e deixe seu lado criativo fluir. Você poderá ter uma grande idéia! Ótimo para se conhecer pessoas e se entrosar em grupo. Maior facilidade no manuseio ou na compra de aparelhos elétricos ou máquinas. O que sair da norma, da rotina, do convencional, cativará o espírito das pessoas. Se você vem levando uma vida dentro de padrões muito rígidos, cometer uma extravagância ou uma pequena transgressão poderá lhe trazer uma ótima sensação.

Lua conjunção Netuno

Esta parte do sábado está ideal para estimular o seu lado artístico – ir a uma exposição ou apresentação, ouvir música, dançar ou assistir a um bom filme, cujo tema seja inspirador. Evite lidar com assuntos que possam não fazer bem à sua alma, pois há uma tendência a que se fique mais sensível e suscetível. O ramo imobiliário, particularmente nas áreas litorâneas, estará sendo mais beneficiado. A criação de uma atmosfera mágica facilita a aproximação de uma pessoa de seu interesse.

Dia 5 de Janeiro – Domingo

Fase Lunar: Nova
Lua no Signo: Aquário

Aspectos Diários da Lua	ENTRADA	EXATO	SAÍDA
Lua oposição Júpiter	02h19	07h46	13h16
Lua sextil Plutão	05h50	11h22	16h56
Lua quadrado Marte	13h27	19h18	01h12 de 06/01
Lua trígono Saturno	16h16	21h49	03h24 de 06/01
Lua conjunção Urano	20h44	02h22 de 06/01	08h02 de 06/01

Lua oposição Júpiter

Nesta manhã de domingo será ótimo sair para caminhar ou espairecer. Ante a algum obstáculo, mantenha a fé e a autoconfiança. Mas cuidado com o excesso de expectativa a respeito de uma situação ou de alguém. Procure "cair na real". É bom evitar abusos de comidas, bebidas ou fumo; geralmente, extrapola na medida, relaxa nos tratamentos e dietas.

Lua sextil Plutão

Ótimo para se fazer "aquela" arrumação na casa. Remexer cantos, baús, "fuçar" armários e gavetas. Renove o ambiente. Também está indicado a mudanças de toda a ordem, em especial, àquelas que mexam com o plano emocional. No relacionamento afetivo, é propício a um aprofundamento dos laços existentes. Perdoar, limpar as mágoas e tocar para a frente é o melhor que se pode fazer.

Lua quadrado Marte

Aqui há uma propensão à irritabilidade e à impaciência. O melhor será praticar uma atividade física para liberar um possível mau humor, principalmente se você já vem se sentindo estressado. Procure se controlar e evite brigas ou bate-bocas. Cuidado com comportamentos impulsivos, para não se arrepender depois. Querer se impor poderá resultar em mágoa para o outro.

Lua trígono Saturno

Esta energia vem amenizar a anterior, ajudando a centrar mais suas emoções e canalizá-las para objetivos produtivos. Isto permitirá manter o bom senso e uma certa ordem em sua vida. Determinação acentuada. Não se esquive de suas responsabilidades.

Lua conjunção Urano

Na parte da noite, até amanhã de manhã, "a coisa muda de figura". Imprevistos são comuns sob esta configuração astral e você se vê obrigado a alterar planos ou compromissos. Aumento da inquietação e da ansiedade faz com que haja predisposição à insônia. Por outro lado, pode contar com espírito inventivo e, quem sabe, idéias brilhantes!

DIA 6 DE JANEIRO – SEGUNDA-FEIRA

Fase Lunar: Nova
Lua no Signo: Peixes – a partir das 08h57
Lua Fora de Curso: das 06h45 às 08h57

ASPECTOS DIÁRIOS DA LUA	ENTRADA	EXATO	SAÍDA
Lua quadrado Vênus	00h39	06h45	12h54

Lua em Peixes

Neste signo sonhador, a Lua incita-o à imaginação e a fantasias. Com o sentimento de empatia em alta, você é capaz de compreender melhor os outros e há um clima favorável às ajudas mútuas. A necessidade de ter uma fé faz com que as pessoas busquem por suas crenças. O período é mais contemplativo e a sensibilidade acentuada.

Clima romântico, generosidade e maior aproximação nos relacionamentos em geral. Nesses dias, nada termina como começou. É bom esperar até o último momento para saber como, finalmente, as coisas ficaram.

No trabalho ou nos estudos, melhor optar por tarefas que não exijam atenção constante e minuciosa. Os detalhes aborrecem e escapam facilmente. Com esta posição você já acorda pensando na hora de voltar a dormir. E sonhar.

Desaconselhável cirurgia de pés e do aparelho gastrintestinal.

Lua quadrado Vênus

Esta manhã tem bem a cara de segunda-feira. Que preguiça de levantar. Melhor será não enfrentar tarefas árduas, nem compromissos desgastantes. Hoje você precisa de coisas agradáveis, do contrário, a carência emocional tenderá a se acentuar.

O nível de idealização está exacerbado, o que poderá levá-lo a alguma frustração. Evite gastos supérfluos.

Dia 7 de Janeiro – Terça-feira

Fase Lunar: Nova
Lua no Signo: Peixes

Aspectos Diários da Lua	ENTRADA	EXATO	SAÍDA
Lua sextil Sol	11h26	17h48	00h12 de 08/01
Lua quadrado Plutão	14h43	20h35	02h29 de 08/01

Lua sextil Sol

A cooperação, especialmente entre os casais, está beneficiada. Então, não hesite em pedir ajuda (de preferência a alguém do sexo oposto). Boa ocasião para se mostrar o que se quer e o que se sente. Esclareça os seus objetivos e persiga-os.

Lua quadrado Plutão

Esta influência é responsável por alterações emocionais que o tornam mais radical e suscetível às próprias emoções. Tendência a dramatizar tudo. Previna-se de pessoas ou lugares perigosos. Evite atritos.

Dia 8 de Janeiro – Quarta-feira

Fase Lunar: Nova
Lua no Signo: Áries – a partir de 19h15
Lua Fora de Curso: das 09h55 às 19h15

Hoje a Lua permanece fora de curso por quase todo o dia. Tome as devidas precauções para este caso, orientando-se através do capítulo Lua Fora de Curso, deste livro.

Aspectos Diários da Lua	ENTRADA	EXATO	SAÍDA
Lua quadrado Saturno	01h16	07h08	13h02
Lua trígono Marte	01h48	08h02	14h19
Lua sextil Mercúrio	04h28	09h55	15h23
Lua trígono Vênus	15h38	22h09	04h42 de 09/01

Lua em Áries

Neste signo de fogo, a Lua traz um estado de ânimo voltado para o dinamismo e a impetuosidade. É mais fácil tomar decisões e iniciativas porque contamos com mais vitalidade e coragem.

Contudo, há também mais impaciência e pressa e as reações tendem a ser mais impulsivas. Passa a predominar um ritmo acelerado no comportamento das pessoas. Os desempenhos esportivos e as competições estão em alta. Clima de maior independência e intolerância ante as situações não resolvidas ou adiadas.

Disposição para ousar, assumir riscos e pagar o preço de uma decisão. Começar uma dieta vai trazer resultados rápidos. Ótimo para se começar novos empreendimentos.

Sono inquieto. Reserve um bom espaço para dormir.

Desaconselhável cirurgia na região da cabeça e nos rins.

Lua quadrado Saturno

É provável que você tenha de se envolver com um trabalho ou uma tarefa indesejável. Parece que as obrigações pesam mais. Faça tudo para não depender de favores nessas horas.

Cultue a auto-suficiência, pois não está contando com disponibilidade por parte das pessoas. Agüentar uma frustração neste momento será "duro de digerir".

Lua trígono Marte

Ainda bem que nesta quarta-feira você pode contar com outras energias que, por serem positivas, salvam-no da anterior. A Lua, em aspecto harmônico com Marte, confere pique e dinamismo para que consiga transpor os obstáculos. Lute pelo que você deseja.

Lua sextil Mercúrio

Este aspecto favorece as conversas esclarecedoras e as de ordem intelectual. Ótimo para estudos, leituras, envio de e-mail e trocas de idéias. Aumento da procura por meios de comunicação e de divulgação. Favorável para planejar horários mais eficientes em sua rotina diária. Comércio em alta.

Lua trígono Vênus

Excelente momento para os relacionamentos em geral, principalmente os de ordem afetiva.

Permeie seus encontros com muito carinho, palavras de afeto e abuse do charme. Quem resistirá?

Cuidar da aparência, fazer compras, se embelezar e dar presentes... são atividades que trazem ótimos resultados.

DIA 9 DE JANEIRO – QUINTA-FEIRA

Fase Lunar: Nova
Lua no Signo: Áries

ASPECTOS DIÁRIOS DA LUA	ENTRADA	EXATO	SAÍDA
Lua sextil Netuno	08h58	15h01	21h05
Lua trígono Júpiter	21h22	03h23 de 10/01	09h24 de 10/01

Lua sextil Netuno

No decorrer de praticamente todo o dia paira uma atmosfera de predisposição geral para a cooperação e a solidariedade.

Os artistas contam com mais inspiração e há maior sintonia entre as pessoas que se ajudam e se compreendem, envoltas num clima de boa vontade.

Ideal para eventos de caráter religioso, espiritual e filantrópico.

Lua trígono Júpiter

A noite chega trazendo uma energia de otimismo e pede que enfrente os desafios com fé e a crença de que tudo dará certo.

Para quem é religioso, ir à missa ou ao culto de sua preferência trará ótima vibração. Você deve pôr em prática a generosidade e o espírito de grandeza.

Favorável a viagens.

Dia 10 de Janeiro – Sexta-feira

Fase Lunar: Crescente às 11h14
Lua no Signo: Áries

Aspectos Diários da Lua	entrada	exato	saída
Lua trígono Plutão	02h35	08h41	14h47
Lua quadrado Sol	04h46	11h15	17h54
Lua quadrado Mercúrio	11h14	16h43	22h12
Lua sextil Saturno	12h59	19h02	01h06 de 11/01
Lua sextil Urano	19h03	01h10 de 11/01	07h17 de 11/01

Lua trígono Plutão

Excelente aspecto para exames, check-up, terapias e diagnósticos, pois tudo será visto a fundo. Garante, também, uma força regeneradora capaz de auxiliá-lo nas transformações que se fizerem necessárias. Libere sentimentos e emoções que possam estar reprimidos. Excelente momento para reaver chances, oportunidades e até pessoas tidas como perdidas. Essa é, por excelência, uma energia de recuperação. Em todos os sentidos.

Lua quadrado Sol

Momento em que não deve esmorecer e lutar por seus objetivos, faz-se necessário. É preciso garra e perseverança para lutar. Encontramos disputa e concorrência em tudo o que pretendemos, o que leva a um maior desgaste energético. Os casais que apresentam maiores incompatibilidades terão mais dificuldades quanto ao relacionamento. Tornam-se mais difíceis os acordos. A faceta mais infantil das pessoas pode interferir nas decisões mais lúcidas.

Lua quadrado Mercúrio

Aqui é preciso cuidado com relação a mal-entendidos. A comunicação está falha e não é o melhor momento para se investir em propaganda, passar mensagens ou "dar o recado". Pequenas discussões podem atrapalhar um relacionamento. Melhor evitá-las. Não tente explicar seus sentimentos.

Lua sextil Saturno

Bom para cuidar da casa ou para concretizar algo que você já vem arquitetando. Conta com mais determinação e coerência para ajudá-lo a aceitar melhor as limitações e a disciplina que a vida nos impõe.

Lua sextil Urano

Na parte da noite, as novidades serão bem-vindas. Aceite uma proposta de última hora. Deixe o "acaso" lhe trazer novas perspectivas. Vá a algum lugar diferente, tente algo ainda não experimentado. Dê asas ao espírito livre e inventivo que habita em você.

Dia 11 de Janeiro – Sábado

Fase Lunar: Crescente
Lua no Signo: Touro – a partir das 07h48
Lua Fora de Curso: das 01h10 às 07h48

Aspectos Diários da Lua	ENTRADA	EXATO	SAÍDA
Lua quadrado Netuno	21h45	03h59 de 12/01	10h04 de 12/01

Lua em Touro

Sentimos uma desacelerada no ritmo que predominava anteriormente. Com a Lua transitando pelo signo de Touro, as pessoas se tornam pacientes e tendem a pensar antes de agir. O clima é de maior estabilidade e as mudanças já não são mais bem-vistas. Prefere-se o que já é conhecido, os relacionamentos sólidos, os lugares de sempre. Torna-se mais difícil mudarmos de idéia, de opinião ou largarmos um hábito. Predisposição à ternura e ao bom gosto. As pessoas estarão mais cuidadosas com os gastos, por isso darão preferência a objetos e serviços que ofereçam garantia e durabilidade. Crie um ambiente bem confortável para dormir. Sono estável. Prazer em dormir e preguiça ao despertar. Desfavorável cirurgia de garganta, tireóide, cordas vocais, órgãos genitais, próstata, uretra, bexiga, reto e intestinos.

Lua quadrado Netuno

Esta noite de sábado está ideal pata os programas amenos, que não exijam muita disposição. O clima é de preguiça... espreguiçar-se num gostoso sofá, ouvindo uma música relaxante, neste momento parecerá divino. As tristezas e dissabores doem mais sob esta configuração, portanto, evite enfrentar as chamadas "barras pesadas" e fuja de notícias ruins. Procure driblar a carência afetiva que, normalmente, se acentua neste caso, fazendo algo por outro ser menos afortunado que você.

Dia 12 de Janeiro – Domingo

Fase Lunar: Crescente
Lua no Signo: Touro

Aspectos Diários da Lua	ENTRADA	EXATO	SAÍDA
Lua quadrado Júpiter	09h36	15h36	21h34
Lua trígono Mercúrio	17h54	23h20	04h45 de 13/01
Lua trígono Sol	23h02	05h36 de 13/01	12h08 de 13/01

Lua quadrado Júpiter

É, realmente vai ser difícil pular da cama cedo e, em se tratando de um domingo, as pessoas preferirão descansar "mais um pouquinho". Pois este aspecto traz indolência e o desejo de "sombra e água fresca". Atenção à alimentação – tendência a abusar de comidas, doces e bebidas. Evite ainda os desperdícios.

Lua trígono Mercúrio

Neste horário, toda a forma de comunicação está beneficiada, assim como os estudos em geral. Coloque em palavras os seus sentimentos. Eles fluirão melhor e você será capaz de exprimir realmente o que está sentindo. Bom para comércio e tendência à grande movimentação nos shoppings. Internet ativada.

Lua trígono Sol

Este aspecto, que perdura até o meio-dia de amanhã, permite um estado de maior coerência entre razão e emoção. Porque você está em condições de enxergá-las e entendê-las com mais facilidade. Favorece o relacionamento entre casais. Você tem a impressão de que a vida flui melhor.

Dia 13 de Janeiro – Segunda-feira

Fase Lunar: Crescente
Lua no Signo: Gêmeos – a partir das 20h08
Lua Fora de Curso: das 15h44 às 20h08

Aspectos Diários da Lua	entrada	exato	saída
Lua quadrado Urano	07h54	13h54	19h53
Lua oposição Marte	09h26	15h44	22h08

Lua em Gêmeos

As pessoas tornam-se mais tagarelas, inquietas, curiosas e querem estar bem informadas. Adoram circular, sair em busca de novidades... aumenta a procura por jornais, livros e revistas. As discussões perdem o caráter de "peso" e são logo resolvidas, pois contamos com um julgamento mais racional do que emocional. É fácil reunir pessoas e participar de atividades em grupo. Encaramos a vida de uma forma mais solta e descompromissada. É mais fácil vender alguma coisa ou alguma idéia. É tempo de ler, aprender, fazer discursos, freqüentar congressos, palestras e seminários. Com a mente mais ativada, aproveite para exercitar as idéias e deixar que elas se multipliquem. Sono agitado. A atividade mental e até os diálogos continuam durante o sono. Desaconselhável cirurgia de vias respiratórias, pernas, braços, mãos, dedos, fígado, coxa, bacia e ciático.

Lua quadrado Urano

Segunda-feira elétrica. Muito agito, coisas para se resolver na última hora, inesperados... tudo isso contribuindo para um nível de aceleração estresse no comportamento das pessoas. Isto acaba afetando os sistemas nervoso e circulatório. Convém tentar se abster dessas situações e manter, dentro do possível, a calma. Cuidado redobrado no trânsito e se tiver que lidar com eletricidade.

Lua oposição Marte

Outra energia que provoca alteração no ânimo das pessoas, predispondo-as ao descontrole emocional, o que ocasiona brigas e explosões de temperamento. Muita inquietação e ansiedade. Praticar esportes (que não ofereçam risco), ou mesmo dar uma boa caminhada, poderá ser de grande valia.

Dia 14 de Janeiro – Terça-feira

Fase Lunar: Crescente
Lua no Signo: Gêmeos

Aspectos Diários da Lua	entrada	exato	saída
Lua oposição Vênus	03h37	10h03	16h26
Lua trígono Netuno	09h59	15h51	21h42
Lua sextil Júpiter	20h32	02h16 de 15/01	07h59 de 15/01

Lua oposição Vênus

Período em que predomina um sentimento de "querer ser preenchido" e de satisfazer os anseios. Caso isto não ocorra na medida esperada, pode sentir-se carente e desabastecido emocionalmente. Reverta esta situação: faça algo por você mesmo, que possa agradar-lhe, sem esperar dos outros.

Lua trígono Netuno

O astral do dia melhora muito com este aspecto, pois você conta com boa vontade e maior sentimento de empatia por parte de todos. Espírito solidário em alta. Ótimo para prática de relaxamento, meditação ou, simplesmente, para contemplação. Estar em lugares perto de água, como mar, rio ou cachoeira, trará uma ótima vibração.

Lua sextil Júpiter

Favorável para o contato com doutrinas, religiões, assuntos ligados ao estrangeiro e tudo o que o faça sentir que pode ir além. Cultuando só pensamentos positivos e elevados, fazendo uma prece ou deixando o seu Eu interior aflorar, você poderá receber a bênção prometida para esta noite.

Dia 15 de Janeiro – Quarta-feira

Fase Lunar: Crescente
Lua no Signo: Gêmeos

Aspectos Diários da Lua	ENTRADA	EXATO	SAÍDA
Lua oposição Plutão	02h55	08h41	14h26
Lua conjunção Saturno	11h48	22h08	00h17 de 16/01
Lua trígono Urano	18h35	05h56 de 16/01	08h55 de 16/01

Lua oposição Plutão

Com tendência a ser mais radical, não é aconselhável fazer julgamentos nem entrar em disputas de poder. É bom lembrar que sempre há o "outro lado da moeda". Melhor não se expor. Inclusive em lugares desconhecidos ou que ofereça riscos. No trabalho, ou em qualquer outro setor de sua vida, evite a rivalidade e levar as coisas para o terreno pessoal. Melhor não contar com o apoio de pessoas em posição mais forte do que a sua.

Lua conjunção Saturno

Este aspecto pode trazer uma certa visão negativa dos fatos e um sentimento de solidão. Mas se usar a razão e o discernimento, você vai ver que não há grandes motivos para isso. A produtividade e a autosuficiência devem ser estimuladas. Pode fazer um bom uso do tempo. Maior preocupação com a segurança material.

Lua trígono Urano

À noite, esta energia soma-se à anterior, permitindo um pouquinho mais de folga. É hora de deixar de lado as obrigações mais extenuantes e abrir espaço à criatividade. Bom momento, também, para sentir-se livre para alterar planos e cortar-se tudo o que estiver impedindo a evolução de sua caminhada.

Dia 16 de Janeiro – Quinta-feira

Fase Lunar: Crescente
Lua no Signo: Câncer – a partir das 05h56
Lua Fora de Curso: das da 00h17 às 05h56

ASPECTOS DIÁRIOS DA LUA	SAÍDA
Lua trígono Urano	08h55

Lua em Câncer

Em seu próprio signo, a Lua o predispõe a assuntos de ordem familiar, domésticos e ligados ao passado. Confere, também, qualidades lunares como: sensibilidade e vulnerabilidade. Você necessita ser mais protegido e qualquer mágoa é muito sentida. O lado racional passa a ficar em segundo plano e as emoções comandam o período. As pessoas tornam-se mais reservadas e procuram pelos seus entes queridos. É tempo de muito romantismo e cai bem ser sentimental. Aproveite. Peça e dê colo. Rever, reviver e recordar parecerá indispensável. Para quem tenciona ter filhos, planejar família, casar-se ou mudar de casa, este é um bom momento. Sono reconfortante. Divida este doce momento de intimidade com alguém especial. Desaconselhável cirurgia de abdome, seio, útero, estômago, ossos, articulações, vesícula, pele e vista.

DIA 17 DE JANEIRO – SEXTA-FEIRA

Fase Lunar: Crescente
Lua no Signo: Câncer

ASPECTOS DIÁRIOS DA LUA	ENTRADA	EXATO	SAÍDA
Lua oposição Mercúrio	03h47	08h48	14h02

Lua oposição Mercúrio

O tráfego estará prejudicado. Retenções, engarrafamentos... desaconselhável para fretes e mudanças de casa ou de escritório durante estas horas. Cuidado para não perder o horário. O mesmo com relação a papéis e documentos que se extraviam com maior facilidade. Preste mais atenção em detalhes e informações dadas e recebidas, pois este aspecto promove mal-entendidos e erros de interpretação.

DIA 18 DE JANEIRO – SÁBADO

Fase Lunar: Cheia às 08h46
Lua no Signo: Leão – a partir das 12h30
Lua Fora de Curso: das 08h48 às 12h30

Lunação de Janeiro
Lua cheia às 08h46, horário de Brasília
Lua cheia no signo de Leão, em 27°55'
Duração até a próxima lunação: 01/02/2003

ASPECTOS DIÁRIOS DA LUA	ENTRADA	EXATO	SAÍDA
Lua oposição Sol	03h02	14h12	
Lua trígono Marte	08h27	18h27	19h45

Lua em Leão

O prazer, a alegria e a exuberância marcam este período em que a Lua faz seu passeio pelo majestoso signo de Leão. As pessoas gostam de sentir-se mais importantes e "aparecer". Gestos de grandiosidade e o aumento da auto-estima são atitudes devidas. Saia do anonimato e vença a timidez. O lema agora é: "cresça e apareça". Elogios e homenagens são muito apreciados. Namorar será a maior curtição, e este é o melhor momento para as demonstrações esfuziantes de afeto. Damos maior valor às horas de entretenimento e prazer. Podemos, também, nos permitir pequenas indulgências diante do sentimento de "eu mereço". Tendência a prolongar a noite e dormir mais tarde. Abuse do requinte na hora de ir para a cama, como providenciar um ambiente digno de uma majestade. Desaconselhável cirurgia de coração, região lombar, capilares e tornozelos.

Lua oposição Sol

Este aspecto caracteriza a entrada da Lua na fase cheia e é, basicamente, um aspecto de complementaridade, de interação entre feminino e masculino. Será melhor, desta forma, se puder funcionar em dupla. Evite fazer coisas sozinho – seja no trabalho, nos negócios, ou mesmo em tarefas rotineiras. De preferência, busque a colaboração de alguém do sexo oposto. Há uma tendência maior para alterações emocionais.

Lua trígono Marte

Em pouco tempo você pode resolver pendências e enfrentar desafios. Tome decisões, elas trarão resultados rápidos. A disposição e o vigor fazem deste sábado um dia propício às atividades físicas e a tudo o que necessite de pique e dinamismo. No relacionamento, seja espontâneo e tome a iniciativa de se aproximar de alguém.

Lunação de Janeiro
Fase Lunar: Cheia em 18/01/2003 às 8h46, horário de Brasília
Lua no Signo: 27º 55' de Câncer

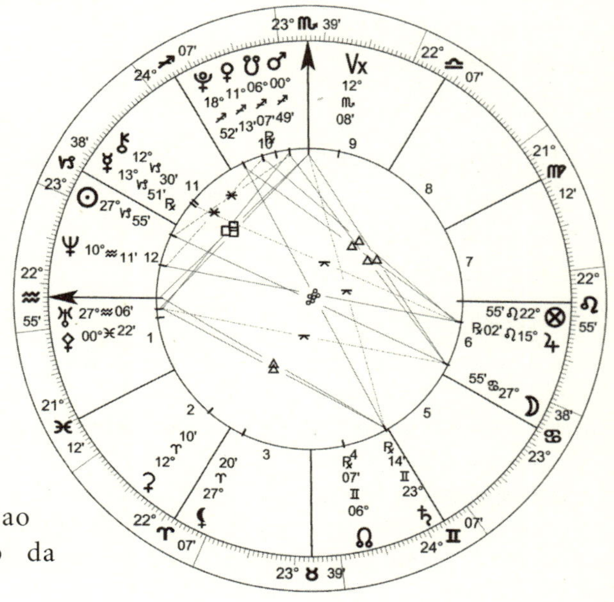

O mapa da Lua cheia de janeiro coloca o Sol em Capricórnio na casa 12 e a Lua em Câncer na casa 6. O delicado setor da saúde, com isto, recebe uma atenção mais que merecida e nem sempre recebida. A começar por um cuidado maior para a população menos favorecida e mais duramente castigada nesta pouco democrática área.

Há maior clareza e lucidez ao se olhar para este segmento da população.

Outro ponto que merece destaque é a presença dominante de Urano no ascendente do mapa da lunação. Com Urano sempre ocorrem mudanças que provocam verdadeiros saltos.

Começaram enfim as mudanças, e elas têm um caráter reformista, pois o ascendente Aquário do mapa da Lua cheia acolhe muito bem este espírito renovador.

O setor da educação também é um dos focos de atenção desse espírito reformista, pois tem o apoio de Saturno na casa 5 deste mapa.

A casa 10 – setor de autoridade – está fervilhando de planetas que indicam uso do poder e da hierarquia que esta posição confere. Muito bem sob o aspecto de Júpiter.

Pode-se começar a pensar em retomada de crescimento e uma calma maior para o capital de investimento. Quem quer que esteja no poder, está liderando.

A Lua cheia de janeiro sensibiliza principalmente os nascidos no signo de Câncer e Capricórnio.

Os cancerianos terão uma excelente oportunidade de ser tocados pela natureza realista do signo de Capricórnio. Este, por sua vez, pode ser envolvido pela sensibilidade e capacidade de intimidade e entrega dos cancerianos.

Todos nós – nesta Lua cheia – *podemos aprender a ser duros sem perder a ternura.*

Dia 19 de Janeiro – Domingo

Fase Lunar: Cheia
Lua no Signo: Leão

Aspectos Diários da Lua	ENTRADA	EXATO	SAÍDA
Lua oposição Netuno	01h12	06h27	11h41
Lua trígono Vênus	04h28	10h08	15h47
Lua conjunção Júpiter	09h24	14h33	19h42
Lua trígono Plutão	16h20	21h32	02h42 de 20/01
Lua sextil Saturno	23h37	04h46 de 20/01	09h53 de 20/01

Lua oposição Netuno

Podemos acordar com um sentimento de melancolia ou com a lembrança dos sonhos afetando nossas emoções. Manhã propensa à distração e ao esquecimento de compromissos. Evite tarefas que necessitem concentração ou empenho.

Lua trígono Vênus

Esta é uma energia muito positiva que beneficia assuntos ligados ao feminino – estética, embelezamento, moda e bom gosto. Dar e receber presentes torna-se uma delícia. Encontros sociais, festas, eventos, etc. fluem muito bem em clima de afeto e harmonia.

Lua conjunção Júpiter

Mais um abençoado aspecto soma-se ao anterior, garantindo a boa vontade e a generosidade entre todos. Tudo em clima de bom humor. Setor imobiliário bastante ativado neste domingo. Ótimo também para passeios ao ar livre e viagens.

Lua trígono Plutão

Mais na parte da tarde você será agraciado por esta energia de cura e de recuperação. Em todos os sentidos – seja para curar o mal físico ou emocional, ou para recuperar um afeto ou uma situação. Invista no relacionamento afetivo. Aprofunde os laços existentes e aproveite o aumento do erotismo em decorrência desta configuração.

Lua sextil Saturno

Enfim, o dia termina bem, com a sensação de que estamos mais coesos em relação às nossas emoções que, neste momento, se encontram sob controle. Favorece a estabilização de vínculos e compromissos. Os laços mais antigos serão os beneficiados.

Dia 20 de Janeiro – Segunda-feira

Fase Lunar: Cheia
Lua no Signo: Virgem – a partir das 16h33
Lua Fora de Curso: das 11h47 às 16h33

Aspectos Diários da Lua	Entrada	Exato	Saída
Lua oposição Urano	06h37	11h47	16h56
Lua quadrado Marte	15h19	20h41	02h02 de 21/01

Lua em Virgem

Neste seleto signo, a Lua faz com que as pessoas se tornem mais exigentes e críticas. Não será qualquer coisa nem pessoa que nos agradará. Predomina o lado da racionalidade com as emoções se apresentando na medida certa. Todos estão mais prestativos e minuciosos.

No relacionamento, valerá muito mais atitudes concretas que tragam ajuda efetiva ao ser amado do que efusivas demonstrações ou melodramas. Evite apontar os defeitos do outro. Esta atitude não cairá bem.

Seja mais atento à alimentação da noite, já que uma sensibilidade maior na região digestiva pode prejudicar o sono. Mantenha o dormitório limpo e em ordem para ter um bom sono. Desaconselhável cirurgia do aparelho gastrintestinal e dos pés.

Lua oposição Urano

Vai acordar sob uma energia frenética que o leva a um estado de aumento de tensão, agitação e inquietação. Melhor não contar nada como certo. Há probabilidade de que as coisas não transcorram conforme havia previsto. Aconselha-se reconfirmar compromissos.

Evite, a qualquer custo, excesso de velocidade. Trabalhar com liberdade e autonomia de decisão será mais gratificante.

Lua quadrado Marte

Convém controlar a impulsividade, do contrário, você poderá perder uma boa oportunidade. Há maior facilidade para a irritação e a impaciência, portanto, fique alerta – "os pavios estão mais curtos". Não acenda o fósforo. Mantenha a calma, tanto quanto possível, nas diversas situações que você tiver de enfrentar hoje.

Dia 21 de Janeiro – Terça-feira

Fase Lunar: Cheia
Lua no Signo: Virgem

Aspectos Diários da Lua	ENTRADA	EXATO	SAÍDA
Lua trígono Mercúrio	08h40	13h41	18h42
Lua quadrado Vênus	12h15	17h45	23h14
Lua quadrado Plutão	19h42	00h47 de 22/01	05h52 de 22/01

Lua trígono Mercúrio

Excelente dia para trabalhos ricos em detalhes, minúcias e onde se tenha de usar a lógica. Favorável aos estudos, entrevistas, envio de correspondências e e-mails. Encontros casuais são agradáveis e os contatos são férteis em trocas, idéias e sugestões. Encontramos com facilidade as informações que buscamos. Os deslocamentos são feitos com mais facilidade.

Lua quadrado Vênus

Convém não abusar de guloseimas e evitar gastos em compras desnecessárias. Esteja atento para não tentar suprir uma carência afetiva com este procedimento. Também não é indicado para mudanças estéticas. Elas podem não agradar depois.

Lua quadrado Plutão

As desconfianças e ressentimentos podem vir a atrapalhar algum tipo de relacionamento. Se isto acontecer, o melhor será "jogar limpo", tendo uma atitude honesta para com o outro e evitar provocações. Do contrário a situação pode sair de controle e gerar uma história bem mais complicada. Evite ambientes conturbados, repletos de pessoas e, principalmente, se oferecerem algum tipo de perigo.

Dia 22 de Janeiro – Quarta-feira

Fase Lunar: Cheia
Lua no Signo: Libra – a partir das 19h24
Lua Fora de Curso: das 07h35 às 19h24

A Lua fica fora de curso por, praticamente, todo o dia. Siga as recomendações referentes a este caso no capítulo "Lua Fora de Curso", deste livro.

Aspectos Diários da Lua	ENTRADA	EXATO	SAÍDA
Lua quadrado Saturno	02h32	07h35	12h38
Lua trígono Sol	18h22	23h50	05h17 de 23/01
Lua sextil Marte	20h36	01h54 de 23/01	07h13 de 23/01

Lua em Libra

Você tem, nestes dias, uma boa influência para atividades em dupla e para formar sociedades de modo geral – pode ser uma parceria de negócios, uma união ou até laços de amizade. Há também uma clima de cortesia e diplomacia, que facilita as reconciliações, os contatos, as reuniões sociais e as atitudes de colaboração. Abuse do charme e do bom gosto, se embelezando para aquele alguém especial. Um gesto diplomático pode quebrar o gelo de quem se quer aproximar. Aumento de atividades sociais. Momento propício à realização de festas e eventos, que serão marcados pelo bom gosto. É a sensação de estar bem acompanhado que vai induzir ao sono perfeito – em último caso, pode ser a companhia de um livro, um bom filme, etc.

Desaconselhável cirurgia dos rins e da região da cabeça.

Lua quadrado Saturno

Este período não favorece consertos, reparos ou obras na casa. Em geral, não dá certo e tem que ser refeito. Talvez você sinta um desânimo para enfrentar as obrigações que, neste momento, parecem mais árduas do que de costume. Mas não desanime que, mais tarde, tudo irá melhorar.

Lua trígono Sol

A partir deste horário, as coisas começam a clarear e você se sente mais revitalizado e equilibrado. Há maior entendimento entre as pessoas, principalmente entre os casais. Todo tipo de encontro é favorecido. Razão e emoção harmonizadas permitem a você dissipar conflitos e dúvidas.

Lua sextil Marte

A noite está propícia a qualquer atividade que requeira vigor físico e dinamismo. Você está mais corajoso e em condição para enfrentar qualquer situação. Esta configuração conspira a favor dos encontros físicos que, de repente, podem se tornar quentes!

DIA 23 DE JANEIRO – QUINTA-FEIRA

Fase Lunar: Cheia
Lua no Signo: Libra

ASPECTOS DIÁRIOS DA LUA	ENTRADA	EXATO	SAÍDA
Lua trígono Netuno	07h51	12h56	18h01
Lua quadrado Mercúrio	11h07	16h13	21h20
Lua sextil Júpiter	14h37	19h39	00h40 de 24/01
Lua sextil Vênus	19h08	00h38 de 24/01	06h08 de 24/01
Lua sextil Plutão	22h30	03h35 de 24/01	08h41 de 24/01

Lua trígono Netuno

Boa vontade, harmonia e predisposição às artes e à música permeiam o seu dia. Uma série de acasos e coincidências aponta para um encaixe quase mágico das circunstâncias. Clima de solidariedade entre as pessoas permite que se conte com ajuda e benevolência.

Lua quadrado Mercúrio

Comunicação falha, contatos dificultados, bloqueios no envio e recebimento de mensagens. Não é aconselhável lidar com papéis, assinaturas ou procedimentos burocráticos. Os negócios, os transportes e o comércio não estão favorecidos. Dados que não forem suficientemente avaliados ou que não retratem a realidade interferem no julgamento objetivo dos fatos.

Lua sextil Júpiter

Com um sentimento maior de autoconfiança e fé, temos a sensação de que podemos tudo. É só querer. Então, tente! Os assuntos que precisem de maior diplomacia e boa vontade devem ser tratados nestas horas. Há uma espécie de sorte no ar, fazendo com que as coisas se resolvam com mais facilidade.

Lua sextil Vênus

Ótimo para os romances e para todos os tipos de relacionamento, pois conta-se com um astral muito positivo, porque induz à cortesia e ao bom entendimento entre as pessoas. Tudo o que estiver relacionado à beleza, à estética, à decoração e a compras está beneficiado. Vibre nesta sintonia de amor, beleza e encantamento.

Lua sextil Plutão

Energia propícia a qualquer tipo de transformação ou regeneração – seja de ordem física, emocional ou sentimental, no caso de se precisar recuperar um afeto. Favorável, também, para um contato mais profundo com suas próprias emoções e sentimentos. Reaproximar-se de alguém que andava afastado ou concentrar-se em quem realmente se importa e se ligar em quem realmente se liga é a melhor opção.

Dia 24 de Janeiro – Sexta-feira

Fase Lunar: Cheia
Lua no Signo: Escorpião – a partir das 22h10
Lua Fora de Curso: das 17h49 às 22h10

Aspectos Diários da Lua	entrada	exato	saída
Lua trígono Saturno	05h02	10h06	15h10
Lua trígono Urano	12h43	17h49	22h56

Lua em Escorpião

Neste período há um clima de maior desconfiança e as pessoas tendem a um comportamento mais passional e dramático. Torna-se difícil digerir mágoas. Ressentimentos emergem do passado. Quando a Lua transita por Escorpião, os tratamentos de saúde intensivos e radicais são os que trazem melhores resultados, e não os paliativos. Bom momento para se restaurar, consertar, reformar ou processar mudanças de toda a espécie. Porém, precavenha-se de sentimentos como ciúme e possessividade. Estamos mais obsessivos e arrebatados por assuntos que estejam mal resolvidos e podemos forçar um confronto e provocar um desfecho, só para aliviar a pressão emocional. Sono profundo e reparador. Pode acontecer de você sonhar com algo que o liberta de uma angústia, como uma catarse. Desaconselhável cirurgia nos órgãos genitais, na bexiga, uretra, próstata, no intestino, reto, na garganta, tireóide e nas cordas vocais.

Lua trígono Saturno

Aproveite para fazer arrumações, faxinas e consertos na casa. Beneficia transações imobiliárias. Com as emoções no lugar, estamos mais aptos a lidar com situações sentimentais. Este aspecto dá uma "segurada" no turbilhão emocional. Estimule a auto-suficiência, organize o trabalho ou as tarefas e faça um bom uso do tempo.

Lua trígono Urano

Use e abuse da criatividade para encontrar novas alternativas. Seja espontâneo, use de franqueza. Tente algo diferente hoje, ou vá a algum lugar diferente. Aproveite para largar vícios indesejáveis.

DIA 25 DE JANEIRO – SÁBADO

Fase Lunar: Minguante às 06h32
Lua no Signo: Escorpião

ASPECTOS DIÁRIOS DA LUA	ENTRADA	EXATO	SAÍDA
Lua quadrado Sol	00h04	06h34	12h04
Lua quadrado Netuno	10h51	15h58	21h06
Lua sextil Mercúrio	14h44	19h59	01h15 de 26/01
Lua quadrado Júpiter	17h04	22h09	03h13 de 26/01

Lua quadrado Sol

Este aspecto é típico da Lua minguante e nos assinala que é hora de lutar para manter as situações conquistadas no ciclo lunar anterior. É preciso ter cuidado no relacionamento entre casais. Torna-se mais difícil chegar a um consenso.

Lua quadrado Netuno

É provável haver uma tendência à tristeza e à melancolia. Convém preservar-se de situações difíceis. Se puder, um banho de mar ou cachoeira fará muito bem e ajudará a "lavar a alma". Você deve ter um cuidado maior com infecções, contágio e epidemia. Devido à baixa resistência, as atividades devem ser reduzidas e o período de descanso ampliado.

Lua sextil Mercúrio

Procure se manter informado. De repente você fica sabendo de algo do seu interesse. Ler, escrever, trocar idéias ou, simplesmente, prestar atenção aos pensamentos que neste momento fluem melhor são atitudes que trazem bons resultados.

Lua quadrado Júpiter

Convém não contar muito com o fator sorte e não jogar as expectativas muito alto. Talvez as coisas não aconteçam na proporção esperada. Isto poderá ocasionar uma grande insatisfação emocional. Nada de cometer excessos na alimentação, na tentativa de driblar este estado. Lembre-se: sem esforço e sem luta, não será possível.

DIA 26 DE JANEIRO – DOMINGO

Fase Lunar: Minguante
Lua no Signo: Escorpião
Lua Fora de Curso: das 21h15 à 01h26 de 27/01

ASPECTOS DIÁRIOS DA LUA	ENTRADA	EXATO	SAÍDA
Lua quadrado Urano	16h04	21h15	02h26 de 27/01

Lua quadrado Urano

Aspecto tenso, predispõe a imprevistos e a rotina pode desprogramar, alterando o percurso que você esperava para o dia de hoje. Insônia e agitação podem se intensificar. Convém procurar relaxar e não se movimentar muito à noite.

Dia 27 de Janeiro – Segunda-feira

Fase Lunar: Minguante
Lua no Signo: Sagitário – a partir de 01h26

Aspectos Diários da Lua	ENTRADA	EXATO	SAÍDA
Lua conjunção Marte	07h37	13h03	18h29
Lua sextil Sol	08h26	14h01	19h37
Lua sextil Netuno	14h26	19h38	00h51 de 28/01
Lua trígono Júpiter	20h08	01h17 de 28/01	06h26 de 28/01

Lua em Sagitário

O astral muda totalmente com a entrada da Lua no signo de Sagitário. Passa a sentir maior necessidade por liberdade e aventura. É capaz de vislumbrar soluções para problemas e preocupações, pois fica com um sentimento interno de confiança e de que tudo irá melhorar. Esta Lua favorece os flertes, as paqueras e os relacionamentos onde se possa ter mais espaço e menos comprometimento. As excursões são mais procuradas e o turismo ativado. Amplie seus horizontes. Congressos, conferências e cursos terão grande afluência de público.

Mais generosas, as pessoas tendem a gastar mais. Encorajar e estimular a fé das pessoas é um ato muito bem-sucedido neste período. Nossos sonhos poderão conter temática de aventura. Dormir com maior liberdade facilitará o sono. Desaconselhável cirurgia de fígado, coxas, quadris, ciático, vias respiratórias, pernas, braços, mãos e dedos.

Lua conjunção Marte

Esta segunda-feira começa com muito pique e será de grande proveito tomar atitudes e resolver pendências. É o melhor momento para enfrentar desafios no trabalho ou de qualquer outra ordem. Está contando com coragem e dinamismo para isso. Mas convém controlar a impaciência e a irritação. O ideal será praticar uma atividade física.

Lua sextil Sol

Excelente momento para os relacionamentos em geral, principalmente para os casais, porque você tem os princípios masculino e feminino em harmonia. Desta forma, tem maior facilidade em compreender as diferenças e opostos existentes entre si e as outras pessoas. Uma sensação de bem-estar advém do equilíbrio entre razão e emoção, produzido por este aspecto.

Lua sextil Netuno

Esta influência favorece as práticas espirituais, meditação, ioga, etc. Um clima de colaboração e empatia envolve as pessoas, facilitando as ajudas mútuas e a prática da filosofia. O aumento da sensibilidade e da inspiração facilita trabalhos ligados à arte.

Lua trígono Júpiter

A noite está ótima para a prática de esportes, caminhadas ao ar livre, para viajar, ou qualquer outra atividade onde seja possível expandir, ir além. As pessoas se tornam mais bem-humoradas e com o sentimento de otimismo mais aguçado. Uma boa disposição emocional leva a um bem-estar físico.

Dia 28 de Janeiro – Terça-feira

Fase Lunar: Minguante

Lua no Signo: Sagitário

Aspectos Diários da Lua	ENTRADA	EXATO	SAÍDA
Lua conjunção Plutão	05h23	10h36	15h50
Lua conjunção Vênus	10h33	16h14	21h55
Lua oposição Saturno	11h31	16h44	21h57
Lua sextil Urano	20h11	01h27 de 29/01	06h43 de 29/01

Lua conjunção Plutão

Capacidade de um aprofundamento nas emoções, sentimentos e em qualquer outra questão de natureza complexa. Favorável a terapias, psicanálise e curas de um modo geral. "Vasculhe" e arrume suas emoções. Faça o mesmo na casa, limpando cantos e gavetas. Isto irá proporcionar uma sensação de alívio. Vá fundo em tudo o que estiver incomodando-o – entenda o porquê e elimine de sua vida este incômodo.

Lua conjunção Vênus

Este aspecto confere uma disposição amena, agradável e de conciliação entre as pessoas. Indicado para as compras e tratamentos de beleza em geral. Em especial, limpeza de pele, depilações, aproveitando a Lua minguante. A predisposição para a harmonia beneficia acordos, alianças e o cancelamento de divergências.

Lua oposição Saturno

Influência que traz uma preocupação com os afazeres que, neste momento, o deixam oprimido. É possível o surgimento de algum obstáculo que faz com que se perca uma atividade prazerosa. Evite "dar asas" à negatividade e ao espírito crítico. Reclamações não ajudarão em nada.

Lua sextil Urano

Esta energia de dinamismo e eletricidade vai ser difícil ficar parado. Há facilidade para se enxergar alternativas e flexibilidade para se alterar planos e condutas, se for necessário. Libere suas emoções. Você conta com maior desapego emocional, o que favorece a finalização de situações indesejáveis ou a quebra de condicionamentos.

Dia 29 de Janeiro – Quarta-feira

Fase Lunar: Minguante

Lua no Signo: Capricórnio – a partir das 05h30

Lua Fora de Curso: de 01h27 às 05h30

Lua em Capricórnio

A disposição geral é para um estado de humor sóbrio e introspectivo. As pessoas tornam-se mais reservadas e passam a dar muito valor ao atendimento dos compromissos e das responsabilidades. Se há algum desacerto ou atraso, fica difícil suportar, devido ao aumento do espírito crítico. O dever prevalece sobre o prazer. No trabalho conta-se com maior produtividade e as relações afetivas mais antigas, mais sólidas, são as beneficiadas no período. Demonstrar seriedade e responsabilidade é o que pode aproximar a pessoa de seu interesse. Dormir num bom horário e ter concluído as tarefas planejadas e as pendências propiciará um sono tranqüilo e sem culpa. Desaconselhável cirurgia de coluna, articulações, joelho, pele, dentes, olhos, vesícula, útero, seios e abdome. A Lua no dia de hoje não faz nenhuma ligação com outro planeta no céu. Desta forma, ela não nos apresenta particularidade alguma e nem está privilegiando nem favorecendo nenhuma atividade específica. Continue observando as recomendações para a Lua no signo de Capricórnio e para a fase minguante.

Dia 30 de Janeiro – Quinta-feira

Fase Lunar: Minguante
Lua no Signo: Capricórnio
Lua Fora de Curso: das 08h35 às 10h45

Aspectos Diários da Lua	entrada	exato	saída
Lua conjunção Mercúrio	02h57	08h35	14h13

Lua conjunção Mercúrio

Aspecto que facilita o desempenho das tarefas do dia. Os pensamentos fluem, a mente ativa e os pensamentos "pipocando" de todos os lados, aumenta a necessidade de movimentação e de comunicação. E é isso que se deve fazer – escrever, ler, trocar idéias, "dar ouvidos" a pensamentos e sentimentos e traduzi-los em palavras. Busque o contato com os outros, peça ou dê informações. Grande movimentação em bancas de jornais, livrarias e no comércio.

Dia 31 de Janeiro – Sexta-feira

Fase Lunar: Minguante
Lua no Signo: Aquário – a partir das 10h45

Aspectos Diários da Lua	entrada	exato	saída
Lua sextil Marte	22h37	04h22 de 01/02	10h08 de 01/02

Lua em Aquário

Em Aquário, a Lua nos envia um estado de humor mais solto e menos comprometido. As pessoas "topam" mais as coisas, as novidades têm melhor aceitação e as mudanças são processadas com maior facilidade. Aproveite o tom de liberdade proposto por esta Lua e expresse seus sentimentos com espontaneidade. Há uma propensão nas pessoas para se entrosarem com maior facilidade, por isso podemos reuni-las em maior número, por mais que haja diferenças entre si. Um clima de euforia e magnetismo estará no ar. Dificuldade de pegar no sono. Ligeira insônia. Essa é uma daquelas noites em que preferimos dormir sozinhos a estarmos soltos e à vontade. Desaconselhável cirurgia de veias, vasos, artérias, capilares, tornozelo, coração e região lombar.

CALENDÁRIO LUNAR DE

Fevereiro

dom	seg	ter	qua	qui	sex	sáb
						1 NOVA 08h48 lua AQU
2 NOVA lua PEI 17h55	3 NOVA lua PEI	4 NOVA lua PEI	5 NOVA lua ARI 03h45	6 NOVA lua ARI	7 NOVA lua TOU 15h59	8 NOVA lua TOU
9 CRESCENTE 09h10 lua TOU	10 CRESCENTE lua GEM 04h46	11 CRESCENTE lua GEM	12 CRESCENTE lua CAN 15h20	13 CRESCENTE lua CAN	14 CRESCENTE lua LEO 22h05	15 CRESCENTE lua LEO
16 CHEIA 20h49 lua LEO	17 CHEIA lua VIR 00h23	18 CHEIA lua VIR	19 CHEIA lua LIB 01h49	20 CHEIA lua LIB	21 CHEIA lua ESC 03h10	22 CHEIA lua ESC
23 MINGUANTE 13h45 lua SAG 05h46	24 MINGUANTE lua SAG	25 MINGUANTE lua CAP 10h11	26 MINGUANTE lua CAP	27 MINGUANTE lua AQU 16h25	28 MINGUANTE lua AQU	

Céu do Mês

O Sol continua a sua trajetória no signo de Aquário até o dia 19. No decorrer de todo este período o clima é propício para as mudanças. De toda ordem! Idéias, projetos e iniciativas que reúnam pessoas em torno de um objetivo comum e, além disso, favoreçam o bem-estar da comunidade serão aplaudidas e aceitas imediatamente.

Aquário é um signo que dá brilho a todos aqueles que promovem um ideal comum e igualitário. Que boa chance para os legisladores e governantes!

Também até o dia 19, Sol e Marte estão relativamente próximos em clima de amizade. Juntos, nos conferem aumento de vigor, combatividade e disposição para enfrentar eventuais obstáculos. Quem poderá se opor, quando genuinamente desejamos algo?

Na primeira semana de fevereiro, o Sol recebe uma influência desarmônica de Júpiter. Não devemos desperdiçar energia e recursos em projetos grandiosos demais. Onipotência, vaidade e presunção sempre dão errado. Principalmente sob esta influência planetária.

Entre os dias 5 e 13 é a vez de Plutão beneficiar o Sol e nos dar o gosto de recuperar qualquer chance que tenhamos eventualmente perdido. Devemos tirar da gaveta projetos cancelados e, do coração, sonhos postos de lado. Também é um excelente momento para tratamento de saúde. E a recuperação é certa!

Líderes e governantes que eventualmente tenham perdido o poder podem voltar à cena em posição de brilho.

Sol e Saturno – amigos desta vez – conferem determinação, praticidade e alto índice de produtividade entre os dias 6 e 16. O que quisermos pôr em andamento – principalmente com efeitos de longa duração – devemos fazer nesta data. Aquisição de bens imóveis ou planejamento de renda para médio e longo prazos também são bem-vindos aqui.

Entre os dias 15 e 19, Sol e Urano se colam e, de uma hora para outra, o cenário todo pode mudar de figura. O clima é de tensão. Não faça planos contando como certos.

O Sol entra no signo de Peixes no dia 20 de fevereiro, tornando tudo e todos mais flexíveis e suportando melhor as transições e as indefinições. É Peixes que nos ensina que a vida não é preto no branco – é um arco-íris!

Mercúrio em Capricórnio, até o dia 13, favorece todas as atividades que exijam concentração e trabalho intelectual perseverante. Arrumar papéis, reler contratos, fazer planejamentos, contas e orçamentos são atividades muito bem-sucedidas quando Mercúrio transita por este prático signo. Pensar com realismo é um trunfo desta posição.

A partir do dia 14, Mercúrio já está no signo de Aquário; e aí é melhor que passemos a aprender novos assuntos e abrilhantar nossas mentes com soluções criativas. Somos capazes de pensar em alternativas que nunca haviam nos ocorrido. Se quisermos mudar de idéia ou se quisermos que alguém o faça, não existe hora melhor. Compra de equipamentos, atualização ou *upgrades* chegam no bom momento.

Entre os dias 19 e 25, Mercúrio é atropelado por Júpiter e Netuno. Muito cuidado com idéias que se inviabilizam pela grandiosidade. Mal-entendidos, intriga e indiscrições são a marca destas combinações astrológicas. Não devemos falar do que não conhecemos e tampouco do que não estamos autorizados. É comum ocorrer extravios, perdas de objetos e enganos de informação. É muito difícil manter a concentração quando estamos sob a influência de Mercúrio e Netuno.

Finalmente, já no remate do mês, Saturno vem botar ordem na desordem e ajuda Mercúrio a retomar nossos projetos viáveis e a concentrar as nossas idéias em uma direção totalmente pragmática. Pensar e fazer caminham juntos!

O início do mês de fevereiro é marcado por uma mãozinha que Urano dá a Vênus. Um dinheiro inesperado, um ganho ou uma receita extra vêem nos tirar do sufoco. Amores novos surgem do puro acaso e de onde menos esperávamos. Relacionamentos já existentes são renovados por um vigor inusitado. A pessoa que amamos age de uma maneira que nos surpreende deliciosamente e ficamos de novo apaixonados por ela.

No dia 5, Vênus entra no signo de Capricórnio e lá permanece por todo o mês de fevereiro. Contas em dia, orçamento equilibrado, despesas e preocupação em poupar mais do que gastar é a filosofia desta posição.

Marte no signo de Sagitário também por todo o mês de fevereiro nos dá vitalidade, confiança e espírito de aventura suficientes para nos tornar heróis na busca da meta que queremos alcançar. Júpiter reforça esta disposição até o dia 9. Neste mesmo período, Netuno faz uma aliança com Marte e permite que nossas ações cheguem muito mais longe, com muito menos esforço. Temos o ritmo e o *timing* perfeito das coisas. Não precisamos correr tanto para conseguir o que queremos.

Da metade do mês em diante o quadro não é tão favorável assim. Entre os dias 12 e 20, Marte se encontra perigosamente com Plutão. Isto classicamente corresponde a aumento de violência, disputa e confrontos. Qualquer polêmica ou discussão pode acabar em briga séria. Não devemos responder às hostilidades, pois o clima está explosivo. É provável que ocorra um acirramento de disputa de poder nos quadros de comando.

Finalmente, entre os dias 18 e 24, Saturno se desarmoniza com Marte e a sensação geral é de desaceleração, se não de paralisia. O começo de qualquer empreendimento não está beneficiado. Para conseguir algo simples precisamos do dobro de esforço, determinação e tempo. Para cada ação uma reação adversa. Pessoas em posição de liderança encontram sérias resistências às suas ações. O mercado financeiro sempre sofre quando Júpiter se tensiona com Netuno. É o que acontece praticamente por todo o mês de fevereiro e mais intensamente entre os dias 11 e 19. Pode-se esperar um clima de insegurança, volatilidade e principalmente queda de preços das ações e papéis que estavam superestimados. Investimentos portanto só os conservadores e que ofereçam de preferência taxas prefixadas.

Há uma reaproximação da oposição entre Saturno e Plutão nos primeiros vinte dias do mês. Esses dois planetas têm sempre um efeito de escassez, diminuição de recursos e desaceleração da economia. Devemos poupar e não nos arriscar com dívidas.

Novos confrontos entre facções de poder – conservadoras × renovadoras; poder institucional × forças marginais – são muito comuns sob esta influência.

Posições Diárias da Lua

Dia 1º de Fevereiro – Sábado

Fase Lunar: Nova às 08h48
Lua no Signo: Aquário

Lunação de Fevereiro
Lua nova às 08h48, horário de Brasília
Lua nova no signo de Aquário, em 12º09'
Duração até a próxima lunação: 16/02/2003

Aspectos Diários da Lua	ENTRADA	EXATO	SAÍDA
Lua conjunção Netuno	00h42	06h11	11h41
Lua conjunção Sol	02h52	08h49	14h47
Lua oposição Júpiter	05h19	10h45	16h13
Lua sextil Plutão	16h23	21h56	03h31 de 02/02
Lua trígono Saturno	22h22	03h54 de 02/02	09h29 de 02/02

Lua conjunção Netuno

Hoje você desperta sob o efeito dos sonhos que teve durante a noite. Está mais influenciável e suscetível. A manhã está propícia a atividades amenas, práticas espirituais e artísticas. Dificuldade de concentração.

Lua conjunção Sol

Este é o aspecto próprio da Lua nova, onde todos os começos são bem-vindos. Aqui, devemos encarar tudo o que surge como fonte de novas chances e novas perspectivas. Muitas se apresentarão sob a forma de potencial, mas as chances e os desdobramentos ainda não estão nítidos. Tudo ainda se encontra em estado embrionário. É o melhor momento para você lançar as sementes de tudo o que você quer que dê frutos.

Boa disposição física, porque o ânimo está renovado.

Lua oposição Júpiter

Grandes expectativas e pouco resultado. Você pode se sentir mais carente e com uma sensação de que nada satisfaz. Devido a uma certa indolência gerada por este aspecto, torna-se difícil cumprir tarefas desagradáveis.

Lua sextil Plutão

Esta é uma energia que revigora e beneficia transformações de toda a ordem. Trabalhos ligados à cura, terapias e aprofundamento de laços afetivos. Você tem mais facilidade em lidar com os assuntos de natureza profunda e que afetem radicalmente a sua vida. Favorece os reencontros – antigos amigos, colegas de trabalho, etc.

Lua trígono Saturno

Este também é um bom aspecto que, somado ao anterior, favorece todas as questões relacionadas à casa: fazer orçamentos, corte de despesas, pequenos reparos... Consegue maior controle sobre as emoções, mais equilíbrio e bom senso. Induz à sensatez e à sabedoria para lidar com assuntos de sua realidade.

Lunação de Fevereiro

Fase Lunar: Nova em 01/02/2003 às 8h47, horário de Brasília

Lua no Signo: 12º 09' de Aquário

Vigência: até 2 de março de 2003

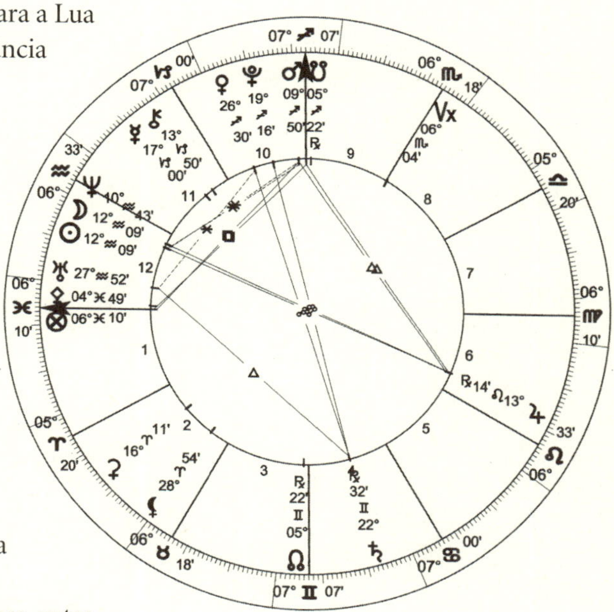

O mapa da lunação analisado para a Lua nova de Aquário destaca a culminância de Marte no meio do céu.

Cercado de outros planetas (Plutão e Vênus), esta área de poder está congestionada.

Pode-se avaliar uma fase de franco exercício de autoridade por parte dos governantes, para que possam imprimir o caráter transformador que esses planetas inspiram.

Há explícita demonstração de grande atividade no setor público, mas decerto uma necessidade de mostrar vigor e veemência na esfera de autoridade.

Continua felizmente a boa aliança entre Plutão e Júpiter – combinação excelente para a implantação de crescimento econômico e aprovação do capital de investimento. O setor de empregos acompanha este florescimento. Principalmente na área de serviços.

Há uma resistência maior dos setores mais conservadores da sociedade devido à oposição de Saturno na casa 4 deste mapa. Por outro lado, isto também demonstra uma necessidade de se fazer transformações radicais no setor agrário e habitacional.

A Lua nova em Aquário mais a conjunção com Netuno indicam que é muito mais difícil se acertar o alvo e se cumprir metas, pois há ainda um clima de alguma indefinição e situações nebulosas.

As pessoas nascidas nos signos de Aquário e Leão são as mais afetadas por esta Lua nova. Os nascidos em Touro e em Escorpião também serão afetados com esta lunação e são obrigados a acelerar mudanças para as quais não estavam totalmente preparados.

Bom mês para os nascidos em Aquário usarem toda a criatividade e originalidade de que são capazes e fazerem o que mais gostam: imprimir uma direção nova em suas vidas.

O que fizerem ou pensarem aqui será o padrão que vai se desenvolver por todo o mês.

Toda Lua nova é favorável a novos começos. Esta, em Aquário, sugere a possibilidade de darem um passo novo, surpreendente, impensado em alguma área de suas vidas.

Todos podem aproveitar a Lua nova no signo de Aquário para estimular as qualidades destes signos: liberdade, inventividade, pensamento próprio, respeito pelas diferenças, gosto pela inovação e desprendimento.

Dia 2 de Fevereiro – Domingo

Fase Lunar: Nova
Lua no Signo: Peixes – a partir da 00h26
Lua Fora de Curso: das 14h02 às 17h55

Aspectos Diários da Lua	entrada	exato	saída
Lua sextil Vênus	07h46	13h54	19h42
Lua conjunção Urano	08h24	14h02	20h05

Lua em Peixes

Dias mais sonhadores e tendência à contemplação. Este é o clima que a Lua no idealista signo de Peixes imprime no ar. Com a imaginação acentuada, você se torna mais suscetível e impressionável. É um ótimo período para lançamentos e campanhas, pois "pegam" com facilidade. Romantismo, generosidade e boa vontade aproximam as pessoas. Não é o momento ideal para exames de laboratório e diagnóstico, pois falta precisão. Há necessidade de colocar um pouco de encantamento na vida, para que esta se torne mais "colorida". É mais fácil se adaptar às situações, devido à natureza maleável de Peixes. Como as pessoas estão mais distraídas, aumenta a freqüência de objetos esquecidos ou extraviados. Ótima Lua para dormir e esquecer... para dormir e sonhar. Desaconselhável cirurgia de pés e de aparelho gastrintestinal.

Lua sextil Vênus

O amor está em alta! Salve as paixões e os apaixonados! Namorar, estreitar laços, demonstrar sentimentos, fazer as pazes, criar um clima de ternura e sedução, dará muito certo. Vai ser uma delícia estar ao lado de quem se gosta neste domingo.

Lua conjunção Urano

Mas tudo isso deverá ser feito respeitando muito a individualidade e o espaço do outro.
Sob a influência deste aspecto, diminui a tolerância a situações restritivas ou de controle.
Momento especialmente criativo, mas também agitado, sujeito a situações inesperadas.

Dia 3 de Fevereiro – Segunda-feira

Fase Lunar: Nova
Lua no Signo: Peixes

ASPECTOS DIÁRIOS DA LUA	ENTRADA	EXATO	SAÍDA
Lua quadrado Marte	09h19	15h22	21h27

Lua quadrado Marte

Esta segunda-feira promete ser tensa. Qualquer descuido numa simples discussão vira briga feia. Melhor evitar. Cautela no trânsito. A tendência será para a impulsividade e para o mau humor.

DIA 4 DE FEVEREIRO – TERÇA-FEIRA

Fase Lunar: Nova
Lua no Signo: Peixes
Lua Fora de Curso: das 12h53 às 03h45 de 05/02

ASPECTOS DIÁRIOS DA LUA	ENTRADA	EXATO	SAÍDA
Lua quadrado Plutão	01h04	06h53	12h44
Lua sextil Mercúrio	01h28	07h48	14h11
Lua quadrado Saturno	07h03	12h53	18h44
Lua quadrado Vênus	22h53	05h25 de 05/02	11h58 de 05/02

Fique atento ao horário da Lua fora de curso nesta terça-feira.
Veja recomendações para este caso no capítulo "Lua Fora de Curso", deste livro.

Lua quadrado Plutão

Neste horário, você está mais radical e suscetível às próprias emoções. Tente controlar a agressividade, procure não se irritar. O melhor será não se envolver em atritos nem provocar o estado emocional de ninguém.

Lua sextil Mercúrio

Momento especial para ter boas idéias. Aproveite para realizar alguma tarefa de ordem intelectual. Os contatos, assim como os estudos de um modo geral, estão propícios. Favorável às transações comerciais.

Lua quadrado Saturno

Desfavorável a assuntos de ordem sentimental e familiar. Tendência a duvidar dos próprios sentimentos e dos outros. Menos energia. Sensação de cansaço e pesar. Uma falta passa a ser muito mais sentida neste momento. As pessoas não se mostram acessíveis e, portanto, o melhor será contar consigo mesmo.

Lua quadrado Vênus

Este aspecto é responsável por um aumento de carência emocional e certa indolência. Evite gastos excessivos e abusos alimentares. No amor, não exija do parceiro nenhuma definição. Uma insatisfação emocional neste momento poderá desestabilizá-lo.

Dia 5 de Fevereiro – Quarta-feira

Fase Lunar: Nova
Lua no Signo: Áries – a partir das 03h45

Aspectos Diários da Lua	ENTRADA	EXATO	SAÍDA
Lua quadrado Vênus	11h58		
Lua sextil Netuno	19h24	01h25 de 06/02	07h27 de 06/02
Lua trígono Júpiter	22h51	04h47 de 06/02	10h45 de 06/02
Lua trígono Marte	23h13	05h54 de 06/02	11h57 de 06/02

Lua em Áries

A Lua transitando por este vigoroso signo de fogo confere às pessoas muita energia e dinamismo. Aumento da vitalidade, que leva a maior agitação. As reações passam a ser mais à base do impulso. Você se sente apto a decidir e a competir. Seja direto e use de franqueza na relação afetiva. Libere as emoções. No trabalho, evite tarefas longas ou repetitivas, devido ao aumento da impaciência. Sono agitado. Desaconselhável cirurgia na região da cabeça e nos rins.

Lua quadrado Vênus

Termina às 11h58 de hoje essa energia de preguiça e carência. Contra-indicado a tarefas desgastantes ou desagradáveis. Tratamentos de beleza também não surtem o efeito esperado.

Lua sextil Netuno

Esta noite de quarta-feira está recheada de bons aspectos. O primeiro é este. Em harmonia com Netuno, a Lua traz um toque de sensibilidade a mais. Ótimo para ouvir música, assistir a um bom filme ou relaxar.

Lua trígono Júpiter

Opa! Aqui temos otimismo suficiente para pensar em grandes realizações. Os problemas e desafios parecerão menos assustadores e de menor importância. Use de diplomacia e boa vontade para com todos. Pratique atos de generosidade e sinta as bênçãos do céu. Lua trígono Marte embora se dê durante a noite, este aspecto é revigorante e proporciona muito pique. Ideal para quem tem um trabalho noturno.

Dia 6 de Fevereiro – Quinta-feira

Fase Lunar: Nova
Lua no Signo: Áries

Aspectos Diários da Lua	ENTRADA	EXATO	SAÍDA
Lua sextil Sol	08h02	14h38	21h15
Lua trígono Plutão	12h28	18h32	00h37 de 07/02
Lua sextil Saturno	18h26	00h29 de 07/02	06h33 de 07/02
Lua quadrado Mercúrio	18h38	01h20 de 07/02	08h04 de 07/02

Lua sextil Sol

Excelente aspecto, que ajuda a harmonizar emoções com inteligência. E aí, você pode perceber com mais nitidez seus sentimentos e propósitos. Este aspecto soma-se, pela manhã, com as energias benéficas iniciadas ontem à noite. É hora, então, de empreender, realizar, lutar por seus objetivos e manter a fé em si mesmo. Aproveite. O céu está conspirando para que tudo dê certo.

Lua trígono Plutão

Outra poderosa energia que favorece a retomada de projetos. Trata-se de um momento favorável a qualquer tipo de cura ou regeneração. Excelente para se ir ao médico, fazer check-up, exames e terapias.

Lua sextil Saturno

Aumento da produtividade, maior capacidade de empenho e disciplina. As pessoas assumem compromissos com mais facilidade e cumprem tarefas no prazo determinado. Ideal para quem exerce trabalhos noturnos, pois esta configuração permanece durante toda a noite.

Lua quadrado Mercúrio

Único aspecto desarmônico chega para agitar um pouco a parte da noite. Você pode ter de lidar com vários assuntos ou itens de uma mesma questão, ao mesmo tempo. Dificuldade nos meios de comunicação e no trânsito. Não é aconselhável tentar entender nem se fazer entender. Evite, portanto, falar de assuntos complexos e de suas próprias emoções.

DIA 7 DE FEVEREIRO – SEXTA-FEIRA

Fase Lunar: Nova
Lua no Signo: Touro – a partir das 15h59
Lua Fora de Curso: das 12h22 às 15h59

ASPECTOS DIÁRIOS DA LUA	ENTRADA	EXATO	SAÍDA
Lua sextil Urano	06h15	12h22	18h30
Lua trígono Vênus	17h22	00h07 de 08/02	06h52 de 08/02

Lua em Touro

Com o estado de humor mais estável, você se torna menos agitado e mais paciente. O ritmo passa a ser desacelerado. A tendência é de pensar antes de agir. Você se torna mais previsível, teimoso e estável emocionalmente. Ternura e docilidade estão em alta. Então, esta é uma fase ótima para colocar a afetividade em tudo o que você fizer. Ótimo para trabalhos ligados à culinária ou para os que precisem de senso estético ou artístico. Sono repousante. Crie um ambiente bem aconchegante para dormir. Desaconselhável cirurgia de garganta, tireóide, cordas vocais, órgãos genitais, próstata, uretra, reto e intestinos.

Lua sextil Urano

Energia de criatividade e inventividade. Esteja aberto a alguma coisa nova que venha a surgir – seja um convite, uma proposta ou até uma programação diferente. Mesmo que seja na TV. Procurar conselhos ou parecer de pessoas com outro ponto de vista será vantajoso. Atividades e trabalhos externos estão favorecidos.

Lua trígono Vênus

Nossa, este horário está perfeito para cuidar da beleza, da aparência e da decoração da casa. Benéfico, também, às compras (inclusive de adornos e jóias). Nesta sexta-feira, arrume-se e abuse do charme para "enfeitiçar" alguém. Se está só, busque uma companhia e divida o seu afeto. Sair para jantar ou dançar cairá como uma "luva".

Dia 8 de Fevereiro – Sábado

Fase Lunar: Nova
Lua no Signo: Touro

Aspectos Diários da Lua	ENTRADA	EXATO	SAÍDA
Lua quadrado Netuno	08h14	14h21	20h28
Lua quadrado Júpiter	10h53	16h55	22h56

Lua quadrado Netuno

Preguiça, desânimo, vontade de nada. Este estado de espírito é comum quando você está sob esta influência. Inclusive uma variação no estado de humor. Procure manter a fé e não se deixe abater. O contato com o mar será como um bálsamo, porém deverá ser feito com mais cautela.

Lua quadrado Júpiter

Esta é outra energia que gera insatisfação com o que é corriqueiro, pois deseja este momento, vivenciar uma experiência mais grandiosa. Cuidado para não sonhar alto demais. Um "pé na real" não fará mal a ninguém. Tendência a abusar de doces, comidas e bebidas, na tentativa de superar uma frustração. Este comportamento, é claro, deverá ser evitado.

Dia 9 de Fevereiro – Domingo

Fase Lunar: Crescente às 09h10
Lua no Signo: Touro

Aspectos Diários da Lua	ENTRADA	EXATO	SAÍDA
Lua quadrado Sol	02h33	09h12	15h49
Lua trígono Mercúrio	14h12	20h56	03h39 de 10/02
Lua quadrado Urano	19h25	01h29 de 10/02	07h31 de 10/02

Lua quadrado Sol

É o aspecto típico da Lua crescente. Deve continuar lutando em prol de seus projetos. Não desistir, agora, é fundamental para o sucesso destes. Maior tensão entre os casais que estejam vivendo um momento de crise.

Lua trígono Mercúrio

Ótimo para encontrar pessoas, bater "aquele" papo, trocar idéias, dar ou pedir informações. Um bom momento, também, para a leitura, a escrita e o envio de correspondência. Ideal para pôr em ordem a documentação, lidar com papelada ou realizar tarefas de ordem intelectual, como estudos, por exemplo. Tudo tende a se dinamizar.

Lua quadrado Urano

A noite recebe uma influência de tensão, agitação e desprogramação do que estava previsto. Pode estar mais irritado. Melhor evitar situações de controle e pessoas autoritárias. O aumento da ansiedade pode atrapalhar o sono.

Dia 10 de Fevereiro – Segunda-feira

Fase Lunar: Crescente
Lua no Signo: Gêmeos – a partir das 04h46
Lua Fora de Curso: da 01h29 às 04h46

Aspectos Diários da Lua	entrada	exato	saída
Lua trígono Netuno	20h51	02h48 de 11/02	08h42 de 08/02
Lua sextil Júpiter	22h36	04h02 de 11/02	10h16 de 11/02

Lua em Gêmeos

As pessoas se tornam mais bem-humoradas, o que produz um estado geral de leveza e onde não levam as coisas tão a sério. Tendência a tagarelar mais e a curiosidade se torna bastante acentuada. Todas as atividades que envolvam aprendizagem, novidades, informações e que sejam bem interessantes serão as mais procuradas.

No relacionamento, as brigas ou discussões perdem o caráter de seriedade e são logo superadas. Como Gêmeos dual, talvez seja um período difícil para se decidir a respeito de alguma coisa. O público jovem, os adolescentes e o consumidor de cultura estarão mais receptivos neste período. Pode mudar de opinião até durante o sono. Desfavorável cirurgia de vias respiratórias, pernas, braços, mãos, dedos, fígado, coxa, bacia e ciático.

Lua trígono Netuno

Clima de solidariedade entre as pessoas permite que se conte com ajuda, compreensão e solidariedade. Favorável a reuniões ou cultos de caráter religioso. Música suave na hora de dormir, ou uma leitura inspiradora, ajudará a ter bons sonhos.

Lua sextil Júpiter

Com o otimismo em alta, pense grande esta noite. Invoque as bênçãos dos céus! Acorde amanhã inspirado e faça algo de bom por alguém. Pratique a caridade, de alguma forma. O maior beneficiado será você.

Dia 11 de Fevereiro – Terça-feira

Fase Lunar: Crescente
Lua no Signo: Gêmeos

Aspectos Diários da Lua	ENTRADA	EXATO	SAÍDA
Lua oposição Marte	06h59	13h11	19h20
Lua oposição Plutão	13h26	19h16	01h04 de 12/02
Lua conjunção Saturno	18h43	00h30 de 12/02	06h15 de 12/0
Lua Trígono Sol	19h43	02h01 de 12/02	08h16 de 12/02

Lua oposição Marte

Se puder, pule da cama e faça uma caminhada ou alguma outra atividade física de sua preferência. Procure não ficar muito tempo fechado num local. Mesmo no ambiente de trabalho, dê um jeitinho e saia para espairecer. Evite discutir. Naturalmente, já está predisposto à alteração de ânimo.

Lua oposição Plutão

A partir deste horário, soma-se ao aspecto anterior esta energia também responsável por um aumento da violência e agressividade. Não provoque ninguém. Fuja de brigas e de locais tumultuados. Cuidado no trânsito. Alerta, também, para os perigos relacionados a negócios de risco e para tendência à desconfiança entre as pessoas. Evite situações de confronto.

Lua conjunção Saturno

Este aspecto torna-o mais sério e comedido, mas deve driblar uma tendência ao negativismo. De qualquer forma, é um momento produtivo e ideal para assumir responsabilidades.

Lua trígono Sol

Esta benéfica configuração permanece toda a noite, até amanhã de manhã. O relacionamento entre casais está favorecido. Há maior clareza e convicção do que você quer. Por isso, há menos desgaste para realizar o que deseja.

Dia 12 de Fevereiro – Quarta-feira

Fase Lunar: Crescente
Lua no Signo: Câncer – a partir das 15h20
Lua Fora de Curso: das 12h30 às 15:20

Aspectos Diários da Lua	ENTRADA	EXATO	SAÍDA
Lua trígono Urano	06h45	12h30	18h12

Lua em Câncer

Você passa a um estado de humor variável e mais emotivo do que racional. Torna-se mais fácil sensibilizar as pessoas e tocá-las. Esta é uma Lua que reserva um estado de espírito introspectivo e sonhador. Apreciamos ficar em casa, conviver com os familiares ou com pessoas íntimas. Imprime no ar um clima de muito romantismo, que facilita as demonstrações de sentimentos. Sono relaxante e reconfortante. Acomode-se entre travesseiros, almofadas ou um abraço. E não esqueça de se alimentar antes de dormir, para evitar acordar com "aquela fominha". Desaconselhável cirurgia de abdome, estômago, seio, útero, ossos, articulações, vesícula, pele e vista.

Lua trígono Urano

Momento propício para desabafar emoções contidas. Disposição para fazer coisas novas ou tentar algo diferente do habitual. Encontros ao acaso podem trazer boas perspectivas.

Dia 13 de Fevereiro – Quinta-feira

Fase Lunar: Crescente
Lua no Signo: Câncer
Lua Fora de Curso: das 10h23 às 22h05

Aspectos Diários da Lua	entrada	exato	saída
Lua oposição Vênus	04h17	10h23	16h26

Lua oposição Vênus

Previna-se contra uma possível necessidade de ingerir doces e alterar dietas. Sentimento de posse e ciúme mais exacerbado faz com que as pessoas se tornem vulneráveis a qualquer experiência imaginária ou real de rivalidade afetiva. Aumento de carência emocional e altas expectativas podem trazer algum tipo de insatisfação. Cautela com relação a gastos excessivos e desnecessários com supérfluos.

Dia 14 de Fevereiro – Sexta-feira

Fase Lunar: Crescente
Lua no Signo: Leão – a partir das 22h05

Aspectos Diários da Lua	entrada	exato	saída
Lua oposição Mercúrio	21h19	03h09 de 15/02	08h57 de 15/02

Lua em Leão

Quando a Lua passa para o imponente signo de Leão, você tende a ser mais feliz. Um estado de humor voltado para a alegria e disposição para o prazer toma conta de você. Atividades de lazer, praias, ambientes ensolarados em alta. Aumento da auto-estima e da vaidade. Excelente período para festas, celebrações e homenagens. Tempo de extravagâncias – coisas raras e únicas são desejadas. Esta Lua confere uma natureza calorosa às relações afetivas. O namoro ganha um *élan* especial. Clima de paixão. Você deve se dedicar a tarefas criativas e às que mais lhe agradem. Na hora do sono, prepare o ambiente – durma como um rei ou uma rainha. Desaconselhável cirurgia de coração, região lombar, capilares, artérias e tornozelos.

Lua oposição Mercúrio

Tráfego, fretes e negócios prejudicados. Energia nervosa e irrequieta atuando no humor das pessoas. Deve ter cuidado com a indiscrição e relatos de assuntos pessoais devido à má interpretação. Evite discutir assuntos que você não tenha domínio. Há uma tendência a se dispersar e a se envolver com vários assuntos e atividades ao mesmo tempo sem conseguir se dedicar, eficientemente, a nenhum.

Dia 15 de Fevereiro – Sábado

Fase Lunar: Crescente
Lua no Signo: Leão

Aspectos Diários da Lua	ENTRADA	EXATO	SAÍDA
Lua oposição Netuno	12h29	17h41	22h50
Lua conjunção Júpiter	12h42	17h50	22h56

Lua oposição Netuno

Tendência para uma certa apatia. Os mais sensíveis ficam mais fragilizados ante uma situação difícil ou dolorosa. Convém se preservar. Procure ver coisas bonitas, amenas – como um bom filme, exposição ou aprecie fotos ou imagens de belos lugares. Dê lugar à fantasia e à imaginação. Pratique uma meditação, uma oração, enfim, eleve de alguma forma sua alma, isto o ajudará. Cuidado com distrações e esquecimentos. Período de baixa de concentração, o que pode levar à perda de objetos ou documentos.

Lua conjunção Júpiter

Este aspecto vem amenizar o anterior, proporcionando bom humor e vontade de expandir seus horizontes. Este sábado está ótimo para passeios ao ar livre ou até para viajar. O relacionamento afetivo é beneficiado por um clima de generosidade e confiança. Aja com espírito de grandeza.

Dia 16 de Fevereiro – Domingo

Fase Lunar: Cheia às 20h50
Lua no Signo: Leão
Lua Fora de Curso: das 23h19 à 01h23 de 27/02

Lunação de Fevereiro
Lua cheia às 20h50, horário de Brasília
Lua cheia no signo de Aquário, em 12°09'
Duração até a próxima lunação: 02/03/2003

Aspectos Diários da Lua	ENTRADA	EXATO	SAÍDA
Lua trígono Marte	02h19	07h39	12h58
Lua trígono Plutão	02h50	07h56	13h01
Lua sextil Saturno	07h11	12h15	17h18
Lua oposição Sol	16h27	21h52	03h15 de 17/02
Lua oposição Urano	18h16	23h19	04h20 de 17/02

Lua trígono Marte

A parte da manhã promete muita ação e dinamismo. Automotivado e com o ânimo para cima, você pode pôr "mãos à obra" e resolver várias pendências. Enfrentar os problemas hoje é parte de sua solução. Tomar a iniciativa e se aproximar de alguém trará bons resultados.

Lua trígono Plutão

Esta poderosa energia confere força e disposição para realizar transformações em sua vida. Ideal, também, para consertos ou obras na casa. Fica mais fácil entrar em contato com as emoções, aprofundá-las e liberá-las. Bom momento para campanhas que visem recuperar, reformar e sanear a vida em comunidade. É um bom momento para retomar projetos ou tarefas que estavam abandonados. Clima de erotismo ajuda a recuperação de relacionamentos.

Lua sextil Saturno

Ótimo para realizar tarefas em casa ou no trabalho e pôr fim a pendências, Você conta com maior produtividade e determinação para isso. Os compromissos são cumpridos e os prazos respeitados. Faz um bom uso do tempo. Atividades do setor imobiliário e contratação de profissionais em alta. No relacionamento, favorece os laços mais antigos e os vínculos mais estáveis.

Lua oposição Sol

Certamente, se você trabalhar em dupla e de preferência com alguém do sexo oposto, obterá melhores resultados. Pois esta é uma posição de complementaridade. Deve dividir tarefas, buscar apoio e oferecer auxílio. Torna-se mais ressentido, caso não obtenha a ajuda que esperava. Aspecto que aumenta a tensão nos relacionamentos em crise devido ao aumento das diferenças entre as pessoas envolvidas.

Lua oposição Urano

Esta inquietante energia sempre promove muita agitação. Convém evitar situações que possam exacerbar a irritação ou a impaciência. É bem possível que as coisas saiam diferentes daquilo que você esperava. No relacionamento, o clima é de pouca tolerância. Importante conceder espaço e liberdade ao outro.

Lunação de Fevereiro
Fase Lunar: Cheia em 16/02/2003 às 20h50, horário de Brasília
Lua no Signo: 27º 53' de Leão

O mapa da lunação analisado para a Lua cheia de Leão concentra mais uma vez atenção no setor de saúde e implementação de empregos. Isto se deve à presença da Lua no signo de Leão na casa 12 e do Sol em Aquário na casa 6.

Desta vez junta-se à Lua cheia a eletrizante aproximação de Urano. O que houver de mais novo e reformista nestas duas áreas – sem que se esteja sempre copiando modelos anteriores – deve se apresentar nesta fase. Indícios de uma aceleração de atividades novas vêm movimentar o setor de empregos. Novas propostas para contratação de empregados também incrementam este setor.

A área de tecnologia e telecomunicações pode ser uma forte colaboradora para estas contratações. As exportações e as relações externas estão um pouco pressionadas e sofrem algum desaquecimento devido à oposição entre Saturno e Plutão nas casas 3 e 9 – associadas ao comércio e à área internacional.

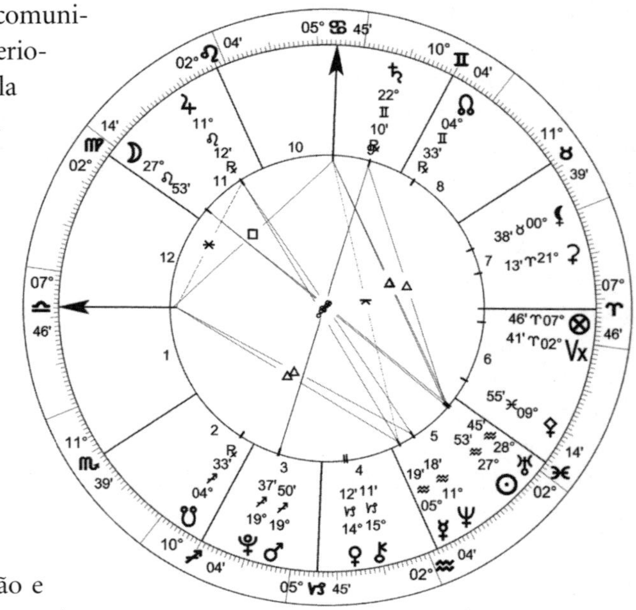

Todos os pronunciamentos, comunicados, informações devem ser criteriosamente observados. Uma cautela maior na forma e no conteúdo da comunicação é imprescindível.

Cuidado com telefonemas e lisura nas informações, pois podem ser penalizados por leviandade ou falta de ética nesta área. Tudo isso se deve ao aspecto desafiador de Saturno a Plutão e Marte.

Ainda por causa desta configuração, os contratos não cumpridos serão fortemente onerados.

Os nascidos no signo de Leão e Aquário são os mais impactados por esta lunação.

Assim também são os nascidos no signo de Touro e Escorpião. Situações totalmente imprevisíveis podem pegá-los de surpresa. Não contem portanto com o combinado nem com o procedimento comum das circunstâncias e das pessoas.

Os nascidos no signo de Leão podem aprender com a influência de Aquário a sair um pouco do centro e dar um pouco de chance de brilho aos outros.

Os aquarianos, por sua vez, podem se inspirar nos leoninos e aprender a vibrar com tudo e ter um coração sempre cheio de alegria.

Todos podem se beneficiar desta Lua cheia e aprender a conciliar as qualidades leoninas de auto-estima, satisfação pessoal, gosto pelo brilho e as virtudes aquarianas de perceber que todos têm direito a sua vez. Democraticamente.

Dia 17 de Fevereiro – Segunda-feira

Fase Lunar: Cheia

Lua no Signo: Virgem – a partir de 00h23

Aspectos Diários da Lua	entrada	exato	saída
Lua trígono Vênus	20h52	02h14 de 18/02	07h35 de 18/02

Lua em Virgem

Neste criterioso signo, as pessoas se tornam mais tímidas, reservadas e racionais. A solidariedade está em alta, logo será fácil conseguir o apoio dos outros, principalmente na área profissional.

Se precisar de ajuda ou de um conselho racional para um problema de ordem emocional, este é o melhor momento para receber dicas práticas para solucioná-lo.

Ótimo para pôr ordem em tudo: na vida, nas gavetas, na cabeça e no coração. Faça uma "limpa" em armários e doe o que não tiver mais serventia.

No relacionamento afetivo, valerá mais se preocupar com o bem-estar do parceiro, ajudá-lo em alguma coisa, fazer com que ele sinta que pode contar com você. Isto fortalecerá o vínculo mais do que uma declaração apaixonada.

Esteja atento à alimentação noturna. Há maior sensibilidade na parte digestiva. Desaconselhável cirurgia do aparelho gastrintestinal e dos pés.

Lua trígono Vênus

Esta noite, e até amanhã de manhã, está encantadora para seduzir. Use charme, bom gosto e visual para atrair seu parceiro. Um clima de ternura afasta discórdias. Presentes e retribuições surtirão efeitos especiais.

Dia 18 de Fevereiro – Terça-feira

Fase Lunar: Cheia
Lua no Signo: Virgem
Lua Fora de Curso: das 12h57 à 01h49 de 19/02

Aspectos Diários da Lua	ENTRADA	EXATO	SAÍDA
Lua quadrado Plutão	04h56	09h51	14h47
Lua quadrado Marte	06h40	11h49	16h57
Lua quadrado Saturno	09h02	13h57	18h52

Lua quadrado Plutão

Não é indicado nenhum tipo de atividade que reúna grande número de pessoas, pois os ânimos estão mais exaltados. Cuidado com gastos e negócios. Esta é uma energia de perda. Evite uma postura radical, confrontos e atitudes hostis.

No plano emocional e afetivo, mágoas passadas voltam a incomodar. Melhor aceitar que não pode controlar nem a vida, nem os sentimentos alheios.

Lua quadrado Marte

Outra energia que aumenta a agressividade e recomenda que se afaste de lugares ou de pessoas turbulentos. Inquietação e ansiedade. O mau humor e a ira afloram com mais facilidade. Cuidado para não vir a se arrepender depois. Muita cautela no trânsito é aconselhável. Melhor não fazer coisas de última hora.

Lua quadrado Saturno

Esta influência traz um certo desânimo. Tudo parece mais difícil e não flui como o desejado. As obrigações tendem a pesar e não conta facilmente com colaboração. As pessoas estão mais críticas e privilegiando os pontos negativos. Desfavorável para mudanças, aluguel, aquisição e investimentos.

Dia 19 de Fevereiro – Quarta-feira

Fase Lunar: Cheia
Lua no Signo: Libra – a partir de 01h49

Aspectos Diários da Lua	ENTRADA	EXATO	SAÍDA
Lua trígono Mercúrio	11h41	17h08	22h35
Lua sextil Júpiter	14h42	19h35	00h28 de 20/02
Lua trígono Netuno	15h34	20h30	01h26 de 20/02

Lua em Libra

Neste diplomático signo, você se torna bem razoável e acessível às pessoas. Qualquer acordo é prontamente negociável. O clima é de gentileza e propensão à harmonia. No trabalho, nas tarefas, nas atividades, etc. dê preferência à execução em parceria. Negócios em sociedade rendem mais. Use de cordialidade para conseguir o que quer. Lugares charmosos e requintados serão os preferidos. Todas as atividades ligadas à arte, à beleza e à harmonia das formas estão favorecidas. Bom momento para encontrar um par. Fazer as pazes, pedir desculpas, convidar alguém para sair, será bem-sucedido. Aqui, para um bom sono, o ideal é estar em boa companhia. Cuidado com qualquer tipo de excesso. Desfavorável para cirurgia dos rins e região da cabeça.

Lua trígono Mercúrio

Excelente para estudos, aprendizagem, palestras, aulas, entrevistas e reuniões. Propício para venda e troca de veículos. Bom para as negociações, para trabalhos mais exigentes e que requeiram esforço mental. Ideal para conversas de assuntos mais delicados.

Lua sextil Júpiter

Energia que traz bem-estar emocional, bom humor e maior proximidade entre as pessoas. Beneficia viagens, inclusive as de trabalho, que se tornam mais agradáveis. Uma demonstração de fé no relacionamento valerá mais do que mil palavras de amor.

Lua trígono Netuno

Predisposição geral para a cooperação e para a solidariedade. Este aspecto traz inspiração e um aumento da sintonia entre as pessoas. Felizes coincidências podem ocorrer. Favorece todo tipo de trabalho artístico. Nas relações afetivas, um clima de encantamento e romance facilitará o melhor entendimento. Bom para tratamentos antialérgicos e vacinação.

Dia 20 de Fevereiro – Quinta-feira

Fase Lunar: Cheia
Lua no Signo: Libra

Aspectos Diários da Lua	ENTRADA	EXATO	SAÍDA
Lua quadrado Vênus	02h18	07h40	13h02
Lua sextil Plutão	05h10	10h07	15h04
Lua sextil Marte	09h07	14h09	19h06

Lua trígono Saturno	09h12	14h17	19h28
Lua trígono Urano	20h30	01h30 de 21/02	06h30 de 21/02

Lua quadrado Vênus

Hoje é preciso muita cautela com relação aos gastos financeiros. Não é indicado para atividades que exijam muito esforço e comprometimento.

Como as pessoas se tornam mais indecisas por conta desse aspecto, não é tão fácil agradar ao público e aos consumidores. Um sentimento de carência emocional poderá invadi-lo e com o nível de idealização elevado espera que o ser amado possa suprir todas as suas necessidades. Esta conduta deve ser evitada, para que não aumente ainda mais a insatisfação.

Lua sextil Plutão

Com o ânimo predisposto a transformações, pode tomar medidas regeneradoras. No trabalho, é proveitoso retomar projetos que estavam abandonados. Uma segunda chance pode surgir. Esteja atento e não hesite em correr atrás. Os relacionamentos que vão além das aparências serão os mais beneficiados.

Lua sextil Marte

Clima de muita disposição, agilidade e pique. Tudo tende a ser resolvido rapidamente e sem embaraços. Favorece atividades esportivas e aquelas que dependam de impulso, coragem e iniciativa própria. No amor, tome iniciativas, aproxime-se de alguém.

Lua trígono Saturno

Com as emoções mais estáveis e arrumadas, temos maior capacidade para o discernimento e a lógica. Dia de muita produtividade, que possibilita a conclusão de tarefas. Momento apropriado para arrumações na casa e pequenos consertos. As coisas que mais despertarão seu interesse serão as mais sólidas e estáveis. Inclusive com relação aos vínculos afetivos.

Lua trígono Urano

À noite e até amanhã de manhã, um clima de espontaneidade e descontração. Parceiros com diferenças acentuadas entre si têm seu relacionamento favorecido. Período bastante criativo. Cultue idéias originais. Ideal para alterar hábitos que causem dano à saúde.

Dia 21 de Fevereiro – Sexta-feira

Fase Lunar: Cheia
Lua no Signo Escorpião – a partir de 03h10
Lua Fora de Curso: de 01h30 às 03h10

Aspectos Diários da Lua	entrada	exato	saída
Lua trígono Sol	01h43	07h05	12h27
Lua quadrado Júpiter	15h53	20h52	01h52 de 22/02
Lua quadrado Netuno	17h18	22h21	03h24 de 22/02
Lua quadrado Mercúrio	18h48	00h25 de 22/02	06h04 de 22/02

Lua em Escorpião

Dias de intensa energia e fortes desejos aguardam-no. As pessoas se tornam mais críticas e com o humor alterado. Escorpião tem uma natureza secreta, misteriosa e desconfiada; passam a ver ameaças e suspeitas talvez onde não existam motivos. Aumento da sensibilidade para o que as pessoas consideram ofensa e insulto, tornando-se mais obsessivas por assuntos mal resolvidos. Esta é a melhor Lua para se desvendar segredos, fazer investigações de toda a espécie, recuperar coisas perdidas e até a saúde. Situações que chegaram a um ponto insustentável. É bom! É o início da cura. Você pode descobrir uma nova paixão. Excelente período para dietas de desintoxicação e ingerir bastante líquido. Isto poderá corrigir importantes disfunções orgânicas. Desfavorável cirurgia nos órgãos genitais, bexiga, uretra, próstata, intestino, reto, na garganta, tireóide e cordas vocais.

Lua trígono Sol

Este belo aspecto beneficia as gestações, as concepções e os nascimentos, pois conferem muita fertilidade. Aliás, em todas as áreas da vida. É um desses momentos frutíferos em que as forças geradoras se encontram muito ativas. Pode usar de maior clareza em relação ao que sente. A vida parece fluir melhor.

Lua quadrado Júpiter

Menor produtividade no trabalho e em tarefas maçantes. Há tendência a adiar compromissos. Cuidado com projeções fora da realidade. Maior necessidade de aventura, por causa da insatisfação emocional. Evite a ingestão de gorduras e frituras, para não sobrecarregar o fígado.

Lua quadrado Netuno

As pessoas ficam mais desligadas. Convém dar muita atenção a detalhes e a confirmação de compromissos. Não é hora de se impor tomadas de decisão. Nem resolver assuntos complicados que exijam concentração. Evite ir a lugares desconhecidos. Cuidado, também, com o extravio de papéis, documentos, objetos, etc.

Lua quadrado Mercúrio

Esta é uma combinação planetária que dificulta a comunicação. Internet congestionada. Ligações telefônicas prejudicadas. Convém checar todos os dados e se certificar de que não há mal-entendidos.

Emoções ou impressões do passado atuam negativamente sobre decisões de fatos presentes, fazendo com que erremos em nossas avaliações. Nas relações íntimas, cuidado com palavras impróprias.

Dia 22 de Fevereiro – Sábado

Fase Lunar: Cheia
Lua no Signo: Escorpião

Aspectos Diários da Lua	ENTRADA	EXATO	SAÍDA
Lua sextil Vênus	08h36	14h08	19h42

Lua sextil Vênus

Aspecto de delicadeza e afetividade. Neste sábado haverá um clima de maior boa vontade entre as pessoas. É só "aquele jeitinho", que tudo se torna viável. Lugares de lazer e entretenimento são indicados.

O mercado da moda, o estético e o artístico estão particularmente beneficiados. Ótimo para a compra de enfeites e objetos para a casa. Propício ao amor e a novos encontros.

Dia 23 de Fevereiro – Domingo

Fase Lunar: Minguante às 13h45
Lua no Signo: Sagitário – a partir das 05h46
Lua Fora de Curso: das 04h15 às 05h46

Aspectos Diários da Lua	ENTRADA	EXATO	SAÍDA
Lua quadrado Urano	00h06	04h15	09h26
Lua quadrado Sol	08h12	13h46	19h22
Lua trígono Júpiter	18h31	18h31 de 24/02	04h52 de 24/02
Lua sextil Netuno	20h32	01h45 de 24/02	06h52 de 24/02

Lua em Sagitário

Com um sentimento gratuito de alívio, você tem a impressão de que tudo parece mais leve, mais simples e fácil. Sente uma enorme necessidade de abertura, de liberdade e de aventura. As pessoas se tornam mais espontâneas, de peito aberto enfrentam os desafios e os obstáculos com maior confiança. Todos se tornam mais sociáveis e expansivos. É fácil reunir pessoas. Excursões, viagens e passeios são mais procurados. Os romances mais leves e onde se tenha folga, espaço e liberdade em alta. Pensar em algo positivo ou projetar para o dia seguinte garantirá um bom sono. Desfavorável para cirurgia de fígado, coxas, quadris, ciático, vias respiratórias, pernas, braços, mãos, dedos.

Lua quadrado Urano

É provável que acorde elétrico, com um nível maior de tensão e, logo cedo, tenha que enfrentar algum imprevisto e alterar a agenda. Tenha cuidado no trânsito, evite velocidade. Desaconselhável para negócios ou serviços imobiliários. Aumento da intolerância. Evite tarefas repetitivas.

Lua quadrado Sol

Maior possibilidade de conflito entre os casais. Contenda entre desejos e emoções produz mais desgaste. É necessário um esforço maior para esclarecer as situações e que predomine a lucidez.

Lua trígono Júpiter

À noite você conta com uma energia de sorte, otimismo e fé. Encha-se de confiança e não se intimide diante de algo que normalmente você acharia difícil de realizar. É favorável para atividades que atraiam grande público, como as ligadas ao ensino, cursos, universidades, etc. No relacionamento, conta com maior proximidade emocional. O clima de aventura e o bom humor favorecem os encontros.

Lua sextil Netuno

Mais um favorável aspecto soma-se ao anterior, propiciando espetáculos, shows, teatro e cinema. Será muito agradável sair para dançar ou freqüentar um ambiente glamouroso. Crie uma atmosfera de romance e encantamento para se aproximar de alguém especial.

Dia 24 de Fevereiro – Segunda-feira

Fase Lunar: Minguante
Lua no Signo: Sagitário

Aspectos Diários da Lua	ENTRADA	EXATO	SAÍDA
Lua sextil Mercúrio	04h12	10h05	16h01
Lua conjunção Plutão	10h49	16h05	21h22
Lua oposição Saturno	14h59	20h17	03h34 de 25/02
Lua conjunção Marte	19h54	01h28 de 25/02	07h02 de 25/02

Lua sextil Mercúrio

Nesta segunda-feira, tudo se movimenta, se agiliza e flui mais rápido. Você vai aproveitar para realizar estudos, procedimentos burocráticos, colocar em dia a correspondência, dar telefonemas importantes, etc. Os deslocamentos, fretes, compra e venda de veículo são favoráveis. Propício a reuniões e trocas de idéias.

Lua conjunção Plutão

Disposição para ir fundo em questões de ordem emocional, ou de qualquer outra natureza, que possam estar incomodando-o. Traga-as à tona e elimine-as. Bom momento para consultas, exames e diagnósticos. Nada passará despercebido. No entanto, seja cauteloso, pois os ânimos estão mais exaltados. Evite atitudes passionais ou radicais.

Lua oposição Saturno

A partir desse horário, você conta com uma disposição de humor mais pesado. Com uma visão mais negativa, passa a dar maior importância às frustrações e aos erros dos outros. Esta postura deve ser evitada. Tente ver o lado positivo das coisas e das pessoas. No trabalho, o melhor será agir com autonomia.

Lua conjunção Marte

Mais para a parte da noite, esta energia vem ajudá-lo, trazendo mais ânimo e garra para empreender o curso de sua ação. Quem trabalha no turno da noite contará com entusiasmo para oferecer soluções com mais desembaraço.

Dia 25 de Fevereiro – Terça-feira

Fase Lunar: Minguante
Lua no Signo: Capricórnio – a partir das 10h11
Lua Fora de Curso: das 08h51 às 10h11

Aspectos Diários da Lua	ENTRADA	EXATO	SAÍDA
Lua sextil Urano	03h30	08h51	14h12
Lua sextil Sol	16h57	22h45	04h34 de 26/02

Lua em Capricórnio

A tendência geral será para uma natureza mais introspectiva e reservada. Estado de humor voltado para a seriedade. As pessoas suportam menos os erros, as falhas, os atrasos e os desacertos. Há maior predisposição a críticas. Devido a estar em fase bastante produtiva, pode aproveitar para pôr ordem na casa ou no trabalho. Em alta atividades que gerem negócios. Bens e produtos adquiridos tendem a ter maior durabilidade. O rendimento passa a ser melhor no trabalho em virtude de estar menos disperso e fazendo bom uso do tempo. Favorecidos os relacionamentos mais antigos que foram se estruturando com o tempo. Para ter um bom sono é preciso ter concluído as tarefas planejadas e as pendências. Desaconselhável cirurgia de coluna, articulações, joelhos, pele, dentes, olhos, vesícula, útero, seios e abdome.

Lua sextil Urano

Uma ótima chance para largar vícios e hábitos indesejáveis, pois está com os condicionamentos mais baixos. Pode também descartar situações ou pessoas de sua vida que estejam cerceando ou impedindo sua evolução.

Lua sextil Sol

Este aspecto traz harmonia para os casais que, neste momento, têm a chance de se entenderem melhor e minimizar as divergências. Há um clareamento dos objetivos e as emoções não interferem negativamente. Ao contrário, estão em equilíbrio com a razão.

Dia 26 de Fevereiro – Quarta-feira

Fase Lunar: Minguante
Lua no Signo: Capricórnio

A Lua hoje não apresenta aspectos no céu. Continue observando as recomendações para a Lua no signo de Capricórnio e para a fase minguante.

Dia 27 de Fevereiro – Quinta-feira

Fase Lunar: Minguante
Lua no Signo: Aquário – a partir das 16h25
Lua Fora de Curso: das 09h58 às 16h25

Convém observar o horário da Lua fora de curso para evitar cirurgias, exames complicados, negócios e tomadas de decisão.

Aspectos Diários da Lua	ENTRADA	EXATO	SAÍDA
Lua conjunção Vênus	03h57	09h58	16h01

Lua em Aquário

Em Aquário, a Lua envia um estado de humor mais solto, mais leve, e a liberdade passa a ser a palavra de ordem. Torna-se difícil aceitar controle, regras ou imposições. Por isso, tudo o que saia do "normal" e do preestabelecido chamará nossa atenção. Nesses dias, é fácil reunir grandes grupos de pessoas. O entrosamento é maior. Excelente para atividades ligadas à criatividade e a invenções. No relacionamento, o ideal será cada um respeitar o espaço do outro. O sono poderá ser mais agitado, ou interrompido, do que o normal. Procure dormir no escuro e no silêncio. Desaconselhável cirurgia de veias, vasos, artérias, capilares, tornozelos, coração e região lombar.

Lua conjunção Vênus

As pessoas se tornam mais afáveis, amorosas e tudo tende a ser facilitado. Devido ao clima de maior harmonia que paira no dia de hoje, beneficia acordos, alianças e ajuda a desfazer divergências. Ótimo para se fazer aquilo de que se mais gosta – inclusive no trabalho. Os serviços de estética, cabeleireiros, clínicas, massagens e tudo o mais que atenda à vaidade estão em alta. Momento romântico que propicia o encontro a dois.

Dia 28 de Fevereiro – Sexta-feira

Fase Lunar: Minguante
Lua no Signo: Aquário

Aspectos Diários da Lua	Entrada	Exato	Saída
Lua oposição Júpiter	05h10	10h41	16h13
Lua conjunção Netuno	08h29	14h05	19h41

Lua oposição Júpiter

Este aspecto predispõe à idealização das pessoas ou situações e leva-o a esperar muito delas. Espera melhores resultados do que na verdade acontece. Evite gastos excessivos. Aliás, evite exceder-se com relação a qualquer coisa porque já há uma tendência a cometer excessos. Inclusive com relação à alimentação.

Lua conjunção Netuno

Cuidado: esta combinação pode levá-lo a uma posição por demais ilusória. Pode "viajar" nos projetos e acreditar em promessas que, dificilmente, serão cumpridas. Falta-lhe energia e concentração para realizar todas as tarefas a que se propôs. Esta sexta-feira está propícia para um show, cinema, exposição, música, ou até ler um livro. Contanto que o incite à fantasia e dê "asas" à sua imaginação.

CALENDÁRIO LUNAR DE

Março

dom	seg	ter	qua	qui	sex	sáb
						1 MINGUANTE lua AQU
2 NOVA 23h34 lua PEI	3 NOVA lua PEI	4 NOVA lua ARI 10h30	5 NOVA lua ARI	6 NOVA lua TOU 22h37	7 NOVA lua TOU	8 NOVA lua TOU
9 NOVA lua GEM 11h39	10 NOVA lua GEM	11 CRESCENTE 04h13 lua CAN 23h13	12 CRESCENTE lua CAN	13 CRESCENTE lua CAN	14 CRESCENTE lua LEO 07h07	15 CRESCENTE lua LEO
16 CRESCENTE lua VIR 10h53	17 CRESCENTE lua VIR	18 CHEIA 07h33 lua LIB 11h43	19 CHEIA lua LIB	20 CHEIA lua ESC 11h38	21 CHEIA lua ESC	22 CHEIA lua SAG
23 CHEIA lua SAG	24 MINGUANTE 22h51 lua CAP 15h49	25 MINGUANTE lua CAP	26 MINGUANTE lua AQU 21h51	27 MINGUANTE lua AQU	28 MINGUANTE lua AQU	29 MINGUANTE lua PEI 06h26
30 MINGUANTE lua PEI	31 MINGUANTE lua ARI 17h05					

Céu do Mês

O Sol continua sua travessia em Peixes até o dia 21. Acompanhado também neste signo por Mercúrio, entre os dias 6 e 21, propicia uma índole flexível, adaptável, beneficiando todos aqueles que sabem esperar até o último momento.

Sob a influência de Peixes, tudo muda a toda hora – como o oceano e suas marés –, portanto, é só aguardar um pouquinho e pegar a maré favorável. Entre os dias 9 e 15 Plutão desafia perigosamente o Sol e logo adiante, entre os dias 15 e 19, Mercúrio. Nestas datas é melhor evitar lugares perigosos, situações de risco, velocidade, esportes que ofereçam perigo e principalmente circunstâncias explosivas. Por muito pouco, pode dar fim a algum relacionamento afetivo, social ou até comercial.

Os ânimos estão exaltados, a palavra tem um peso muito forte e assuntos mal resolvidos vêm à tona e faz com que reaja de maneira radical e intempestiva. Há uma propensão maior a acidentes, roubos e extravios. Praticamente no mesmo período entre os dias 12 e 19, Saturno e Sol estão sob uma tensa combinação e entre os dias 16 e 19 é a vez de Mercúrio sofrer com as pressões de Saturno.

Deve evitar acúmulo de compromissos ou percorrer longas distâncias no mesmo dia. Não é improvável problemas com meios de comunicação, telefones, computadores e também é recomendável a compra desses equipamentos e muito menos de carros e veículos.

Não é uma boa hora para ser avaliado em sua capacidade profissional e tampouco submeter-se a provas, exames e concursos. Portanto, nada de pedir aumento ou regalias no trabalho. Chefes e figuras de autoridade estarão pegando no pé.

É melhor fazer tudo com a competência que a sua função exige.

Mas, antes de tudo, no início do mês, Mercúrio, ainda no signo de Aquário e muito perto de Urano, provoca eletricidade, tensão e até insônia. Acidentes de locomoção, curtos-circuitos, interrupção de eletricidade são típicas manifestações desses dois planetas. Mudanças de idéia são outra marca desta dupla. Conte com isto ao estabelecer seus planos.

Ainda na primeira semana de março, Mercúrio, com a ajuda de Marte, dinamiza as comunicações, os contatos, as entrevistas e tudo que depender de uma boa, franca e direta conversa. Idéias rápidas e prontinhas para a ação surgem sob esta dinâmica combinação.

O Sol entra no signo de Áries no dia 22 de março e recebe de saída uma "mãozinha" de Júpiter. Este é um indício de sorte e deve aproveitar a boa safra. O clima é de otimismo, confiança e nítidos sinais de prosperidade.

Mercúrio também em Áries acompanha o Sol a partir do 22. Neste signo de fogo produz um efeito de aquecimento do espírito, da vontade e conduz a uma comunicação mais categórica e decidida. Sob a influência de Áries, você sempre tem mais pressa! Corre mais e decide mais rápido; fecha pendências; acelera tarefas e obrigações e exige serviços imediatos.

No final do mês, Mercúrio e Marte se desentendem e fica muito fácil perder a paciência, a compostura e o espírito esportivo. Velocidade e intolerância serão componentes que provocam acidentes perfeitamente evitados. Aumento de agressividade e ansiedade. É bom evitar polêmicas.

Você será forçado pelas circunstâncias a tomar decisões em cima da hora, sem muito tempo para planejamento. O que não for absolutamente necessário deve ser deixado para uma outra hora quando tiver mais calma para pensar.

Plutão vem ao auxílio de Mercúrio também no final do mês, o que favorece consertos, recuperação de objetos perdidos e principalmente a reflexão profunda de assuntos que estavam ocupando a sua mente, que afinal ficam definitivamente resolvidos!

Vênus, agora no signo de Aquário, até o dia 27, inspira a pensar em novas e criativas formas de fazer caixa e também de livrá-lo de despesas indesejadas.

De alguma maneira você está mais livre para gastar o seu dinheiro da maneira que desejar. Quem está em busca de mais independência financeira ou vive de serviços autônomos encontrou as bênçãos de Vênus.

No amor, também terá mais leveza para lidar com os relacionamentos e saber respeitar mais os espaços de seus companheiros e aceitar as diferenças de cada um. Sob Aquário, o amor é democrático! Uma oposição entre Vênus e Júpiter do dia 8 até 13 pode fazê-lo gastar mais do que o juízo recomenda.

É também responsável por um desejo de flertar sem compromisso. Mesmo as relações mais estáveis devem ser reanimadas pelo espírito de aventura que esta combinação inspira. Para complicar, Netuno se junta a Vênus entre os dias 11 e 16. Aí mesmo é que o controle financeiro fica difícil. Pode comprar errado ou se equivocar completamente em relação a negócios em que é inexperiente. Evite-os. Caloteiros e maus pagadores se multiplicam sob esta enganosa influência planetária.

Os romances são outra fonte de má avaliação e é bom evitar muita proximidade de pessoas que conhece pouco. Você é vítima fácil de falsos encantamentos.

O velho e bom Saturno vem resgatar o seu juízo entre os dias 18 e 26 quando dá excelentes conselhos a Vênus. Juntos, ele conduz a ações responsáveis com o dinheiro: gastar dentro do limite, equilibrar o orçamento e cortar despesas supérfulas. Excelente momento para iniciar poupança, aposentadoria privada, investimentos a longo prazo e compra de imóveis.

Na última semana de março, já com Vênus no signo de Peixes, é a vez de Urano requisitar a sua atenção. Mais uma vez o orçamento pode sair do controle com despesas extras e gastos inesperados. Pode também sofrer cancelamentos de recursos com os quais não contava. Mas – graças à natureza imprevisível de Urano – algum dinheiro que estava preso pode ser subitamente liberado, salvando a pátria.

Não é improvável que comecem a ocorrer mudanças econômicas importantes no cenário nacional em virtude das posições do novo governo. Amores desgastados que sofrem de rotina, monotonia ou asfixia podem romper de uma hora para outra. Urano faz a sua primeira entrada triunfal no signo de Peixes depois de muitos anos de domicílio no signo de Aquário, e sua influência neste signo permanecerá por muitos anos. Até 2011.

Depois de tanta tecnologia – marca típica da presença de Urano no signo de Aquário – bem que pode ter chegado a vez de um novo humanismo. Esta deveria ser uma combinação mais refinada, sensível e sutil se nós humanos estivéssemos à altura dele.

Há fortes indícios de continuidade na linha de globalização, perda de fronteiras e formação de blocos e conglomerados. Afinal, os peixes não nadam em cardumes?

Posições Diárias da Lua

Dia 1º de Março – Sábado

Fase Lunar: Minguante
Lua no Signo: Aquário
Lua Fora de Curso: das 23h30 à 00h26 de 22/03

Aspectos Diários da Lua	ENTRADA	EXATO	SAÍDA
Lua trígono Saturno	04h01	09h39	15h19
Lua conjunção Mercúrio	07h27	13h55	20h25
Lua sextil Marte	14h58	20h56	02h56 de 02/03
Lua conjunção Urano	17h47	23h30	05h14 de 02/03

Lua trígono Saturno

Com as emoções mais ordenadas, você faz tudo com bom senso e com boa noção de tempo. Isto facilita a cumprir horários e metas estabelecidas para este sábado. Pode também reservar essas horas para administrar a casa e concluir tarefas domésticas. Procurar imóvel, para quem estiver interessado, também é uma boa pedida.

Lua conjunção Mercúrio

Várias idéias vêm visitar sua cabeça e povoar sua mente com pensamentos e deduções. Se você tem que fazer alguns contatos, divulgar uma idéia ou escrever uma carta, aproveite. É, também, um momento ideal para lançamentos e propagandas. Fique ligado nas informações que chegam até você.

Lua sextil Marte

Boa disposição física e entusiasmo contagiam-no para realizar qualquer atividade que exija empenho e ousadia. Se você precisa tomar uma atitude, aproveite, pois esta será prontamente recompensada. Encontros marcados de última hora e as propostas acolhidas impulsivamente trarão boas surpresas.

Lua conjunção Urano

Este é um aspecto de tensão e aceleração. Tudo se precipita e, de repente, pode ter que dar conta de um monte de coisas ao mesmo tempo. É melhor abrir alguns espaços na rotina e ficar livre para fazer o que quer. Ou como quer. No relacionamento é melhor não pressionar nem exigir. Uma conduta mais solta, que respeite a liberdade, é a mais indicada.

Dia 2 de Março – Domingo

Fase Lunar: Nova às 23h34
Lua no Signo: Peixes – a partir da 00h26

Lunação de Março
Lua nova às 23h34, horário de Brasília
Lua nova no signo de Peixes, em 23º34'
Duração até a próxima lunação: 18/03/2003

Aspectos Diários da Lua	entrada	exato	saída
Lua conjunção Sol	17h19	23h35	05h54 de 03/03

Lua em Peixes

Neste signo sonhador, a Lua envia a você uma energia de sensibilidade e receptividade. Fica mais impressionável e suscetível. Você se torna um alvo fácil e passa a buscar proteção emocional e suas crenças. Há um clima geral de boa vontade e ajuda mútua. Grande atração por água – qualquer atividade no mar, rios, cachoeiras está favorecida. Esta Lua é ótima para as paixões. Clima romântico e maior aproximação entre as pessoas. Mesmo que você não tenha ninguém em vista, enamore-se por algo que lhe traga encanto à alma. Ótimo para dormir, sonhar e esquecer. Desaconselhável cirurgia de pés e do aparelho gastrintestinal.

Lua conjunção Sol

Este é o aspecto da Lua nova. Simboliza o início de uma nova fase. É mais fácil conciliar sua vontade com suas necessidades. Ou seja, aquilo que quer fazer de alguma maneira o preenche emocionalmente. O encontro entre o Sol e a Lua no céu simboliza o encontro dos pares (masculino e feminino), favorecendo a aproximação entre os casais.

Lunação de Março
Fase Lunar: Nova em 02/03/2003 às 23h34, horário de Brasília
Lua no signo: 23º 34' de Peixes
Vigência: até a próxima Lua nova em 1º de abril de 2003

O mapa da Lua nova de março assinala um cenário mais convulsionado. Temos a marcante posição de Plutão junto a Marte em oposição a Saturno ressaltada demais. Isto indica uma tendência a aumento de violência, confronto entre facções opostas de poder, com firme resistência dos setores mais conservadores da sociedade. Uma forte tensão entre alianças pode desequilibrar completamente a balança do poder. É sempre difícil agradar todos os segmentos da sociedade.

Quando ocorre esta combinação planetária, é prova de que alguns desses setores que não se sentem beneficiados criam forte pressão.

Fica muito mais difícil se fazer acordos, alianças, negociações. Também esta influência planetária ainda traz alguns resíduos de recessão econômica e necessidade de alguns cortes e ajustes no orçamento público. A conta é justa. Não há sobra. Urano e Mercúrio colocados em posição de destaque no fundo do céu trazem ainda mais tensão ao período. Há necessidade de mudanças de base.

Este seria um excelente momento para reformas que envolvessem o setor agrário e habitacional, a presença de quatro planetas na casa 4 deste mapa estimula e inspira estas práticas. Inclusive a posição da própria Lua nova em Peixes nesta área do mapa. A indicação planetária no entanto é de uma certa audácia. Não existe o novo sem rupturas do antigo.

Pode haver alguma oscilação no setor de exportação, câmbio e relações exteriores devido à nebulosa oposição entre Júpiter e Netuno, ocupando as áreas 3 e 9 – responsáveis por este campo de atividade.

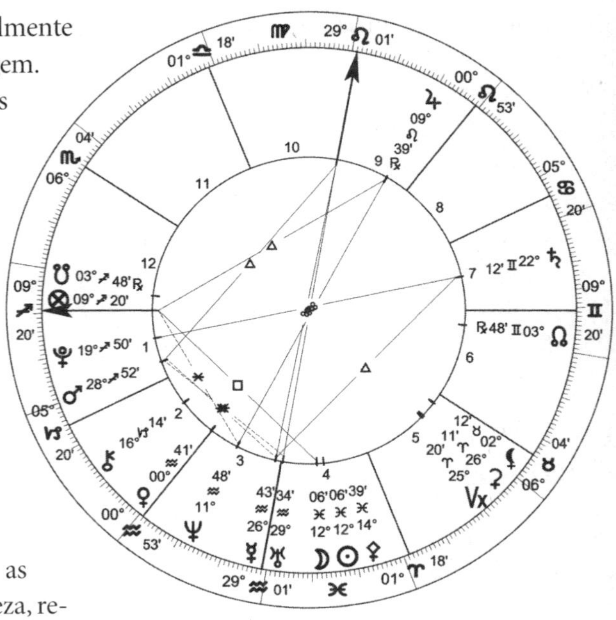

Esta Lua nova envolve principalmente os nascidos nos signos de Peixes e Virgem. Provoca também os nascidos nos signos de Gêmeos e Sagitário. Estes estão estimulados a dar início a alguma atividade dentro da qual terão que estar totalmente entregues. Sem muita orientação. Nem pista. Só guiados pela sensibilidade e pela fé.

Toda Lua nova é propícia a começos. Esta é uma boa hora de se deixar conduzir por alguma força que o impulsiona a dar novos passos.

Para fazer isto, deve incorporar as qualidades deste signo de água: sutileza, refinamento, fluência. Adaptabilidade, sensibilidade e uma inigualável capacidade de se abstrair dos detalhes e perceber o conjunto. O todo. Aí, tudo o que for sem importância perde a importância.

Dia 3 de Março – Segunda-feira

Fase Lunar: Nova
Lua no Signo: Peixes

Aspectos Diários da Lua	ENTRADA	EXATO	SAÍDA
Lua quadrado Plutão	08h46	14h36	20h28
Lua quadrado Saturno	13h23	19h15	01h07 de 04/03

Lua quadrado Plutão

Segunda-feira bastante pesada, com um astral que leva a um estado de ânimo mais exaltado e passional. Tendência a radicalizar e a ter reações de extravasamento. É comum, sob esta configuração, o aumento do sentimento de suspeita, do medo da perda e da sensação de abandono. No trabalho, esteja atento ao surgimento de rivalidade e evite fazer qualquer tipo de negócio que envolva risco. Uma dor de cabeça ou um mal-estar podem estar associados a mágoas ou a sentimentos aprisionados. Investigar sobre esta questão, para eliminar emoções tóxicas, será uma sábia atitude.

Lua quadrado Saturno

E continua o baixo-astral. Mas o que é isso? Não vá piorar as coisas se entregando ao negativismo. Não critique os outros e releve se alguém tratá-lo com mau humor. Isso passa. Pode ser que algumas tarefas no trabalho ou na casa tenham que ser refeitas. Paciência. Cultue a auto-suficiência, evite "alugar" os outros pedindo favores. Desaconselhável para entrevistas de emprego e avaliação de desempenho. Faltam brilho, criatividade e desembaraço. Cuidado: esta combinação pode levá-lo a uma posição por demais ilusória. Pode "viajar" nos projetos e acreditar em promessas que dificilmente serão cumpridas. Faltam energia e concentração para realizar todas as tarefas a que se propôs. Esta sexta-feira está propícia para um show, cinema, exposição, música, ou até ler um livro. Contanto que incite à fantasia e dê "asas" à imaginação.

Dia 4 de Março – Terça-feira

Fase Lunar: Nova
Lua no Signo: Áries – a partir das 10h30
Lua Fora de Curso: 10h05 às 10h30

Aspectos Diários da Lua	ENTRADA	EXATO	SAÍDA
Lua quadrado Marte	03h51	10h05	16h20
Lua sextil Vênus	09h12	15h45	22h20
Lua trígono Júpiter	23h18	05h14 de 05/03	11h10 de 05/03

Lua em Áries

Neste belicoso signo, a Lua traz um clima de impaciência e impetuosidade. Você fica mais explosivo, entusiasmado, agitado e energético. As iniciativas são tomadas com maior facilidade. As pessoas se tornam mais francas e diretas. Dê preferência a trabalhos que exijam mais disposição física do que mental. Dinamize as tarefas.

Pode lançar mão de soluções rápidas para qualquer impasse no cotidiano ou no trabalho. No relacionamento há uma tendência ao individualismo. É mais difícil ceder. Pode esperar um sono irrequieto. Desaconselhável para cirurgia na região da cabeça e dos rins.

Lua quadrado Marte

É muito provável que acorde mais cedo e já agitado. Importante controlar a ansiedade para não sair "atropelando" por aí. Respire fundo, conte até dez. Se puder, faça uma atividade física. Será muito proveitoso para descarregar a agressividade. Mas não faça nenhuma atividade nem esporte de risco. Se dirigir, evite velocidade e não aja impulsivamente.

Lua sextil Vênus

Ainda bem que pode contar com essa energia que vem salvar um pouco o seu dia. Se puder agir com diplomacia e cortesia, será mais fácil conseguir seus intentos. Maior disposição para gratificar estimula o consumismo. Alterne o trabalho com alguma atividade social ou de lazer para obter melhor rendimento.

Lua trígono Júpiter

Esta energia chega bem tarde e perdura até amanhã às 11h10. Vem contribuir para aumentar sua fé e autoconfiança. Busque conselhos e palavras de sabedoria. Adote uma filosofia de vida ou uma doutrina. Seja você mesmo para as pessoas à sua volta, uma fonte de mensagens positivas e de alto-astral. Excelente para lidar com assuntos jurídicos.

Dia 5 de Março – Quarta-feira

Fase Lunar: Nova
Lua no Signo: Áries

Aspectos Diários da Lua	ENTRADA	EXATO	SAÍDA
Lua sextil Netuno	04h06	10h06	16h08
Lua trígono Plutão	20h05	02h08 de 06/03	08h11 de 06/03

Lua sextil Netuno

Aumento da sensibilidade. Pode ser que, ao acordar, lembre-se dos sonhos que teve. Anote-os. Podem dar uma boa dica. Campanhas que promovam cidadania, bem-estar público, de vacinação, combate a epidemias, às drogas, discriminação, etc. serão mais bem aceitas e recebidas pela população. Está mais inspirado, o que auxilia a intuir a direção das coisas.

Lua trígono Plutão

Este aspecto revigora, reanima e ajuda-o em todas as formas de recuperação – seja no plano físico, emocional, ou mesmo de algo ou pessoa que tenha perdido. Dê a alguém uma segunda chance. Ou a si mesmo. Aumento do clima de erotismo e das chances para aprofundar os laços afetivos. Fertilização e gravidez favorecidas.

Dia 6 de Março – Quinta-feira

Fase Lunar: Nova
Lua no Signo: Touro – a partir das 22h37
Lua Fora de Curso: das 22h11 às 22h37

Aspectos Diários da Lua	ENTRADA	EXATO	SAÍDA
Lua sextil Saturno	00h55	06h59	13h03
Lua trígono Urano	16h05	22h11	04h19 de 07/03
Lua trígono Marte	19h10	01h36 de 07/03	08h03 de 07/03
Lua sextil Mercúrio	23h27	06h35 de 07/03	13h43 de 07/03

Lua em Touro

Agora passa a vigorar um ritmo mais "devagar", você não tem mais pressa para nada. Aproveite para relaxar. Também não está mais imediatista, e sim cauteloso. Os prazeres da mesa parecem muito atraentes, assim como o conforto e a beleza do ambiente. Preparar um jantar íntimo, bem romântico, será uma grande idéia para se atrair alguém. Não se esqueça do perfume e capriche no visual. A Lua em Touro estimula seus sentidos. Ternura e docilidade ajudarão a abrir portas. Atividades que ofereçam estabilidade, segurança, economia e nenhum risco terão a preferência. Massagens em geral são muito bem aceitas. Sono repousante. Prazer em dormir. Desaconselhável cirurgia de garganta, tireóide, cordas vocais, órgãos genitais, próstata, uretra, bexiga, reto e intestinos.

Lua sextil Saturno

Aproveite para fazer uma lista de tarefas ou organize a agenda. Está mais propenso a cumprir metas e planejamento. Prepare uma estratégia ou plano para alcançar um objetivo. Momento de maior produtividade. Esta energia ajuda o equilíbrio das emoções.

Lua sextil Urano

Momento propício para enfrentar todo tipo de mudança. Com maior criatividade, pode encontrar novas alternativas e novos rumos. Sinta-se à vontade para desabafar emoções contidas. As coisas não são levadas tão a sério e os acontecimentos não afetam tanto.

Lua trígono Marte

A expressão verdadeira dos sentimentos e a coragem para enfrentar emoções e sentimentos é o que valerá mais neste momento. Aumento da disposição física. Beneficia quem trabalha no turno da noite ou dando plantões, pois há condições de tornar mais ágil muita coisa.

Lua sextil Mercúrio

Durante toda a noite e boa parte do dia de amanhã, você tem um astral superfavorável para todo tipo de comunicação. A Internet estará ativada. Os estudos, escritos, troca de informações, beneficiados. Se você precisa ter uma conversa difícil ou esclarecedora com alguém, aproveite este período. Haverá maior entendimento de ambas as partes.

Dia 7 de Março – Sexta-feira

Fase Lunar: Nova
Lua no Signo: Touro

Aspectos Diários da Lua	entrada	exato	saída
Lua quadrado Vênus	03h56	10h43	17h30
Lua quadrado Plutão	11h19	17h23	23h27
Lua quadrado Netuno	16h50	22h58	05h06 de 08/03

Lua quadrado Vênus

Típica combinação que leva a gastos supérfluos e excessivos para compensar alguma falta de gratificação. Para os que estão carentes, este dia aumenta a necessidade de companhia e de sentir-se amado. Pequenas demonstrações de afeto trazem grandes resultados. Uma letargia pode ser responsável pela diminuição da produtividade.

Lua quadrado Júpiter

Uma avaliação grandiosa de resultados, causada por excesso de expectativa, traz frustração para os acontecimentos. Não que eles sejam ruins em si. Mas, como você esperava muito, tudo lhe parece pouco. Também não é indicado para executar tarefas que exijam esforço. Está desejoso por soluções mais fáceis.

Lua quadrado Netuno

Esta combinação é famosa por causar dispersão e mal-entendidos. Melhor conferir os horários, verificar exigências, documentos, endereços e trajeto antes de sair para um compromisso. Uma vontade "de nada" poderá invadi-lo. Problemas com umidade, vazamentos, infiltração e mofo.

Dia 8 de Março – Sábado

Fase Lunar: Nova
Lua no Signo: Touro

Aspectos Diários da Lua	entrada	exato	saída
Lua sextil Sol	03h41	10h21	17h02

Lua sextil Sol

Belíssimo aspecto para as comemorações do Dia Internacional da Mulher, onde cada um dos pares, num relacionamento, representa exatamente o papel que lhe cabe – ou seja, homem no papel de homem e mulher no papel de mulher. Aumento da harmonia entre os casais que, neste momento, encontram facilidade para se entenderem e conciliarem suas diferenças. Bom para iniciar um relacionamento e também para uma reconciliação. Dia de boa energia e vitalidade. Típica combinação que leva a gastos supérfluos e excessivos, para compensar algum de falta de gratificação. Para os que estão carentes, este dia aumenta a necessidade de companhia e de se sentir amado. Pequenas demonstrações de afeto trazem grandes resultados. Uma letargia pode ser responsável pela diminuição da produtividade.

Lua quadrado Júpiter

Uma avaliação grandiosa de resultados, causada por excesso de expectativa, traz frustração para os acontecimentos. Não que eles sejam ruins em si. Mas, como esperava muito, tudo lhe parece pouco. Também não é indicado para executar tarefas que exijam esforço. Está desejoso por soluções mais fáceis.

Lua quadrado Netuno

Esta combinação é famosa por causar dispersão e mal-entendidos. Melhor conferir os horários, verificar exigências, documentos, endereços e trajeto antes de sair para um compromisso. Uma vontade "de nada" poderá invadi-lo. Problemas com umidade, vazamentos, infiltração e mofo.

Dia 9 de Março – Domingo

Fase Lunar: Nova
Lua no Signo: Gêmeos – a partir das 11h39
Lua Fora de Curso: das 11h30 às 11h39

Aspectos Diários da Lua	entrada	exato	saída
Lua quadrado Urano	05h24	11h30	17h36
Lua quadrado Mercúrio	22h55	05h50 de 10/03	11h48 de 10/03
Lua trígono Vênus	23h41	05h59 de 10/03	13h02 de 10/03
Lua sextil Júpiter	23h51	06h22 de 10/03	13h02 de 10/03

Lua em Gêmeos

A energia enviada pela Lua no signo de Gêmeos torna-o bem-humorado. Não leva as coisas muito a sério. Está mais disperso e também descompromissado. As influências desta Lua propiciam reuniões casuais, bate-papos informais e é o melhor período para fazer propaganda ou divulgação de um trabalho. Você pode aproveitar para fazer várias coisas ao mesmo tempo. Freqüentar ou dar cursos é sempre um êxito. Neste período fica mais maleável e cordato. Isto, é claro, ajuda no entendimento dos casais. Sono inquieto. Tendência a acordar desperto. Desaconselhável cirurgia de vias respiratórias, pernas, braços, mãos, dedos, fígado, coxa, bacia e ciático.

Lua quadrado Urano

Essa é uma energia avessa a regras e a compromissos. Melhor não contar nada como certo. As coisas podem ser alteradas na última hora. Esta combinação planetária gera ansiedade, pois traz incertezas, instabilidade e reviravolta.

Lua quadrado Mercúrio

Outra influência nervosa, que atua no seu humor, chega à noite e pode tirar-lhe o sono. A mente fica muito ativada e em desalinho com as emoções. O que está dizendo não é, na verdade, o que está sentindo.

Lua trígono Vênus

Bem tarde da noite, este belo aspecto chega e perdura por toda a parte da manhã de segunda-feira. Aproveite para realizar trabalhos ou tarefas de seu agrado. Ótimo para as atividades relacionadas com arte, estética e beleza. Você conta com a benevolência das pessoas e é muito mais fácil conseguir seus intentos. Este aspecto foi feito para o amor e para encantar. Portanto, aproveite.

Lua sextil Júpiter

Esta é uma energia de sorte que permanece, juntamente com a anterior, ampliando ainda mais a boa vontade e a generosidade entre as pessoas. Vá de coração aberto ao encontro de seus propósitos e não se intimide diante de algo que, normalmente, você acharia difícil de realizar.

Dia 10 de Março – Segunda-feira

Fase Lunar: Nova
Lua no Signo: Gêmeos

Aspectos Diários da Lua	Entrada	Exato	Saída
Lua trígono Netuno	05h52	11h54	13h53
Lua oposição Plutão	21h34	03h30 de 11/03	09h24 de 11/03
Lua quadrado Sol	21h49	04h16 de 11/03	10h42 de 11/03

Lua trígono Netuno

Momento de suavidade próprio para os encantamentos. Curtir músicas, arte, terapias, danças trará um ótimo astral. Entregue-se ao clima mágico e sutil deste aspecto. Ótimo para a prática da religiosidade. Auxilie quem lhe pedir ajuda. Benéfico para quem trabalha com imagens em geral e fotografia.

Lua oposição Plutão

À noite, tenha muita cautela com relação aos perigos, tipo violência urbana, assaltos, etc. Não entre em brigas, procure não se exaltar. As pessoas estão mais radicais e propensas a alteração de ânimo. É favorável para se fazer "aquela" faxina na casa e se desfazer de tudo o que você não usa mais. Desta forma, você aproveita para desestagnar um bocado de energia "morta".

Lua quadrado Sol

Esta é uma energia forte e positiva. O céu está se preparando para formar a Lua crescente. É uma influência propícia à concretização. Não desacelere seu esforço. Empenhe-se em prol do que você pretende realizar. A hora é de presença e insistência.

Dia 11 de Março – Terça-feira

Fase Lunar: Crescente às 04h13
Lua no Signo: Câncer – a partir das 23h13
Lua Fora de Curso: das 08h25 às 23h13

Aspectos Diários da Lua	ENTRADA	EXATO	SAÍDA
Lua conjunção Saturno	02h30	08h25	14h19
Lua trígono Urano	17h30	23h20	05h09 de 12/03

Lua em Câncer

Se antes, com a Lua em Gêmeos, as pessoas estavam mais extrovertidas e falantes, agora com a Lua em Câncer elas passam a um estado mais intimista e mais emotivo do que racional. Além disso, o humor passa a oscilar. As emoções afetam mais as pessoas. Seja positiva ou negativamente. Elas passam a sentir maior necessidade do lar, da família, enfim, do que é íntimo. Cozinhar, reunir a família, ou pessoas do nosso convívio, relembrar fatos do passado e ancestrais, poderá ser bem interessante. Um toque romântico e sentimental dará vida a tudo. Qualquer desatenção ou briga nestes dias poderá magoar mais profundamente e trazer seqüelas. Sono relaxante e reconfortante. Dificuldade e preguiça para acordar. Desaconselhável cirurgia de abdome, seio, útero, ossos, articulações, vesícula, pele e vista. Deve lembrar que a Lua hoje está fora de curso durante praticamente todo o dia. Observe as recomendações para este caso no capítulo "Lua Fora de Curso".

Lua conjunção Saturno

Este aspecto confere um estado de espírito mais sisudo, meio anti-social e um pouco "para baixo". Talvez seja recomendável um pouco de isolamento para recuperar as forças e digerir algum sentimento que esteja preocupando-o. Aproveite o alto nível de produtividade deste aspecto para concluir trabalhos e resolver pendências.

Lua trígono Urano

Mais tarde chega até você uma energia capaz de mudar totalmente o astral do aspecto anterior. Agora mais solto, menos disciplinado e descompromissado, não deixa que as coisas o atinjam tanto. Sair da rotina ou procurar o parecer de pessoas com outro ponto de vista será vantajoso. Se o relacionamento afetivo não estiver indo bem, tente uma abordagem nova.

Dia 12 de Março – Quarta-feira

Fase Lunar: Crescente
Lua no Signo: Câncer

Aspectos Diários da Lua	ENTRADA	EXATO	SAÍDA
Lua oposição Marte	02h26	08h29	14h13
Lua trígono Mercúrio	19h40	02h14 de 13/03	08h44 de 13/03

Lua oposição Marte

Combinação tensa responsável pelo aumento de mau humor. Acalme-se, não tente dar "murro em ponta de faca" e, principalmente, não se indisponha à toa com ninguém. Um bom uso dessa energia será "malhar", ou fazer uma boa caminhada. No trabalho, convém interromper a atividade mais vezes para "arejar" a cabeça. Muita pressão ou demonstração sucessiva de autoridade provocará suscetibilidade.

Lua trígono Mercúrio

Na parte da noite e até amanhã de manhã, esta energia vem para dar um empurrãozinho extra em tudo o que depender de contato, comunicação, e-mail, fax e recados. É mais fácil conseguirmos colaboração e serviço de terceiros. Com a mente afiada, você consegue realizar trabalhos mentais e cálculos com maior facilidade. Favorável ao entendimento nos relacionamentos em geral por meio de conversa esclarecedora.

Dia 13 de Março – Quinta-feira

Fase Lunar: Crescente
Lua no Signo: Leão – a partir das 07h07
Lua Fora de Curso: das 18h14 às 07h07 de 14/03

Aspectos Diários da Lua	entrada	exato	saída
Lua trígono Sol	12h17	18h14	00h08 de 14/03

Lua em Leão

A exuberância, o orgulho, o entusiasmo são a tônica do período. Neste signo a Lua confere calor, automotivação e espontaneidade. Elogios e homenagens são muito apreciados. Ser o centro das atenções neste momento será gratificante. O ego se enaltece e a atenção se volta para o que é grandioso. Nada de mesquinharias! O imponente signo de Leão é generoso. Qualquer evento passa a ter um caráter festivo. Superfavorável às grandes produções, shows, estréias, teatros e danceterias. As relações afetivas se tornam mais calorosas. O ideal é ir dormir quando já estiver bem cansado, pois o período promove um excesso de excitação. Desfavorável cirurgia de coração, região lombar, capilares e tornozelos.

Lua trígono Sol

Quando os pares arquetípicos Sol e Lua encontram-se harmonicamente no céu, as pessoas têm uma energia da melhor qualidade. Eles trazem um favorecimento especial para os casais. Excelente dia para casar! Por ser um aspecto de grande fertilidade, beneficia as gestações, as concepções e os nascimentos. Mas essa fertilidade estende-se também a todas as áreas da vida. Viva os bons frutos! Aumento da acuidade e da intuição facilita perceber anseios e expectativas. Tanto em si mesmo como nos outros.

Dia 14 de Março – Sexta-feira

Fase Lunar: Crescente
Lua no Signo: Leão

Aspectos Diários da Lua	entrada	exato	saída
Lua conjunção Júpiter	17h16	22h31	00h44 de 15/03
Lua conjunção Netuno	23h23	04h37 de 15/03	09h49 de 15/03

Lua conjunção Júpiter

Ótima influência. Aumento da generosidade e predisposição a gestos grandiosos. Um bem-estar emocional invade você, renovando suas esperanças e ideais. Bom momento para viagens e grandes deslocamentos. Tudo o que promove abertura e crescimento pessoal, intelectual ou material será beneficiado.

Lua oposição Netuno

Durante esse horário você pode sentir uma sensação de desânimo ou um certo medo infundado ante alguma situação ou desafio. Não há razão para isto. É a sua imaginação que está criando fantasmas. Não faça cobranças de definições nem tomadas de atitude. Poupe-se, dedique-se a atividades amenas e leves. Aproveite, se você puder, para dormir até mais tarde amanhã.

Dia 15 de Março – Sábado

Fase Lunar: Crescente às 04h13
Lua no Signo: Leão
Lua Fora de Curso: das 22h25 às 10h53 de 16/03

Aspectos Diários da Lua	ENTRADA	EXATO	SAÍDA
Lua oposição Vênus	04h31	10h11	15h49
Lua trígono Plutão	12h48	17h56	23h01
Lua sextil Saturno	17h18	22h25	03h29 de 16/03

Lua oposição Vênus

Neste sábado será ótimo se puder estar em boa companhia, usufruindo o carinho de quem você gosta. Do contrário, sentirá maior carência e dificuldade em suportar essa ausência. É comum querer interromper dietas, exercícios e programas que exijam esforço, disciplina ou austeridade. Preguiça. Você deseja só o que é muito bom e gostoso.

Lua trígono Plutão

A partir desse horário, uma energia restauradora vem em seu auxílio "salvando-o" da energia anterior. Bom momento para reencontrar pessoas que andavam afastadas, recuperar uma relação ou até um projeto arquivado. O mundo está cheio de segundas chances. Este aspecto favorece um contato mais aprofundado com o plano emocional, e todas as formas de terapias são indicadas.

Lua sextil Saturno

Você pode ter uma noite de sábado mais serena. Tudo tende a ser feito dentro dos limites e conforme o que foi acertado. Maior capacidade de administrar os sentimentos e racionalizar as emoções. Bom para oficializar uniões.

Dia 16 de Março – Domingo

Fase Lunar: Crescente
Lua no Signo: Virgem às 10h53

Aspectos Diários da Lua	ENTRADA	EXATO	SAÍDA
Lua oposição Urano	06h22	11h24	16h24
Lua trígono Marte	18h34	23h44	04h52 de 17/03

Lua em Virgem

Agora, todas as emoções ou reações que estavam exageradas são "enxugadas" por um trabalho lento e metódico da mente até voltarem à sua medida normal. Você corta a imaginação e a fantasia, que podem "mascarar" os sentimentos. Mais produtivo, executa "aquelas" tarefas ou obrigações que, normalmente, acha maçantes. Tendência à crítica, à organização, ao critério e à busca da perfeição. Para demonstrar seu verdadeiro sentimento por alguém, o melhor será ajudá-lo no que for necessário, fazendo com que essa pessoa sinta que conta efetivamente com você. Para garantir um bom sono, é preciso que o ambiente de dormir esteja limpo e em ordem. Desfavorável cirurgia do aparelho gastrintestinal e dos pés.

Lua oposição Urano

Para o seu desespero, as coisas podem não sair como programado. Pouca tolerância torna os relacionamentos mais difíceis. Vontade de querer se livrar daquilo que esteja aborrecendo faz com que no ímpeto "jogue para o alto" situações, trabalho ou até pessoas. Melhor contar até dez. Isto é apenas um momento. Evite lidar com eletricidade.

Lua trígono Marte

Agora passa a vigorar uma energia de disposição e muito pique. Sente mais coragem ante as adversidades e vontade de lutar e transpor obstáculos. Tem força suficiente para resolver algum problema que o atinge. Alta disposição para "encarar" uma noitada. Seja esticando uma programação, realizando uma tarefa ou mesmo um programa a dois.

Dia 17 de Março – Segunda-feira

Fase Lunar: Crescente
Lua no Signo: Virgem

Aspectos Diários da Lua	Entrada	Exato	Saída
Lua quadrado Plutão	14h42	19h33	00h24 de 18/03
Lua quadrado Saturno	19h05	13h57	04h47 de 18/03
Lua oposição Mercúrio	19h45	01h18 de 18/03	06h50 de 18/03

Lua quadrado Plutão

O astral dessa segunda-feira está bem pesado na parte da tarde. Esta influência planetária vem tirá-lo o sossego emocional. Lembranças de antigas mágoas e ressentimentos podem ressurgir das cinzas. Melhor encará-las, ir fundo e expurgá-las, em vez de permitir que essas lembranças continuem a envenená-lo. Nestas horas, é melhor não aceitar provocações de ninguém. Resguarde-se. Isso passa.

Lua quadrado Saturno

Faça tudo para não se entregar à negatividade. É provável que deseje ficar à sós, pois este aspecto não favorece a parte social. Torna-se mais fácil sentir-se culpado neste período. Se você estiver com algum problema, ele vai lhe parecer mais sério e deixá-lo apreensivo mais do que devia. Não "embarque" nessa. Isso também passa.

Lua oposição Mercúrio

Este aspecto complica as conversas, os diálogos e deve ter cuidado com as palavras. Podem gerar mal-entendidos. Mudanças de idéias, de opiniões, disse-me-disse, informações que não se confirmam são comuns sob esta combinação planetária.

As pessoas estão inquietas, mas resolvendo pouco.

Dia 18 de Março – Terça-feira

Fase Lunar: Cheia às 07h33
Lua no Signo: Libra – a partir das 11h43
Lua Fora de Curso: das 7h35 às 11h43

Lunação de Março
Lua cheia às 07h33, horário de Brasília
Lua cheia no signo de Virgem, em 27°25'
Duração até a próxima lunação: 01/04/2003

Aspectos Diários da Lua	entrada	exato	saída
Lua oposição Sol	02h25	07h35	12h44
Lua sextil Júpiter	20h28	01h15 de 19/03	06h01 de 19/03
Lua quadrado Marte	21h15	02h15 de 19/03	07h14 de 19/03

Lua em Libra

Com a Lua transitando neste diplomático signo, as pessoas passam a ser mais cordiais e cedem em favor do outro com maior facilidade, evitando confrontos e disputas.

Libra é um signo de parceria. Tudo o que fizer em dupla nesses dias fará melhor. Por sentirem mais a solidão, as pessoas buscam por companhia e estão mais sociáveis do que nunca. Atitudes de delicadeza e elegância serão muito apreciadas. O consumo de artigos finos, os ligados à beleza ou à decoração será ampliado. Ótimo momento para cuidar do visual.

No relacionamento amoroso, você conta com um astral bastante positivo, de maior compreensão e sedução. No trabalho, coopere. Partilhe projetos, peça opiniões.

Para garantir a qualidade do sono é importante buscar por uma companhia – nem que seja a de um bom livro. Desaconselhável cirurgia dos rins e da região da cabeça.

Lua oposição Sol

Próprio da Lua cheia, este é o aspecto que caracteriza uma fase onde tudo se revela. O que quer que esteja prestes a acontecer, acontece. Trata-se, também, de uma poderosa energia de complementaridade, colaboração e avessa à solidão. Procure um par para "fazer a festa".

Lua sextil Júpiter

À noite aproveite para recarregar suas "baterias" de otimismo, força de vontade e fé. Favorece a troca de favores e a aconselhamentos. Seja você mesmo para as pessoas à sua volta uma fonte de mensagens positivas e de alto-astral.

Lua quadrado Marte

Esta tensa configuração vem atrapalhar o astral dessa noite. Mas vamos dar um jeito. Faça uma forcinha para não se irritar e para vibrar mais de acordo com o aspecto anterior. Se o mau humor e a impaciência atacarem, procure driblá-los.

Não faça nada precipitadamente.

Lunação de Março

Fase Lunar: Cheia em 18/03/2003 às 07h33, horário de Brasília

Lua no signo: 27º 25' de Virgem

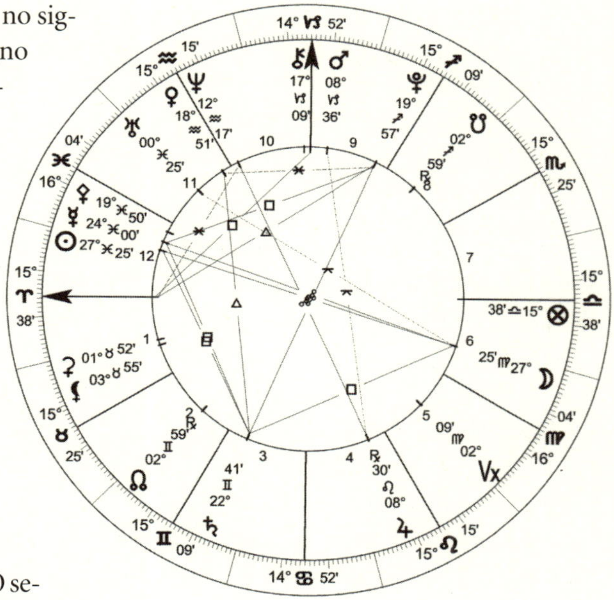

O mapa desta lunação põe a Lua no signo de Virgem na casa 6 e o Sol no signo de Peixes na casa 12, em uma incômoda ligação com Saturno na casa 3.

Esta é uma indicação de uma certa desaceleração, adiamentos e até de uma certa paralisia. Não se dará nem um passo a mais – assim determina Saturno enquanto não tivermos muito bem planejado cada movimento seguinte. Ha necessidade de um rigoroso planejamento e de uma total adequação entre metas e meios.

Só o que for feito com muita competência e seriedade dará frutos. O setor mais cobrado será o da educação. Todo mundo sabe há anos que esta é a base da solução de muitos de nossos problemas – sociais, econômicos. Por que ela nunca é realmente enfrentada? Esta é a pergunta que estará presente na cabeça de todos os brasileiros. Mais uma vez o setor das exportações, câmbio e relações internacionais parecem bem desafiados devido à recessiva e pressionante oposição entre Saturno e Plutão nas casas 3 e 9 deste mapa.

A atuação do Congresso será alvo de insatisfação devido a condutas muito dispersivas e desunidas. Quem indica isso é a oposição entre Júpiter e Netuno. Também todo o setor de planejamento não parece estar dando conta do recado com a presença do desorganizador Netuno na casa 11 desta lunação.

A Lua cheia de março é mais direcionada para os nascidos nos signos de Virgem e Peixes. Também os nascidos nos signos de Gêmeos e Sagitário serão forçados a conciliar organização, método, capacidade analítica sem perder de vista a idéia do conjunto. Para os virginianos, esta é uma excelente ocasião para que incorporem as qualidades do seu signo oposto – Peixes: compreensão, tolerância e entrega.

Os piscinianos, por sua vez, podem se espelhar nos virginianos e assim adquirirem um pouco de seu pensamento lógico, organização e espírito prático. Todos podemos nos beneficiar equilibrando as interessantes virtudes desses signos opostos: pés no chão e alma nas estrelas. Se isto em algum momento for possível, será agora.

Dia 19 de Março – Quarta-feira

Fase Lunar: Cheia
Lua no Signo: Libra

Aspectos Diários da Lua	ENTRADA	EXATO	SAÍDA
Lua trígono Netuno	02h36	07h23	12h11
Lua sextil Plutão	14h46	19h33	00h21 de 20/03
Lua trígono Vênus	15h34	20h46	01h58 de 20/03
Lua trígono Saturno	19h14	00h020 de 20/03	04h51 de 20/03

Lua trígono Netuno

Hoje você tem belíssimas combinações da Lua no céu. A começar, já corda inspirado, imaginativo e com a sensibilidade apurada. Isto favorece os trabalhos artísticos em geral e os que se beneficiam da intuição. Praticar ato filantrópico ou ajudar desinteressadamente nos trará uma ótima vibração.

Lua sextil Plutão

Excelente para mudança de casa ou na casa e também para limpezas e arrumações. Tudo o que leve a transformar algo, seja externamente, ou em nosso íntimo, em nossas emoções, estará favorecido. Momento ideal para se fazer um check-up ou diagnósticos. Tratamentos em geral apresentam bons resultados. Esta é uma energia de cura. Facilita a retomada de projetos.

Lua trígono Vênus

Continuando a lista de benefícios para hoje, chega na parte da tarde uma influência de amor e encanto. Que momento ideal para fazer um programa a dois... ou, ainda, para conhecer alguém. Fazer compras, cuidar do visual, ir a um bom restaurante, dar ou receber presentes, estar com pessoas queridas, ou fazer qualquer outra coisa que seja do seu inteiro agrado, parecerá uma bênção! Predisposição de todos para a harmonia e para a boa vontade.

Lua trígono Saturno

Finalmente à noite e ao longo desta você vai contar com bom senso, com uma visão mais madura para oferecer soluções e manter equilíbrio para as emoções. E mais: você conta, ainda, com disciplina para realizar tarefas que você tenha programado, para cumprir ou assumir algum compromisso sem desgaste e produtividade caso você trabalhe neste horário. Depois, é só ir para a cama com a sensação do dever cumprido.

Dia 20 de Março – Quinta-feira

Fase Lunar: Cheia
Lua no Signo: Escorpião – a partir das 11h38
Lua Fora de Curso: da 00h02 às 11h38

Aspectos Diários da Lua	entrada	exato	saída
Lua trígono Urano	07h39	12h29	17h19
Lua quadrado Júpiter	20h17	01h07	05h57 de 21/03
Lua sextil Marte	23h21	04h25 de 21/03	09h30 de 21/03

Lua em Escorpião

As emoções se tornam mais extremadas e profundas quando a Lua transita por esse poderoso signo de água. Com um estado de espírito mais desconfiado, as pessoas suspeitam de tudo e passam a fazer julgamentos mais radicais.

Em Escorpião, tudo é sentido com maior intensidade e de forma drástica. Bom momento para achar coisas perdidas, descobrir endereços, informações ou pessoas que nos pareciam difíceis de ser encontrados. Beneficia tarefas ou estudos que exijam pesquisa, investigação e concentração. Período de maior intensidade sexual. Também maior tendência ao ciúme e a remoer mágoas. Desaconselhável cirurgia nos órgãos genitais, bexiga, uretra, próstata, intestinos, reto, garganta, tireóide e cordas vocais.

Lua trígono Urano

Mais irreverente do que de costume, você pode aproveitar para sair da rotina e se lançar em algo diferente hoje. Nem que seja uma caminhada por um outro local que não seja o habitual. É importante também a liberdade. Tê-la e concedê-la. Tope novas propostas que chegarem até você.

Lua quadrado Júpiter

Na parte da noite é provável que um sentimento indefinido de insatisfação venha persegui-lo, sugerindo que tudo à sua volta não é o bastante. Quer mais. Não sabe bem o quê. Nesse momento, sua vontade é de ceder à tentação de ultrapassar limites. Mas isso não ajudará em nada. Melhor será buscar os verdadeiros motivos deste comportamento dentro de você.

Lua sextil Marte

Muita disposição para esta noite e até amanhã de manhã contribui para um aumento de disposição para qualquer atividade onde queira aproveitar a noite para realizá-la. Este momento favorece encontros físicos, de modo que relacionamentos mais distantes ou de simples amizade possam se tornar, de repente, mais calorosos.

Dia 21 de Março – Sexta-feira

Fase Lunar: Cheia
Lua no Signo: Escorpião

Aspectos Diários da Lua	entrada	exato	saída
Lua quadrado Netuno	02h43	07h36	12h29

Lua quadrado Netuno

Para quem puder nesta sexta-feira curtir um programa junto ao mar ou cachoeira, será muito positivo. Isto ajudará a "lavar" um excesso de sensibilidade trazido por este aspecto. Mas é preciso cautela com relação a qualquer contato com a água. Evite esportes radicais e se expor ao perigo.

DIA 22 DE MARÇO – SÁBADO

Fase Lunar: Cheia
Lua no Signo: Sagitário – a partir das 12h33
Lua Fora de Curso: de 01h31 às 12h33

ASPECTOS DIÁRIOS DA LUA	ENTRADA	EXATO	SAÍDA
Lua quadrado Urano	08h36	13h36	18h38
Lua trígono Sol	10h03	15h24	20h48
Lua trígono Mercúrio	11h07	16h56	22 h46
Lua trígono Júpiter	21h24	02h26 de 23/03	07h30 de 23/03

Lua em Sagitário

Um astral muito positivo leva as pessoas a ficarem mais otimistas e esperarem o melhor da vida e dos outros. Por conta do entusiasmo próprio desta Lua, nossas expectativas e nossa fé aumentam.

Com maior facilidade nos livramos das preocupações e dos sentimentos pesados. As pessoas estão mais dispostas a se reunir, freqüentar lugares (principalmente ao ar livre e amplos). As viagens, excursões e passeios serão boa pedida. Se você está envolvido num relacionamento rotineiro, procure incrementá-lo com um pouco de movimento, aventura e muita alegria. Estão beneficiados cursos, estudos e concursos. Para garantir um sono melhor, retire tudo que lhe dê a sensação de cerceamento, como almofadas, cobertas, etc. Desaconselhável cirurgia de fígado, coxas, quadris, ciático, vias respiratórias, pernas, braços, mãos e dedos.

Lua quadrado Urano

Energia de tensão. Cuidado com eletricidade. Agravamento de estados "nervosos". Evite qualquer atividade de risco. Caminhe descalço na areia, terra ou grama para ajudar a "descarregar" o excesso de tensão. Cuidado com a precipitação. Às vezes, assume uma atitude sem pensar só para se livrar daquilo que o está pressionando no momento. Não aja assim neste momento. Para não se arrepender depois.

Lua trígono Sol

Ainda bem que você conta com este ótimo aspecto! Trata-se de um momento muito criativo. Esclareça seus objetivos. Não deve hesitar em pedir ajuda para solucionar qualquer tipo de problema, de preferência para alguém do sexo oposto. Fica mais fácil administrar os conflitos e os desejos contraditórios, já que há um bom equilíbrio entre emoção e razão.

Lua trígono Mercúrio

Há maior receptividade para entender e ouvir o que o outro tem a dizer. Essa combinação astrológica coloca-o na mesma sintonia de cabeça, de modo que compreenda melhor as palavras ditas. Favorece os deslocamentos, pequenas viagens, estudos e cursos em geral. Ideal para estimular a mente. Curiosidade aguçada. Aproveite a noite para encontrar amigos ou o ser amado e colocar o papo em dia.

Lua trígono Júpiter

Sob esta influência você é capaz de ir além e com sucesso no que se propuser a fazer. Aproveite a vontade de expandir e abra espaço em sua vida. Pense grande. Planeje maior ainda. O relacionamento ficará mais estimulante se houver um clima de aventura e descontração.

Dia 23 de Março – Domingo

Fase Lunar: Cheia
Lua no Signo: Sagitário

Aspectos Diários da Lua	entrada	exato	saída
Lua sextil Netuno	04h22	09h28	14h35
Lua conjunção Plutão	17h11	22h20	03h31 de 24/03

Lua sextil Netuno

Astral leve e de inspiração. Pode aproveitar para exercitar a fé e a compreensão. As pessoas se encontram mais amigáveis e colaboradoras. Talvez acasos e coincidências felizes ajudem as coisas a acontecer da melhor forma possível. Momento propício à prática de meditação e às artes em geral.

Lua conjunção Plutão

Para quem ficar em casa neste domingo esta energia favorece a arrumações, faxinas, mudanças e modificações que dêem vida nova à sua casa – mudar a mobília de lugar, restaurar um móvel, pintar uma parede, etc. Favorável também às negociações imobiliárias. No relacionamento, se for o caso, dê uma segunda chance a quem você ama. Esteja atento: tudo o que for verdadeiro aqui florescerá.

Dia 24 de Março – Segunda-feira

Fase Lunar: Minguante às 15h49
Lua no Signo: Capricórnio – a partir das 15h49
Lua Fora de Curso: das 08h59 às 15h49

Aspectos Diários da Lua	entrada	exato	saída
Lua sextil Vênus	03h16	08h59	14h43
Lua sextil Urano	11h50	17h07	22h25
Lua quadrado Sol	17h10	22h52	04h36 de 25/03
Lua quadrado Mercúrio	23h09	05h24 de 25/03	11h43 de 25/03

Lua em Capricórnio

A Lua em Capricórnio confere uma disposição para assumir responsabilidades e obrigações. Enfrente bem tudo aquilo que tem que ser feito. Estes são dias de grande produtividade. A auto-suficiência, disciplina e determinação contagiarão o estado de espírito das pessoas. A tendência será para uma visão crítica, das situações ou pessoas. Há também menos sociabilidade e mais introspecção por parte de todos. As emoções se tornam mais frias. O clima não está para romantismo e as demonstrações de afeto tornam-se menos evidentes. Favorável para a compra de bens duráveis e fazer planejamentos, organizar a agenda e colocar ordem na bagunça da casa. Desaconselhável cirurgia de coluna, articulações, joelhos, pele, dentes, olhos, vesícula, útero, seios e abdome.

Lua sextil Vênus

Este aspecto traz um clima de maior boa vontade e compreensão entre as pessoas. No trabalho, procure fazer as tarefas de que você mais gosta ou alterne-as com algum lazer: o rendimento será duplicado. Favorável para fazer orçamentos, apresentar custos e cobranças. Importante caprichar na apresentação estética de seus trabalhos e na sua apresentação pessoal: isso renderá uma simpatia extra.

Lua sextil Urano

Está facilitado qualquer tipo de mudança que seja necessária. Indicado para alterações na rotina, nos hábitos e até nas dietas alimentares. Também propício a experimentar algo novo. Atividades e trabalhos externos estão favorecidos. Bom para lidar com equipamentos eletrônicos ou para aquisição. Produtos e serviços que incentivem a execução de tarefas serão beneficiados.

Lua quadrado Sol

Característico da Lua minguante, esta tensa ligação entre Sol e Lua confere maior dificuldade para os casais ajustarem suas diferenças e chegarem a um acordo. Poderá surgir inquietação e ansiedade. Algum tipo de obstáculo surge para dificultar a realização de uma intenção. Não desanime. A hora é de recolher forças, conciliar as coisas e finalizá-las para não iniciar um novo ciclo com tendências.

Lua quadrado Mercúrio

Este horário, que permanece até amanhã ao meio-dia, não favorece os trabalhos mentais nem a comunicação. Trabalhos com computador, envio de mensagens, etc. podem sofrer atrasos e erros. Atenção ao que se diz e ao que se escreve – nenhum detalhe deve faltar, porque a tendência aqui é que uma simples palavra mal colocada pode causar desentendimento. Esta combinação traz alguns imprevistos para as viagens e deslocamentos. Trânsito engarrafado.

Dia 25 de Março – Terça-feira

Fase Lunar: Minguante
Lua no Signo: Capricórnio
Lua Fora de Curso: das 15h17 às 21h51 de 26/03

Aspectos Diários da Lua	entrada	exato	saída
Lua conjunção Marte	09h38	15h17	20h57

Lua conjunção Marte

Esta ligação astrológica coloca-o "a mil" e dá ânimo e coragem para empreender, "correr atrás" e tomar decisões. Você tem pressa em resolver tarefas e pendências. Resultado: ansiedade e intolerância com todo tipo de atraso ou impedimento da sua vontade. Aproveite melhor esta energia, usando-a para o cumprimento de qualquer atividade que dependa exclusivamente de você, exercitando assim a autonomia. Aumente a atividade física, para aproveitar o acúmulo de vigor.

Dia 26 de Março – Quarta-feira

Fase Lunar: Minguante
Lua no Signo: Aquário – a partir das 21h51
Lua Fora de Curso: o dia inteiro até as 21h51

Lua em Aquário

Com a Lua neste signo tão gregário, torna-se mais fácil reunir as pessoas em torno de um ideal comum, ou mesmo socialmente. Todos se entrosam melhor e até dá certo juntar pessoas diferentes entre si (classe social, cultural, ideológica, etc.). Especial favorecimento às atividades que envolvam inovações ou que dependam de tecnologia e também para os profissionais autônomos. Aproveite o aumento da curiosidade enviado por esta Lua e pesquise sobre temas diferentes dos comuns. Algo novo e interessante chamará a sua atenção. No relacionamento será melhor contar com maior autonomia e evitar o controle. Desaconselhável cirurgia de veias, vasos, artérias, capilares, tornozelos, coração e região lombar. Hoje a Lua permanece fora de curso durante todo o dia. Siga as recomendações para este caso no capítulo "Lua Fora de Curso".

Dia 27 de Março – Quinta-feira

Fase Lunar: Minguante
Lua no Signo: Aquário

Aspectos Diários da Lua	entrada	exato	saída
Lua sextil Sol	03h45	09h48	15h52
Lua oposição Júpiter	07h25	12h59	18h36
Lua conjunção Netuno	15h36	21h14	02h54 de 28/03
Lua sextil Mercúrio	15h47	22h29	05h13 de 28/03

Lua sextil Sol

Começa o dia muito bem. É natural que você se sinta contente e com capacidade de realizar o que pretende. Há mais acuidade e convicção do que quer. Como há integração entre o que quer e as condições de fazê-lo, há menos desgaste e mais realização. Aproveite! Predomina, também, maior harmonia entre os pares. As relações fluem melhor.

Lua oposição Júpiter

Esse aspecto confere um pique especial e faz com que se lance em aventuras com mais facilidade e espera o melhor das situações. Cuidado: "não vá com muita sede ao pote". Lembre-se: as suas expectativas podem estar muito ampliadas em relação ao que acontece de fato. Sem esforço, sem ir à luta, fica difícil conseguir o objetivo. Nada cai do céu. Só chuva.

Lua conjunção Netuno

Bem, a partir deste horário as coisas começam a mudar. Você fica mais passivo, contemplativo e desligado. O clima é de maior compreensão entre as pessoas. Procure não idealizar uma situação e "sonhar" acordado para não se desiludir depois. Todas as atividades que envolvam a sensibilidade e a fantasia estão favorecidas.

Lua sextil Mercúrio

Benéfica energia vem complementar sua quinta-feira. Ótimo para as reuniões de trabalho, palestras, cursos, troca de idéias, divulgação de dados, busca por informações, propagandas e o comércio em geral. Os consertos de máquinas, aparelhos elétricos e tudo o que estiver ligado à habilidade manual estão beneficiados.

Dia 28 de Março – Sexta-feira

Fase Lunar: Minguante
Lua no Signo: Aquário
Lua Fora de Curso: das 17h28 às 06h26 de 29/03

Aspectos Diários da Lua	ENTRADA	EXATO	SAÍDA
Lua trígono Plutão	05h32	11h13	16h55
Lua trígono Saturno	11h44	17h28	23h14

Lua trígono Plutão

Você vai acordar revigorado e tentado a retomar projetos arquivados. Recupere o que precisar ser recuperado. Tente tudo outra vez. O mundo está cheio de segundas chances! Ótimo para as terapias que trabalham o inconsciente e nos fazem encarar nossos "fantasmas". As recuperações físicas também estão favorecidas. Bom momento para as negociações imobiliárias, reformas de propriedades e todas as medidas que beneficiem moradia e instalações.

Lua trígono Saturno

Este aspecto dá uma boa noção de tempo, por isso contribui para que as tarefas em geral transcorram melhor e dentro do prazo. Bom para administrar a casa ou fazer reparos. Beneficia relacionamentos antigos que trazem confiabilidade e segurança.

Dia 29 de Março – Sábado

Fase Lunar: Minguante
Lua no Signo: Peixes – a partir das 06h26

Aspectos Diários da Lua	ENTRADA	EXATO	SAÍDA
Lua conjunção Urano	02h31	08h18	14h07
Lua conjunção Vênus	04h14	10h37	17h02

Lua em Peixes

Está mais sintonizado, generoso e com maior facilidade para compreender a si e aos outros. Aumento da solidariedade.

Beneficiados todos os trabalhos e atividades relacionados com imagens – como filmagens, fotografias, desenho, pintura, etc. Propicia, também, trabalhos e estudos de temas ligados à metafísica e tudo o que vá além da mera realidade. Nestes dias, está mais para o sonho do que para a praticidade e permitir que tudo siga o seu curso natural é a melhor opção.

No relacionamento, é excelente para os apaixonados. Esta Lua é ótima para dormir e sonhar... sonhar colorido. Desaconselhável cirurgia de pés e aparelho gastrintestinal.

Lua conjunção Urano

Energia de muita inquietação e imprevistos. Neste sábado o melhor é não contar nada como certo. As coisas "viram" de uma hora para outra. Bom momento para mudanças, para se afastar de uma situação indesejável, para se cortar hábitos ou vícios. Está mais desapegado e os condicionamentos mais baixos. De repente você pode ter um pensamento ou idéia brilhante! Como um flash que ilumina a sua mente. Convém anotá-los.

Lua conjunção Vênus

Bela influência planetária. Tanto a Lua como a Vênus são dois princípios femininos. Quando se encontram harmonicamente no céu, favorecem as questões ligadas ao amor, à beleza, à sedução, ao charme e à atratividade. Romances em alta. Há maior disposição para o amor, para intimidade e para o afeto. Excelente para atividades sociais e de lazer.

Dia 30 de Março – Domingo

Fase Lunar: Minguante
Lua no Signo: Peixes

Aspectos Diários da Lua	ENTRADA	EXATO	SAÍDA
Lua sextil Marte	07h56	14h07	20h19
Lua quadrado Plutão	15h19	21h12	03h07 de 31/03
Lua quadrado Saturno	22h03	03h59 de 31/03	09h57 de 31/03

Lua sextil Marte

Neste domingo você conta com muita disposição para sair, praticar esportes, caminhar, etc. Tudo fica mais dinâmico. No relacionamento afetivo, abuse da audácia e da espontaneidade. Este aspecto "esquenta" a relação.

Lua quadrado Plutão

Essa desarmônica influência vem atrapalhar um pouco. Mas basta tomar algumas precauções. Não freqüente ambientes onde haja pessoas alteradas, brigas, discussões. É comum haver "ataques" de raivas e explosões de temperamentos. Mas dá para "segurar a onda". Uma dica: não fique remoendo mágoas nem ressentimentos. Ao contrário, ponha-os para fora, tente entendê-los e, se possível, detone-os de uma vez por todas.

Lua quadrado Saturno

Outra energia pesada soma-se à anterior na parte da noite. Obstáculos surgem em seu caminho. Mau humor e impaciência, para completar. Uma enxaqueca poderá ser fruto de alguma preocupação ou aborrecimento. Melhor procurar relaxar e não levar as coisas tão a sério.

Dia 31 de Março – Segunda-feira

Fase Lunar: Minguante
Lua no Signo: Áries – a partir das 17h05
Lua Fora de Curso: das 03h59 às 17h05

Lua em Áries

Nestes dias as pessoas se tornam mais entusiasmadas, auto-estimuladas e também mais agitadas. As iniciativas são tomadas com maior facilidade. Aumento da franqueza. Não há rodeios. Vai-se logo ao “ponto”. Clima de impaciência. Precisa extravasar o excesso de energia estimulado por este signo de fogo. Em alta o setor esportivo e as competições. Bom momento para dar início a um programa de exercícios físicos ou dietas. Dará resultado rápido. No relacionamento, está propenso a se tornar individualista. Passa a ver e sentir as coisas apenas sob sua própria ótica. Palpites ou interferências serão sentidos como imposição ou tolhimento. No trabalho, evite ficar parado ou se deter em tarefas repetitivas ou maçantes. Pode lançar mão de soluções rápidas para qualquer impasse. Desaconselhável cirurgia na região da cabeça e nos rins. É recomendável ingerir bastante líquido quando a Lua transita por Áries.

Atenção! Hoje a Lua fica por quase todo o dia fora de curso. Informe-se, no capítulo “Lua Fora de Curso”, sobre as recomendações devidas para este caso.

CALENDÁRIO LUNAR DE *Abril*

dom	seg	ter	qua	qui	sex	sáb
		1 NOVA 16h17 lua ARI	2 NOVA lua ARI	3 NOVA lua TOU 05h21	4 NOVA lua TOU	5 NOVA lua GEM 18h25
6 NOVA lua GEM	7 NOVA lua GEM	8 NOVA lua CAN 06h36	9 CRESCENTE 20h38 lua CAN	10 CRESCENTE lua LEO 15h54	11 CRESCENTE lua LEO	12 CRESCENTE lua VIR 21h07
13 CRESCENTE lua VIR	14 CRESCENTE lua LIB 22h42	15 CRESCENTE lua LIB	16 CHEIA 16h34 lua ESC 22h16	17 CHEIA lua ESC	18 CHEIA lua SAG 21h52	19 CHEIA lua SAG
20 CHEIA lua CAP 23h21	21 CHEIA lua CAP	22 CHEIA lua CAP	23 MINGUANTE 09h18 lua AQU 03h59	24 MINGUANTE lua AQU	25 MINGUANTE lua PEI 12h03	26 MINGUANTE lua PEI
27 MINGUANTE lua ARI 22h55	28 MINGUANTE lua ARI	29 MINGUANTE lua ARI	30 MINGUANTE lua TOU 11h27			

Céu do Mês

O Sol aceso pelas luzes do fogo de Áries nos deixa mais vigorosos, despertos e ativos até o dia 20. Até quem não gosta de ginástica ou exercício físico vai perder a preguiça. Até o dia 5 Mercúrio acompanha o Sol nesta disposição ariana. Tudo o que fizermos e que dependa de nós mesmos dará mais certo. Esta é uma energia de individualidade e não de bando.

Uma séria quadratura entre Sol e Marte a partir do dia 3, que se estende até o final do mês, quase põe tudo a perder. Impetuosidade, ações impulsivas e rivalidades (vários adversários por todos os lados e impaciência serão fontes de problemas).

Mais individualistas nos tornamos guerreiros e não nos damos conta de quão dura e competitiva pode ser a luta da vida. Devemos evitar bater de frente. Uma influência harmônica de Saturno nos dias 12 e 19 vêm nos devolver um censo de autocontrole, paciência e contato com a realidade. Mais produtivos conseguimos concentrar e realizar nossos objetivos. Afinal, muitos deles são possíveis. Este é um bom momento para procurar emprego, ser avaliado profissionalmente e receber o tão merecido reconhecimento. A vida nos parecerá mais em ordem.

Plutão nos auxilia a restaurar a saúde, resgatar a vitalidade e recuperar algum poder ou posição que nos foi tirado – quando faz uma aliança com o Sol entre os dias 8 e 14.

Já no signo de Touro, no dia 21, o Sol recebe algum efeito desarmonioso de Júpiter nos impulsionando a agir de uma maneira grandiosa e nos aumentando excessivamente as expectativas em relação a algum projeto vital. É bom conservar os pés no chão. Pensar menor é um bom conselho aqui. Podemos errar também por onipotência, arrogância ou por desejar resultados sem nenhum esforço de nossa parte. Podemos também supervalorizar a sorte. Quem deve tomar mais cuidado com isto são os governantes em oposição de poder. O Sol em Touro sempre nos torna apreciadores da beleza, do conforto e da natureza. Também é um signo que nos torna muito consciente da vida material e contorná-la mais estável e segura.

Urano vem corromper essa natureza plácida de Touro com o seu desencontro com o Sol no final de abril. Surpresas inesperadas nos pegam de todos os lados. É praticamente impossível seguir os planejamentos e concluir as tarefas sem interrupções ou mudanças de direção. Precisaremos improvisar e criar alternativas a todo instante.

Mercúrio, no signo de Áries até o dia 5, recebe boa proposta de Saturno. É um excelente momento para assinar papéis, detalhar contratos e fechar negociações. Conseguimos nos concentrar e concluir as tarefas no prazo. Pontualidade é a marca desta combinação. Compra e venda de bens imobiliários estão protegidas, acordos se concluem.

Marte também é de grande auxílio para Mercúrio nesta primeira semana do mês tornando mais àgil os negócios e proporcionando decisões rápidas. Principalmente as de caráter prático ou que beneficiem a vida material.

Mercúrio entra no signo de Touro no dia 6 e lá permanece por todo o mês. Recebe uma quadratura de Júpiter entre os dias 9 e 14 e outra de Netuno do dia 12 ao dia 17. No primeiro caso, somos arrastados por mil compromissos de naturezas diferentes ao mesmo tempo. Talvez sejamos obrigados a fazer mais deslocamentos e dar mais telefonemas que o usual, o que sempre prejudica o cumprimento da rotina. É perigoso sob esta influência ser indiscreto e fazer promessas que não serão cumpridas. É comum perder papéis e objetos, esquecer compromissos, confundir datas e dados. O trânsito deve ficar mais caótico e as informações dificilmente chegam ao seu destino na primeira tentativa. Sempre que possível, nestes dias, evite transportes marítimos.

A partir do dia 27, Mercúrio entra em movimento retrógrado até o dia 21 de maio, quando retoma o seu movimento direto. Durante esta passagem estão prejudicados as comunicações, os contatos e o envio e o recebimento de informações. Todas devem ser checadas. Também não costuma dar certo aquisição de equipamentos, consertos e compra de veículos. Se puder esperar, é melhor deixar as cirurgias que não tenham emergência para quando Mercúrio retomar o seu movimento direto. Lembre-se: podemos esperar idas e vindas em qualquer assunto e mudanças de opinião quando Mercúrio está retrógrado.

Vênus no signo de Peixes até o dia 22 recebe, graciosa, a visita de Marte, a partir do dia 15 até o final do mês. Nestas circunstâncias é sempre mais ágil e rápido lidar com assuntos financeiros, refazer caixa, tomar decisões que envolvam a vida material e aproveitar as oportunidades. Os romances sempre ficam mais aquecidos quando esta dupla se encontra no céu.

Vênus é desafiada por Plutão entre os dias 11 e 18. Não se recomenda entrar no vermelho, pois é muito mais difícil recuperar o bolso quando estamos sob esta energia. Esta é uma energia de perda. Devemos também evitar negócios de vulto.

A economia também pode sofrer uma pressão de prejuízo. E é o pior momento para se estabelecer medidas econômicas que representem perda no poder aquisitivo. Um sofrimento para a moeda e a economia do país agora podem ser muito traumáticos.

Vênus também é provocado por Saturno entre os dias 16 e 20. Assim como a influência anterior, esta também pode dar uma enxugada nas finanças. É mais difícil prosperar e obter bons negócios sob o aspecto dela. Quem estiver devendo sofrerá cobranças. Tanto a primeira influência quanto a segunda não são amigas dos amores. No primeiro caso, mágoas e ressentimentos podem contaminar relacionamentos. No segundo, relações que não atingem os nossos objetivos e só servem para perder tempo serão duramente postas à prova.

A partir do dia 21 Vênus entra no signo de Áries e passa a estimular romances onde o impacto à primeira vista são decisivos. Também dá coragem para os mais tímidos se declararem. E ajuda os indecisos a tomarem decisões. É aconselhável evitar compras por impulso, pois esta posição de Vênus costuma acelerar a saída do dinheiro. Um excelente aspecto de Júpiter aumenta a chance de bons negócios e traz uma atmosfera de sorte e prosperidade às finanças.

As oportunidades de encontros amorosos estão redobradas. Todas as atividades ligadas a entretenimento e ao comércio em geral estão favorecidas.

Marte muito à vontade no signo de Capricórnio, até o dia 21, nos garante a tenacidade necessária para perseguirmos objetivos difíceis. Todas as ações envolvendo resultados de longo prazo e sustentação de esforço devem ser empreendidas agora.

No dia 22 Marte entra no signo de Aquário e a partir de então a ousadia e a criatividade é que devem nortear nossas ações.

Posições Diárias da Lua

Dia 01 de Abril – Terça-feira

Fase Lunar: Nova às 16h17
Lua no Signo: Áries

Lunação de Abril
Lua nova às 16h17, horário de Brasília
Lua nova no signo de Peixes em 11°41'
Duração até a próxima lunação: 16/04/2003

Aspectos Diários da Lua	ENTRADA	EXATO	SAÍDA
Lua trígono Júpiter	03h11	09h10	15h10
Lua conjunção Sol	09h47	16h20	22h54
Lua sextil Netuno	12h21	18h22	00h24 de 02/04
Lua quadrado Marte	22h37	04h59 de 02/04	11h22 de 02/04

Lua trígono Júpiter

Graças a Deus essa energia vem nos auxiliar a recuperar as esperanças de um mundo melhor! Pratique a generosidade, os bons pensamentos e a confiança. Tanto em si mesmo como nas pessoas próximas. Favorecimento para atividades de ensino, universidades, cursos, etc. Procure atividades que possam alegrá-lo.

Lua conjunção Sol

Característico da Lua na fase nova, este aspecto simboliza o início de uma nova fase. É mais fácil conseguir, enfim, conciliar a vontade com suas necessidades. Ou seja, aquilo que você quer fazer, de alguma maneira, vai preenchê-lo emocionalmente. Favorece o encontro entre os pares (masculino e feminino), promovendo uma melhor interação dos casais.

Lua sextil Netuno

A partir desse horário, você passa a contar com uma energia muito amena, de suavidade e colaboração entre as pessoas. Para quem está em fase de romance, este é um momento de entrega. Para os demais, uma sensação de encantamento faz com que se sintam plenos por qualquer coisa que lhes aconteça. É comum acontecerem "felizes" coincidências quando se está sob este aspecto. Fique atento aos sinais do céu e aguce sua intuição.

Lua quadrado Marte

Aqui, as pessoas estão mais impacientes, irritadas, intolerantes e sentindo-se provocadas e atacadas por qualquer coisa. É aconselhável não seguir os impulsos e evitar agir precipitadamente. Esfrie a cabeça. Tendência à teimosia. Não dê "murro em ponta de faca". Reconheça a hora de ceder. Isto evitará as brigas e discussões que este aspecto incita.

Lunação de Abril
Fase Lunar: Nova em 01/04/2003 às 17h17, horário de Brasília
Lua no Signo: 11º 41' de Áries
Vigência: até a próxima Lua nova em 01/05/2003

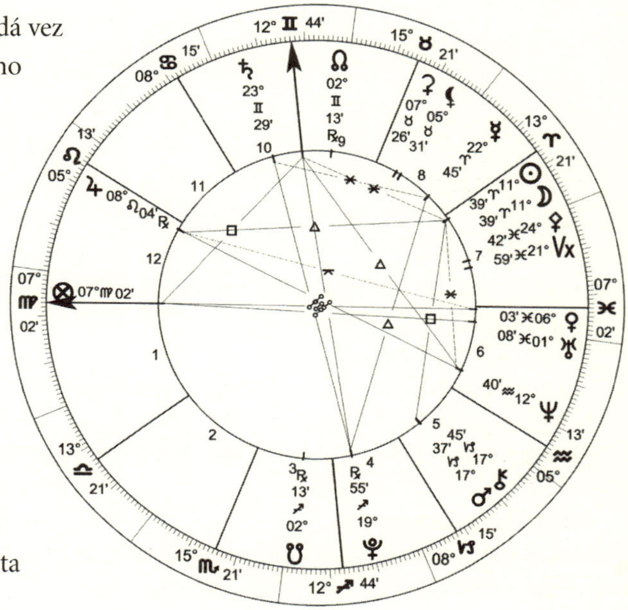

O mapa da Lua nova de abril dá vez de novo a Saturno. Culminando no meio do céu, sugere que predominou o bom senso, a vigência das instituições públicas e o controle sobre qualquer tentativa de destruir metas que vinham sendo duramente perseguidas.

O poder público pode estar um pouco desgastado e arduamente posto à prova em sua eficiência e capacidade de gestão devido à pressionante oposição de Plutão. Ainda não há sobra e a conta continua na ponta do lápis.

A eficiência exigida é neste sentido. Qualquer desperdício será castigado. Mas uma ligação muito mais equilibrada entre Saturno e Plutão à Lua nova em Áries explicita que alianças, acordos e parcerias – antes em conflito – foram renegociados. Há mais coesão. O Congresso ainda não se reestabeleceu e não tem uma direção muito nítida para lidar com as questões que estão surgindo. Quem nos mostra é a difusa oposição entre Júpiter e Netuno. Indica também que os planejamentos devem ser escrupulosamente realizados para se evitar qualquer vestígio de desperdício. Também se devem abandonar projetos grandiosos. Os tempos não são para isto. Vamos atingir as metas sim, mas em pequenas doses. Todo mundo sabe que tudo ao mesmo tempo inviabiliza qualquer realização. Os arianos e os librianos são os mais afetados por esta lunação. Os cancerianos e os capricornianos, também. Estes precisarão de atitudes diretas, enérgicas e de iniciarem algo novo, na coragem, no impulso. Nada fácil para essas cautelosas personalidades.

Toda Lua nova inspira começos. Que tal empreendê-los praticando as melhores qualidades de Áries? Iniciativa, independência, vigor, ousadia e um belíssimo espírito guerreiro. Só temos a ganhar.

Dia 2 de Abril – Quarta-feira

Fase Lunar: Nova
Lua no Signo: Áries
Lua Fora de Curso: das 18h35 às 06h36 de 03/04/2003

Aspectos Diários da Lua	ENTRADA	EXATO	SAÍDA
Lua trígono Plutão	02h55	08h58	15h01
Lua sextil Saturno	10h12	16h17	22h24
Lua conjunção Mercúrio	11h51	19h06	02h21 de 03/04

Lua trígono Plutão

Ideal para se recarregar de energias positivas. Você conta com disposição necessária para mudar radicalmente de rumo e estratégia nas áreas que não estão funcionando em sua vida. Descartar o que não serve e correr atrás de boas oportunidades perdidas é o grande "lance".

Lua sextil Saturno

Tomar uma decisão, neste momento, é uma atitude acertada, porque ela é realista e fruto de muito tempo de reflexão. Está mais organizado emocionalmente e fazendo bom uso do tempo. Também é uma combinação interessante para refazer orçamentos e, se necessário, cortar despesas.

Lua conjunção Mercúrio

Aceleração da mente, muitas idéias ao mesmo tempo, inquietação. Comércio, fretes, pequenas viagens e trânsito favorecidos. Lançamentos de produtos e serviços populares são bem aceitos. Cresce a procura por jornais e revistas. Propício à venda ou troca de veículos. As tarefas, trabalho, estudos, etc. fluem melhor e com mais rapidez. Você se move, também, com maior facilidade.

Dia 3 de Abril – Quinta-feira

Fase Lunar: Nova
Lua no Signo: Touro – a partir das 05h21

Aspectos Diários da Lua	ENTRADA	EXATO	SAÍDA
Lua sextil Urano	01h41	07h48	13h55
Lua quadrado Júpiter	15h38	21h44	03h50 de 04/04
Lua sextil Vênus	16h27	23h15	06h03 de 04/04

Lua em Touro

Aumento da tolerância e ritmo mais lento Agora, já não tem pressa para nada. Provavelmente está mais teimoso, por isso, não adianta querer mudar o ponto de vista dos outros. O seu também será difícil de ser mudado. Procura mais por estabilidade em relação a todas as situações – no trabalho, na vida pessoal, na compra de produtos duráveis, etc. Está mais conservador e evita as novidades. A preferência será pelo previsível e durável. Há um sentimento maior de apego entre pessoas que se gostam. Faz questão das coisas boas da vida: saborear um bom prato, usufruir conforto e mordomias... esta Lua aguça os sentidos e a sensualidade. Enfim, tudo o que lhe agrade e dê prazer, será muito bem-vindo. A hora é de relaxar. Experimente se aninhar num sofá bem gostoso, cheio de almofadas, saboreando algo de sua preferência. Se isto puder ser feito acompanhado de um abraço de alguém especial, melhor ainda. Desaconselhável cirurgia de garganta, tireóide, cordas vocais, órgãos genitais, próstata, uretra, bexiga, reto e intestinos.

Lua sextil Urano

Este aspecto estimula a criatividade, as inovações e as mudanças. No trabalho, arrisque sair da rotina, procure um cliente novo. Um emprego novo ou uma área nova de atuação podem ser explorados. Abra mais espaços em sua vida e deixe o acaso surpreendê-lo.

Lua quadrado Júpiter

É bom ficar atento para tendência a altrapassar limites. Interromper dietas, abusar de doces, comidas e bebidas e esperar o melhor das situações pode trazer conseqüências não muito agradáveis. Uma certa indolência faz com que adie compromissos desagradáveis.

Lua sextil Vênus

Este horário está superfavorável aos relacionamentos em geral, ao encontro a dois e à arte da sedução. Ótimo para programas sociais, festas e convites. Presentes surtem um efeito especial. Cuidar da beleza, fazer compras, combinar roupas, cuidar da casa são atividades que sempre dão certo com a Lua em bom aspecto com a Vênus, pois o senso estético está mais apurado.

Dia 4 de Abril – Sexta-feira

Fase Lunar: Nova
Lua no Signo: Touro
Lua Fora de Curso: 21h16 às 18h25 de 05/04/2003

Aspectos Diários da Lua	entrada	exato	saída
Lua quadrado Netuno	01h06	07h13	13h21
Lua trígono Marte	14h49	21h16	03h43 de 05/04

Lua quadrado Netuno

O estado geral é de muita preguiça e desânimo. Você acorda com uma certa sensação de vazio, mais disperso e mais sensível. Torna-se alvo de sofrimentos e adversidades com maior facilidade. Nesta manhã, poupe suas energias e resguarde-se de situações complicadas ou difíceis. Melhor não tomar nenhuma atitude que envolva energia, pulso ou disposição agressiva. Está muito "amolecido" para isto.

Lua trígono Marte

Com a entrada deste aspecto, o astral muda totalmente. Você conta com a disposição e o entusiasmo necessários para realizar qualquer programa ou trabalho que exija de você um empenho físico maior. Agora sim é hora de tomar as atitudes. Elas resultarão rápido. Esta combinação propõe que aceite os encontros marcados de última hora e as propostas que acolhemos de forma impulsiva. Elas trarão o benéfico clima de aventura que esta influência sugere.

Dia 5 de Abril – Sábado

Fase Lunar: Nova
Lua no Signo: Gêmeos – a partir das 18h25
Lua Fora de Curso: Término – às 18h25

Aspectos Diários da Lua	ENTRADA	EXATO	SAÍDA
Lua quadrado Urano	14h59	21h06	03h13 de 06/04

Lua em Gêmeos

As pessoas estão agora mais adaptáveis e com maior flexibilidade ante as situações. Com a curiosidade bastante aguçada, se ligam em informações e novidades. Maior disposição a conversas, e o papo flui agradavelmente sobre os mais variados temas. Gêmeos confere uma incrível disposição para circular. Atividades sociais também costumam correr bem. Num relacionamento mais difícil, aproveite para ter uma conversa, pois contar com um julgamento mais racional do que emocional. Favorável aos flertes. Tanto o trabalho como os estudos renderão mais se você diversificá-los, devido à versatilidade própria do signo de Gêmeos. Durante o sono, a atividade mental, os pensamentos e até os diálogos continuam. Não estimular a mente antes de ir para a cama é uma boa prevenção.

Lua quadrado Urano

Único aspecto do dia é responsável por aumento da tensão e do estresse. Não deixe que isto venha "bagunçar" o seu astral. Procure tomar uma postura flexível ante a possíveis imprevistos. E controle a inquietação e a ansiedade, fazendo algo que relaxe neste sábado. Muita cautela no trânsito. Na relação afetiva, nada de fazer cobranças, nem pressionar o ser amado. O "pavio está muito curto". Lembre-se que a Lua, hoje, permanece fora de curso durante praticamente todo o dia. Verifique as recomendações necessárias para este caso no capítulo "Lua Fora de Curso".

Dia 6 de Abril – Domingo

Fase Lunar: Nova
Lua no Signo: Gêmeos

Aspectos Diários da Lua	ENTRADA	EXATO	SAÍDA
Lua sextil Júpiter	04h42	10h47	16h50
Lua quadrado Vênus	12h23	19h08	01h50 de 07/04
Lua trígono Netuno	14h13	20h16	02h19 de 07/04
Lua sextil Sol	22h23	04h17 de 07/04	11h30 de 07/04

Lua sextil Júpiter

Você acorda com um sentimento de bem-estar interno e de fé ampliado. Isto aumenta a autoconfiança e enche de tolerância e boa vontade para tratar com as pessoas. Algum fato ou notícia auspiciosa pode ser guardado para essas horas. Pois será brindado por um forte sentimento de otimismo. Se alguém consultá-lo acerca de um problema ou preocupação, seja um conselheiro sábio e portador de mensagens positivas. Você será de grande valia.

Lua quadrado Vênus

Cuidado com o consumismo exagerado para compensar alguma carência afetiva. Não está a fim de dietas, exercícios, programas que exijam esforço ou disciplina e tolerando muito pouco as frustrações. Torna-se mais difícil conseguir uma satisfação emocional nos relacionamentos. A necessidade de romance pode pôr em risco vínculos mais profundos.

Lua trígono Netuno

Este é um belo aspecto que o torna mais sensível e inspirado. Delicadeza de ânimo faz com que trate bem as pessoas e seja bem tratado por elas. O espírito solidário favorece ajudas filantrópicas e também a práticas religiosas, como missas, cultos, etc. que estarão muito freqüentados neste horário. Os espetáculos de arte: balés, concertos, shows, cinemas, exposições, etc. também serão bastante apreciados. Criar uma atmosfera mágica ajudará no relacionamento.

Lua sextil Sol

Ótima influência planetária promete momentos de harmonia e as coisas tendem a transcorrer com maior facilidade. Você conta com maior compreensão e colaboração entre as pessoas. Há uma integração entre sentimentos e propósitos. As necessidades emocionais e desejos caminham na mesma direção. Conclusão, os casais são muito beneficiados e podem se entender melhor.

Dia 7 de Abril – Segunda-feira

Fase Lunar: Nova
Lua no Signo: Gêmeos
Lua Fora de Curso: das 18h35 às 06h36 de 08/04

Aspectos Diários da Lua	ENTRADA	EXATO	SAÍDA
Lua oposição Plutão	04h32	10h32	16h31
Lua conjunção Saturno	12h34	18h35	00h34 de 08/04

Lua oposição Plutão

Este é um aspecto tenso que leva as pessoas a querer controlar o outro. As emoções tendem a se exacerbar, e as pessoas reagem com maior intensidade. Evite confrontos. Se tiver uma oportunidade, faça uma "limpa" na casa. Você poderá encontrar coisas perdidas, se livrar de coisas que estão apenas "entulhando" a casa. Não freqüente lugares perigosos.

Lua conjunção Saturno

Durante essas horas, você pode se sentir mais abatido e desconfiado com relação ao sentimento dos outros. Está mais carente e as críticas são, em geral, muito mal recebidas. Evite essa atitude. Este aspecto favorece o bom senso e a produtividade. Aproveite, então. Realize suas tarefas com responsabilidade, que a sensação do dever cumprido melhorará seu estado de ânimo.

Dia 8 de Abril – Terça-feira

Fase Lunar: Nova
Lua no Signo: Câncer – a partir das 06h36

Aspectos Diários da Lua	entrada	exato	saída
Lua trígono Urano	03h30	09h26	15h19
Lua sextil Mercúrio	10h50	17h36	00h18 de 09/04

Lua em Câncer

As pessoas tendem à introspecção e a um estado de espírito mais tímido e sonhador. As emoções tendem a dominar sob a razão. Todos estão com a sensibilidade aflorada, por isso, o melhor será tratá-lo com muita delicadeza, pois torna-se fácil magoar. Favorável a tudo o que esteja relacionado à vida doméstica, aos cuidados com a casa, à alimentação, à família e às crianças. Câncer é um signo muito romântico e a Lua aí presente imprime no ar um clima que favorece encontros amorosos. Dê colo e peça colo. Desaconselhável cirurgia de abdome, estômago, seios, útero, ossos, articulações, vesícula, pele e vista.

Lua trígono Urano

O dia começa bem ágil. Os obstáculos parecem ceder e você consegue fazer uma série de coisas sem atropelos. Se estiver para fazer algo novo, ou tentar uma nova fórmula para um antigo problema, não há hora melhor do que esta. Ser criativo ajudará a resolver qualquer tipo de impasse. Bom para fazer mudanças na casa ou no escritório. Você ficará com uma grande sensação de renovação.

Lua sextil Mercúrio

Excelente para se fazer contatos, dar telefonemas para pessoas difíceis de serem encontradas, enviar e-mails, enfim, "dar o seu recado". A mente está ágil, o que favorece estudos, provas e aprendizagem de modo geral. Bom para colher dados e informações. Muita movimentação no comércio. Beneficia deslocamentos, pequenas viagens e fretes. Predisposição a conversas, bate-papos informais, conferências, reuniões, etc.

Dia 9 de Abril – Quarta-feira

Fase Lunar: Crescente às 20h38
Lua no Signo: Câncer

Aspectos Diários da Lua	entrada	exato	saída
Lua trígono Vênus	06h19	12h40	18h59
Lua quadrado Sol	14h30	20h40	02h48 de 10/04
Lua oposição Marte	20h38	02h34 de 10/04	08h28 de 10/04

Lua trígono Vênus

Este belo aspecto traz um clima propenso à harmonia e ao amor, atua durante quase toda esta quarta-feira. É muito favorável para as aquisições, inclusive para comprar roupas de cama e mesa. É mais fácil encontrar colaboração por parte das pessoas que se encontram mais acessíveis e afetuosas neste período. Você pode pedir favores usando de muita gentileza, que nada lhe será negado. Sensibilidade apurada, favorece o bom gosto, o mercado da moda e o artístico. Caprichar num novo prato, ou naquela receita especial, também será uma delícia.

Lua quadrado Sol

Este aspecto caracteriza a entrada da Lua na fase crescente. Nesta fase, deve lutar para que seus objetivos e ideais sejam alcançados. Mas, para que isso ocorra, é necessário que haja envolvimento e comprometimento de sua parte. É preciso fazer as opções necessárias e manter o curso da ação. Os desejos e as emoções, neste momento, estão desalinhados e você não conta com equilíbrio entre razão e sentimento. Por isso, melhor não fazer julgamento de fatos nem de situações.

Lua oposição Marte

Esta influência aumenta o clima de tensão. Por pouco as pessoas discutem, se irritam ou perdem a paciência. Atitudes e decisões tendem a ser impensadas. Melhor evitar debates e impor pontos de vista. No relacionamento, toda atitude egoísta ou franca demais será recebida com mágoa. Agrava as relações já desgastadas.

Dia 10 de Abril – Quinta-feira

Fase Lunar: Crescente
Lua no Signo: Câncer – a partir das 15h54
Lua Fora de Curso: das 02h34 às 15h54

Lua em Leão

Com a Lua neste esfuziante signo, você fica mais tentado a ser feliz. Um estado de alegria e disposição para o prazer o invadir. Nesses dias, as pessoas querem sair de casa, atraídas por eventos, encontros sociais, comemorações, espetáculos, etc. Favorecidas as viagens a lazer e as festas. Este é um tempo de extroversão, brilho e liderança. A sensação de ser o "centro do mundo" aquecerá o seu coração. Esta é uma dica de ouro para quem quiser cativar alguém – faça-se sentir muito importante e valorizado.

As relações afetivas se tornam mais calorosas e a atitude que mais demonstre os sentimentos será apreciada. Caso esteja só, procure os amigos. Criatividade em alta. Use-a no dia-a-dia, no trabalho, etc. Aumento no consumo de jóias, cristais, perfumes, bons vinho e artigos de iluminação. Desaconselhável cirurgia de coração, região lombar, capilares e tornozelos. Hoje a Lua não apresenta aspectos no céu. Desta forma, dedique-se aos seus afazeres e continue observando as recomendações para a Lua crescente e no signo de Leão.

Dia 11 de Abril – Sexta-feira

Fase Lunar: Crescente
Lua no Signo: Leão

Aspectos Diários da Lua	Entrada	Exato	Saída
Lua conjunção Júpiter	01h19	06h46	12h10
Lua quadrado Mercúrio	03h26	09h31	15h31
Lua oposição Netuno	09h52	15h14	20h34
Lua trígono Plutão	22h17	03h33 de 12/04	08h47 de 12/04

Lua conjunção Júpiter

Esta é uma excelente energia que traz otimismo e torna o astral mais leve. Tudo lhe parece fácil e possível. Deve agir com generosidade e espírito de grandeza. O exercício da fé e a crença em uma força superior ajudarão a transpor dificuldades. Predisposição ao bom humor e à alegria. Pratique pensamentos positivos.

Lua quadrado Mercúrio

É provável que haja uma propensão à agitação e à correria. Maior atenção no trânsito, que estará propenso a retenções. Evite mal-entendidos e fofocas. Certifique-se de que o outro compreendeu bem o que você quis transmitir. Melhor evitar negociações sob esta influência. Não tenha nenhuma conversa importante neste horário. O que se diz não corresponde ao que se sente.

Lua oposição Netuno

Também deve-se ter cautela no trânsito, mais agora devido à tendência a distração e desvios no trajeto. Acontece descumprimento de esquemas e horários. As pessoas fazem confusão e esquecem detalhes, compromissos, objetos, etc. com maior facilidade. Cuidado com a baixa concentração e a falta de objetividade, que podem interferir no trabalho. Relacionamentos unilaterais ficam mais frágeis e mais sentidos.

Lua trígono Plutão

Esta é uma energia de recuperação que o ajuda a recuperar as forças desgastadas pela energia anterior. Beneficia tratamentos de saúde e reabilitação. Muito positivo para transformações no plano emocional e também para achar coisas perdidas. Aproveite a noite para ter um sono restaurador e acordar amanhã revigorado.

Dia 12 de Abril – Sábado

Fase Lunar: Crescente
Lua no Signo: Virgem – a partir das 21h07
Lua Fora de Curso: das 11h19 às 21h07

Aspectos Diários da Lua	ENTRADA	EXATO	SAÍDA
Lua trígono Sol	01h53	07h31	13h07
Lua sextil Saturno	06h04	11h19	16h31
Lua oposição Urano	18h46	23h54	04h59 de 13/04

Lua em Virgem

As pessoas passam para um estado de recolhimento e se tornam mais exigentes e reservadas. As emoções e reações já não são tão evidentes como eram no período em que a Lua estava no sigo de Leão, e retornam à sua dimensão natural. Favorável para colocar em ordem as emoções. Aproveite para cuidar da casa – faxina, pequenos consertos e ajustes. Doe o que não lhe for mais de serventia.

A relação afetiva funcionará melhor se as pessoas envolvidas puderem perceber o quanto contam verdadeiramente uma com a outra. Críticas não serão bem-vindas. Trabalhos cheios de detalhes e minúcias são mais bem executados nestes dias. Neste produtivo signo é importante que se cumpra as obrigações.

Desaconselhável cirurgia do aparelho gastrintestinal e pés. Período ideal para se fazer exames, check-ups e diagnósticos. Neste criterioso signo nada passará despercebido. Esteja atento ao horário em que a Lua encontra-se fora de curso. Recorra ao capítulo "Lua Fora de Curso" para as devidas orientações.

Lua trígono Sol

Logo nas primeiras horas do dia você tem esta linda combinação planetária enviando ótimas vibrações. Favorece, em especial, os casais e todo e qualquer tipo de encontro. Há maior acuidade e entendimento entre as pessoas.

Lua sextil Saturno

Com muita perseverança e produtividade, você realiza tarefas ou trabalhos mais desgastantes, fazendo bom uso do tempo. Esforços empreendidos terão o devido reconhecimento.

Lua oposição Urano

Neste horário evite atitudes precipitadas e não tome nenhuma decisão na base do impulso. As pessoas se tornam mais impacientes e intolerantes. Não é hora de pressionar ninguém nem exercer controle. Pode haver imprevistos, o que levará a um aumento da ansiedade. Procure não se agitar. Mantenha-se tranqüilo dentro do possível. Do contrário, será difícil "pegar" no sono.

Dia 13 de Abril – Domingo

Fase Lunar: Crescente
Lua no Signo: Virgem

Aspectos Diários da Lua	ENTRADA	EXATO	SAÍDA
Lua trígono Mercúrio	13h13	18h14	00h05 de 14/04

Lua trígono Mercúrio

Momento excelente para todo tipo de trabalho mental e de comunicação. As pessoas se interessam mais por jornais, reportagens, Internet, etc. Muito positivo para encontrar amigos, trocar idéias e "bater" aquele papo informal. Encontros sociais são agradáveis e os contatos, ricos em idéias e sugestões. Aproveite para colocar a papelada em ordem e a leitura em dia.

Dia 14 de Abril – Segunda-feira

Fase Lunar: Crescente
Lua no Signo: Libra – a partir das 22h42
Lua Fora de Curso: das 15h38 às 22h42

Aspectos Diários da Lua	ENTRADA	EXATO	SAÍDA
Lua quadrado Plutão	01h17	06h12	11h05
Lua oposição Vênus	03h18	08h38	13h57
Lua quadrado Saturno	08h52	13h46	18h39
Lua trígono Marte	10h34	15h38	20h41

Lua em Libra

A Lua em Libra produz um estado de espírito de entendimento e gentileza entre as pessoas. A diplomacia e o equilíbrio estão em alta. Compartilhe. Peça colaboração. Colabore. Você tem uma visão mais justa das situações. Ótimo momento para festas, reuniões sociais, casamentos e todas as atividades ligadas às artes, estética, beleza e toda aquela que dependa de bom gosto ou sofisticação. Ótimo para dividir tarefas ou projetos. Tudo o que você fizer, de preferência, faça a dois. É um período muito propício para os relacionamentos, para as reconciliações e para os convites. Assuma uma postura de delicadeza e compreensão para com o ser amado. Um clima de glamour e sedução completará o quadro propício ao amor, sugerido por esta Lua. Desaconselhável cirurgia nos rins e na região da cabeça.

Lua quadrado Plutão

Nas primeiras horas da manhã, a Lua, em aspecto desarmônico com Plutão, envia uma pesada energia capaz de exacerbar as emoções e o ânimo das pessoas. Passam a radicalizar mais as coisas e as adversidades atingi-las mais intensamente. Convém, nessas horas, controlar a predisposição a brigas, ao controle e ao ciúme.

Lua oposição Vênus

Para completar, juntamente com a energia anterior, este aspecto vem aumentar a carência emocional e fazer com que se sinta ameaçado ante a qualquer fato que imagine ser uma traição ou um abandono. Atenção especial para não cometer excessos (alimentares ou de consumo) na ânsia de suprir sentimentos mal resolvidos.

Lua quadrado Saturno

Esta energia leva-o a encarar fatos e situações de uma forma mais negativa. De alguma forma, este aspecto leva-o a ter que lidar com a precariedade das coisas. Não é interessante fazer consertos nem obras na casa ou no escritório. É aconselhável trabalhar mais isoladamente, pois o trato com as pessoas não está facilitado.

Lua trígono Marte

Ainda bem que esta energia, que é favorável, vem somar-se às anteriores, salvando um pouco o dia. Você conta com mais vigor para tomar resoluções e o ritmo é mais acelerado. Uma ótima pedida será realizar atividades físicas, o que ajudará a canalizar um certo mau humor, proveniente do aspecto anterior.

Dia 15 de Abril – Terça-feira

Fase Lunar: Crescente
Lua no Signo: Libra

Aspectos Diários da Lua	Entrada	Exato	Saída
Lua sextil Júpiter	07h08	11h56	16h43
Lua trígono Netuno	14h35	19h21	00h06 de 16/04

Lua sextil Júpiter

Energia de otimismo e expansão. A generosidade e a autoconfiança estão ativadas. Benéfico para atividades ligadas ao ensino, ao estrangeiro, ao setor jurídico e ao imobiliário. Seminários e eventos culturais também são especialmente favorecidos. Favorável para se lidar com o público. Ótimo para trabalhos em equipe e grandes negócios.

Lua trígono Netuno

Mais um ótimo aspecto, que promove um clima de colaboração entre as pessoas. Benéfico para atividades que lidem com a imagem.

Dia 16 de Abril – Quarta-feira

Fase Lunar: Cheia às 16h34
Lua no Signo: Escorpião – a partir das 22h16
Lua Fora de Curso: das 17h22 às 22h16

Lunação de Abril
Lua cheia às 16h34, horário de Brasília
Lua cheia no signo de Libra, em 26°24'
Duração até a próxima lunação: 01/05/2003

Aspectos Diários da Lua	Entrada	Exato	Saída
Lua sextil Plutão	01h27	06h11	10h55
Lua trígono Saturno	09h05	13h50	18h35
Lua oposição Sol	11h33	16h36	21h39
Lua quadrado Marte	12h27	17h22	22h17
Lua trígono Urano	220h21	01h06 de 17/04	05h50 de 17/04

Lua em Escorpião

Uma grande diferença quanto ao padrão que vigorava antes. Sente-se tudo com mais intensidade e nossas emoções se tornam mais extremadas. Gradam-se mágoas com mais facilidade. Tendência ao radicalismo e ao drama. As pessoas se tornam mais reservadas e desconfiadas. É o melhor período para descobrir segredos ou mistérios. Para as investigações também. Indicado para se buscar, recuperar, restaurar (sejam pessoas, situações, coisas perdidas, endereços ou, até mesmo, estado de saúde). Todo tipo de conserto ou reforma beneficiado.

Favorece encontros sexuais. Estará acentuada a tendência ao ciúme e à possessividade. Em lugar de entregar-se a este comportamento, aproveite para investigar sobre suas verdadeiras motivações. Devido à natureza profunda de Escorpião, os trabalhos e estudos que necessitem concentração e pesquisa serão mais bem realizados nestes dias. Desaconselhável cirurgia de órgãos genitais, bexiga, uretra, próstata, intestinos, reto, garganta, tireóide e cordas vocais.

Lua sextil Plutão

Nesta quarta-feira acorde revigorado e predisposto a mudanças e transformações. Arrumações, faxinas, limpeza em armários, gavetas, "cantos", etc. serão de grande proveito. Livre-se de entulhos e excessos. Você sentirá uma sensação muito boa de leveza..

Lua trígono Saturno

Neste momento, você conta com uma disposição produtiva maior, mais disciplina e determinação. Não se esquive de suas responsabilidades, que são cumpridas com maior facilidade e empenho. Bom para se pensar e planejar projetos a longo prazo.

Lua oposição Sol

Este é o estado de ânimo próprio da Lua cheia, que se aproxima. Tudo tende a se revelar e a acontecer. Predisposição a conflitos e a confrontos, mas também uma forte energia de complementaridade e de colaboração. Essa é uma energia avessa à solidão. Você atua melhor em parceria com alguém do sexo oposto.

Lua quadrado Marte

Influência planetária desarmônica, que aumenta a agressividade e a ansiedade. Evite descarregar o mau humor em cima dos outros, e também não é aconselhável permanecer parado ou numa situação onde você se sinta preso. Não aja com precipitação. O melhor será segurar a reação que primeiro lhe vier à cabeça. Ela estará errada.

Lua trígono Urano

À noite, clima que favorece a criatividade e as mudanças de atitude ou de hábito. É propício experimentar algo novo e o "acaso" é favorecido. Uma nova idéia poderá avivar a mente, contribuindo para que possa encontrar uma solução alternativa para qualquer impasse.

Lunação de Abril
Fase Lunar: Cheia em 16/04/2003 às 16h35, horário de Brasília
Lua no signo: 26º 24' de Libra

O mapa da Lua cheia de abril insiste em colocar Saturno em uma situação de destaque. Outra vez, bem no meio do céu. É prova de que o poder executivo está sendo duramente testado em seu desempenho. Não é hora para nenhum vacilo ou recuo nas metas prioritárias que foram planejadas. Resistência e determinação serão boas armas.

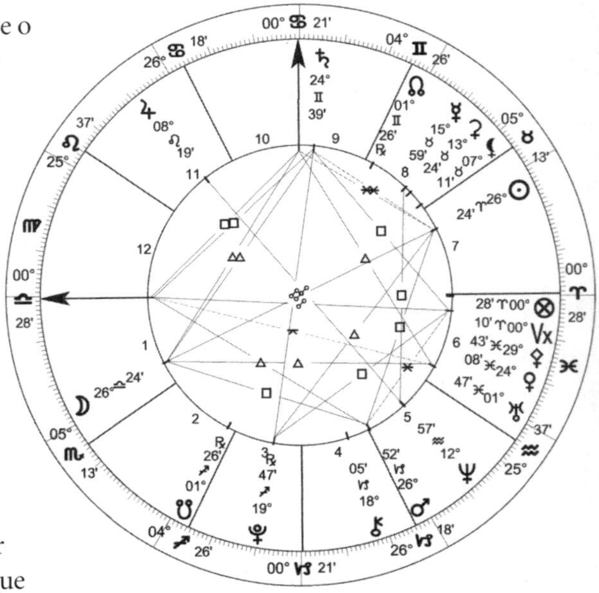

A Lua no signo de Libra na casa 1 e o Sol em Áries na casa 7 continuam dando ênfase ao restabelecimento de acordos e alianças. Todo mundo sabe que para se atingir metas significativas e eficazes é necessário apoio. Ninguém faz nada importante sozinho. Este é portanto um momento indispensável de coesão.

Vênus também ressaltada – quase na casa 7 – facilita ainda mais a harmonia nas relações entre os nossos parceiros. Ainda há resíduos de dispersão na atuação do Congresso pela oposição entre Júpiter e Netuno. Somos lembrados de novo que projetos grandiosos podem nos fazer perder de vista metas prioritárias e bem mais simples. Esta Lua cheia em Libra desafia os próprios librianos e os arianos também.

Cancerianos e capricornianos são igualmente provocados. Esta é uma excelente chance para os librianos aprenderem com seus colegas arianos a pensar menos e agir mais e a decidir em vez de prolongar a dúvida.

Os arianos bem podem aprender com os librianos um pouco de diplomacia, elegância de atitudes e a perceber que o outro não é igual a ele. Todos seremos capazes de usufruir esta Lua cheia se soubermos conciliar ações corajosas com uma inteligência estratégica. Boa sorte!

Dia 17 de Abril – Quinta-feira

Fase Lunar: Cheia
Lua no Signo: Escorpião

Aspectos Diários da Lua	ENTRADA	EXATO	SAÍDA
Lua quadrado Júpiter	06h41	11h26	16h11
Lua quadrado Netuno	14h59	18h44	23h29
Lua oposição Mercúrio	20h23	01h24 de 18/04	06h26 de 18/04

Lua quadrado Júpiter

Aumento de expectativas. Você espera resultados melhores do que a realidade oferece. Também está mais preguiçoso, avesso ao esforço e ainda quer benefícios... assim não será possível. Cuidado para não se entregar aos prazeres da gula. Lembre-se: na Lua cheia... engordar é mais fácil!

Lua quadrado Netuno

Durante essas horas as pessoas tendem a ficar mais melancólicas e suscetíveis. O melhor será resguardar-se de situações dolorosas ou desafiadoras, pois já está "desabando". Um bom uso dessa energia é através das práticas de caridade, meditação, etc. As artes trarão boas vibrações.

Lua oposição Mercúrio

A partir deste horário conta-se com um clima nervoso e muitas coisas acontecem ao mesmo tempo sem que se possa dar conta. Dados e informações que não forem suficientemente checados podem interferir no julgamento objetivo dos fatos. A tendência à dispersão prejudica a concentração. Mantenha-se atento ao que interessa de fato.

Dia 18 de Abril – Sexta-feira

Fase Lunar: Cheia
Lua no Signo: Sagitário – a partir das 21h52
Lua Fora de Curso: das 18h53 às 21h52

Aspectos Diários da Lua	ENTRADA	EXATO	SAÍDA
Lua trígono Vênus	11h05	16h18	21h32
Lua sextil Marte	13h52	18h53	23h55
Lua quadrado Urano	20h02	00h53 de 19/04	05h44 de 19/04

Lua em Sagitário

Com um sentimento gratuito de alívio, tudo parecerá mais leve, simples e fácil. Grande necessidade de abertura e liberdade poderá estimulá-lo a fazer coisas incomuns ou grandiosas. Percebe a vida por um ângulo positivo e se livra das preocupações com maior facilidade. Turismo ativado. Aposte no espírito de aventura e de ousadia para obter sucesso no relacionamento. Atividade externa, de expansão, visita a clientes e contatos em geral são uma forma produtiva de utilizar o tempo de trabalho nesses dias. Se você anda afastado da religiosidade, aproveite para se religar e fortalecer a sua fé. Qualquer atividade esportiva cairá muito bem. Cuidado com exageros e desperdícios, pois este signo é pouco afeito a limite e controle. Desaconselhável cirurgia de coxa, quadris, bacia, braços, pernas, mãos e vias respiratórias.

Lua trígono Vênus

Maravilhoso astral que beneficia os amantes, os artistas e todas as atitudes que fazem parte do mundo do amor. Não perca tempo e aproxime-se de quem você ama. Não economize carinho e afeto. Repare, também, quem está lhe dando maior atenção. Vale a pena corresponder. Favorável ao divertimento, ao prazer, às atividades sociais e festas.

Lua sextil Marte

Motivados e cheios de disposição, você pode realizar programas nesta sexta-feira, mesmo os que exigem pique e energia. Há ânimo, também, para resolver em poucas horas muitos assuntos sem perder o ritmo. Agir com espontaneidade e franqueza é o que dará certo. Tome a iniciativa de se aproximar de alguém. O encontro será mais promissor do que você esperava.

Lua quadrado Urano

A noite de sexta-feira está sujeita a imprevistos e agitação. Procure usar "jogo de cintura" ante a rotina que se desprograma. Melhor confirmar os compromissos para esta noite. Num relacionamento, liberdade passa a ser o principal ingrediente.

Dia 19 de Abril – Sábado

Fase Lunar: Cheia
Lua no Signo: Sagitário

Aspectos Diários da Lua	ENTRADA	EXATO	SAÍDA
Lua trígono Júpiter	06h38	11h31	16h26
Lua sextil Netuno	14h04	18h59	23h53

Lua trígono Júpiter

Sob esta influência, você é capaz de obter melhores resultados no que se propuser a fazer. Você está envolto em boas influências e bons sentimentos. Não desperdice esta bênção. Faça uso de palavras e pensamentos positivos. Renove suas esperanças e vá em busca de seus ideais. Ótimo para viagens e assuntos ligados à Justiça.

Lua sextil Netuno

Este aspecto complementa o anterior enviando um clima propício à colaboração entre as pessoas. Disposição afável e delicadeza de ânimo fazem com que as pessoas se tratem bem, mutuamente. Aumento das situações do acaso e das coincidências. Sucesso maior dos produtos que tenham um bom acabamento visual.

Dia 20 de Abril – Domingo

Fase Lunar: Cheia
Lua no Signo: Capricórnio – a partir das 23h21
Lua Fora de Curso: das 22h03 às 23h21

Aspectos Diários da Lua	ENTRADA	EXATO	SAÍDA
Lua conjunção Plutão	01h09	06h07	11h07
Lua oposição Saturno	09h52	14h56	20h01
Lua quadrado Vênus	16h31	22h03	03h38 de 21/04
Lua trígono Sol	18h58	00h25 de 21/04	05h55 de 21/04
Lua sextil Urano	21h33	02h39 de 21/04	07h48 de 21/04

Lua em Capricórnio

A natureza emocional passa a ser prudente. Tendência ao conservadorismo e à cautela. Maior concentração e disciplina bastante produtivas. As pessoas fazem mais cobranças, e as irresponsabilidades, os atrasos e as atitudes levianas ou inconseqüentes são muito mal toleradas. Há pouca indulgência quando a Lua atravessa este signo tão exigente. É melhor, nesses dias, contar mais consigo próprio e com seus próprios recursos do que com o apoio dos outros. Bom momento para se fazer planejamentos e orçamentos. Desaconselhável cirurgia de ossos, coluna, articulações, juntas, dentes, vesícula, estômago, seios, útero e ovários.

Lua conjunção Plutão

Este aspecto é responsável pelo aumento da intensidade emocional. As reações poderão ser extremadas. Mas um "mergulho" interno, ir fundo nas emoções, neste momento, poderá trazer muito esclarecimento. Faça uma catarse, se necessário. Jogue fora ressentimentos.

Lua oposição Saturno

Sob esta influência é provável que surjam alguns impedimentos em seu caminho. Um excesso de atenção às frustrações acaba levando ao pessimismo e à intolerância. Cultue o bom humor. Isso vai passar. Não são aconselháveis transações imobiliárias.

Lua quadrado Vênus

É preciso moderar na alimentação, pois há tendência a se querer compensar qualquer frustração com doces ou bebidas. Será melhor não precisar das pessoas neste momento. Elas poderão rejeitar sua solicitação e isto só fará aumentar um possível estado de carência. Prefira as atividades mais amenas.

Lua trígono Sol

Já na parte da noite o astral tende a melhorar, pois beneficia os relacionamentos. Você percebe suas emoções e sentimentos com inteligência e lógica. Por isso tornam-se mais claros.

Lua sextil Urano

Noite bastante ágil. Ser criativo, neste momento, ajudará a resolver qualquer tipo de impasse. Se você precisar ter alguma conversa sobre um assunto que esteja atrapalhando um relacionamento, use de franqueza e espontaneidade. Isso o deixará mais leve.

Dia 21 de Abril – Segunda-feira

Fase Lunar: Cheia
Lua no Signo: Capricórnio

Hoje a Lua não faz aspectos no céu. Assim, ela não apresenta nenhuma particularidade, não favorece nem desfavorece nenhuma atividade específica. Continue observando as recomendações para a Lua no signo de Capricórnio e na fase cheia.

Dia 22 de Abril – Terça-feira

Fase Lunar: Cheia
Lua no Signo: Capricórnio
Lua Fora de Curso: das 09h41 às 03h59 de 23/04/2003

Aspectos Diários da Lua	ENTRADA	EXATO	SAÍDA
Lua trígono Mercúrio	04h14	09h41	15h11

Lua Trígono Mercúrio

Ideal para ler, escrever, falar, comentar, pedir ou dar informações. Trabalhos que dependam de burocracia são encaminhados com mais desembaraço e jogo de cintura. Favorecimento especial para as áreas de propaganda, Internet, correios e fretes.

Dia 23 de Abril – Quarta-feira

Fase Lunar: Minguante às 09h18
Lua no Signo: Aquário – a partir das 03h59

Aspectos Diários da Lua	ENTRADA	EXATO	SAÍDA
Lua conjunção Marte	00h01	05h28	11h12
Lua sextil Vênus	01h53	07h53	13h55
Lua quadrado Sol	03h26	09h20	15h16
Lua oposição Júpiter	14h18	19h51	01h26 de 24/04
Lua conjunção Netuno	22h25	03h59 de 24/04	09h36 de 24/04

Lua em Aquário

Em Aquário a Lua envia um estado emocional mais solto e desejo por liberdade. A disposição geral é para a independência. Fica mais difícil aceitar controle ou imposições. Abra espaço em sua vida! Aproveite a vontade de mudar que esta Lua confere e faça mudanças na casa ou no escritório. Atividades que necessitam de inovações ou que dependam de tecnologia estarão favorecidas. Tudo o que dependa de criatividade também. Nestes dias, o interesse está mais voltado para a convivência em grupo e para o trato social do que para os vínculos afetivos. Demonstração exagerada de sentimentalismo não adiantará e será mal recebida. Desaconselhável cirurgia de veias, vasos, artérias, capilares, tornozelos, coração e região lombar.

Lua conjunção Marte

Durante este horário, você pode contar com disposição e ânimo. Parece que as coisas vão se resolvendo à medida que encara os desafios e toma resoluções. Hoje, você desperta se sentindo mais dinâmico. Mas é bom manter a calma, pois esta influência planetária também confere impaciência e irritação. Mantenha a cautela no trânsito.

Lua sextil Vênus

Este encantador aspecto favorece tratamentos de beleza, limpeza de pele e depilações. Sedução em alta. Para agradar ao seu amor, inove e surpreenda! Indicado para decorar a casa. Bom gosto em alta. Clima agradável e de cortesia entre as pessoas.

Lua quadrado Sol

Esta tensa ligação entre Sol e Lua no céu é devida à entrada da Lua minguante. Os casais com acentuadas diferenças entre si poderão sentir mais os efeitos desta energia desarmônica. Tendência a desentendimentos. Recolha as forças e concentre-se apenas no que tiver que ser feito. Não é hora para enfrentar "batalhas" nem de se lançar em novos projetos.

Lua oposição Júpiter

Avesso ao esforço, você está deixando de lado qualquer situação que exija empenho. Tendência a querer só o que for do próprio agrado. E não está a fim de nada que o aborreça. Evite compras. Esta é uma influência planetária que costuma fazê-lo extrapolar. Mais generoso, gasta sem culpa ou controle.

Lua conjunção Netuno

É provável que "bata" aquele soninho. Você fica mais preguiçoso, desligado, sonhador e idealista. Por conta disso há propensão para enganos e ilusões. Melhor "aterrissar" e "cair na real". Uma sensibilidade maior torna-o mais empático e romântico. Mas muito suscetível e afetado por qualquer coisa.

Dia 24 de Abril – Quinta-feira

Fase Lunar: Minguante
Lua no Signo: Aquário

Aspectos Diários da Lua	Entrada	Exato	Saída
Lua sextil Plutão	10h45	16h23	22h03
Lua quadrado Mercúrio	12h05	17h49	23h34
Lua trígono Saturno	21h35	03h20 de 25/04	09h06 de 25/04

Lua sextil Plutão

Energia de recuperação e resgate. Disposição para mudar de rumo ou de estratégia em áreas que não estão de acordo com o seu desejo. Momento em que deve descartar o que estiver atrapalhando o seu desenvolvimento e correr atrás de boas oportunidades que se perderam pelo caminho. Retome assuntos essenciais que porventura você tenha deixado de lado.

Lua quadrado Mercúrio

Se você precisa ter uma conversa importante ou difícil com alguém, não escolha este horário. Sob esta configuração, é comum acontecer mal-entendidos e erros de avaliação. Tendência à inquietação. As pessoas se agitam, mas resolvem pouco. Transportes e comércio prejudicados.

Lua trígono Saturno

Este aspecto vem ajudá-lo, à noite, fazendo com que conte com empenho e perseverança para alcançar seus objetivos e executar tarefas. Também o bom senso ajuda a resolver, de forma prática e realista, o que quer que se apresente.

Dia 25 de Abril – Sexta-feira

Fase Lunar: Cheia
Lua no Signo: Peixes – a partir das 12h03
Lua Fora de Curso: das 03h20 às 12h03

Aspectos Diários da Lua	ENTRADA	EXATO	SAÍDA
Lua conjunção Urano	10h19	16h06	21h54
Lua sextil Sol	16h14	22h31	04h51

Lua em Peixes

As pessoas se tornam mais sonhadoras e menos práticas, permitindo que as coisas simplesmente aconteçam, sem interferência. Desta forma, "embarcam" nas situações. Há um sentimento de bem-estar muito grande a se fazer benefícios e prestar caridade. Esta Lua enfatiza que seja generoso e solidário. Atividades ligadas à música, à dança, ou qualquer outra coisa que envolva sua sensibilidade estão favorecidas. As pessoas se sentirão melhor próximas ao mar, cachoeiras ou rios. No relacionamento há maior sintonia entre os parceiros que se compreendam mais facilmente. Para os apaixonados, um grande dia! Na hora de dormir, benditos sonhos! Desaconselhável cirurgia de pés e do aparelho gastrintestinal.

Lua conjunção Urano

Confere maior descondicionamento e fica mais fácil abolir vícios, hábitos nocivos ou colocar um ponto final numa situação indesejável. Hoje conte com surpresas que farão você sair da rotina. Energia e tensão. Procure relaxar. Necessidade de espaço e liberdade. Evite ficar trancado. Saia para espairecer.

Lua sextil Sol

Este ótimo aspecto permite um aumento de clareza e discernimento para lidar melhor com os fatos e com as situações. Este famoso par celeste quando em harmonia no céu emana uma vibração especial para os relacionamentos em geral, principalmente no tocante aos casais. Há maiores condições para perceber as emoções e alinhá-las com a razão. Isto ajuda muito na resolução de conflitos internos.

Dia 26 de Abril – Sábado

Fase Lunar: Minguante
Lua no Signo: Peixes

Aspectos Diários da Lua	ENTRADA	EXATO	SAÍDA
Lua quadrado Plutão	20h25	02h19 de 27/04	08h15 de 27/04
Lua sextil Mercúrio	22h12	04h06 de 27/04	09h59 de 27/04

Lua quadrado Plutão

Energia bastante intensa capaz de provocar reações emocionais fora de controle. Convém resguardar-se de ambientes perigosos ou locais onde haja pessoas descontroladas. Procure ir fundo nas questões de ordem emocional que estão incomodando e "captar" o que está por trás de suas reais motivações.

Lua sextil Mercúrio

Mente bastante ativada. Dinamize tudo o que estiver ao seu alcance para atingir os seus objetivos. Momento propício para se conversar e trocar idéias.

Dia 27 de Abril – Domingo

Fase Lunar: Minguante
Lua no Signo: Áries – a partir das 22h55
Lua Fora de Curso: das 14h19 às 22h55

Aspectos Diários da Lua	ENTRADA	EXATO	SAÍDA
Lua quadrado Saturno	08h19	14h19	20h21

Lua em Áries

A Lua em Áries confere uma natureza dinâmica, ativa e impetuosa. As pessoas se tornam mais francas e esboçam as emoções com facilidade. Devido à qualidade imediatista de Áries, você se torna mais intolerante com atrasos, filas e com demoras em geral. Ninguém quer ser mandado. Nem ceder. Isto poderá afetar o relacionamento. Viver e deixar viver é a melhor opção. Investimento de retorno a curto prazo e de algum risco serão os preferidos. Tarefas arrojadas e que exijam disposição física estarão beneficiadas. Aumento da coragem. Desaconselhável cirurgia na região da cabeça e nos rins.

Lua quadrado Saturno

Esta é uma ligação desarmônica que faz com que se sinta frustrado ante o impedimento da sua vontade. É possível ter que enfrentar algum tipo de limitação, mas não desanime. Conta com motivação suficiente para não deixar "a peteca cair". Não dê ouvidos a críticas e nem critique. Evite, também, fazer julgamentos de pessoas ou situações, pois a tendência é para uma visão mais negativa dos fatos. Desaconselhável à transações imobiliárias.

Dia 28 de Abril – Segunda-feira

Fase Lunar: Minguante
Lua no Signo: Áries

Aspectos Diários da Lua	ENTRADA	EXATO	SAÍDA
Lua sextil Marte	00h16	06h35	12h55
Lua conjunção Vênus	09h28	16h10	22h54
Lua trígono Júpiter	10h53	16h57	23h02
Lua sextil Netuno	19h11	01h14 de 29/04	07h18 de 29/04

Lua sextil Marte

Logo nos primeiros minutos desta segunda-feira, uma energia de dinamismo e coragem o envolve, facilitando as tomadas de decisão e ajudando-o a tornar mais ágeis as tarefas e trabalhos. Tudo fica mais fácil de ser resolvido. Não hesite em agir ou se impor. Tente um toque de ousadia em algum setor da sua vida. Favorece os esportes e os exercícios físicos.

Lua conjunção Vênus

Hoje o dia está premiado por este aspecto, fazendo com que as pessoas tenham mais boa vontade e camaradagem uma com as outras. Se você tiver que pedir algum favor a alguém, faça-o usando de amabilidade, que as portas se abrirão. Abuse de gestos graciosos e de charme. Crie um clima agradável ao convívio.

Lua trígono Júpiter

Mais uma ótima energia vem nos brindar com uma aura de otimismo e esperança. Use o bom humor para tornar tudo mais leve. Agir com espírito de grandeza ajudará a transpor obstáculos. Eventos de grande porte beneficiados – festivais, campeonatos, congressos, etc.

Lua sextil Netuno

Temos um aumento da sensibilidade e da inspiração. Para quem lida com artes, dança, música, ou simplesmente aprecia, é um momento bastante favorável. Situações ao "acaso" e coincidências tendem a aumentar. Clima de romance e encantamento aproxima as pessoas. Bom para tratamento imunológico, antialérgicos e vacinação. Boa resposta aos medicamentos.

Dia 29 de Abril – Terça-feira

Fase Lunar: Minguante
Lua no Signo: Áries

Aspectos Diários da Lua	ENTRADA	EXATO	SAÍDA
Lua trígono Plutão	08h16	14h19	20h23
Lua sextil Saturno	21h04	03h12 de 30/04	09h21 de 30/04

Lua trígono Plutão

Você é agraciado no dia de hoje por uma energia de recuperação, restauração e resgates de toda espécie. Com capacidade maior de concentração, vale a pena um mergulho em tarefas que exijam total dedicação. As atividade ligadas ao campo de restauração e reforma estarão particularmente protegidas. Lembre-se: "tudo na vida tem jeito" e faça uso dela. Bom para cirurgia. A convalescência será mais rápida.

Lua sextil Saturno

À noite e até amanhã às 09h21, vamos sentir um aumento da capacidade produtiva e da perseverança. Contamos, também, com maior equilíbrio emocional, o que nos permite uma abordagem mais racional a respeito das situações. No relacionamento, valem mais a solidez e o comprometimento das pessoas envolvidas do que relações efêmeras.

DIA 30 DE ABRIL – QUARTA-FEIRA

Fase Lunar: Minguante
Lua no Signo: Touro – a partir das 11h27
Lua Fora de Curso: das 03h12 às 11h27

ASPECTOS DIÁRIOS DA LUA	ENTRADA	EXATO	SAÍDA
Lua sextil Urano	09h55	16h02	22h09
Lua quadrado Marte	16h00	22h26	04h51 de 01/05
Lua quadrado Júpiter	23h59	06h09 de 01/05	12h18 de 01/05

Lua em Touro

Agora passa a vigorar uma energia mais desacelerada. Pode esperar e "ruminar" uma questão antes de sentir-se pronto para a decisão. Torna-se mais difícil largar um vício, mudar de idéia, ou fazer algo diferente do habitual. Correr riscos, nem pensar! Quer o garantido e o conhecido, o sólido e o palpável. Faz questão de garantia e segurança. Seja com relação às coisas materiais ou vínculos com pessoas próximas. Há um sentimento de apego e de proteção em relação ao que possui (seja pessoas ou bens materiais). Os lugares de lazer bucólico, perto da natureza e do verde, são os mais apreciados nestes dias. Muito afeto e ternura no ar. Desaconselhável cirurgia de garganta, tireóide, cordas vocais, órgãos genitais, próstata, uretra, bexiga, reto e intestino.

Lua sextil Urano

Esta combinação sugere liberdade e independência. Faça as coisas do seu modo, dê asas à criatividade, invente um novo caminho, uma nova saída. Esteja aberto a novas alternativas. Bom momento para você analisar o que é descartável em sua vida e o que realmente importa.

Lua quadrado Marte

Clima propenso a reações emocionais intensas e os "ataques" de raiva não são raros. Evite a precipitação e não aja por impulso. Redobre a atenção, não se exponha ao perigo. Muito cuidado, também, no trânsito. Se puder, pratique uma atividade física para ajudar a aliviar tensões.

Lua quadrado Júpiter

Este aspecto chega no último minuto do dia e perdura até amanhã ao meio-dia. Procure avaliar se você não está criando expectativa demais em relação a uma situação. Esperar por favores ou superestimar as avaliações poderá gerar um estado de insatisfação. Mais indolente, você tende a descumprir tarefas e adiar compromissos. No trabalho procure realizar as tarefas mais leves e menos desgastantes.

CALENDÁRIO LUNAR DE *Maio*

dom	seg	ter	qua	qui	sex	sáb
				1 NOVA 09h13 lua TOU	2 NOVA lua TOU	3 NOVA lua GEM 00h28
4 NOVA lua GEM	5 NOVA lua CAN 12h42	6 NOVA lua CAN	7 NOVA lua LEO 22h47	8 NOVA lua LEO	9 CRESCENTE 08h51 lua LEO	10 CRESCENTE lua VIR 05h31
11 CRESCENTE lua VIR	12 CRESCENTE lua LIB 08h43	13 CRESCENTE lua LIB	14 CRESCENTE lua ESC 09h14	15 CRESCENTE lua ESC	16 CHEIA 00h35 lua SAG 08h44	17 CHEIA lua SAG
18 CHEIA lua CAP 09h04	19 CHEIA lua CAP	20 CHEIA lua AQU 12h02	21 CHEIA lua AQU	22 MINGUANTE 21h30 lua PEI 18h42	23 MINGUANTE lua PEI	24 MINGUANTE lua PEI
25 MINGUANTE lua ARI 04h59	26 MINGUANTE lua ARI	27 MINGUANTE lua TOU 17h33	28 MINGUANTE lua TOU	29 MINGUANTE lua TOU	30 MINGUANTE lua GEM 06h32	31 NOVA 01h18 lua GEM

Céu do Mês

Mês de maio é mês de eclipse. Dois eclipses. O primeiro – no dia 16 – é um eclipse lunar total. O segundo, um eclipse solar, no dia 31. Estes fenômenos são conhecidos por seu potencial de crise, aceleração dos acontecimentos e inversão de tendências. Nunca se deve chegar nas proximidades de um eclipse sob muita pressão ou em situações-limite.

O Sol ainda no signo de Touro até o dia 21 sempre inclina as pessoas a serem mais práticas e a buscarem soluções mais estáveis e seguras. É um signo particularmente inteligente para os assuntos de natureza material. É portanto um bom momento para se dedicar a ele e encontrar meios de maior rentabilidade e solidez econômica. Amante dos prazeres, este signo também influencia a se consumir todo tipo de objetos, alimentos e bebidas que proporcionem conforto, bem-estar e satisfação. Estes produtos estarão em alta. Um aspecto tenso entre Sol e Netuno na primeira semana do mês torna as pessoas mais dispersivas e bem menos produtivas do que o usual. Será difícil manter a atenção em detalhes e pormenores. É bom conferir as tarefas.

Não deve se envolver com assuntos nem com negócios que conheça apenas superficialmente e muito menos com atividades que dependam da grande confiança nos outros. Pessoas em cargos de chefia ou com grande acúmulo de responsabilidade e poder devem consultar seus assessores, pois estão sujeitas a sérios erros de julgamento. A partir do dia 22 o Sol já está no ágil signo de Gêmeos. Tudo agora é movimento e impermanência. Podem ser obrigados a cumprir vários compromissos e funções ao mesmo tempo. Gêmeos é um signo duplo e sob ele tudo vem em dobro. Haja jogo de cintura! Logo de saída faz um tenso contato com Urano e o efeito desta combinação é imprevisível. Pode-se esperar: cancelamentos, mudanças de acordos, de opinião... Faça planos de curtíssimo prazo.

Mercúrio também no signo de Touro por todo o mês de maio está em seu movimento retrógrado até o dia 21. Enquanto isto, deve-se redobrar a atenção em tudo que envolva papéis, documentos, contratos, transportes, acessos, comunicação e envio e recebimento de informações. É também aconselhável realizar cirurgias depois que Mercúrio voltar ao seu movimento direto no dia 21. Entre os dias 11 e 17 Marte complica mais a vida de Mercúrio, tornando a comunicação entre as pessoas mais tensa e facilmente sujeita a polêmicas e a bate-bocas. Cuidado redobrado ao dirigir, pois acidentes são comuns sob esta influência planetária. Sem tempo para pensar, você pode tomar decisões completamente desfavoráveis e impulsivas. A partir do dia 16 até o final do mês é a vez de Júpiter desafiar as funções de Mercúrio. Muitas pequenas tarefas para serem cumpridas torna-o mais dispersivo e desatento.

Há uma tendência a se comprometer com assuntos além da conta. É necessária toda discrição para não falar mais do que deve ou de assuntos que não conhece tão bem. Você pode inviabilizar projetos ou objetivos apenas por pensar grande demais. Deve conferir as informações e propostas recebidas porque elas podem estar superestimadas. É tudo menos do que parece! Vênus em Áries até o dia 16 continua impulsionando-o a gastar sem pensar ou sem fazer muita conta. Nos relacionamentos, a tendência é ser mais direto, franco e impaciente com muitos rodeios. Não se esquecer de que Áries é um signo de pressa, coragem e ação. No início do mês até o dia 7, Netuno num suave contato com Vênus propicia um clima de romance e é mais fácil nestes dias se apaixonar ou então encantar alguém. Se precisa tocar o coração de alguém e se fazer ser aceito, compreendido ou até perdoado... o momento é para isto. Também algum ganho material que parece vir do nada vem salvar as finanças – milagrosamente. Mais adiante, entre os dias 12 e 16, Saturno e Vênus beneficiam os investimentos de longo prazo, o equilíbrio e ajuste no orçamento, a poupança. A compra de bens imóveis está protegida. Para quem quer se casar ou formalizar um relacionamento, Saturno dá a bênção. Encontros que surgem neste período são geralmente consistentes e duradouros.

Um pouco antes disto, Plutão, numa harmoniosa combinação com Vênus – entre os dias 5 e 12 –, permite saldar dívidas, recuperar as finanças e resgatar fontes de ganhos que pareciam perdidas. É uma excelente combinação para reconciliação nos relacionamentos e para aprofundar os sentimentos. Do dia 17 em diante, Vênus entra exultante no seu signo – Touro –, dando mais um reforço para a estabilidade e sustentação dos afetos e das finanças. Uma especial colaboração de Urano entre os dias 17 e 23 traz a possibilidade de novas e inesperadas fontes de ganho. Para quem está pretendendo mudar de emprego ou experimentar um novo negócio, o momento chegou. Amores novos ou com pessoas com quem jamais pensava em se relacionar pegam-no de surpresa. Aqui é o acaso que está operando. Quanto mais aberto e solto estiver, melhor experiência atrairá. Do dia 25 em diante é necessário cautela com uma influência desarmônica de Júpiter e Netuno a Vênus. Negócios arriscados devem ser totalmente evitados. É fácil se equivocar, fazer cálculos enganosos e perder dinheiro nesta influência. Em matéria de negócios é para ser realista, conservador e minucioso.

Não é improvável que a economia do país esteja passando por um período de caos e incertezas. É um mau momento para especulação e investimentos de risco. Nos relacionamentos também deve evitar entrega e intimidade a quem conhece pouco. Esta é uma combinação astrológica que produz falsos encantamentos e desilusões. Marte no signo de Aquário durante todo o mês de maio estimula-o a ser arrojado e inovador em suas ações.

Que tal experimentar um tipo de atitude diferente da comum? Abra novas perspectivas com isto e os resultados serão surpreendentes. Uma oposição de Júpiter fortalece o ânimo e a vitalidade. A sensação é de que você pode. Pode tudo! Não apresenta vestígios de preguiça nem de indecisão. Líderes, governantes e expoentes estão com a capacidade de mando ampliada. Excelente momento para esportes, campeonatos, competições e concorrências de toda a ordem. Infelizmente, a partir do dia 14 até 20, Netuno joga um pouco de água fria em todo este ânimo. Não será improvável sentir-se com mais dificuldade de perseguir objetivos que exijam ímpeto e disposição. Na última semana do mês, Plutão, num revigorante aspecto a Marte, resgata sua vitalidade e ânimo. Você pode tudo. De novo!

Júpiter, numa perigosa oposição a Netuno – a partir da segunda metade do mês –, põe em polvorosa o mercado financeiro. Esta não é uma combinação amiga dos investimentos. Principalmente os de risco e em papéis que já estejam com a sua cotação artificialmente em alta. Fique no seguro e no previsível! A tendência a contar com milagres pode complicar uma situação delicada. É melhor buscar soluções viáveis e realistas. O sonhos aqui não costumam se realizar.

POSIÇÕES DIÁRIAS DA LUA

DIA 01 DE MAIO – QUINTA-FEIRA

Fase Lunar: Nova às 09h13
Lua no Signo: Touro

Lunação de Maio
Lua nova às 09h13, horário de Brasília
Lua nova no signo de Touro em 10°43'
Duração: até a próxima lunação: 31/05/2003

ASPECTOS DIÁRIOS DA LUA	ENTRADA	EXATO	SAÍDA
Lua quadrado Júpiter	00h00	06h09	12h18
Lua conjunção Sol	02h36	09h15	15h54
Lua quadrado Netuno	08h03	14h10	20h16

Lua quadrado Júpiter

Não espere que o "mundo" vá sempre lhe oferecer colo e mimo, como neste começo de dia. Você pode estar sonhando acordado. Aproveite! Mas é apenas um feriado. Um delicioso feriado, pois o mundo inteiro pára em função desta data, para poder saborear melhor um dia tão importante. Deve-se orgulhar de todas as conquistas alcançadas com esforço, dedicação, provenientes do fruto do seu trabalho.

Lua conjunção Sol

Deve atentar para a importância do trabalho em sua vida, o significado existencial que há por trás de sua luta. A capacidade que tem de gerar recursos e de contribuir para uma sociedade mais justa. O trabalho dá autonomia e permite exercer a própria vontade proporcionando uma satisfação interior, especialmente para aqueles que se dedicam de corpo e alma na atuação profissional.

Lua quadrado Netuno

Infelizmente o sonho não dura para sempre. É chegado o momento de cair na real e encarar os fatos da realidade. O feriado chega ao fim, então, aproveite bem esta noite, principalmente para você que não vai poder emendar com o fim de semana, pois amanhã tudo volta ao normal e ao corriqueiro cotidiano.

Lunação de Maio
Fase Lunar: Nova em 01/05/2003 às 09h13, horário de Brasília
Lua no signo: 10° 43' de Touro
Vigência: até a próxima Lua nova em 31 de maio de 2003

A Lua nova de Touro se coloca na casa 11 deste mapa. Esta é uma área associada ao Congresso e a todos os setores envolvidos com planejamento.

Serão estes portanto os focos da atenção de todo o mês e o ponto mais vulnerável.

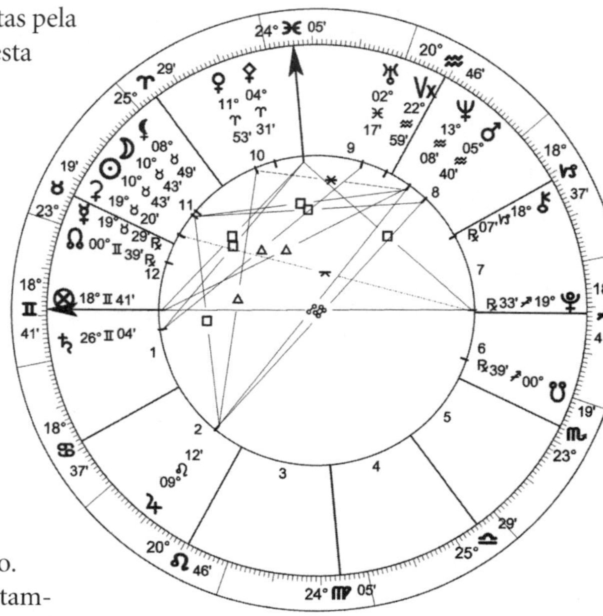

Isto por causa das pressões feitas pela oposição de Júpiter e Netuno a esta Lua nova.

A questão crucial aponta para verba, orçamento... dinheiro. Esta oposição está situada nas áreas 2 e 8 – setor das finanças. Conciliar projetos e verba parece ser o desafio do período. A atuação do Congresso em relação a esta questão é outro desafio. Há uma tendência a gastos equivocados e dispersivos no orçamento. É necessário fechar imediatamente o vazamento por onde possa estar escoando negligentemente o dinheiro. Questões envolvendo taxas de juro também serão um ponto delicado de equilíbrio neste momento. O setor financeiro da economia é outra área que deve ser gerida com bastante atenção.

Plutão em posição angular nos alerta que as transformações continuam... e não podem ser recuadas. Alguma tensão nas alianças, acordos e também com países vizinhos podem eclodir.

Saturno na casa 1 do mapa desta Lua nova continua apontando que a melhor direção é não perder de vista as prioridades e continuar trabalhando com austeridade.

O Poder Público aparece com uma imagem de maior aceitação e simpatia – graças à influência da Vênus na casa da autoridade no mapa desta lunação. A Lua nova em Touro sensibiliza particularmente os nascidos neste signo e em Escorpião.

Leoninos e aquarianos são desafiados a empreender suas atividades com um espírito mais prático possível. Lua nova é sempre época de começos. Tudo o que tiver a cara de Touro será impulsionado: estabilidade, solidez, pragmatismo, durabilidade e a natureza simples para resolver questões complexas. Tudo muito básico. Assim seja!

Dia 2 de Maio – Sexta-feira

Fase Lunar: Nova

Lua no Signo: Touro

Aspectos Diários da Lua	Entrada	Exato	Saída
Lua conjunção Mercúrio –	20h34	02h27 (03/05)	08h20 (03/05)

Lua conjunção Mercúrio

Noite agitada e de muito movimento. Não fique parado e nem se isole num canto. Se você quer tirar um bom proveito desta energia, reúna os amigos para jogar, conversar, passear e se divertir. Uma pequena viagem também é muito bem-vinda, especialmente se for em grupo ou até mesmo com os seus familiares. O entrosamento está facilitado, prometendo muita animação.

Dia 3 de Maio – Sábado

Fase Lunar: Nova

Lua no Signo: Gêmeos – a partir da 00h28

Aspectos Diários da Lua	ENTRADA	EXATO	SAÍDA
Lua quadrado Urano	00h05	05h11	11h16
Lua trígono Marte	08h11	14h34	20h56
Lua sextil Júpiter	13h24	19h24	01h36 (04/05)
Lua trígono Netuno	20h59	03h02 (04/05)	09h05 (04/05)

Lua em Gêmeos

Neste sábado a palavra de ordem é circular e passear bastante. Qualquer ambiente que possa proporcionar uma interação com as pessoas está mais do que recomedado. Sala de jogos, livrarias, cafeterias, salão de beleza, shoppings, feiras, museus, exposições, parques ao ar livre para uma boa caminhada são ótimas opções para este fim de semana. A Lua em Gêmeos também vai trazer benefícios para aqueles que precisam estudar, escrever ou se corresponder.

Lua quadrado Urano

O dia começa agitado e pode ser marcado por imprevistos e desencontros. O inesperado pode ser um adversário que está jogando contra o que tinha sido planejado para esta manhã. Algumas pessoas podem se sentir ansiosas e extremamente preocupadas porque nada está dando certo. Não se deixe contagiar pelo nervosismo, pois não vai ajudar em nada, pelo contrário, só vai atrapalhar.

Lua trígono Marte

Com esta energia você volta a ter domínio sobre a situação. Aqui a sua vontade impera, e aquilo que você deseja está muito nítido para você, facilitando assim a realização dos seus anseios. As dúvidas e incertezas desaparecem como num passe de mágica, deixando você apto para fazer o que você quiser. Arregace as mangas e vá em frente!

Lua sextil Júpiter

Esta energia vem abençoar o fim do dia, pois ela proporciona otimismo, alegria, generosidade e muita fé, que o deixa embuído com um sentimento de que pode fazer qualquer coisa e torna-o uma pessoa melhor.

Lua trígono Netuno

Shows, espetáculos de dança são uma boa pedida para este sábado à noite. Não pode se esquecer do teatro e do cinema, pois ambas as opções também estão beneficiadas. Para os enamorados, o clima proporciona uma noite agradável e romântica; prepare algo de especial para a pessoa amada.

Dia 4 de Maio – Domingo

Fase Lunar: Nova
Lua no Signo: Gêmeos

Aspectos Diários da Lua	ENTRADA	EXATO	SAÍDA
Lua sextil Vênus	00h56	07h39	14h21
Lua oposição Plutão	09h46	15h46	21h45

Lua sextil Vênus

Esta energia proporciona uma agradável manhã de domingo. Nada de pressa ou estresse, tire alguns minutos a mais para se espreguiçar. Se estiver em boa companhia, namore e troque juras de amor antes de se levantar. Prepare um delicioso café da manhã e delicie-se com muito prazer os seus alimentos preferidos. Leia o jornal com calma e comece a pensar no que fazer do seu dia de descanso.

Lua oposição Plutão

Aqui as coisas começam a mudar de figura. Uma energia mais densa e belicosa começa a pairar. As pessoas estão com uma tendência a se indispor umas com as outras por causa de pequenas bobagens. Não entre nesta "pilha", pois dessa maneira você não vai chegar a lugar algum, só entre numa disputa por algo que realmente valha a pena.

Dia 5 de Maio – Segunda-feira

Fase Lunar: Nova
Lua no Signo: Câncer – a partir das 12h42
Lua Fora de Curso – das 05h43 às 12h42

Aspectos Diários da Lua	ENTRADA	EXATO	SAÍDA
Lua conjunção Saturno	00h52	05h43	11h44

Lua em Câncer

Quando a Lua entra no sensível signo de Câncer, é uma ótima oportunidade para que faça um contato mais profundo e íntimo com os seus próprios sentimentos. As emoções predominam neste momento, e acaba por deixar a razão um pouco de lado quando se faz necessário uma tomada de atitude ou de decisão. Deve seguir o caminho que o seu coração está apontando, porque isso é o essencial e o que interessa neste momento. Essa energia também traz benefícios para quem lida diretamente com o público, porque essa vibração deixa as pessoas mais receptivas.

Lua conjunção Saturno

Algum compromisso familiar pode surgir logo pela manhã fazendo com que o tempo não seja suficiente para que você consiga dar conta dos seus compromissos, ou simplesmente você pode sentir um peso maior nas suas obrigações cotidianas e duvidar da sua prórpia capacidade de levá-las até o fim. Atrasos, demoras, esperas podem ser frustrantes e causar uma profunda irritação.

Dia 6 de Maio – Terça-feira

Fase Lunar: Nova
Lua no Signo: Câncer

Aspectos Diários da Lua	ENTRADA	EXATO	SAÍDA
Lua trígono Urano	11h30	17h26	23h22
Lua sextil Sol	13h44	20h02	02h19 (07/05)
Lua sextil Mercúrio	15h31	21h03	02h34 (07/05)

Lua trígono Urano

A criatividade aqui merece destaque. Tente realizar suas tarefas de uma maneira diferente, você vai perceber como pode ter um dia-a-dia mais prazeroso. Não siga esquemas nem padrões, ouça a sua intuição e siga a sua voz interior porque dessa maneira você vai obter melhores resultados e vai despertar a atenção das outras pessoas por causa da sua capacidade de improvisação.

Lua sextil Sol

Esta energia é excelente e proporciona um bem-estar muito grande. Isto se deve à integração que há entre emoção e razão. Entre necessidades e desejos. Sob esta influência, sente a vida fluir melhor e tudo passa a fazer mais sentido. Uma grande noite para os casais, pois os sentimentos nobres e afetivos estão despertados neste momento.

Lua sextil Mercúrio

Esta energia beneficia encontros, conversas e reuniões, pois há uma compreensão maior e as pessoas estão dispostas a ouvir umas as outras. Ótimo para sair em busca de informações... e encontrá-las. Mais facilidade para expressar em palavras o que está sentindo. Pode-se esperar por um aumento do público nos lugares de entretenimento, particularmente nos cinemas.

Dia 7 de Maio – Quarta-feira

Fase Lunar: Nova
Lua no Signo: Leão – a partir das 22h47
Lua Fora de Curso – da 01h21 às 22h47

Aspectos Diários da Lua	ENTRADA	EXATO	SAÍDA
Lua quadrado Vênus	18h56	01h21 (08/05)	07h44 (08/05)

Lua em Leão

Mesma sendo uma quarta-feira, se surgir algum convite ou alguma oportunidade para festas, eventos, comemorações, condecorações, desfiles, teatro, não hesite em aceitar, pois não há signo melhor para beneficiar essas ocasiões. Quando a Lua entra no radioso signo de Leão, deve aproveitar para tirar o máximo de seu talento e capacidade inata e reafirmar tudo aquilo que dá sentido a sua vida.

Lua quadrado Vênus

Esta noite está pedindo um pouco de diversão e que a alegria invada a sua vida, inundando-o de prazer, fazendo-o esquecer por alguns instantes a dureza da realidade cotidiana. Divirta-se! Só não exagere na dose... pois amanhã a vida continua.

Dia 8 de Maio – Quinta-feira

Fase Lunar: Nova
Lua no Signo: Leão

Aspectos Diários da Lua	entrada	exato	saída
Lua oposição Marte	11h28	17h11	22h45
Lua conjunção Júpiter	11h35	17h17	23h03
Lua oposição Netuno	17h45	23h16	04h45 (09/05)
Lua quadrado Mercúrio	21h37	02h51 (09/05)	08h04 (09/05)

Lua oposição Marte

A iniciativa e a ousadia são poderosas aliadas quando está sob esta influência. Se arrisque, só assim você poderá obter um bom retorno. Todo o seu arrojo será muito bem recompensado. É chegada a hora de se tomar uma decisão, especialmente se você estava em cima do muro em relação a alguma questão, porque este é um excelente momento para uma definição.

Lua conjunção Júpiter

Esta benéfica combinação deixa as pessoas mais otimistas, confiantes, alegres e de bom humor. Também traz benefícios para as atividade esportivas e para as que estão ligadas ao ensino e à cultura. No trabalho, o clima de cooperação está ativado, facilitando o desempenho de todos, além de aumentar as chances de se fazer bons negócios.

Lua oposição Netuno

Torna-se mais sensível quando está sob esta influência, o que geralmente acarreta uma variação de humor. É melhor se prevenir contra a distração e a descontração, só assim você poderá evitar a perda ou extravio de objetos e documentos. Sair para dançar ou assistir a um bom filme são ótimas opções para relaxar nesta noite.

Lua quadrado Mercúrio

Quem trabalha à noite provavelmente vai ter que enfrentar alguns contratempos. Não se deixe irritar facilmente, pois dessa maneira os prejuízos podem ser ainda maiores. Mantenha a calma e atue com serenidade, que você irá conseguir dar conta de qualquer situação.

Dia 9 de Maio – Sexta-feira

Fase Lunar: Crescente às 08h51
Lua no Signo: Leão

Aspectos Diários da Lua	entrada	exato	saída
Lua quadrado Sol	03h00	08h54	14h44
Lua trígono Plutão	05h08	10h34	15h58
Lua trígono Vênus	09h06	15h03	20h58
Lua sextil Saturno	18h50	00h13 (10/05)	05h35 (10/05)

Lua quadrado Sol

É bem comum deparar com disputas e concorrências quando está sob esta influência. Aqui é cada um por si, todo mundo está querendo puxar a sardinha para o seu lado. É necessário um esforço maior para esclarecer as situações e para que predominem o bom senso e a lucidez. Há um grande desgaste energético neste dia para se realizar qualquer coisa, pois é preciso muito empenho para ver as coisas saírem do seu jeito.

Lua trígono Plutão

Momento favorável para retomar alguma tarefa não concluída. Dê um ponto final nas suas pendências. Favorece também qualquer atividade que dependa do investimento de terceiros, seja ele financeiro ou operacional. Esta combinação beneficia a recuperação da saúde física ou da saúde financeira.

Lua trígono Vênus

O fim do expediente correrá mais leve devido ao clima de cooperação e de harmonia que se faz presente no ambiente de trabalho. Com o bom gosto aprimorado, aproveite esta sexta-feira para dar uma melhorada no visual. Com certeza você atrairá os encantos das pessoas nesta noite.

Lua sextil Saturno

Caso esteja se encontrando com uma pessoa especial que conheceu há pouco tempo, quem sabe não chegou a hora para arriscar um compromisso mais sério? Nos relacionamentos é melhor deixar as futilidades de lado, pois o momento está propício para se traçar planos e projetos em comum.

DIA 10 DE MAIO – SÁBADO

Fase Lunar: Crescente
Lua no Signo: Virgem – a partir das 05h31
Lua Fora de Curso – da 00h13 às 05h31

Lua em Virgem

Aproveite este sábado para fazer consertos ou arrumações dentro de casa, já que a Lua está passando pelo ordeiro signo de Virgem. Quem trabalha ou estuda no fim de semana tem à disposição grande capacidade de concentração e raciocínio apurado proporcionados por esta passagem da Lua.

DIA 11 DE MAIO – DOMINGO

Fase Lunar: Crescente
Lua no Signo: Virgem

ASPECTOS DIÁRIOS DA LUA	ENTRADA	EXATO	SAÍDA
Lua trígono Mercúrio	00h42	05h38	10h33
Lua oposição Urano	04h39	09h56	15h11
Lua quadrado Plutão	09h49	14h54	19h56
Lua trígono Sol	11h48	17h14	22h38

Lua trígono Mercúrio

Esta combinação vai ajudá-lo a tornar a sua manhã mais ágil e dinâmica, com um melhor aproveitamento do seu tempo livre e com um excelente rendimento das tarefas realizadas. Aproveite esta manhã para dar uma caminhada, comprar o jornal ou uma revista, passar no mercado ou numa feira livre para comprar frutas, legumes e hortaliças fresquinhas. Uma dieta mais natural e saudável só faz bem. Para completar... só comprando um pãozinho quentinho.

Lua oposição Urano

Aqui é bem capaz que uma certa inquietação venha abatê-lo. É melhor procurar algo para fazer, até mesmo porque vai ser difícil ficar em casa sem fazer nada. O tédio será insuportável. A energia renovadora de Urano "chama-o" para tentar implementar algo novo em sua vida. Sendo assim, a dica é tentar fazer algo inusitado, diferente, nunca tentado, ou que pelo menos você já não faz há um bom tempo. Respire novos ares!

Lua quadrado Plutão

Com uma energia bélica pairando no ar, não deve ficar criando caso por qualquer coisa, pois a intransigência não vai permitir que se chegue a um ponto que agrade a todos. Deve, sim, reunir os esforços para fazer algo que realmente tenha valor.

Lua trígono Sol

Esta combinação proporciona uma capacidade maior para perceber suas emoções e sentimentos e alinhá-los com a inteligência. O fim deste domingo termina bem, especialmente se você estiver ao lado de uma boa companhia, pois esta energia propicia harmonia e um bom entendimento entre os casais.

Dia 12 de Maio – Segunda-feira

Fase Lunar: Crescente
Lua no Signo: Libra – a partir das 08h43
Lua Fora de Curso – da 04h09 às 08h43

Aspectos Diários da Lua	ENTRADA	EXATO	SAÍDA
Lua quadrado Saturno	00h09	04h09	09h10
Lua sextil Júpiter	20h43	01h39 (13/05)	06h33 (13/05)

Lua em Libra

Tudo o que pode e deve ser feito a dois deve ser colocado em prática enquanto a Lua passeia pelo sociável signo de Libra. Não é o momento para isolamento ou para achar que pode dar conta de tudo sozinho. A cooperação é a chave mágica que vai abrir todas as portas para você alcançar o que necessita durante este período. Lembre-se, duas cabeças sempre pensam melhor do que uma só. Também deve prestar atenção no que os outros têm para dizer; agindo dessa forma você pode aprender algo .

Lua quadrado Saturno

O sono pode ser interrompido por causa de alguma questão que teima em circular pela sua cabeça. A preocupação pode ser muito forte, fazendo com que você perca o sono. Isso não é bom, pois não resolve nada e você vai ter dificuldades para levantar da cama pela manhã, sentindo o corpo todo moído. Pode ser que alguma coisa quebre a sua rotina, fazendo com que o atraso neste começo de dia seja inevitável.

Lua sextil Júpiter

Mesmo sendo uma segunda-feira, as pessoas vão estar com o espírito mais festivo e alegre. A diversão, o relaxamento, a descontração são prioridades neste momento. Não deixe para amanhã o que pode ser resolvido ainda hoje. Há uma espécie de sorte no ar, beneficiando qualquer tipo de acerto.

Dia 13 de Maio – Terça-feira

Fase Lunar: Crescente
Lua no Signo: Libra

Aspectos Diários da Lua	ENTRADA	EXATO	SAÍDA
Lua trígono Marte	00h04	05h08	10h11
Lua trígono Netuno	01h25	06h17	11h08
Lua sextil Plutão	11h19	16h08	20h56

Lua trígono Marte

Você acorda cedo com o pique todo, cheio de gás. Com disposição para resolver qualquer parada dura. Deve aproveitar este momento para dar andamento a algo que estava emperrado, ou que já estava quase desistindo, por causa das dificuldades envolvidas. Esta combinação também favorece os adeptos da prática de esporte no período matinal, além de ser uma ótima oportunidade para quem deseja iniciar alguma atividade física.

Lua trígono Netuno

Para os privilegiados que moram perto da praia, bosques ou parques, uma caminhada pela manhã antes do trabalho é uma ótima pedida. Também é um momento especial para os adeptos da meditação e da ioga, já que a paz interna e o sentimento de integração estão facilitados. Com a sensibilidade mais acentuada, predisposição a colaborar com os mais necessitados. Vai ser impossível ignorá-los nesta manhã.

Lua sextil Plutão

Esta influência dá força para superar qualquer obstáculo que possa surgir no decorrer desta tarde. Nada será impossível. Não dê nada como perdido, pois quando você menos espera vai conseguir virar o jogo. Aproveite este momento para fazer algum tipo de reconciliação: consigo mesmo, com algum projeto, com alguma idéia, ou com alguma pessoa que seja essencial para você.

Dia 14 de Maio – Quarta-feira

Fase Lunar: Crescente
Lua no Signo: Escorpião – a partir das 09h14
Lua Fora de Curso – das 05h14 às 09h14

Aspectos Diários da Lua	ENTRADA	EXATO	SAÍDA
Lua oposição Vênus	00h13	05h09	10h03
Lua trígono Saturno	00h25	05h14	10h21
Lua trígono Urano	08h35	13h22	18h07
Lua quadrado Júpiter	21h11	01h58 (15/05)	06h45 (15/05)

Lua em Escorpião

A passagem da Lua pelo signo de Escorpião faz com que as pessoas sintam com muita intensidade todas as questões de foro íntimo e emocional. Isto não é necessariamente bom e nem ruim, vai depender de como você anda emocionalmente, porque qualquer sentimento vai ser exarcerbado durante esta passagem. Paixões e desejos são intensificados, assim como velhas feridas, complexos e mágoas podem voltar a doer; se isto acontecer, este é o momento para se libertar delas de uma vez por todas.

Lua oposição Vênus

É bem provável que você acorde com apetite maior do que o costume, especialmente no que se refere a doces, bolos e outras guloseimas. Por trás deste apetite existe uma necessidade maior de se dar prazer e satisfação. Se você estiver precisando da ajuda de alguém, não hesite em solicitá-la, porque pela manhã as pessoas vão estar prédispostas a cooperar umas com as outras.

Lua trígono Saturno

Aproveite a manhã para resolver todas as dificuldades que estão previstas para este dia, porque esta energia vai lhe proporcionar perseverança, paciência, dedicação e capacidade de superação. Com um senso de responsabilidade maior e com um grande comprometimento com suas obrigações, você será capaz de alcançar excelentes resultados profissionais.

Lua trígono Urano

Não fique muito preso a regras e padrões preestabelecidos, um pouco de improvisação não faz mal a ninguém, pelo contrário, vai lhe fazer muito bem quebrar as regras de vez em quando. Relaxe e não exija tanto de si, dessa maneira as suas tarefas e atividades vão fluir melhor neste dia. Se você se sentir muito sufocado, dê uma fugida rápida do seu trabalho para dar uma arejada; quando voltar, o seu rendimento será muito melhor.

Lua quadrado Júpiter

Vai ser difícil dormir cedo, pois um sentimento de euforia vai tomar conta de você, gerando uma necessidade de aproveitar ao máximo esta noite. Quem trabalha com maquinário pesado deve ter a atenção redobrada, pois a distração aqui pode causar algum tipo de acidente.

Dia 15 de Maio – Quinta-feira

Fase Lunar: Crescente
Lua no Signo: Escorpião

Aspectos Diários da Lua	ENTRADA	EXATO	SAÍDA
Lua oposição Mercúrio	00h12	04h20	08h58
Lua quadrado Netuno	01h23	06h08	10h52
Lua quadrado Marte	01h55	06h50	11h46
Lua oposição Sol	19h33	00h37 (16/05)	05h41 (16/05)

Lua oposição Mercúrio

Com o sistema nervoso estimulado, vai ser muito difícil dormir como um anjo nesta manhã. Se você não despertar sozinho, é bem capaz que os outros o façam por você. O telefone, o interfone, a campainha, ou simplesmente um barulho do vizinho podem interromper o seu sono antes da hora desejável. Sendo assim, vai ser difícil manter a calma e a serenidade.

Lua quadrado Netuno

É bem provável que você se sinta sonado, então vai ser preciso redobrar a atenção para não provocar qualquer tipo de incidente. Com a cabeça nas nuvens, cálculos precisos e detalhes importantes devem ser conferidos, para que nenhum erro passe despecebido. Mantenha-se afastado de fofocas e intrigas, senão você pode ser usado como bode-expiatório.

Lua quadrado Marte

Um cansaço físico e uma sensação de desgaste vão causar uma baixa no rendimento das pessoas de uma maneira geral. As pessoas vão tentar imprimir o seu ritmo habitual, porém não vão conseguir alcançar o resultado esperado, pelo contrário, podem sentir uma certa fadiga, já que se esforçaram mas as coisas não funcionaram a contento.

Lua oposição Sol

Este aspecto sinaliza que estamos em plena Lua cheia, simbolizando assim um ponto culminante em qualquer atividade, especialmente nas iniciadas na Lua nova anterior (dia 01/05). Aproveite para propagar suas idéias, pensamentos, projetos e ensinamentos, pois eles vão se espalhar com muita facilidade.

Dia 16 de Maio – Sexta-feira

Fase Lunar: Cheia às 00h35
Lua no Signo: Sagitário – a partir das 08h44
Lua Fora de Curso – da 00h37 às 08h44

Lunação de Maio
Lua cheia à 00h35, horário de Brasília
Lua cheia no signo de Escorpião em 24°53'
Duração até a próxima lunação: 31/05/2003

Lua em Sagitário

Nada melhor do que começar um fim de semana com a Lua passando pelo otimista e contagiante signo de Sagitário. Desde cedo vai sentir um clima de euforia e fará de tudo para se livrar de suas obrigações o mais cedo possível. Um fim de semana no campo, na fazenda, no sítio é ótima indicação. A sensação de liberdade que este signo proporciona é fundamental para sentir que quem direciona sua vida é você.

Aspectos Diários da Lua	ENTRADA	EXATO	SAÍDA
Lua quadrado Urano	08h08	12h54	17h41
Lua trígono Júpiter	21h05	01h55 (17/05)	06h46 (1705)

Lua quadrado Urano

Vai se sentir sufocado, pressionado por qualquer motivo, ficará ansioso para romper com tudo e *jogar tudo pro alto*. Nem sempre este é o melhor caminho, mas tem vezes em que não consegue enxergar outra alternativa. Se hesitar em quebrar com o que o está aprisionando, sofre o efeito colateral desta energia, ficando uma pilha de nervos, beirando o histerismo e sem qualquer motivo aparente.

Lua trígono Júpiter

À noite, tudo muda de figura. A vibração muda completamente. O espírito aventureiro e bonachão está sendo estimulado por esta energia. Ninguém vai conseguir ficar em casa de bobeira. Todos vão dar uma esticadinha nesta sexta-feira, cada um do seu jeito. A palavra de ordem é: diversão.

Lunação de Maio
Fase Lunar: Cheia em 16/05/2003 à 00h35, horário de Brasília
Lua no Signo: 24º 53' de Escorpião
Eclipse Lunar Total
Vigência: até o próximo eclipse lunar em 08/11/2003

O mapa da lunação analisado para esta Lua cheia (Sol em Touro – Lua em Escorpião) evidencia o setor das comunicações e do comércio, por seu posicionamento nas casas 3 e 9.

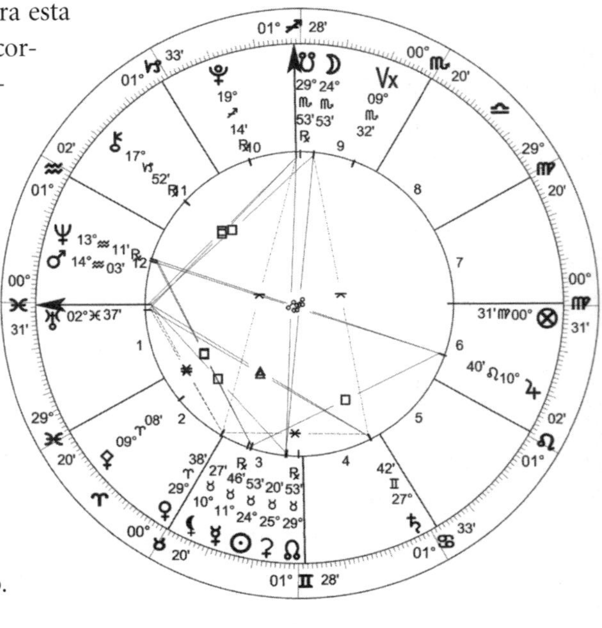

Negociar, mandar representantes, reunir propostas, ativar os contatos, é o que mais resultará.

O setor de turismo, deslocamentos e viagens estará muito ativo: reserve sua passagem.

Escolas, cursos, faculdades estão em evidência. As atividades culturais, também. Os setores de propaganda, comunicação, publicidade, divulgação e imprensa estão muito estimulados. Faça sua comunicação.

Se alguma modificação no setor de transporte precisar ser feita, este é um período interessante. É um momento bastante favorável para feiras de negócios e exposições. Urano no ascendente reforça o aspecto reformista e de maior autonomia do país – o que parece ser uma tônica de todo este ano. Mudanças já! A presença do expansivo Júpiter na casa 6 pode provocar uma melhoria de emprego. Deve-se, no entanto, agir com moderação ao se avaliar as expectativas, pois elas podem estar superestimadas pela oposição de Netuno. O aumento dos preços nos setores da educação e dos transportes é uma tendência a ser combatida. Esta lunação é particularmente ativa para as pessoas nascidas nos signos de Touro e Escorpião.

Os nascidos no signo de Leão e Aquário também são desafiados por esta Lua cheia. Os taurinos podem aproveitar o exemplo dos escorpianos e aprender a difícil arte do desapego. Os escorpianos, por sua vez, podem se beneficiar nessa Lua cheia e se inspirar nos taurinos, aprendendo a dramatizar menos e simplificar um pouco as coisas. Às vezes, as aparências não enganam... devem descobrir os desconfiados escorpianos. Todos podemos aproveitar esta Lua cheia e estimular em nós as qualidades destes dois signos opostos: Touro e Escorpião – cultivo, afeto, lealdade, mas abertura às transformações quando a hora delas chegam.

Esta Lua cheia é especial porque coincide com um eclipse lunar total. Ele ocorre sempre nesta fase da Lua, quando o Sol, a Lua e a Terra estão alinhados entre si com exatidão. A Lua está completamente imersa na sombra umbral da Terra.

Este eclipse é principalmente forte para as pessoas nascidas no último decanato dos signos de Touro e Escorpião, ou que tenham posições planetárias nestes signos. Também afeta os nascidos no último decanato de Leão e Aquário, ou com posições planetárias nestes signos. O eclipse lunar reforça a tendência reformista do mapa desta lunação. Provoca um confronto entre passado e futuro, mas é o futuro que deve vencer.

Hábitos, apegos e experiências baseados em comportamentos já conhecidos devem ser substituídos e dar vez a novas direções. O impulso para novas tentativas e possibilidades deve guiar as pessoas e liberá-las de erros e pesos de experiências anteriores. O que não aconteceu até agora e era apenas uma remota possibilidade tende a surpreendê-las. Todo o potencial pode emergir e tem força para se realizar num futuro próximo. O eclipse tem uma natureza imprevista e seus efeitos são inesperados. Pode ser pego numa crise e ter de dedicar total atenção a ela. Portanto, nunca deve estar no limite de uma situação nas proximidades de um eclipse. Os significados básicos do eclipse são: crise e intensificação; aceleração e precipitação; inversão; mudanças bruscas e inesperadas.

Os pontos ou assuntos tocados pelos eclipses atingem seu estado crítico.

Uma influência de eclipse, por mais difícil, pode ser a mola que o impulsione a liberar padrões que impediam um maior desenvolvimento e a busca de experiências novas. Idéias, insights, flashes, oportunidades e mesmo pessoas podem surgir inesperadamente em sua vida e despertar possibilidades e interesses que estavam inconscientes ou adormecidos.

Os eclipses, portanto, podem provocar momentos de extraordinária "visão". Aparece uma idéia, um tema ou um insight que dominam o seu pensamento durante um eclipse. Essa visão representa um momento de extrema clareza e entendimento. O que é percebido, conscientizado ou sentido, aqui, pode levar meses para ser reconhecido ou digerido. Esta visão, no entanto, representa um daqueles momentos da vida em que vê uma verdade intrínseca sobre sua vida ou sobre a VIDA. Este privilégio evoca uma mensagem que domina sua consciência por meses, mesmo depois do eclipse. O tema que ocupa sua mente, sugerido durante este período, pode produzir mudanças espetaculares em sua consciência. O eclipse lunar (Lua cheia) traz sempre uma experiência de despertar e um acontecimento incomum. O eclipse lunar provoca uma carga adicional em suas emoções. Devido à intensidade das emoções e sentimentos que surgem, você pode tentar buscar apoio e segurança que são ilusórios. Durante a vigência do eclipse você passa por uma limpeza. Finalizações, encerramentos, perdas de coisas podem ocorrer. Pode ser forçado a se livrar de atitudes, comportamentos, atividades ou pessoas que já foram muito importantes para você. Crises podem se agravar, afetando profundamente o relacionamento com outras pessoas.

Dia 17 de Maio – Sábado

Fase Lunar: Cheia
Lua no Signo: Sagitário

Aspectos Diários da Lua	entrada	exato	saída
Lua sextil Netuno	00h57	05h46	10h35
Lua sextil Marte	03h19	08h19	13h20
Lua conjunção Plutão	10h37	15h27	20h18

Lua sextil Netuno

Atividades em grupo estão favorecidas, especialmente as que forem feitas ao ar livre ou em contato direto com a natureza, como por exemplo uma caminhada ecológica para exercitar-se, divertir-se e para reunir o lixo deixado pelo caminho por outros visitantes. A prática da ioga, da meditação e do tai chi chuan estão completamente favorecidas nesta manhã.

Lua sextil Marte

Com esta energia dinâmica animando-o e impulsionando-o, você fará *milhares* de coisas, sem perder tempo e sem sofrer qualquer tipo de desgaste físico. É como se estivesse turbinado, deixando tudo e todos para trás. A prática de esportes também está favorecida, especialmente os feitos individualmente e os que têm caráter competitivo.

Lua conjunção Plutão

À tarde, a situação já é outra. Uma energia de desconfiança começa a tomar conta da gente. As pessoas mais suscetíveis podem sentir uma certa perseguição contra elas e, quando isso chega ao extremo, elas podem se sentir paranóicas ou terem certas fobias despertadas. A possessividade também é outro fator exarcerbado durante este período, podendo ocasionar conflitos nas relações interpessoais, sejam elas afetivas ou de amizade.

DIA 18 DE MAIO – DOMINGO

Fase Lunar: Cheia
Lua no Signo: Capricórnio – a partir das 09h04
Lua Fora de Curso – das 05h43 às 09h04

ASPECTOS DIÁRIOS DA LUA	ENTRADA	EXATO	SAÍDA
Lua oposição Saturno	00h46	05h43	10h41
Lua trígono Vênus	08h09	13h28	18h27
Lua sextil Urano	08h31	13h33	18h59

Lua em Capricórnio

Com a passagem da Lua pelo sério signo de Capricórnio, seu senso de responsabilidade fica intensificado especialmente em relação à família e às situações domésticas. Aquele almoço de domingo reunindo a família vai *cair como uma luva* neste fim de semana. Situações que envolvam os familiares podem ser resolvidas de maneira definitiva e com o aval de todos. Comece a semana com determinação e praticidade para alcançar os seus objetivos.

Lua oposição Saturno

Não deixe de demonstrar afeto e ternura às pessoas que você quer bem, já que esta combinação traz uma certa inibição tirando a sua espontaneidade, especialmente no que diz respeito às suas emoções. É possível que você tenha assumido um compromisso para esta manhã, e que você hoje não esteja muito a fim de fazer, mas a sua consciência não vai permitir que você o ignore.

Lua trígono Vênus

Excelente combinação para um dia de domingo. Qualquer situação que proporcione prazer está favorecida. Escolha a sua predileta! Beneficia também a aquisição de bens duráveis que de alguma maneira representem ganho de conforto, como os automóveis, ar-condicionado, móveis, sofás, espreguiçadeiras e demais objetos de decoração, ou de utensílios domésticos que facilitam a sua vida cotidiana.

Lua sextil Urano

Não se programe muito para este domingo, fique aberto a qualquer possibilidade e dê preferência à opção mais inusitada e incomun que surja. Arrisque as suas fichas no novo e no diferente. É uma ótima oportunidade para se libertar de preconceitos e para aceitar as diferentes opiniões e argumentos das outras pessoas.

DIA 19 DE MAIO – SEGUNDA-FEIRA

Fase Lunar: Cheia
Lua no Signo: Capricórnio

ASPECTOS DIÁRIOS DA LUA	ENTRADA	EXATO	SAÍDA
Lua trígono Mercúrio	22h39	03h39 (20/05)	08h42 (20/05)

Lua trígono Mercúrio

Neste fim de noite, esta energia beneficiará todas as linhas de produção, assim como as atividades ligadas à imprensa, à comunicação e à distribuição de informações. As pessoas que trabalham no turno da noite terão ótimo desempenho conseguindo aliar um bom rendimento com um resultado perfeito. Os notívagos vão se divertir com a Internet, com um bom bate-papo e com a leitura.

Dia 20 de Maio – Terça-feira

Fase Lunar: Cheia
Lua no Signo: Aquário – a partir das 12h02
Lua Fora de Curso – das 10h30 às 12h02

Aspectos Diários da Lua	entrada	exato	saída
Lua trígono Sol	04h52	10h30	16h11
Lua quadrado Vênus	16h01	21h51	03h45 (21/05)

Lua em Aquário

Quando a Lua passa pelo universal signo de Aquário, o seu espírito de solidariedade é intensificado, proporcionando assim uma ótima oportunidade para colaborar com quem precisa da sua ajuda. Esta passagem da Lua também representa um momento de forte individualidade e liberdade e não aceita de jeito nenhum qualquer espécie de tolhimento ou de invasão em sua vida.

Lua trígono Sol

Esta energia proporciona um equiblíbrio interno, facilitando a sua convivência com qualquer pessoa. Afinal, está de bem com a vida. Sendo assim, é natural que qualquer dificuldade que possa surgir seja amenizada pela experiência de paz que está sentindo em seu íntimo. Aqui também podemos colher algum fruto do que foi plantado, ou seja, iniciado na Lua nova anterior (dia 01/05).

Lua quadrado Vênus

No fim do dia, você vai concentrar sua atenção em qualquer coisa que seja sinônimo de diversão. Também vai fazer questão de reafirmar a sua independência, o que pode provocar em seu relacionamento íntimo demonstrações de censura, de ciúmes e de possessividade, porém vai reagir imediatamente contra qualquer tipo de cerceamento.

Dia 21 de Maio – Quarta-feira

Fase Lunar: Cheia
Lua no Signo: Aquário

Aspectos Diários da Lua	entrada	exato	saída
Lua quadrado Mercúrio	02h30	07h56	13h24
Lua oposição Júpiter	02h44	08h11	13h41
Lua conjunção Netuno	06h08	11h33	17h01
Lua conjunção Marte	13h11	18h54	00h39 (22/05)
Lua sextil Plutão	16h53	22h22	03h54 (22/05)

Lua quadrado Mercúrio

É preciso redobrar a atenção, porque sob esta influência está mais passível a cometer erros ao registrar dados, fazer anotações equivocadas, perder arquivos e documentos, trocar informações e efetuar cálculos de maneira indevida. Também deve se comedido ao abrir a boca para falar alguma coisa, porque você pode distorcer o significado da mensagem, podendo provocar algum tipo de discórdia desnecessária.

Lua oposição Júpiter

Nem sempre tudo acontece da maneira que você quer e nem no tempo em que gostaria; por isso mesmo a ansiedade vai tomar conta de você. Deve evitar os excessos que esta ansiedade pode provocar, tais como a ingestão em grandes quantidades de café, doces, bebidas, tranqüilizantes e fumo.

Lua conjunção Netuno

Com a intuição e a criatividade ampliada você pode alcançar ótimos resultados em seu trabalho neste dia. Vai saber de antemão qual o melhor caminho a ser tomado diante dos fatos que forem surgindo. O espírito de equipe também está favorecido, facilitando assim as tarefas em que você precisa da colaboração de outras pessoas.

Lua conjunção Marte

Esta combinação beneficia especialmente as pessoas que estão em posição de ter que tomar decisões, assim como beneficia também as pessoas que estão em posição de comando e que têm uma equipe sob sua orientação. As situações que vão surgir no decorrer do dia vão exigir um certo imediatismo, exigindo uma dose de coragem de sua parte, para tomar logo uma decisão.

Lua sextil Plutão

Quem trabalha à noite vai alcançar um alto índice de produtividade em função do empenho e da dedicação em suas atividades. Nos relacionamentos íntimos, a sinceridade e a honestidade são as chaves para tornar a relação mais segura, confiável e harmônica.

Dia 22 de Maio – Quinta-feira

Fase Lunar: Minguante às 21h30
Lua no Signo: Peixes – a partir das 18h42
Lua Fora de Curso – das 15h50 às 18h42

Aspectos Diários da Lua	ENTRADA	EXATO	SAÍDA
Lua trígono Saturno	10h09	15h50	21h33
Lua quadrado Sol	15h24	21h31	03h41 (23/05)
Lua conjunção Urano	18h10	23h51	05h34 (23/05)

Lua em Peixes

Quando a Lua passa pelo sensível signo de Peixes, a sua sensibilidade se intensifica e as demonstrações emotivas são muito freqüentes durante este período. Você pode se sentir mais carente e fica magoado pelo menor motivo. Nas relações afetivas exigirá mais dedicação e carinho.

Lua trígono Saturno

Confiantes do seu potencial, você se torna capaz de realizar as tarefas mais difíceis que lhe cabe cumprir nesta semana. Está disposto a trabalhar e levar o tempo que for necessário para conseguir chegar aonde deseja. Todo tipo de trabalho assistencial está beneficiado nesta quinta-feira, particularmente os ligados a asilos, hospitais, orfanatos e penitenciárias.

Lua quadrado Sol

Esta combinação costuma diminuir a sua vitalidade e pode ocasionar algum mal-entendido; por isso, se possível, pense duas vezes antes de abrir a boca para fazer um comentário. Vai ser difícil chegar a um consenso, então é melhor não marcar reuniões ou grupos de debates para este dia. Pode ser que você sinta uma enorme dificuldade de se fazer entender diante de seus chefes ou superiores.

Lua conjunção Urano

Esta combinação provoca mudanças inesperadas nesta noite. De onde menos se espera surge algum imprevisto. Você vai ter que agir rápido para não se enrolar, vai ter que pensar nas alternativas mais viáveis, para que você não sofra algum tipo de dano, em função dessas alterações repentinas.

Dia 23 de Maio – Sexta-feira

Fase Lunar: Minguante
Lua no Signo: Peixes

Aspectos Diários da Lua	entrada	exato	saída
Lua sextil Vênus	04h49	11h11	17h35
Lua sextil Mercúrio	10h56	16h50	22h47

Lua sextil Vênus

Esta influência deixa-o mais afável e terno com as pessoas. O carinho e as demonstrações de afeto são muito bem-vindas. O gosto fica também mais refinado, e tudo que é belo passa a exercer maior fascínio sobre você. Pode sentir vontade de comprar alguma coisa para dar um toque de elegância em sua casa.

Lua sextil Mercúrio

Favorece todo tipo de contato com o público, pois vai estar mais sensibilizado com as necessidades das pessoas, oferecendo assim o que elas necessitam e desejam. Uma pequena viagem para relaxar é uma ótima pedida, especialmente se for para um spa, com aquelas duchas e massagens deliciosas e revitalizadoras. Faça bom proveito.

Dia 24 de Maio – Sábado

Fase Lunar: Minguante
Lua no Signo: Peixes

Aspectos Diários da Lua	entrada	exato	saída
Lua quadrado Plutão	01h28	07h19	13h12
Lua quadrado Saturno	20h32	02h33 (25/05)	08h35 (25/05)

Lua quadrado Plutão

Um sentimento de desconfiança toma conta de você; deve tomar cuidado para não ficar paranóico. É capaz de enxergar o perigo à distância. Sendo assim, pode evitar situações que podem trazer algum dano ou prejuízo para si. Está "pagando" para não se aborrecer, mas se não tiver outro jeito vá até o final de uma discussão, para provar que a sua opinião é a melhor.

Lua quadarado Saturno

À noite uma certa melancolia pode deixá-lo desmotivado, vai precisar se esforçar para sair de casa, pois coloca obstáculos e empecilhos em tudo, e tudo parece perder a graça; sendo assim, é bem provável que passe a noite em frente à TV. Tente ao menos assistir a um bom filme e descansar, pois amanhã será outro dia...

DIA 25 DE MAIO – DOMINGO

Fase Lunar: Minguante
Lua no Signo: Áries – a partir das 04h59
Lua Fora de Curso – das 02h33 às 04h59

ASPECTOS DIÁRIOS DA LUA	ENTRADA	EXATO	SAÍDA
Lua sextil Sol	06h32	13h03	19h35
Lua trígono Júpiter	22h51	04h58 (26/05)	11h06 (26/05)

Lua em Áries

Quando a Lua passa pelo dinâmico signo de Áries, você sente uma necessidade de resolver tudo imediatamente, não agüenta esperar nem um minuto a mais para tomar uma atitude. Faz suas escolhas sem pestanejar e lutará por elas com muita garra; assim, nada pode impedi-lo. O entusiasmo deste signo enche-o de coragem para começar alguma coisa que lhe dê prazer e satisfação.

Lua sextil Sol

Ótima combinação porque você sente maior integração com a vida e vai querer aproveitar este domingo da melhor maneira possível. Está terminantemente proibido ficar trancafiado em casa. Saia, dê uma volta, faça um passeio, escolha uma atividade que lhe agrade e se entregue com prazer a ela. Isso lhe fará muito bem e vai recarregar as suas energias.

Lua trígono Júpiter

À noite esta combinação vai proporcionar uma sensação de bem-estar. Uma boa leitura é recomendável antes de dormir, para deixar você bem relaxado. Nas relações afetivas esta influência vai permitir uma aproximação emocional maior entre os casais. Como esta energia vai perdurar até segunda-feira de manhã, é bem provável que as pessoas acordem de bom humor.

DIA 26 DE MAIO – SEGUNDA-FEIRA

Fase Lunar: Minguante
Lua no Signo: Áries

Aspectos Diários da Lua	ENTRADA	EXATO	SAÍDA
Lua sextil Netuno	01h20	07h22	13h26
Lua trígono Plutão	13h04	19h08	01h12 (27/05)
Lua sextil Marte	14h41	21h03	03h25 (27/05)

Lua sextil Netuno

Muitos sonhos pela manhã; alguma mensagem ou sinal pode advir de algum deles. Leia os sinais que o seu subconsciente está tentando jogar para a sua mente prática. Aproveite a inspiração que esta influência proporciona, use-a como grande aliada neste dia — os resultados serão bastante positivos.

Lua trígono Plutão

Aqui nada vai passar despercebido. É uma excelente oportunidade, então, para fazer uma revisão em seus projetos e uma correção de rumo, se necessário. Tratamentos, consultas e exames tendem a ser muito eficazes se feitos neste dia, pois a verdadeira raiz do problema será detectada e combatida. Um clima de erotismo vai esquentar a noite do casal.

Lua sextil Marte

No fim do dia você vai conseguir finalizar suas tarefas com muita rapidez, pois você está doido para ir embora. Mesmo se o seu dia foi muito atribulado, nesta noite você ainda vai ter "gás" e disposição para fazer o que bem entender. Aproveite! Beneficia também quem trabalha à noite, pois esta combinação deixa as pessoas despertas em total estado de alerta.

Dia 27 de Maio – Terça-feira

Fase Lunar: Minguante
Lua no Signo: Touro – a partir das 17h33
Lua Fora de Curso – das 15h45 às 17h33

Aspectos Diários da Lua	ENTRADA	EXATO	SAÍDA
Lua sextil Saturno	09h31	15h41	21h52
Lua sextil Urano	17h05	23h12	05h19 (28/05)

Lua em Touro

Quando a Lua passa pelo terreno signo de Touro, deve manter os pés firmes no chão e procurar investir em situações que tragam resultados práticos e que proporcionem algum tipo de lucro ou benefício para você. Durante este período, vocie sente uma enorme necessidade de construir e de realizar algo de concreto em sua vida.

Lua sextil Saturno

Esta combinação promete produtividade para esta terça-feira; aproveite para se empenhar nas tarefas mais complicadas ou que você estava evitando por causa das dificuldades envolvidas. A noção do tempo está muito boa e chega aos lugares na hora combinada e termina suas obrigações no prazo previsto.

Lua sextil Urano

Esta é uma ótima combinação para eliminar alguma situação que o esteja prejudicando ou abandonar algum hábito inconveniente, portanto, não desperdice esta oportunidade de ouro. Mudanças benéficas estão a caminho. As surpresas vão surgir, mas não vão pegá-lo na *contramão,* ao contrário, você vai recebê-las de braços abertos, tirando assim melhor proveito desta noite.

DIA 28 DE MAIO – QUARTA-FEIRA

Fase Lunar: Minguante
Lua no Signo: Touro

ASPECTOS DIÁRIOS DA LUA	ENTRADA	EXATO	SAÍDA
Lua quadrado Júpiter	12h28	18h38	00h50 (29/05)
Lua quadrado Netuno	14h12	20h18	02h24 (29/05)
Lua conjunção Mercúrio	15h30	21h57	04h24 (29/05)

Lua quadrado Júpiter

A confiança proporcionada por esta combinação vai dar a você coragem para se lançar em busca das suas metas e objetivos de médio prazo. Só é necessário estar atento para as armadilhas que podem surgir no caminho, especialmente aquelas que prometem soluções mágicas, fáceis e rápidas.

Lua quadrado Netuno

O romance é uma ótima dica para canalizar esta difusa energia, pois ele vai proporcionar uma fusão de almas, desde que ambos estejam sintonizados na mesma vibração; caso contrário, poderá ocorrer um desencontro ou uma frustração, porque as coisas não saíram como idealizado e você pode ser deixado na mão.

Lua conjunção Mercúrio

Nesta noite tudo vira de pernas para o ar. Nada fica imune a esta agitada e inquietante energia. A programação pode ser alterada em cima da hora, bagunçando todo o seu esquema. Quando Mercúrio, o mensageiro dos deuses, está desperto, as pessoas se sentem estimuladas a procurar umas as outras. Vale tudo para se comunicar: telefones, e-mails, celulares, pagers, bips, Internet, cartas, telegramas...

DIA 29 DE MAIO – QUINTA-FEIRA

Fase Lunar: Minguante
Lua no Signo: Touro
Lua Fora de Curso: Início – às 12h53

ASPECTOS DIÁRIOS DA LUA	ENTRADA	EXATO	SAÍDA
Lua conjunção Vênus	18h46	01h20 (30/05)	07h53 (30/05)

Lua conjunção Vênus

Excelente noite para os amantes e os poetas. O bom gosto está em alta, então presenteie a quem você ama com uma lembrança especial e refinada. Para os casais apaixonadas, uma noite de amor numa banheira de espuma tem tudo a ver com esta deliciosa e relaxante energia.

Dia 30 de Maio – Sexta-feira

Fase Lunar: Minguante
Lua no Signo: Gêmeos – a partir das 06h32
Lua Fora de Curso: Término – às 06h32

Aspectos Diários da Lua	Ebtrada	Exato	Saída
Lua quadrado Urano	06h07	12h11	18h14
Lua quadrado Marte	06h30	12h53	19h15
Lua conjunção Sol	18h46	01h20 (31/05)	07h53 (31/05)

Lua em Gêmeos

É um excelente período para a comunicação e para toda forma de divulgação e de estratégia de marketing. Quando a Lua passa pelo curioso signo de Gêmeos, deve aproveitar para ler, aprender, fazer discursos, freqüentar congressos, palestras e seminários. Cinema, teatro e atividades culturais estão favorecidas, assim como feiras de livro e exposições.

Lua quadrado Urano

Dia propenso ao estresse. Tudo tem que ser resolvido para ontem, só que aparecem várias coisas ao mesmo tempo para você dar conta. Assim não há paciência que agüente... é bem provável que surja algum bate-boca em função disso. Não adianta se matar e tentar resolver tudo ao mesmo tempo, deixe um pouco o barco correr frouxo, senão é você que vai sofrer as conseqüências.

Lua quadrado Marte

Outra combinação estressante. Em vez de as pessoas prestarem ajuda, elas vão dar palpite e *meter o bedelho* onde não foram chamadas, deixando-o mais irritado ainda. O melhor é não dar ouvidos e ignorar. Sob esta influência, é muito comum ser surpreendido por uma reação hostil das outras pessoas.

Lua conjunção Sol

Esse aspecto do Sol e da Lua corresponde à fase da Lua nova. Muita coisa aqui vai se apresentar sob a forma de potencial, mas as chances e os desdobramentos ainda não estão claros. Pode apostar nas coisas, mas não sabe o que vai colher.

Dia 31 de Maio – Sábado

Fase Lunar: Nova às 01h18
Lua no Signo: Gêmeos

Lunação de Maio
Lua nova às 01h18, horário de Brasília
Lua nova no signo de Gêmeos em 09°21'
Duração até a próxima lunação: 29/06/2003

Aspectos Diários da Lua	Entrada	Exato	Saída
Lua sextil Júpiter	01h59	08h06	14h10
Lua trígono Netuno	02h56	08h56	14h58

Lua sextil Júpiter

Esta benéfica combinação proporciona otimismo, esperança e bom humor, assim tudo fica mais fácil de ser resolvido. Um programa ao ar livre cai como uma luva neste sábado, especialmente se puder parar em algum ponto ou mirante para observar o horizonte e pensar na vida.

Lua trígono Netuno

Sob o efeito desta combinação, acorda em estado de graça. Quando está sob esta mágica influência, tudo o que quer é paz e sossego a *qualquer preço.* O que tem tudo a ver com esta energia é uma apresentação artística ou musical em local aberto, particularmente se for junto à natureza.

Lunação de Maio
Fase Lunar: Nova em 31/05/2003 às 01h19, horário de Brasília
Lua no signo: 09º 20' de Gêmeos
Eclipse Solar
Vigência: até o próximo Eclipse Solar em 23/11/2003

Maio realmente foi um mês especial. Três lunações: duas Luas novas e uma cheia. E dois eclipses. Continua ativado o setor de comunicação, educação e transporte. O comércio deve apresentar um desempenho particularmente positivo.

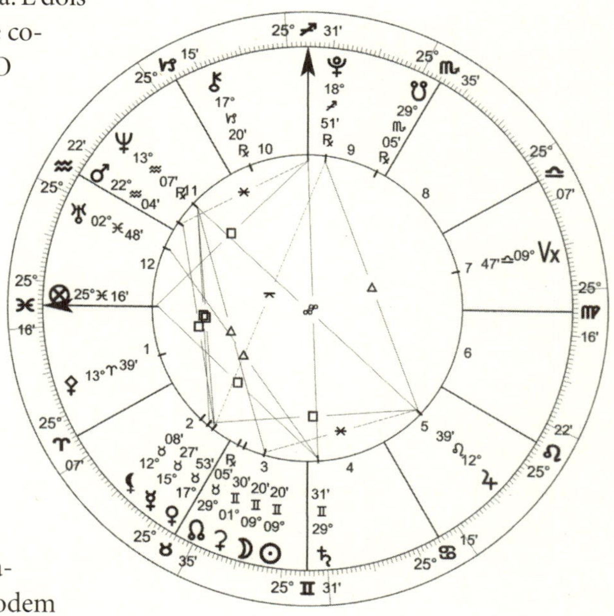

Interessante para o lançamento de novos produtos. É o mês mais favorável para as empresas de comunicação e telecomunicação resolverem possíveis problemas na área de finanças ou de gestão. Tudo colocado à venda muda de mãos mais facilmente. O setor automobilístico e também todos os empreendimentos ligados às rodovias e transportes urbanos têm um momento bem ágil. Podem tentar adaptações bastante interessantes. Parece que também chegou a vez de uma atenção pormenorizada para o setor de educação. Soluções inteligentes estão a caminho. Um papel muito importante da mídia no encaminhamento de soluções e questões fundamentais.

Saturno continua angular – bem colocado no fundo do céu no mapa desta lunação. O setor de construção e as questões habitacionais – assim como a agrária – já podem ter encontrado soluções mais maduras. Livres para a execução. As pessoas afetadas por esta lunação são nascidas nos signos de Gêmeos, Sagitário, Virgem e Peixes. Nos dois últimos casos, com certeza, surgirão oportunidades de novas atividades. Só tem um problema: como se trata de uma Lua nova de Gêmeos, todas as propostas vêm em dupla. Eles se verão ocupados com pelo menos duas opções ao mesmo tempo. Inicia-se um bom período para projetos novos desde que se acolham as condições geminianas: versatilidade, adaptabilidade, capacidade de se lidar com vários assuntos ao mesmo tempo e uma inigualável curiosidade e disposição para aprender.

Esta segunda Lua nova de maio é também incomum porque coincide com um eclipse solar. Este fenômeno ocorre quando a Lua oculta parcialmente o Sol, e o Sol, a Lua e a Terra estão apenas proximamente alinhados. O Sol estará parcialmente oculto, e a sombra da Lua cairá sobre alguma faixa da Terra. Este eclipse afeta principalmente as pessoas nascidas no segundo decanato dos signos de Gêmeos e Sagitário ou com posições planetárias nestes signos.

Também afeta as pessoas nascidas no segundo decanato de Virgem e Peixes ou com posições planetárias nestes signos. No eclipse solar, o presente é o árbitro que julga e corrige os erros do passado. O que for relevante para o presente será perpetuado e usado como reserva de experiência e precedente.

Nos eclipses solares, como o Sol é parcial ou totalmente ocultado, é a vitalidade que pode ser mais intensamente afetada. Como o Sol também representa a luz da consciência, a clareza e a capacidade de julgamento podem estar prejudicadas. Avaliações feitas neste período serão incompletas e distorcidas. As decisões raramente serão certas e sábias, pois não se veêm as coisas sob uma perspectiva panorâmica e objetiva. Os significados básicos do eclipse são: crise e intensificação; aceleração e precipitação; inversão; mudanças bruscas e inesperadas. Os pontos ou assuntos tocados pelos eclipses atingem seu estado crítico.

Os eclipses, portanto, podem provocar momentos de extraordinária "visão". Aparece uma idéia, um tema ou um insight que dominam o seu pensamento durante um eclipse. Essa visão representa um momento de extrema clareza e entendimento. O que é percebido, conscientizado ou sentido, aqui, pode levar meses para ser reconhecido ou dirigido. Esta visão, no entanto, representa um daqueles momentos da vida em que se vê uma verdade intrínseca sobre sua vida ou sobre a VIDA. Este privilégio evoca uma mensagem que domina sua consciência por meses, mesmo depois do eclipse. O tema que ocupa sua mente, sugerido durante este período, pode produzir mudanças espetaculares em sua consciência. O eclipse solar (Lua nova) representa uma visão sobre a natureza de sua vida, idéia sobre a vida.

Como se preparar para um eclipse solar:

Primeiro, cuidar da vitalidade e zelar pela saúde, que podem ser afetadas, é uma boa medida. Exames de rotina e tratamento preventivos devem ser realizados antes do eclipse. Segundo, limpar áreas de sua vida que estejam turbulentas e terminar o que for preciso. O que estiver inacabado é prioridade. Não deve ficar nenhuma pendência. Terceiro, desistir de atitudes ou hábitos que não contribuem para o seu bem-estar.

CALENDÁRIO LUNAR DE

Junho

dom	seg	ter	qua	qui	sex	sáb
1 NOVA lua CAN 18h28	2 NOVA lua CAN	3 NOVA lua CAN	4 NOVA lua LEO 04h26	5 NOVA lua LEO	6 NOVA lua VIR 11h52	7 CRES[illegible] 17h26 lua VIR
8 CRESCENTE lua LIB 16h31	9 CRESCENTE lua LIB	10 CRESCENTE lua ESC 18h40	11 CRESCENTE lua ESC	12 CRESCENTE lua SAG 19h13	13 CRESCENTE lua SAG	14 CHEIA 08h15 lua CAP 19h39
15 CHEIA lua CAP	16 CHEIA lua AQU 21h42	17 CHEIA lua AQU	18 CHEIA lua AQU	19 CHEIA lua PEI 02h57	20 CHEIA lua PEI	21 MINGUANTE 11h45 lua ARI 12h06
22 MINGUANTE lua ARI	23 MINGUANTE lua ARI	24 MINGUANTE lua TOU 00h15	25 MINGUANTE lua TOU	26 MINGUANTE lua GEM 13h14	27 MINGUANTE lua GEM	28 MINGUANTE lua GEM
29 NOVA 15h37 lua CAN 00h53	30 NOVA lua CAN					

Céu do Mês

O Sol persegue sua trilha pelo curioso signo de Gêmeos estimulando a vontade de aprender e conhecer. Os mais favorecidos serão os bem informados e os que possuem boa capacidade de comunicação e contato. Portanto é melhor se descingir e começar a circular e a freqüentar encontros sociais. Continua a ser provocado por mais de uma opção e forçado a seguir mais de um caminho. Esta é a natureza desde signo do ar. Movimento, adaptação e flexibilidade são virtudes em alta. Não se esqueça de que neste momento uma boa conversa ou um discurso bem-feito vence qualquer defensiva. Venda seu peixe.

A primeira semana é marcada por uma bem-vinda colaboração de Júpiter ao Sol. Esta é uma combinação de crescimento, prosperidade, aumento de confiança e clareza de objetivos. É difícil errar o alvo assim. Governantes devem aproveitar a aura de fé que estão transmitindo para realizar os seus feitos mais desafiadores. Todas as dificuldades estão reduzidas.

Um outro contato harmônico de Netuno ao Sol facilita ainda mais a fluência dos acontecimentos. Parece que tudo converge na mesma direção e você não tem que lutar tanto para alcançar o que quer. É mais fácil conseguir ajuda, boa vontade e colaboração das pessoas. As coincidências ocorrem com mais freqüência e induzem-no ao caminho certo.

Na segunda semana de junho, Plutão, numa poderosa oposição ao Sol, perturba a harmonia anterior. Situações que vinham se arrastando sem providências chegam a uma crise e exigem medidas agora radicais. Não adianta mais meias soluções. Confrontos e disputas de poder são quase inevitáveis sob esta influência.

Do dia 22 em diante, já no signo de Câncer, o Sol recebe as benéficas visitas de Marte e Urano – ambos em Peixes. Mudanças, soluções novas, criatividade, alternativas são as melhores indicações para qualquer situação. Simultaneamente, em uma tendência contrária, Saturno – agora em Câncer – encosta no Sol e pede que qualquer objetivo que queira alcançar seja muito bem planejado, estruturado, concebido e realizado. Qualquer resultado será fruto de esforço. Há uma tendência de volta ao passado. Figuras públicas e comportamentos mais conservadores voltam com força total. Projetos antigos podem voltar a interessá-lo e agora sim terem chance de realização.

Mercúrio no signo de Touro até o dia 13 e acompanhado a maior parte do tempo por Vênus dá a você um bom gosto excepcional. Compra de artigos ligados a moda, arte, decoração e estética dá certo. Tratamentos de beleza são mais procurados e muito bem-sucedidos. Os negócios são feitos com muita sensatez e garantia. Compra-se bem e tem-se preferência por artigos úteis e duráveis. Nos afetos, o diálogo, os interesses comuns, as afinidades e um pouco de vida social unirão ainda mais os casais. Quem não quer se entender bem?

Contraditoriamente, Marte se desentende com Vênus nos primeiros dez dias do mês e pode desequilibrar o orçamento fazendo-o comprar por impulso e contrair despesas mal planejadas. Brigas também podem ser causadas por pura provocação ou disputas de ego afetando a harmonia dos relacionamentos.

No dia 11, Vênus entra no signo de Gêmeos e aí permanece por todo o mês. O comércio terá então um bom desempenho e mais uma vez fica reforçado o favorecimento para os casais que sabem conversar.

Com Vênus em Gêmeos é comum trabalharmos em dois empregos e arranjarmos alguma forma de renda paralela. Bem-vinda!

Uma quadratura de Urano a Vênus entre os dia 11 e 16 pode pegá-lo desprevenido com despesas inesperadas e aumento de juros, taxas e preços com o qual não contava. Não é hora de fazer gastos extras. Também não é hora de pressionar os relacionamentos que por muito pouco podem se romper. Todo mundo vai estar preferindo a liberdade a qualquer tolimento. Já para o final do mês – na última semana – Plutão se opõe a Vênus e fica muito mais difícil regular as finanças e saldar dívidas. Investimentos – só os mais seguros. Compras só dentro de nossas reais possibilidades. Empréstimos só em último caso. Esta é uma energia de perda e não se deve diminuir o caixa. Os casais também são desafiados por essa dupla inimiga dos relacionamentos acomodados, amornados e desgastados. E mais ainda inimiga dos afetos que vivem em crise e sem coragem para partir e sem grandeza para se acertarem.

Marte percorrendo o signo de Aquário até o dia 17 continua validando qualquer atitude que represente uma postura nova em sua vida.

Do dia 18 em diante, já em Peixes, dá preferência a ações sutis, flexíveis e que sintetize um pouco de cada possibilidade oferecida. Encontrando-se com Urano, da metade do mês em diante, os mais inusitados caminhos podem ser propostos e as reações mais imprevisíveis podem ocorrer. Esta é uma combinação altamente acidentável. Deve dirigir com toda cautela e evitar velocidade em qualquer movimento. Os muitos tensos e ansiosos sofrem com esta tensa combinação.

Júpiter em oposição a Netuno continua fazendo das suas em toda a primeira metade do mês e provocando instabilidade e incerteza no mercado financeiro. Neste momento, os investimentos preferidos devem ser os mais seguros e previsíveis mesmo que ofereçam taxas pouco convidativas. E sobretudo não acredite em milagres ou *negócios da china*. Sob esta influência eles costumam aparecer, seduzi-lo... e não se cumprir.

Saturno depois de mais de dois anos no signo de Gêmeos atravessa um portal do zodíaco e entra no signo de Câncer, por onde reinará por mais de dois anos (até julho de 2005). As pessoas mais afetadas por esta posição neste ano serão os nascidos no signo de Câncer, Capricórnio, Áries e Libra, principalmente os do primeiro e de segundo decanatos. Um belíssimo trigono entre Saturno e Urano promete firmeza para os novos negócios e resultados excelentes para administrações criativas, inovadoras e participativas. Uma nova fatia do mercado está sendo definitivamente incorporada à Economia.

Mais para o final do mês terá motivo de júbilo com o início da promissora aliança entre Júpiter e Plutão que promove ganho, crescimento, aumento dos investimentos, melhoria da Economia, do setor energético e, principalmente, para o mercado financeiro.

Posições Diárias da Lua

Dia 1 de Junho – Domingo

Fase Lunar: Nova
Lua no Signo: Câncer às 18h28
Lua Fora de Curso – das 17h55 às 18h28

Aspectos Diários da Lua	ENTRADA	EXATO	SAÍDA
Lua conjunção Saturno	11h56	17h55	23h54
Lua trígono Urano	18h03	23h59	05h52 (02/06)

Lua em Câncer

Quando a Lua passa pelo emotivo signo de Câncer, você tende a exprimir com maior ênfase suas emoções, sem nenhum medo ou pudor de parecer ridículo por isso. Durante este período, seu espírito protetor está sendo estimulado, por isso é uma boa oportunidade para acolher ou dar colo para as pessoas que quer bem. Aproveite o final deste domingo para se reunir com as pessoas que realmente são importantes e essenciais para você.

Lua conjunção Saturno

É bem provável que surja um compromisso familiar não muito agradável, mas você não vai ter como escapar dele. Paciência... Ou então algum compromisso familiar pode atrapalhar o seu esquema para este domingo. Você pode se ver obrigado a deixar de fazer algo que já havia planejado em função deste compromisso.

Lua trígono Urano

À noite você vai conseguir exercer a sua liberdade e o seu direito de ir e vir. Você vai conseguir se desvencilhar de qualquer tipo de aborrecimento que possa aparecer no caminho da sua felicidade neste domingo. Esta influência está solicitando que você exerça a sua individualidade. Faça-o!

Dia 2 de Junho – Segunda-feira

Fase Lunar: Nova
Lua no Signo: Câncer

Aspectos Diários da Lua	ENTRADA	EXATO	SAÍDA
Lua sextil Mercúrio	00h14	05h55	12h10

Lua sextil Mercúrio

Este é o tipo de combinação que beneficia a todos e a tudo de uma maneira geral. Primeiro porque ele favorece a comunicação e o bom entendimento entre as pessoas, e isso hoje em dia já é meio caminho andado. Segundo porque beneficia o funcionamento de qualquer coisa: máquinas, eletrônicos, repartições, órgãos, departamentos, comércio e qualquer estabelecimento que ofereça algum tipo de serviço.

DIA 3 DE JUNHO – TERÇA-FEIRA

Fase Lunar: Nova
Lua no Signo: Câncer
Lua Fora de Curso – Início: às 13h28

ASPECTOS DIÁRIOS DA LUA	ENTRADA	EXATO	SAÍDA
Lua sextil Vênus	07h05	13h28	19h49

Lua sextil Vênus

Maravilha de energia que vem presentear sua terça-feira. As pessoas tendem a ficar mais receptivas, mais solícitas, mais educadas, mais diplomáticas, facilitando assim o bom entendimento e o consenso sobre qualquer assunto. Por isso, é um bom momento para se fazer uma reunião de negócios. Será bastante proveitoso e muito lucrativo também.

DIA 4 DE JUNHO – QUARTA-FEIRA

Fase Lunar: Nova
Lua no Signo: Leão – a partir das 04h26
Lua Fora de Curso – Término: às 04h26

ASPECTOS DIÁRIOS DA LUA	ENTRADA	EXATO	SAÍDA
Lua oposição Netuno	00h06	04h39	10h21
Lua conjunção Júpiter	00h36	05h36	11h15

Lua em Leão

Este é um tempo de extroversão, brilho e liderança. Com a auto-estima elevada, aproveite para dizer NÃO às situações e pessoas que não lhe fazem bem. Não está disposto a se sujeitar a aceitar limitações. As festas, celebrações e homenagens são concorridas. Os ambientes mais refinados onde se recebe tratamento diferenciado serão os mais procurados.

Lua oposição Netuno

Aqui pode surgir algum tipo de desapontamento, especialmente em relação às pessoas. Por algum motivo, você pode se sentir usado ou enganado por alguém que o deixou na mão e traiu a sua confiança.

É aconselhável que você não conte nada como certo nesta quarta-feira, até que de fato algo se materialize.

Lua conjunção Júpiter

Beneficia a prática de atividades físicas e esportivas logo pela manhã. Todas as atividades ligadas ao ensino, educação, propaganda, publicação e divulgação estão amplamente favorecidas nesta quarta-feira. Um clima de alto-astral contagia as pessoas, isso é fantástico, porém não pode perder de vista o chão em que pisa, senão o tombo pode ser feio.

Dia 5 de Junho – Quinta-feira

Fase Lunar: Nova
Lua no Signo: Leão

Aspectos Diários da Lua	ENTRADA	EXATO	SAÍDA
Lua sextil Sol	01h18	07h18	13h17
Lua trígono Plutão	09h49	15h20	20h49
Lua quadrado Mercúrio	13h13	19h13	01h12 (06/06)
Lua oposição Marte	21h16	02h57 (06/06)	08h35 (06/06)
Lua quadrado Vênus	21h18	03h19 (06/06)	09h18 (06/06)

Lua sextil Sol

Se você tem alguma idéia para expor ao seu chefe, chegou o momento. Esta manhã está protegendo a relação subordinado versus patrão. Então? O que é que você está esperando? Não desperdice esta oportunidade de ouro. Se você tem alguma reivindicação para fazer aos seus superiores, não hesite, aproveite este momento.

Lua trígono Plutão

Aqui você tem força para superar qualquer obstáculo e para ditar as regras e as normas nas tarefas que têm de desempenhar. Dê o seu jeito, a sua cara, imprima o seu feitio nas atividades que você tem que realizar nesta quinta-feira. Não peça e nem escute a opinião de ninguém; se você seguir a sua própria cabeça os resultados serão bem melhores.

Lua quadrado Mercúrio

Aqui podem sugir algumas dificuldades e alguns desafios, especialmente no tocante às informações. Elas podem não chegar no tempo requisitado, atrapalhando assim o seu desempenho, ou, o que é pior, podem passar-lhe uma informação errônea que comprometa todo o seu trabalho. Certifique-se dos dados que chegam até você. Verifique se as fontes são seguras e se os mesmos não estão desatualizados.

Lua oposição Marte

Como todos estão com pressa, tem que praticar uma direção defensiva para evitar aborrecimentos ou acidentes, particularmente nos cruzamentos, pois há uma tendência maior para se avançar os sinais. Ninguém quer esperar. A turma que trabalha à noite deve ter a atenção redobrada no tocante a qualquer tipo de imprudência ou negligência sob o risco de sofrer algum tipo de acidente, especialmente as pessoas que lidam diretamente com maquinário pesado e que trabalham em indústrias e na metalurgia

Lua quadrado Vênus

Esta noite todos os lugares que prometem diversão e entretenimento vão estar cheios, pois todos estão atrás de uma boa *farra* nesta quinta-feira. Cuidado para não se empolgar demais e exceder os próprios limites, já que a busca de prazer está desmedida neste momento. Você pode acabar bebendo demais ou gastar demais. Ambos vão dar uma baita dor de cabeça. E amanhã ainda é dia de pegar no batente...

Dia 6 de Junho – Sexta-feira

Fase Lunar: Nova
Lua no Signo: Virgem – a partir das 11h52
Lua Fora de Curso – das 03h19 às 11h52

Aspectos Diários da Lua	entrada	exato	saída
Lua sextil Saturno	06h59	12h27	17h54
Lua oposição Urano	11h32	16h56	22h18

Lua em Virgem

É um bom momento para trabalhos intelectuais que requeiram mais atenção, crítica e detalhamento do que criatividade e inovação. Um excelente período para assuntos que exijam organização. As pessoas podem estar num período mais intimista, recolhido e sensivelmente mais exigentes, seletivas e críticas do que o comum.

Lua sextil Saturno

Trabalhe com dedicação e com eficiência que o reconhecimento por parte dos seus superiores vai recompensar o seu trabalho. Não invente muito e nem é o momento para inovação ou ousadia, faça o certo porque é mais fácil. Mesmo que o certo exija mais esforço, tempo e trabalho, mas você vai fazer uma vez só, de forma definitiva. Sendo assim, em pouco tempo você vai sair ganhando, já que ficará um bom tempo sem se preocupar com este assunto.

Lua oposição Urano

Esta é uma indicação própria de inquietação e afobação, então é melhor se prevenir contra isso, para evitar os danos que podem ser causados por esse tipo de comportamento. É bem comum um aumento no índice de quedas e topadas, visto que mudamos de direção rapidamente e não estamos olhando muito por onde estamos andando. Todo cuidado é pouco com os buracos e bueiros destampados.

Dia 7 de Junho – Sábado

Fase Lunar: Crescente às 17h26
Lua no Signo: Virgem

Aspectos Diários da Lua	entrada	exato	saída
Lua quadrado Sol	11h49	17h29	23h06
Lua quadrado Plutão	15h41	20h55	02h08 (08/06)

Lua quadrado Sol

Se você está se sentindo opaco, sem brilho, não se preocupe, porque isto é muito comum quando está sob esta influência. Se você programou muitas coisas para fazer neste sábado, com certeza vai chegar exausto no fim do dia, porque esta combinação faz com que a sua disposição física e sua vitalidade se dissipem com muita facilidade. Procure repousar no fim da tarde, para que aproveite bem esta noite.

Lua quadrado Plutão

Nas relações íntimas, o ciúme, o medo da perda e a suspeita de ser traído vão estar rondando a cabeça das pessoas como uma assombração, particularmente nos casos em que o ser amado não está ao alcance dos olhos. Não se preocupe, tudo isso é paranóia. Se o sentimento que une vocês for verdadeiro, não há o que temer, tudo vai passar e amanhã será outro dia.

Dia 8 de Junho – Domingo

Fase Lunar: Crescente
Lua no Signo: Libra – a partir das 16h31
Lua Fora de Curso – das 03h19 às 16h31

Aspectos Diários da Lua	entrada	exato	saída
Lua trígono Mercúrio	00h17	05h37	11h18
Lua trígono Vênus	07h49	13h28	19h05
Lua quadrado Saturno	12h22	17h33	22h43

Lua em Libra

Nada de ficar isolado do mundo durante este período, ao contrário, aqui o indicado é estar ao lado das pessoas que querem bem a você. Buscar o apoio ou a companhia das pessoas para pedir uma opinião, ou uma ajuda para resolver alguma situação, também é recomendado quando está sob esta influência. Quando a Lua passa pelo harmonioso signo de Libra, todo e qualquer tipo de reconciliação está beneficiado. Aproveite esta oportunidade.

Lua trígono Mercúrio

O início deste domingo promete ser agradável e bastante proveitoso. Com uma excelente capacidade para esquematizar as suas atividades e com uma perfeita noção do tempo a ser despendido em cada uma delas, você vai conseguir fazer muitas coisas, sem se cansar, sem se aborrecer e sem se estressar. Até vaga para estacionar o carro você vai conseguir encontrar sem muita dificuldade.

Lua trígono Vênus

Esta bela combinação é um presente dos deuses que vêm abençoar o seu domingo. É uma ótima oportunidade para reunir as pessoas para conversar, jogar ou fazer um passeio em grupo. A vida social de uma maneira geral é estimulada quando está sob esta influência. Qualquer programa que você faça na companhia de alguém será agradável. Uma boa dia dica é visitar uma livraria com *coffe shop* para se inteirar dos últimos lançamentos e para degustar deliciosos quitutes.

Lua quadrado Saturno

No início da noite um certo cansaço pode pegar você de surpresa – é sinal de que o seu corpo está solicitando o merecido descanso, para poder se recompor e iniciar a semana com todo pique e disposição. É bem provável que você se lembre de algum programa que havia planejado, mas terminou se esquecendo. É uma pena, pois agora é tarde demais e você não vai conseguir chegar ao seu destino a tempo.

Dia 9 de Junho – Segunda-feira

Fase Lunar: Crescente
Lua no Signo: Libra

Aspectos Diários da Lua	ENTRADA	EXATO	SAÍDA
Lua trígono Netuno	09h31	14h33	19h34
Lua sextil Júpiter	11h22	16h27	21h31
Lua sextil Plutão	18h52	23h51	04h49 (10/06)
Lua trígono Sol	18h57	00h18 (10/06)	05h37 (10/06)

Lua trígono Netuno

Esta segunda-feira começa de forma amena, sem muita cobrança ou estresse. Aproveite o clima de cooperação para solicitar a ajuda dos colegas a fim de finalizar algum trabalho inacabado porque dependia da colaboração de terceiros. Se ocorrer o contrário, ou seja, se solicitarem a sua colaboração para alguma coisa, não hesite em cooperar, pois mais à frente esta ajuda retorna para você.

Lua sextil Júpiter

Na parte da tarde você conta com a ajuda desta energia positiva que traz otimismo e um estado de humor mais alegre. Favorável aos trabalhos feitos em equipe e também ao setor imobiliário. No relacionamento, o clima é de boa vontade e generosidade.

Lua sextil Plutão

Este também é um aspecto muito positivo, que possibilita transformação e mudanças com mais facilidade. Se você puder estar em casa nesta tarde ou à noite, aproveite para consertar algo ou fazer arrumações. Abra gavetas e baús. Faça uma *limpa*. Desfaça-se do que não está sendo de utilidade. Faça o mesmo em suas emoções. Deixe que elas venham à tona. Limpe as mágoas e *bola pra frente*.

Lua trígono Sol

Excelente energia que proporciona maior facilidade de compreensão e equilíbrio. Você está coeso tanto às necessidades quanto aos desejos. Desta forma, direciona seus propósitos e sentimentos a um só objetivo. Isto facilita muito o entendimento entre as pessoas, em especial, os casais. Se você precisa resolver alguma questão, busque ajuda de alguém do sexo oposto, se puder. A troca será mais rica.

Dia 10 de Junho – Terça-feira

Fase Lunar: Crescente
Lua no Signo: Escorpião – a partir das 18h40
Lua Fora de Curso – das 14h01 às 18h40

Aspectos Diários da Lua	ENTRADA	EXATO	SAÍDA
Lua trígono Marte	08h55	14h01	19h06
Lua trígono Saturno	15h08	20h06	01h03 (11/06)
Lua trígono Urano	18h22	23h16	04h09 (11/06)

Lua em Escorpião

O signo de Escorpião tem uma natureza secreta, misteriosa e desconfiada, logo as pessoas passam a ver ameaças e suspeitas onde talvez não existam motivos. Durante este período, é bem provável que alguém chegue junto a você para contar um segredo ou uma confidência. Também é possível que venham até você somente com o intuito de desabafar os próprios problemas, porque isso de alguma forma vai amenizar a aflição que está sentindo.

Lua trígono Marte

Este aspecto é positivo e chega para dar uma ajudinha na parte da tarde. Sente mais energia e vigor para enfrentar os desafios que podem surgir nesta terça-feira. Empunhe a espada e lute! Tem disposição para isso.

Lua trígono Saturno

Na parte da tarde você conta com este benéfico aspecto que vem ajudar a estabilizar as emoções. Quando está sob esta influência, tem o autocontrole e disciplina como seus aliados, sendo assim é capaz de levar até o fim os seus planos e anseios. Está mais centrado e se sente mais seguro num relacionamento estável e sólido.

Lua trígono Urano

Esta noite está favorável para fazer coisas novas ou conhecer pessoas novas. Está mais desapegado e, portanto, pode quebrar hábitos, alterar a rotina, fazer algo diferente do costume. Inove, tente um novo estilo de vida. Você se sente mais livre para desabafar as emoções. Seja espontâneo no relacionamento.

Dia 11 de Junho – Quarta-feira

Fase Lunar: Crescente
Lua no Signo: Escorpião

Aspectos Diários da Lua	ENTRADA	EXATO	SAÍDA
Lua quadrado Netuno	10h58	15h49	20h40
Lua quadrado Júpiter	13h20	18h15	23h09

Lua quadrado Netuno

Na parte da tarde desta quarta-feira é provável que fique mais sensível e vulnerável. Você é tomado por uma certa apatia e falta-lhe ânimo para grandes investidas. É melhor estar atento e verificar horários, endereços e trajetos antes de ir a algum compromisso, para não haver desencontros e você perder a viagem. A sua imaginação cria fantasmas que o deixam assombrado neste momento. Procure lidar com algo suave e sutil que possa lhe trazer um alento. Se você é religioso, uma oração feita com bastante devoção também será de grande auxílio.

Lua quadrado Júpiter

Com altas expectativas, você pode esperar mais do que será possível. Você tem planos maiores e melhores do que se concretizarão na verdade. Espera resultados acima da realidade. Isso poderá ocasionar frustração. Esta influência faz com que queira vantagens sem esforço.

Dia 12 de Junho – Quinta-feira

Fase Lunar: Crescente
Lua no Signo: Sagitário – a partir das 19h13
Lua Fora de Curso – das 18h51 às 19h13

Aspectos Diários da Lua	ENTRADA	EXATO	SAÍDA
Lua quadrado Marte	11h13	16h12	21h10
Lua oposição Mercúrio	13h31	18h51	00h12 (13/06)
Lua quadrado Urano	18h55	23h44	04h33 (13/06)
Lua oposição Vênus	19h53	01h08 (13/06)	06h23 (13/06)

Lua em Sagitário

O alto-astral do signo de Sagitário vai contagiar as pessoas deixando-as bem-humoradas, generosas e otimistas. As pessoas também ficam mais diretas, espontâneas e confiantes nas próprias atitudes. No decorrer deste período, você sente uma necessidade de sair da rotina, de aventuras e de buscar alguma coisa incomum que o transporte para além de seu pequeno horizonte que irá fazê-lo sonhar.

Lua quadrado Marte

Hoje, uma energia de tensão e ansiedade toma conta facilmente de você. Discussões e brigas ocorrem por praticamente nada. Evite atitudes e decisões importantes. Serão impensadas. As pessoas ficam impulsivas e querem livrar-se de problemas a qualquer preço. Isto não solucionará nada. No relacionamento, evite impor pontos de vista. Não adiantará e só trará irritação ao parceiro. Redobre a atenção no trânsito.

Lua oposição Mercúrio

Nesta quinta-feira você pode contar com muita agitação. Será difícil se ater a alguma coisa devido à dispersão. Todo mundo *nervosinho* e impaciente. Já pensou? Evite deslocamentos. Os acessos e os transportes estão tumultuados. Você está dividido entre a razão e a emoção. O melhor é não decidir nada importante devido à instabilidade emocional.

Lua quadrado Urano

Nesta noite esta influência poporciona um clima tenso recheado de imprevistos. Fica difícil o cumprimento de horários e compromissos. Você está mais intolerante e estressado. Se puder, faça as coisas sozinho e no seu próprio ritmo. Cuidado com tudo o que se refira a eletricidade.

Lua oposição Vênus

Este aspecto faz com que atividades que exijam disciplina e austeridade sejam descumpridas. Dá preguiça e indolência. Para compensar frustrações você pode, sem sentir, exagerar nos gastos ou comer em demasia. Na relação íntima, as pessoas estão mais carentes e com expectativas afetivas que talvez não se cumpram.

Dia 13 de Junho – Sexta-feira

Fase Lunar: Crescente
Lua no Signo: Sagitário

Aspectos Diários da Lua	ENTRADA	EXATO	SAÍDA
Lua sextil Netuno	11h15	16h04	20h54
Lua trígono Júpiter	14h12	19h05	23h59
Lua conjunção Plutão	20h08	00h58 (14/06)	05h49 (14/06)

Lua sextil Netuno

Esta sexta-feira começa amena, com uma influência que lhe proporciona um clima de encantamento e delicadeza de ânimo. Excelente momento para se presentear com bom gosto e requinte. Com certeza, conseguirá agradar. Muito favorável para quem lida com artes ou faz trabalhos filantrópicos. Inspiração elevada e espírito de solidariedade no ar. Nesta sexta-feira, crie um clima romântico com a pessoa amada.

Lua trígono Júpiter

Esta tarde está dez! De muito bom humor, você está confiante e alegre. Contagiado por este astral, no trabalho tudo vai fluir com mais facilidade. Aumento do sentimento de fé. Sinta a imensa alegria de ser livre e poder viver! A vida é uma grande aventura.

Lua conjunção Plutão

À noite tudo muda de figura e é preciso muito cuidado. Você está sob uma influência negativa e poderosa. As pessoas ficam mais hostis e tendem às explosões de temperamento. Evite situações arriscadas, contato com pessoas conturbadas, lugares que ofereçam riscos, etc. No relacionamento, evite extravasar ressentimentos e fazer cobranças. Aumento do sentimento de ciúme e do medo da perda.

Dia 14 de Junho – Sábado

Fase Lunar: Cheia às 08h15
Lua no Signo: Capricórnio – a partir das 19h39
Lua Fora de Curso – das 18h05 às 19h39

Lunação de Junho
Lua cheia às 08h15, horário de Brasília
Lua cheia no signo de Sagitário em 23°00'
Duração até a próxima lunação: 29/06/2003

Aspectos Diários da Lua	ENTRADA	EXATO	SAÍDA
Lua oposição Sol	03h05	08h16	13h29
Lua sextil Marte	13h03	18h05	23h08
Lua oposição Saturno	17h00	21h57	02h54 (15/06)
Lua sextil Urano	19h19	00h13 (15/06)	05h08 (15/06)

Lua em Capricórnio

Quando a Lua passa pelo taciturno signo de Capricórnio, os ânimos das pessoas ficam mais sérios. Um sentimento geral de responsabilidade, dever e compromisso prevalece. É hora de dizer não às frivolidades da vida. A seriedade deste signo deixa as pessoas mais econômicas, cientes de suas obrigações financeiras e com mais receio de privação. Consumo disciplinado. Não é o momento para gastar dinheiro com supérfluos.

Lua oposição Sol

Este combinação formada pela manhã assinala uma desarmonia entre desejos e emoções. Entre o que você é e o que você sente. Deve tratar os demais em igualdade de condições e tentar acordos, pois fora disso o confronto será duro. Um excesso de euforia poderá produzir maior desgaste energético.

Lua sextil Marte

A tarde promete ser agitadíssima. Pode resolver muitas coisas ou tomar atitudes e decisões que estava protelando a algum tempo. Para quem vai sair, há muita disposição e animação. Melhor escolher eventos de curta duração. Encontros marcados na última hora dão certo. Estimula a proximidade física entre as pessoas. O relacionamento entre elas poderá se tornar, de repente, mais quente.

Lua oposição Saturno

À noite, você é tomado por um certo abatimento e desânimo. Pode ficar mais pessimista ante os obstáculos. Não se deixe abater. Vai passar. Não tente consertar nada dentro de casa. Nem mudar nada. A responsabilidade pesa mais nos ombros. O melhor é evitar lamúrias, reclamações e ir para cama cedo.

Lua sextil Urano

É o estado de descondicionamento por excelência. Ideal para abrir mão de hábitos, fazer mudanças na rotina, alterar dieta e largar vícios. Disposição para doar ou jogar coisas foras. O desapego está em alta. Ser espontâneo em relação aos sentimentos liberta emoções que estavam atrapalhando os relacionamentos.

DIA 15 DE JUNHO – DOMINGO

Fase Lunar: Cheia
Lua no Signo: Capricórnio
Lua Fora de Curso: Início – à 00h13

DIA 16 DE JUNHO- SEGUNDA-FEIRA

Fase Lunar: Cheia
Lua no Signo: Aquário – a partir das 21h42
Lua Fora de Curso: Término – às 21h42

Lua em Aquário

Quando a Lua passa pelo signo de Aquário você fica mais estimulado, elétrico e pronto para novas sensações e quer fazer alguma coisa diferente. A restrição de qualquer espécie e a repetição dos assuntos e da rotina nos parecerão enfadonhas e serão insuportáveis nesses dias. Mudar de idéia e de sentimentos não é incomum quando a Lua está em Aquário. Uma sociabilidade maior facilita o contato entre as pessoas.

Lunação de Junho

Fase Lunar: Cheia em 14/06/2003 às 08h15, horário de Brasília

Lua no signo: 23º 00' de Sagitário

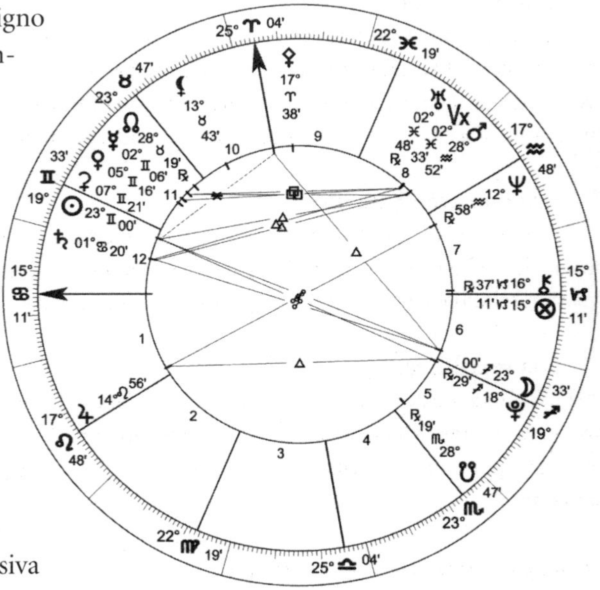

A Lua cheia de junho acontece entre um signo do ar (Sol em Gêmeos) e um signo do fogo (Lua em Sagitário) estimulando-o a aliar as qualidades de leveza, adaptabilidade, curiosidade às de entusiasmo e espírito de aventura.

Só conseguirá resolver todas as questões levantadas neste período se somar inteligência, agilidade mental a um espírito positivo e bastante confiante. Essas são justamente as marcas de Gêmeos e Sagitário. Além disto, Plutão, o mestre dos recomeços, aliou-se à Lua e mostra que os desafios não serão pequenos. Deve haver uma crise expressiva no setor de contratação e de empregos.

Novas formas de contratos de trabalho podem ser propostas nesta fase, que apresenta uma cara bastante transformadora neste setor. Qualquer medida ou legislação que afete a área de trabalho e saúde terá conseqüências profundas. Deve haver demissões significativas em algum setor muito específico da economia. A área de saúde também aponta necessidade de medidas mais radicais para aliviar seus graves problemas. Não é um bom momento para quem estava pensando em procurar ou mudar de emprego.

O setor das finanças também mostra desequilíbrio entre gastos e receita, ainda com a influência descontroladora de Júpiter e Netuno posicionados nas casas 2 e 8 – áreas que regulam a vida material. Ainda a presença de Urano e Marte na casa 8 – em aspecto tenso com Mercúrio e Vênus na casa 11 – alerta para uma instabilidade na arrecadação de receita e no comportamento de taxas e juros.

Projetos que vinham consumindo grande parte do orçamento precisarão ser alterados e, em alguns casos, até cancelados. Situações financeiras de emergência – *tipo apaga incêndio* – deverão ser tomadas, modificando temporariamente o rumo das coisas.

A ocupação de planetas tão ágeis na casa 11 também provoca uma atuação maior do Congresso com a discussão de inúmeros e diversificados temas. Ainda esta mesma posição estimula a formação de grupos, entidades que participem de projetos comuns, inclusive formação e alteração de partidos. Uma maior preocupação com as questões sociais e um caráter mais distributivo podem orientar os projetos definidos nesta parte do mês. Esta Lua cheia, tão intensa e tão carregada de medidas fortes, estimula particularmente os nascidos nos signos de Gêmeos e Sagitário, e de uma maneira mais desafiadora os nascidos nos signos de Virgem e Peixes. Para todos eles algo essencial será profundamente mudado em suas vidas. Para todos os nascidos neste mês, este é um momento de examinar o horizonte e estabelecer suas metas. Estas são as marcas de Sagitário, onde esta Lua cheia se dá.

O céu desta lunação está apresentando um espetáculo de encerramentos e recomeços. De finalizações e renascimentos. Seja o ator!

Dia 17 de Junho – Terça-feira

Fase Lunar: Cheia
Lua no Signo: Aquário

Aspectos Diários da Lua	entrada	exato	saída
Lua trígono Mercúrio	03h55	09h50	15h48
Lua trígono Vênus	07h52	13h36	19h23
Lua conjunção Netuno	14h52	20h08	01h27 (18/06)
Lua oposição Júpiter	19h30	00h52 (18/06)	06h18 (18/06)

Lua trígono Mercúrio

Esta influência planetária proporciona facilidade de comunicação e contato entre as pessoas. Favorável a compras e aquisições, principalmente de carro e equipamento eletrônico. Conversas levadas neste momento criam maior entendimento e aproximam pessoas que estavam afastadas por falta de diálogo. Facilidade de locomoção, deslocamento, pequenos trajetos e negociação de acordos e contratos.

Lua trígono Vênus

Durante o dia, os romances e os encontros amorosos vão estar num grande momento. Demonstração de afeto e gestos de carinho são muito bem recebidos. Esta belíssima combinação Lua-Vênus vem abrir muito bem este dia, beneficiando todas as atividades de prazer e divertimento.

Lua conjunção Netuno

No meio da tarde, você pode ser surpreendido por uma sensação de indolência e que pode deixar algumas decisões para o outro dia, quando se sente mais apto e acordado. Sob esta combinação é fácil perder o fio da meada e se dispersar. Tem que ter mais cuidado para evitar extravios de papéis, de bagagens e cometer erros de avaliação por falta de atenção a detalhes. É facilmente invadido por um anseio de sonhar por dias melhores... principalmente se o seu momento anda meio sem graça.

Lua oposição Júpiter

Nesta noite é muito fácil criar expectativas que não se confirmam. Um desejo de que as coisas fossem mais fáceis, sem necessidade de tanto esforço, faz com que desistir daquilo exija muito empenho. Só vida boa... *carregar pedra* nem pensar. Acha o resultado de qualquer empenho pequeno e insatisfatório. Nada contenta você ou deixa-o satisfeito. Quer sempre MAIS!

Dia 18 de Junho – Quarta-feira

Fase Lunar: Cheia
Lua no Signo: Aquário
Lua Fora de Curso: Início – às 22h08

Aspectos Diários da Lua	ENTRADA	EXATO	SAÍDA
Lua sextil Plutão	00h31	05h53	11h14
Lua trígono Sol	16h14	22h09	04h04 (19/06)
Lua conjunção Marte	22h58	04h39 (19/06)	10h23 (19/06)

Lua sextil Plutão

No começo do dia, a influência desta energia ajuda-o a finalizar tarefas pendentes, a retomar serviços essenciais que havia deixado de lado.

Momento oportuno para consultas médicas, check-ups e exames de rotina, pois as chances de um diagnóstico preciso e eficaz são maiores. Estando com as pessoas, evite ficar na superfície ou esconder os seus sentimentos em relação a elas.

Lua trígono Sol

O fim do dia é premiado por este fluente aspecto. Tem a exata disposição para se envolver com aquilo que quer realizar. Não tem conflitos, nem desejos contraditórios. Os relacionamentos entre os casais estão particularmente harmoniosos, como se cada um executasse o papel que lhe cabe.

Lua conjunção Marte

Esta combinação traz muito benefícios para quem trabalha no turno da noite, pois ela proporciona garra, dinamismo e uma extraordinária vontade para se iniciar novas tarefas e novas atividades. As pessoas que têm um temperamento mais explosivo devem ficar atentas para não descarregar esse acúmulo de energia em cima das pessoas mais próximas, porque elas se magoarão com facilidade.

Dia 19 de Junho – Quinta-feira

Fase Lunar: Cheia
Lua no Signo: Peixes – a partir das 02h57
Lua Fora de Curso – Término: às 02h57

Aspectos Diários da Lua	ENTRADA	EXATO	SAÍDA
Lua trígono Saturno	00h59	06h35	12h12
Lua conjunção Urano	02h31	08h03	13h37
Lua quadrado Mercúrio	17h57	00h32 (20/06)	07h11 (20/06)
Lua quadrado Vênus	19h33	01h49 (20/06)	08h08 (20/06)

Lua em Peixes

Quando a Lua passa pelo cósmico signo de Peixes, você se torna mais sonhador do que prático. Quer parar de resistir e deixar que as coisas simplesmente aconteçam. Quer ser passageiro e ver o que ocorre quando se envolve com as circunstâncias, embarca nas situações em vez de tomar a direção dos fatos. Sente-se bem em fazer algo de bom a outra pessoa. Não custa nada em ser generoso, prestativo e solidário. Fica também mais introspectivo, então deve aproveitar este feriado para relaxar e fechar os olhos para poder sentir o que se passa no fundo de sua alma. Só em silêncio consegue escutar as *grandes verdades*.

Lua trígono Saturno

O dia está bastante produtivo e consegue realizar tudo aquilo que programar para o período da manhã. A noção de tempo está muito boa e chega aos lugares na hora combinada e termina suas obrigações no prazo previsto. Essa influência planetária favorece planejamento econômico, corte de despesas e controle de orçamento. Se for viajar, seja prudente na hora de *abrir a carteira*, não vá gerar um rombo no orçamento.

Lua conjunção Urano

Já no começo do dia pode ser tomado por um súbito ataque de ansiedade. É melhor sair, dar uma volta, esfriar a cabeça e dissipar um pouco desta inquietação antes de começar a trabalhar. Se anda se sentindo pressionado, encurralado ou obrigado a fazer o que não quer, este pode ser o momento de se livrar dessas amarras e dar vazão ao que há muito tempo quer fazer. Se for pegar a estrada, todo cuidado é pouco com a imprudência alheia, pois todos vão estar com pressa de chegar aos seus destinos.

Lua quadrado Mercúrio

No final da noite, a mente se agita e tem mais dificuldade em se entregar a um sono reparador. É melhor aproveitar e esticar a noite desta *abençoada* quinta-feira para dar uma voltinha, tomar um chope e jogar conversa fora. No entanto, tome cuidado com os assuntos que for tratar, pois há uma tendência a falar sobre ou receber informações que não estão corretas e que podem interferir no julgamento objetivo dos fatos. É melhor falar de assuntos supérfluos que não comprometem e evitar falar do que ou de quem se conhece pouco.

Lua quadrado Vênus

Típica combinação que leva gastos supérfluos e excessivos. Consome-se mais para compensar algum tipo de falta de gratificação. Para os que estão carentes, este dia aumenta a necessidade de companhia e de se sentir amado. Pequenas demonstrações de afeto têm grandes resultados. Em geral são interrompidos dietas, exercícios e programas que exijam esforço, disciplina, austeridade ou qualquer tipo de frustração. Afinal, você está curtindo um feriado, na próxima semana pode retomar esses tipos de obrigação.

DIA 20 DE JUNHO – SEXTA-FEIRA

Fase Lunar: Cheia
Lua no Signo: Peixes

ASPECTOS DIÁRIOS DA LUA	ENTRADA	EXATO	SAÍDA
Lua quadrado Plutão	07h40	13h23	19h09

Lua quadrado Plutão

Enterrar definitivamente o passado, encerrar o que não tem mais solução e liberar uma poderosa energia para o que tem realmente chance são atitudes mais recomendadas neste momento. Recuperar o que estava perdido é possível nesta combinação tão favorável a resgates e recomeços. Cuidado para não gastar além de suas posses, pois será mais difícil recuperar este dinheiro ou pagar os débitos. Esta é uma energia de prejuízo. Há um clima forte de erotismo no ar. Muita gente vai dar uma esticadinha na hora do almoço para curtir um momento forte de paixão.

Dia 21 de Junho – Sábado

Fase Lunar: Minguante às 11h45
Lua no Signo: Áries – a partir das 12h06
Lua Fora de Curso – das 11h45 às 12h06

Aspectos Diários da Lua	ENTRADA	EXATO	SAÍDA
Lua quadrado Sol	05h23	11h45	18h10
Lua quadrado Saturno	10h38	16h36	22h35

Lua em Áries

Quando a Lua atravessa este *esquentado* signo do fogo os ânimos ficam mais exaltados. As pessoas ficam mais aceleradas, impacientes e de repente têm pressa para tudo. Fazem tudo na correria mesmo que não tenham prazo para nada. É o *clima* que está mais rápido e simplesmente as pessoas captam isso. São mais levadas pelos impulsos e têm mais coragem de dizer as coisas direta e francamente. Sentimentos costumam ser revelados nesses dias e pode se surpreender com atitudes ousadas de quem é normalmente mais tímido e retraído. Se ensaiou uma decisão e só falta pôr em ato... chegou a hora. Cuidado ao lidar com as pessoas porque elas estarão mais agressivas e irritadas do que o comum.

Lua quadrado Sol

Este é o aspecto próprio da Lua crescente. Traz sempre algum tipo de inquietação, dúvidas sobre se vai conseguir corresponder aos seus instintos bem no momento em que precisa de toda determinação e convicção. Estranhos sentimentos de insegurança podem abalar a certeza de que precisa para lutar pelos seus objetivos.

Lua quadrado Saturno

Durante todo o dia de sábado você irá enfrentar as dificuldades trazidas por esta desafiadora combinação planetária. Atrasos e adiamentos são mais comuns. Os obstáculos surgem a cada passo, e os afazeres e as responsabilidades parecem mais pesados do que realmente são. Pode ser forçado a trocar uma atividade prazerosa por conta de uma obrigação que lhe é imposta. Há um clima de predisposição ao pessimismo que deve ser combatido.

Dia 22 de Junho – Domingo

Fase Lunar: Minguante
Lua no Signo: Áries

Aspectos Diários da Lua	ENTRADA	EXATO	SAÍDA
Lua sextil Netuno	07h34	13h33	19h33
Lua sextil Vênus	12h21	19h03	01h47 (23/06)
Lua sextil Mercúrio	14h40	20h49	02h58 (23/06)
Lua trígono Júpiter	14h42	21h51	05h04 (23/06)
Lua trígono Plutão	18h26	00h28 (24/06)	06h31 (24/06)

Lua sextil Netuno

Você é tomado por uma sensibilidade aguçada que faz perceber as coisas mesmo antes que elas aconteçam. É acometido inúmeras vezes daquela feliz sensação de viver uma *coincidência do acaso*. Sob esta influência planetária é mais fácil conseguir colaboração e despertar o espírito solidário das pessoas. Se precisar, peça ajuda. Se precisarem, ofereça ajuda.

Lua sextil Vênus

Esta combinação Lua-Vênus beneficia todas as atividades. Harmonia nos relacionamentos, principalmente para os recém-iniciados. Favorece investimentos, especialmente aqueles em que precisa contar com a participação de terceiros. Há um clima de cortesia e boa vontade, ideal para reconciliar situações que andaram tensas.

Lua sextil Mercúrio

Encontrar pessoas para trocar idéias e bater um papo leve alivia a alma e distrai a mente. Qualquer tipo de esclarecimento será facilmente encontrado. Encontros casuais são agradáveis e terminam sendo fonte de contatos ricos em trocas, idéias, sugestões e esclarecimentos. Bom dia para reflexões. Uma boa hora para ligar para as pessoas. Bom para diálogo, pois há flexibilidade e boa condução nas conversas.

Lua trígono Júpiter

A tarde começa com o pé direito. Cheio de disposição, você pode aproveitar a tarde para fazer exercíos e caminhadas. Os assuntos que precisarem ser tratados com maior diplomacia, otimismo e boa vontade devem ser concentrados nessas horas.

Há algo de benfazejo no ar, fazendo com que tudo se resolva de uma maneira mais fácil. Se for necessário aconselhar alguém ou dar uma forcinha para um amigo em necessidade, este será o momento mais inspirado. Se precisar receber o benefício de alguém, ou pedir favores, esta é a hora mais generosa do dia.

Lua trígono Plutão

Este fim de domingo será marcado por uma disposição para se mudar de rumo, de atitude e de estratégia nas áreas que não estão funcionando. Descartar o que não serve, desistir do que já foi tentado – e não deu certo – e correr atrás, sim, de boas oportunidades perdidas é o grande lance. Uma faxina geral nos armários, nos papéis e na dispensa vai sacudir as energias estagnadas e provocar uma sensação de alívio e renovação. Começar a semana pondo fim definitivo naquilo que não quer mais que persista em sua vida dará muito certo neste domingo.

Dia 23 de Junho – Segunda-feira

Fase Lunar: Mingaunte
Lua no Signo: Áries
Lua Fora de Curso – Início: à 00h28

Aspectos Diários da Lua	ENTRADA	EXATO	SAÍDA
Lua sextil Sol	22h33	05h11 (24/06)	11h45 (24/06)
Lua sextil Saturno	23h26	05h35 (24/06)	11h50 (24/06)
Lua sextil Urano	23h40	05h46 (24/06)	11h52 (24/06)
Lua sextil Marte	23h54	06h12 (24/06)	12h30 (24/06)

Lua sextil Sol

A cooperação, especialmente entre pares opostos, está beneficiada. Então, não deve hesitar em pedir ajuda para solucionar qualquer tipo de problema. Promete harmonia e equilíbrio. Uma boa ocasião para se mostrar o que se quer e o que se sente. Esclareça os seus objetivos e persiga-os. Se você está com questões familiares pendentes, este é o momento para colocar tudo em dia, já que as divergências serão apaziguadas.

Lua sextil Saturno

Nesta segunda-feira, esta energia vai beneficiar quem trabalha à noite porque ela proporciona paciência e perseverança, por isso o momento é oportuno para uma dedicação às tarefas mais difíceis, complicadas e extenuantes que estavam sendo deixadas de lado. Favorável para dar início a novos trabalhos, compromissos e para fechar negócios. Reuniões e encontros com os chefes ou superiores trarão um bom resultado para ambas as partes. Todos sairão satisfeitos!

Lua sextil Urano

O dia vai terminar elétrico, agitado e apressado. Algumas pessoas vão dormir depois da hora habitual por causa desta influência. Momento ideal para cortar tudo o que atrapalha a sua jornada para um futuro melhor. Você precisa de espaço e liberdade e não quer dar satisfação de seus passos. Facilidade para enxergar alternativas e flexibilidade para alterar planos, se necessário.

Lua sextil Marte

Uma dose extra de energia é acrescentada por esta influência planetária. Isso vai beneficiar especialmente os notívagos e quem trabalha no turno da noite. Tudo se resolve com mais rapidez e fluência. Se der um pouquinho de si, será atendido. Bem-estar e sensação de alívio por decisões tomadas e por enfrentamento de situações que vinham sendo evitadas. Isso vai valer também para o começo do dia 24/06.

Dia 24 de Junho – Terça-feira

Fase Lunar: Minguante
Lua no Signo: Touro – a partir da 00h15
Lua Fora de Curso – Término: à 00h15

Aspectos Diários da Lua	ENTRADA	EXATO	SAÍDA
Lua quadrado Netuno	20h10	02h16 (25/06)	08h22 (25/06)

Lua em Touro

Quando a Lua passa pelo plácido signo de Touro, o ânimo das pessoas fica mais apaziguado e elas têm mais paciência para tudo. Nada mais tem tanta pressa assim. Pode esperar e ruminar uma situação antes de se sentirem prontas para decidir alguma coisa a respeito delas. Em compensação, é muito mais difícil mudar de idéia, abandonar um vício, um hábito ou fazer alguma coisa diferente do que costumam fazer quando a Lua está neste teimoso signo. Também é bom desistir de tentar mudar a idéia de alguém nesses dias. Há uma sensibilidade maior para dar e receber afeto e é mais fácil experimentar e despertar sentimentos de ternura quando a Lua transita neste doce signo.

Lua quadrado Netuno

O ritmo de produção cai, particularmente para quem trabalha à noite, por causa da indolência e da dispersão para realizar tarefas que exijam concentração ou detalhamento. É bom não levar muito a sério os próprio sentimentos, pois as emoções estão confusas, nublando a sua percepção, impedindo que veja as coisas como elas realmente são. Há um desejo enorme de que algum dado mágico venha livrá-lo de algum problema ou limitação que a realidade cisma em se apresentar.

Dia 25 de Junho – Quarta-feira

Fase Lunar: Minguante
Lua no Signo: Touro
Lua Fora de Curso: Início – às 10h42

Aspectos Diários da Lua	entrada	exato	saída
Lua quadrado Júpiter	04h32	10h42	16h54

Lua quadrado Júpiter

As pessoas estarão mais aventureiras, entusiasmadas e ousadas. Elas se sentirão livres, independentes e estarão ansiosas em busca de uma novidade. Seja fazendo programas incomuns ou conhecendo pessoas diferentes. Único conselho: Não vá com muita sede ao pote para não se lambuzar. Por outro lado, esta influência pode gerar uma grande ansiedade, especialmente se nada demais acontece.

Dia 26 de Junho – Quinta-feira

Fase Lunar: Minguante
Lua no Signo: Gêmeos – a partir das 13h14
Lua Fora de Curso: Término – às 13h14

Aspectos Diários da Lua	entrada	exato	saída
Lua quadrado Urano	12h34	18h37	00h38 (27/06)
Lua quadrado Marte	14h48	21h03	03h15 (27/06)

Lua em Gêmeos

Esta é uma Lua que produz um estado de espírito bem razoável nas pessoas. É fácil se entender com elas e qualquer acordo é prontamente negociável. O clima é de flexibilidade e adaptação às circunstâncias. Não é nada difícil reunir as pessoas quando a Lua está no signo de Gêmeos e fluir um papo agradável sobre temas os mais variados. Como as pessoas estão mais racionais do que emocionais, as indisposições causadas por ressentimentos, são muito mais raras ou muito mais leves.

Lua quadrado Urano

Assim que esta influência começa a vigorar nesta quinta-feira, imprevistos vão provocar atrasos e cancelamentos nos compromissos. Correria e tensão. Nada corresponde ao planejado. É bom confirmar a agenda antes de começar a fazer o que estava programado. Podem ser necessárias alterações nos horários. Pouca tolerância tornam os relacionamentos mais difíceis.

Lua quadrado Marte

O final da quinta-feira vai surpreendê-lo com uma energia inquieta, irritadiça e hostil. Sob essa influência é fácil perder a paciência com qualquer um ou qualquer coisa. Um pouco de ansiedade vai fazê-lo forçar situações e tomam decisões impulsivas. É melhor esfriar a cabeça e esperar o momento propício para agir. Brigas e discussões nesta hora causam dor e não levam a nada. É puro desabafo! É mais difícil ter um sono tranqüilo com toda essa agitação.

Dia 27 de Junho – Sexta-feira

Fase Lunar: Minguante
Lua no Signo: Gêmeos

Aspectos Diários da Lua	ENTRADA	EXATO	SAÍDA
Lua trígono Netuno	08h48	14h47	20h45
Lua sextil Júpiter	18h01	00h04 (28/06)	06h06 (28/06)
Lua oposição Plutão	19h34	01h31 (28/06)	07h26 (28/06)

Lua trígono Netuno

Esta delicada energia proporciona um espírito solidário entre as pessoas, o que ajuda a conseguir colaboração com facilidade. Sensibilidade aguçada faz com que perceba as coisas mesmo antes que elas aconteçam. É a mais pura e refinada intuição! Romantismo e encantamento leva-o a sonhar com a "pessoa ideal" e a "relação ideal".

Lua sextil Júpiter

No fim do dia, o seu rendimento vai ser bem melhor, e com um pouco de empenho conseguirá ótimos resultados, porque a tendência aqui é de que tudo se resolva de uma maneira mais fácil. A autoconfiança fornecerá a base para que empreenda projetos mais ambiciosos e vôos mais distantes. Contatos que de alguma forma ampliem seus horizontes também são recomendados. O comércio de exportação e importação e de turismo são particularmente beneficiados.

Lua oposição Plutão

Se você resolver ficar em casa, aproveite a noite para fazer uma faxina e jogar fora tudo que você não usa mais. Isto pode parecer bobagem, mas vai eliminar um bocado de energia "morta", e de repente alguma coisa que na sua vida estava estagnada pode misteriosamente ir adiante. Tudo por causa de uma faxina, por incrível que pareça. Sim, experimente, esta é essencialmente uma energia de renovação. Nos relacionamentos podem surgir atritos e conflitos despertados pelo medo da perda, do abandono e pelo ciúme.

DIA 28 DE JUNHO – SÁBADO

Fase Lunar: Minguante
Lua no Signo: Gêmeos
Lua Fora de Curso: Início – às 23h32

ASPECTOS DIÁRIOS DA LUA	ENTRADA	EXATO	SAÍDA
Lua conjunção Vênus	03h28	10h03	16h35
Lua conjunção Mercúrio	16h26	23h32	06h37 (29/06)

Lua conjunção Vênus

Durante todo o dia esta belíssima combinação planetária vai inspirá-lo a buscar o prazer e satisfação dos sentidos e dos sentimentos. Procure fazer alguma coisa de que você goste muito e com quem você goste muito. Os encontros amorosos caem facilmente num clima de romance. É mais fácil seduzir as pessoas quando há este tipo de harmonia no céu. Abuse portanto de suas investidas sedutoras.

Lua conjunção Mercúrio

Bom para transações comerciais, contratos, aluguéis e negociações em geral, porque você vai conseguir fazer valer as suas vontades. Pequenas viagens e deslocamentos são facilitados. Beneficia troca de informações, estudos, levantamento de dados, contatos e entrevistas. Também é muito bom para workshops, congressos e palestras.

DIA 29 DE JUNHO – DOMINGO

Fase Lunar: Nova às 15h37
Lua no Signo: Câncer – a partir da 00h53
Lua Fora de Curso: Término – à 00h53 e Reinício – às 15h40

Lunação de Junho
Lua nova às 15h37, horário de Brasília
Lua nova no Signo de Câncer em 07°37'
Duração até a próxima lunação: 29/07/2003

ASPECTOS DIÁRIOS DA LUA	ENTRADA	EXATO	SAÍDA
Lua trígono Urano	00h10	06h00	11h49
Lua conjunção Saturno	01h21	07h16	13h08
Lua trígono Marte	04h08	10h08	16h06
Lua conjunção Sol	09h22	15h40	21h56

Lua em Câncer

Quando a Lua está no signo de Câncer, as pessoas têm um humor mais emotivo. Tudo passa a atingi-las, afetá-las e sensibilizá-las. Elas têm mais predisposição para receber um carinho, para entrar em sintonia com os sentimentos dos outros e perceber suas mais escondidas necessidades e emoções, mas estamos também muito mais vulneráveis. Qualquer indelicadeza ou atitude mais rude ou indiferente *arrasa-as*. A qualidade canceriana imprime nesses dias um estado de espírito introspectivo e reservado.

Lua trígono Urano

Facilidade de enxergar alternativas e flexibilidade para alterar planos e condutas, se necessário. Criatividade, liberdade e ousadia para se dar passos novos, arriscar novos empreendimentos, conhecer pessoas e trilhar outros caminhos. Um desprendimento maior facilita abandonar hábitos indesejáveis e cortar vínculos, sentimentos e situações que não mais cultivar.

Lua conjunção Saturno

Logo pela manhã o dia pode parecer pesado e custa a começar. Só pensar no que precisa fazer ou no que já devia ter feito desanima-o. É fácil o sentimento de culpa com esta combinação planetária. Se você estiver com algum problema, neste momento, ele vai lhe parecer mais sério e deixá-lo mais preocupado do que devia. À tarde, o astral já será outro.

Lua trígono Marte

Esta combinação ajuda a combater as dificuldades que podem ter surgido na parte da manhã. Graça a ela, consegue a disposição, energia e ânimo para resolver, em poucas horas, assuntos que dependiam exclusivamente da sua própria iniciativa. Capacidade de decisão forte e de agir conforme a decisão tomada ajuda-o a tomar atitudes e eliminar pendências.

Lua conjunção Sol

Este aspecto simboliza o início de uma nova fase, e neste dia consegue conciliar propósitos com suas necessidades. Traduzindo em miúdos: aquilo que você quer fazer, de alguma maneira vai preenchê-lo emocionalmente. O encontro entre Sol e Lua no céu simboliza o encontro entre os pares (masculino e feminino). Pode indicar também que está se iniciando um novo ciclo no relacionamento.

Lunação de Junho
Fase Lunar: Nova em 29/06/2003 às 15h38, horário de Brasília
Lua no Signo: 07º 37' de Câncer.
Vigência: Até a próxima Lua nova em 29/07/2003

A Lua nova é em si propícia para gerar qualquer começo de vida, e o signo de Câncer – onde ela se encontra neste momento – representa as qualidades mais favoráveis para acolher o desenvolvimento de qualquer espécie de vida. Para quem quiser engravidar, começar família ou investir em qualquer realização(projeto, casa, empreendimento, relacionamento), esta é a hora. Por falar em relacionamento, esta lunação abriga interessantes planetas – inclusive o do amor – na casa 7: área das relações. Quem está procurando um parceiro, querendo se casar ou até buscando um sócio... está com sorte. Mesmo as relações comerciais, alianças políticas e toda a forma de complementação e parceria estão dando frutos. O mapa da lunação coloca o Sol e a Lua – lado a lado com Saturno – na casa 8. Isto é um bom indício de que o setor financeiro, arrecadação, taxas e juros e orçamentos em geral voltaram a dar um sossego. Tudo muito mais controlado – como convém à presença de Saturno.

Um bom aspecto desta lunação com Urano e Marte – na casa 4 – avisa que há chances de boas novidades no setor de construção, habitacional e agrárias. E as reformas? Plutão em destaque na casa 1 do mapa desta lunação se dispõe às mudanças que ele, como ninguém, sabe

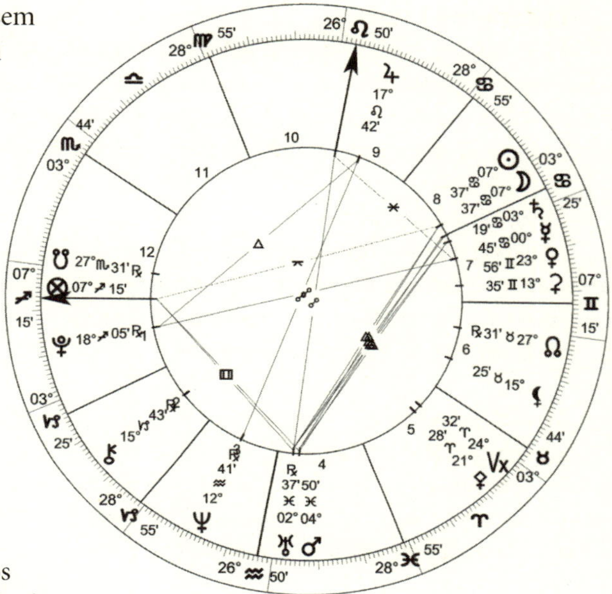

fazer. Só que desta vez promete... sem traumas. É uma poderosa aliança com Júpiter na casa 9 facilita o bom desempenho do setor judiciário, das relações internacionais, das exportações e das taxas de câmbio. Melhor de tudo: acena com uma retomada de crescimento na economia e uma volta significativa do capital de investimento. Esta Lua nova é especial para cancerianos e capricornianos. Também para arianos e librianos, que serão intimados a se relacionarem – ao gosto canceriano: com mais intimidade, entrega e cuidado. Todos podem pensar em projetos novos desde que sigam as marcas deste sensível signo da água: respeito à memória e às influências do passado; carinho com as próprias emoções e com as emoções alheias. E valorização de todos aqueles que fazem parte do seu universo íntimo. Tarefa árdua para os dias de hoje...

Dia 30 de Junho – Segunda-feira

Fase Lunar: Nova

Lua no Signo: Câncer

Durante o dia 30/06, a Lua continua fora de curso e só vai retomar o curso quando entrar no signo de Leão no dia 01/07. Se possível, não dê início a nada importante nesta data, especialmente se for algo que você quer que perdure em sua vida.

CALENDÁRIO LUNAR DE

Julho

dom	seg	ter	qua	qui	sex	sáb
		1 NOVA lua LEO 10h14	**2** NOVA lua LEO	**3** NOVA lua VIR 17h17	**4** NOVA lua VIR	**5** NOVA lua LIB 22h21
6 CRESCENTE 23h31 lua LIB	**7** CRESCENTE lua LIB	**8** CRESCENTE lua ESC 01h44	**9** CRESCENTE lua ESC	**10** CRESCENTE lua SAG 03h49	**11** CRESCENTE lua SAG	**12** CRESCENTE lua CAP 05h21
13 CHEIA 16h21 lua CAP	**14** CHEIA lua AQU 07h38	**15** CHEIA lua AQU	**16** CHEIA lua PEI 12h14	**17** CHEIA lua PEI	**18** CHEIA lua ARI 20h20	**19** CHEIA lua ARI
20 CHEIA lua ARI	**21** MINGUANTE 04h00 lua TOU 07h49	**22** MINGUANTE lua TOU	**23** MINGUANTE lua GEM 20h43	**24** MINGUANTE lua GEM	**25** MINGUANTE lua GEM	**26** MINGUANTE lua CAN 08h24
27 MINGUANTE lua CAN	**28** MINGUANTE lua LEO 17h17	**29** NOVA 03h51 lua LEO	**30** NOVA lua VIR 23h27	**31** NOVA lua VIR		

Céu do Mês

O Sol avançando pelo signo de Câncer até o dia 23 sempre propõe uma atmosfera mais íntima e acolhedora. Ficar em casa, reunir-se com a família, encontrar os amigos mais chegados é a proposta deste intimista signo de Câncer. Artigos para o lar e produtos de gastronomia são bem mais procurados quando o Sol atravessa o caseiro signo de Câncer.

Na primeira semana, Marte, em harmonia com o Sol, espanta a preguiça e faz levantá-lo cedo da cama para cumprir com entusiasmo as tarefas que o dia lhe reserva. É mais fácil enfrentar desafios e ir à luta quando está sob a proteção desta enérgica configuração astrológica. A saúde agradece!

Mercúrio acompanha a caminhada do Sol pelo signo de Câncer até o dia 13. Pode se sentir mais nostálgico e lembrar de cenas e pessoas do passado com saudade e ternura. Isto é típico de Câncer. Logo na primeira semana do mês, Mercúrio é visitado por Marte, Urano e Saturno.

Marte contribui para a rapidez do raciocínio, agilidade nos deslocamentos de trânsito, acessos e desembaraço no cumprimento de pequenas tarefas. Os negócios se resolvem prontamente e a comunicação, quanto mais direta, melhor resultado trará. Aproveite para *soltar o verbo.*

A presença de Urano beneficia o comércio, principalmente o de artigos ligados à comunicação e à tecnologia. Ideal para o lançamento de novos produtos. Idéias criativas surgem inesperadamente nas mentes das pessoas e inspiram-nas a examinar uma velha questão sob um olhar totalmente diferente. Novas soluções! Simultaneamente, trazendo uma influência na direção oposta, Saturno se alinha a Mercúrio e torna todo o cenário mais sisudo.

É indispensável que sejam cautelosos e precisos em toda forma de comunicação. São responsabilizados pelo que venham a falar e informar. É desaconselhável o trato com a burocracia.

Papéis, documentos e licenças que não estiverem em dia poderão trazer dor de cabeça. É melhor andar na linha! No dia 24, o Sol entra radiante em seu domicílio no signo de Leão. Com isto, pode-se esperar uma atmosfera muito mais vibrante. Festas, comemorações são típicas deste caloroso signo do fogo. Artigos que representem pequenos luxos e mimos têm grande saída quando o Sol passeia por este signo tão afeito aos prazeres e à autogratificação.

Mercúrio também ingressa em Leão a partir do dia 14, e por todo esse período do mês de julho você vai sentir seus efeitos. Idéias mais claras, convicções mais fortes, um pensamento mais entusiasmado e otimista são alguns desses efeitos. Netuno faz uma inoportuna oposição ao Sol entre os dias 19 e 23, causando mal-entendidos e falhas nas comunicações. É comum a perda de objetos ou documentos.

Compromissos devem ser reconfirmados, pois podem cair no esquecimento ou serem confundidos. É muito mais difícil se concentrar sob essa dispersiva combinação. Adie portanto, se possível, entrevistas de trabalho, palestras, seminários, provas, etc.

Plutão, numa excelente combinação com Mercúrio entre os dias 17 e 23, facilita o encontro de objetos perdidos e de informações que estavam dispersas. É praticamente impossível não se encontrar o que se procura sob esta investigadora dupla. É uma excelente ajuda para diagnósticos precisos e clareza nos resultados de exames clínicos. Mal-entendidos podem ser agora esclarecidos. Basta uma palavra. Sincera. Negócios que pareciam abandoandos são resgatados.

Júpiter logo a seguir – na última semana do mês – vem resgatar nosso brilhantismo intelectual, capacidade de expressão e facilidade nas comunicações. É um excelente momento para divulgação de idéias, produtos e serviços. O comércio está em alta, principalmente o mercado editorial, de veículos e de toda forma de comunicação. Ponha seu produto na praça!

No dia 5 de julho – até quase o último dia do mês – Vênus, agora também no signo de Câncer, invade-o com sua atmosfera romântica. Este é o mais emotivo e sentimental dos signos. Os romances só desabrocharão com esta qualidade.

Mais intimidade e aproximação emocional também são fortes armas para atiçar os corações quando Vênus navega por este sensível signo da água. É possível que queira gastar grande parte de sua receita com a casa e com artigos domésticos: roupas de cama e mesa, móveis, itens de cozinha... Escoltada por Marte – seu par favorito –, Vênus protege os amantes entre os dias 6 e 15. Os relacionamentos se tornam mais sensuais e há um forte clima de sedução no ar. Coisas de Cupido!

Negociações, compra e venda, acordos de salários são sempre feitos com mais agilidade e franqueza quando Vênus e Marte protegem essa área. Urano também colabora na segunda semana do mês e promove encontros inesperados. Desses que as pessoas saem para fazer algo e topam com uma interessantíssima oportunidade amorosa. Quem disse que as pessoas não mudam? Um relacionamento que parecia improvável ou já sem solução pode surpreendê-lo com novas revelações.

O bolso também é favorecido. Novas oportunidades de ganhos e somas inesperadas propiciam a alegria de aliviar seu orçamento. Quem trabalha por conta própria é particularmente beneficiado. Favorecido lançamento de novos produtos.

Vênus é sabatinada por Saturno na segunda semana do mês. É bom ter as contas em dia. Esta é a mais poderosa combinação para se regular finanças e punir desperdícios. Aviso: não se gasta mais do que se pode. Investimentos de médio e longo prazos – principalmente os mais seguros e conservadores – chegam em boa hora. Fazer planos para um futuro financeiramente estável e seguro é a especialidade de Saturno quando se une a Vênus. Vamos fazê-los? Quanto aos amores... só os sérios e comprometidos, construídos em valores genuínos e estáveis, suportam a avaliação deste sisudo mestre das cobranças.

Marte, em um bom relacionamento com Saturno, por todo o mês de julho, continua a dar o suporte para que prossiga na luta de seus objetivos.

Júpiter e Plutão, até a última semana do mês, continuam garantindo glórias para o mercado financeiro, crescimento da economia em geral, aumento do capital de investimento e soluções interessantes para problemas fiscais, negociação da dívida externa e para o setor energético.

Saturno e Plutão, ainda numa coreografia superafinada, garantem o sucesso de novos negócios, a inclusão de novos segmentos do mercado na economia e, principalmente, sucesso para gestões e administrações enxutas, criativas e inovadoras. Afinal, a economia pode mudar. Para melhor!

Posições Diárias da Lua

Dia 1 de Julho – Terça-feira

Fase Lunar: Nova
Lua no Signo: Leão – a partir das 10h14
Lua Fora de Curso: Término – às 10h14

Lua em Leão

Quando a Lua está no signo de Leão as pessoas tendem a ser mais felizes. Um estado de alegria e disposição para o prazer toma conta de todos. Buscam atender as nossas necessidades de gratificação fazendo mais o que gostam e deixando pra depois o que lhes é aflitivo. A auto-estima sempre aumenta e vai pro lugar certo quando a Lua passa por este vaidoso signo. Querem ser bem tratadas e exigem todos os privilégios a que têm direito. Sempre se permitem pequenos luxos, algumas horas de recreio, algumas *gazetas* e alguns presentes para si mesmas. E não se sentem nada culpadas com isso. Ao contrário, o sentimento é de merecimento.

Dia 2 de Julho – Quarta-feira

Fase Lunar: Nova
Lua no Signo: Leão

Aspectos Diários da Lua	ENTRADA	EXATO	SAÍDA
Lua oposição Netuno	04h09	09h40	15h10
Lua trígono Plutão	14h03	19h32	00h59 (03/07)
Lua conjunção Júpiter	14h32	20h06	01h39 (03/07)

Lua oposição Netuno

Uma certa indolência vai contaminar as pessoas nesta quarta-feira. Não vai ser nada fácil sair da cama nesta manhã, levantam somente por causa das suas obrigações. Bocejar durante o dia vai ser a coisa mais natural do mundo, afinal, sofrem a influência de uma *entorpecente* energia. Como estão desligadas, devem tomar certos cuidados para que não façam nenhuma besteira, ou esqueçam alguma coisa importante.

Lua trígono Plutão

Ainda bem que a tarde essa poderosa energia começa a entrar em vigor. Você vai poder recuperar o tempo perdido no começo do dia com a sua sonolência e colocar todas as nossas pendências em dia. Já que retoma a disposição habitual e se sente renovado, pode curtir esta noite ao lado de quem exerce uma profunda atração.

Lua conjunção Júpiter

Momento de extravagância e de curtição. Nada de ficar borocoxô pelos cantos. Sob a influência desta eufórica energia, deve programar algo de especial para esta noite. Os locais que oferecem serviços diferenciados de alta qualidade, e atendimento personalizado, devem ser os preferidos para hoje.

Dia 3 de Julho – Quinta-feira

Fase Lunar: Nova
Lua no Signo: Virgem – a partir das 17h17
Lua Fora de Curso – das 15h07 às 17h17

Aspectos Diários da Lua	ENTRADA	EXATO	SAÍDA
Lua sextil Vênus	09h09	15h07	21h04
Lua oposição Urano	16h28	21h51	03h13 (04/07)
Lua sextil Saturno	18h49	00h16 (04/07)	05h41 (04/07)
Lua oposição Marte	22h59	04h29 (04/07)	09h57 (04/07)

Lua em Virgem

Esta Lua produz um estado de espírito mais tímido, mais reservado e muito mais racional. Todas as emoções ou reações que estavam exageradas ou dramatizadas são *enxugadas* por um trabalho lento e metódico da mente até voltarem ao seu tamanho natural. Isto é, compatíveis com a realidade e com a medida da situação. Virgem é avesso a excessos. As pessoas sentem as coisas (saudade, aflição, preocupação, amor, etc.) na proporção do que se apresenta. Cortam a imaginação e a fantasia, responsáveis por tornar os sentimentos sempre tão grandiosos. São excelentes dias para pôr ordem em tudo: na vida, nas gavetas, na cabeça e no coração. Mais produtivos, conseguem executar tarefas que em outros momentos poderiam achar enfadonhas.

Lua sextil Vênus

Esta maravilhosa energia propicia benefícios para todos durante boa parte do dia. A cordialidade, a diplomacia, a imparcialidade e a capaciadade de um bom entendimento vão favorecer qualquer tipo de atividade ou encontro. Os negócios imobiliários ou familiares são particularmente favorecidos quando você está sob esta influência. Estar ao lado de quem se gosta nesta quinta-feira vai ser muito prazeroso.

Lua oposição Urano

Aqui pode surgir uma necessidade de fazer mudanças e alterações sem consulta prévia. Fique esperto, pense rápido e se reorganize da melhor forma possível. O tempo é curto e urge por uma resolução da sua parte. Se possível, descentralize suas obrigações passando para outras pessoas o que puder ser executado por terceiros, do contrário o estresse pode deixar você à beira de um ataque de nervos.

Lua sextil Saturno

Procure o apoio, a opinião ou o conselho de pessoas mais experientes, isso vai fazer com que você não perca tempo, tendo que refazer algo que não foi bem-feito. Sob esta influência, é ótimo momento para resolver questões familiares que estavam sendo evitadas. É hora de *colocar tudo em pratos limpos* e resolver essas *pendengas* de uma vez por todas. Promete bom rendimento e eficiência para quem trabalha à noite.

Lua oposição Marte

Cheios de disposição, os trabalhadores noturnos vão dar fim às suas obrigações com extrema rapidez. É bem provável que algumas pessoas encontrem dificuldade para pegar no sono devido ao alto grau de agitação interna. É melhor gastar energia com alguma atividade para conseguir deitar e se desligar das preocupações.

DIA 4 DE JULHO – SEXTA-FEIRA

Fase Lunar: Nova
Lua no Signo: Virgem

ASPECTOS DIÁRIOS DA LUA	ENTRADA	EXATO	SAÍDA
Lua sextil Mercúrio	07h16	13h40	20h00
Lua sextil Sol	09h39	15h23	21h06
Lua quadrado Plutão	19h58	01h16 (05/07)	06h32 (05/07)

Lua sextil Mercúrio

Durante esta sexta-feira tudo parece funcionar melhor. Afinal, Mercúrio simboliza todas as atividades comerciais, as prestações de serviços e todo tipo de comunicação, e quando está sob esta benéfica influência tudo é mais facilmente resolvido. Aqui, aquele dito popular: *...é se comunicando que a gente se entende*, é mais válido do que nunca.

Lua sextil Sol

Aqui você vai conseguir encontrar o apoio das pessoas pelas quais nutre algum tipo de admiração, elas vão lhe fornecer dicas importantes e conselhos úteis. Se tiver algum problema para resolver, deve procurar quem tem autoridade e autonomia para isto, pois o acesso a essas pessoas de certa relevância está liberado neste período, mesmo que as não conheça.

Lua quadrado Plutão

À noite, o esquema é outro. No trabalho pode surgir algum tipo de situação esquisita ou suspeita. É melhor se precaver contra fofocas e intrigas. Também é de bom-tom ficar atento para que ninguém *puxe o seu tapete.* A relação afetiva pode ser invadida por um clima de desconfiança e você vai ter que ficar dando *satisfação dos seus passos.*

DIA 5 DE JULHO – SÁBADO

Fase Lunar: Nova
Lua no Signo: Libra – a partir das 22h21
Lua Fora de Curso – das 01h16 às 22h21

ASPECTOS DIÁRIOS DA LUA	ENTRADA	EXATO	SAÍDA
Lua quadrado Vênus	19h41	01h26 (06/07)	07h08 (06/07)

Lua em Libra

A Lua em Libra produz um estado de espírito bem razoável nas pessoas. É fácil se entender com elas e qualquer acordo é prontamente negociável. O clima é de gentileza, e a recomendação é que se opte por uma atitude diplomática para resolver qualquer impasse. Não é difícil conseguir colaboração das pessoas quando a Lua está neste signo. Com a Lua passando pelo signo de Libra, as pessoas lidam com suas emoções de uma forma mais distanciada, imparcial e racional. Sendo assim, este é um momento oportuno para que questionem suas emoções e sentimentos e achem a justa medida deles. Com humor mais leve, esses dias são propícios para se apreciar o belo e o estético. Seja freqüentando museus e exposições, vitrines, bancas de jornais com aquelas revistas ma-ra-vi-lho-sas de moda e decoração, ou simplesmente apreciando a beleza que a natureza proporciona.

Lua quadrado Vênus

Nesta noite as pessoas podem exagerar na busca de satisfação e de prazer. O mais comum é o excesso do consumo de bebida e de alimentos que proporcionem prazer, particularmente os doces são procurados com muita voracidade. Além de não fazer bem à saúde, também pode fazer mal para o bolso. Este comportamento vai ser tão mais verdadeiro quanto maior for a carência que a pessoa está sentindo por trás desta busca frenética de diversão. Divirta-se, mas não é preciso exceder-se, do contrário o domingo já vai começar comprometido.

Dia 6 de Julho – Domingo

Fase Lunar: Crescente às 23h31
Lua no Signo: Libra

Aspectos Diários da Lua	ENTRADA	EXATO	SAÍDA
Lua quadrado Saturno	00h20	05h35	10h50
Lua trígono Netuno	14h51	19h59	01h08 (07/07)
Lua quadrado Sol	18h02	23h33	05h03 (07/07)
Lua quadrado Mercúrio	21h35	03h39 (07/07)	09h41 (07/07)

Lua quadrado Saturno

É bem provável que surja algum tipo de obrigação familiar em que você não tem como deixar de ir. Questões domésticas também tornam-se um peso nesta manhã de domingo. O melhor a ser feito aqui, evidentemente para os felizardos que puderem, é ficar na cama até mais tarde, não sofrendo assim o revés desta maçante energia.

Lua trígono Netuno

Momento favorável para maior intimidade nos vínculos afetivos, pois esta energia beneficia o namoro, já que ela proporciona um clima de romance no ar e as pessoas estão mais sensíveis. Para quem gosta, este é um momento interessante para fazer uma ligação com o mundo sutil, seja pela contemplação de uma bela paisagem natural, ou pela meditação, ioga, prece, missa, etc. Se precisar da ajuda de alguém, é só pedir que você a terá.

Lua quadrado Sol

Pode surgir algum conflito ou discussão no fim deste domingo, particularmente com a figura paterna, ou com alguém que está indevidamente tentando "dar uma de pai", que está de alguma forma nos tolhendo ou nos repreendendo. Emocionalmente você está desconectado da razão, o que vai dificultar qualquer tipo de entendimento na relação afetiva.

Lua quadrado Mercúrio

Não se preocupe se um certo nervosismo tomar conta de você, isso é normal quando está sob esta inquieta energia. Deitar na cama e não conseguir dormir é típico desta energia, porque a sua mente não consegue parar de pensar nos problemas, não permitindo que o sono restabelecedor possa tomar conta de você.

DIA 7 DE JULHO – SEGUNDA-FEIRA

Fase Lunar: Crescente
Lua no Signo: Libra
Lua Fora de Curso: Início: – às 07h24

ASPECTOS DIÁRIOS DA LUA	ENTRADA	EXATO	SAÍDA
Lua sextil Plutão	00h05	05h12	10h18
Lua sextil Júpiter	02h12	07h24	12h35

Lua sextil Plutão

Esta energia favorece as negociações imobiliárias, reformas de propriedades e todas as medidas que beneficiem moradia. Quando está sob esta influência, você tende a uma predisposição para aceitar o desafio das mudanças radicais. Também é um ótimo momento para a reapresentação de propostas.

Lua sextil Júpiter

Momento favorável para você aumentar o seu campo de atuação e se desvencilhar da vida doméstica. O bom humor propiciado por esta energia faz com que se cumpram as tarefas com mais desembaraço e leveza. Uma boa fase de favorecimento permite tentar investidas ambiciosas com chances de sucesso.

DIA 8 DE JULHO – TERÇA-FEIRA

Fase Lunar: Crescente
Lua no Signo: Escorpião – a partir da 01h44
Lua Fora de Curso: Término – à 01h44

ASPECTOS DIÁRIOS DA LUA	ENTRADA	EXATO	SAÍDA
Lua trígono Urano	00h47	05h51	10h54
Lua trígono Vênus	04h01	09h14	14h19
Lua trígono Saturno	04h08	09h33	15h03
Lua trígono Marte	09h07	14h15	19h22
Lua quadrado Netuno	17h40	22h41	03h41 (09/07)

Lua em Escorpião

Durante a passagem da Lua pelo intenso signo de Escorpião, as emoções ficam mais extremadas e as pessoas tendem a reagir de maneira mais passional e dramática. Cuidado para não ferir suscetibilidades. Clima de maior desconfiança e menor compreensão. Por isso, não faça provocações. Buscas e investigações de toda espécie são bem-sucedidas, como recuperar coisas perdidas. Um clima maior de erotismo no ar torna as pessoas mais dispostas para encontros e aventuras sexuais.

Lua trígono Urano

O dia começa elétrico, agitado e apressado. Algumas pessoas acordarão antes da hora habitual por causa desta influência. Uma caminhada pela manhã é uma ótima sugestão para aplacar essa sensação de que tudo tem que ser feito para ontem, como se o mundo fosse acabar. Momento ideal para cortar tudo o que atrapalha a sua jornada para um futuro melhor.

Lua trígono Vênus

Sob esta influência deve fazer uso da diplomacia e da cortesia para alcançar seus objetivos nesta terça-feira. Também é favorável para pedir a cooperação das pessoas ou cooperar com os outros. Ótimo momento para o namoro e para demonstrações de afeto.

Lua trígono Saturno

Beneficia a concretização de investimentos imobiliários. Favorável para conquistar novo público, nova clientela, que poderá se tornar habitual. Bom momento para trabalhar árduo, com afinco e disciplina. Aconselhável para iniciar dieta e abandonar vícios, pois há suficiente determinação para isso, além de ser uma decisão amadurecida.

Lua trígono Marte

Com muito dinamismo, vai dar cabo de suas obrigações com os *pés nas costas* e ainda com tempo para desempenhar outras tarefas. Tem a ousadia e a coragem como suas aliadas, então deve aproveitar esta oportunidade para arriscar algo de novo.

Lua quadrado Netuno

No fim da tarde uma sensação de desânimo pode abatê-lo. Algumas pessoas poderão sentir um medo inexplicável ao enfrentar certas situações, ou uma sensação que irão fracassar diante de algum desafio. Esse é um aspecto desvitalizador, por isso poderão se sentir fatigadas e indolentes. Deve poupar sua energia e se possível fazer uma pausa para descanso.

Dia 9 de Julho – Quarta-feira

Fase Lunar: Crescente
Lua no Signo: Escorpião
Lua Fora de Curso: Início – às 14h59

Aspectos Diários da Lua	ENTRADA	EXATO	SAÍDA
Lua trígono Sol	00h28	05h50	11h10
Lua quadrado Júpiter	05h31	10h35	15h39
Lua trígono Mercúrio	09h08	14h59	20h48

Lua trígono Sol

Os conflitos internos são resolvidos e as dúvidas são dissipadas pelo bom equilíbrio entre emoção e razão. Se a relação afetiva anda meio tumultuada, é hora de colocar tudo em *pratos limpos*, pois tem mais facilidade para perceber suas emoções e sentimentos e alinhá-los com a inteligência.

Lua quadrado Júpiter

Tendência a criar expectativas e esperar favores que talvez não sejam atendidos. As pessoas deixam de cumprir o combinado. Avaliação superestimada são responsáveis por projetos distorcidos.

Lua trígono Mercúrio

Mente aguçada e fértil favorece a fluência das tarefas. Bom para os trabalhos mais detalhados e que exigem mais atenção. Receptividade e acolhimento para o que é verbalizado. Encontram-se mais facilmente as palavras certas para tocar as pessoas. Excelente para o lançamento de campanhas publicitárias, publicações e divulgação.

DIA 10 DE JULHO – QUINTA-FEIRA

Fase Lunar: Crescente
Lua no Signo: Sagitário – a partir das 03h49
Lua Fora de Curso: Término – às 03h49

ASPECTOS DIÁRIOS DA LUA	ENTRADA	EXATO	SAÍDA
Lua quadrado Urano	02h49	07h46	12h43
Lua quadrado Marte	11h55	16h56	21h58
Lua sextil Netuno	19h24	00h20 (11/07)	05h17 (11/07)

Lua em Sagitário

Tudo parecerá mais leve, mais simples e mais fácil. Um sentimento gratuito de alívio. Uma enorme necessidade de abertura, liberdade e aventura pode estimulá-lo a fazer coisas incomuns e que o desvie completamente da rotina. As pessoas estão mais espontâneas, de peito aberto, e enfrentam os desafios e os obstáculos com confiança e bom humor. Está disposto a olhar a vida pelo lado positivo e a encontrar soluções otimistas para seus problemas. É mais fácil, com a Lua em Sagitário, se livrar das preocupações e dos sentimentos pesados. Tudo parece que vai melhorar.

Lua quadrado Urano

O dia começa com pique total. Não vai dar pra ficar molengando. Quando está sob esta influência, o sentimento de urgência é muito grande. Não vai suportar qualquer tipo de espera ou demora. Isso vai tirá-lo do sério e abalar completamente os seus nervos. Haja paciência!

Lua quadrado Marte

Esta energia se soma à anterior, intensificando a sua pressa e irritação quando as coisas não saem conforme o esperado. Com o aumento desordenado da energia provocado por esta combinação, nossa inquietação, a ansiedade e o mau humor podem ficar insuportáveis. Tente não descarregar essa "explosão atômica" nas pessoas mais próximas, mas vai ser difícil, porque vão surgir situações provocativas.

Lua sextil Netuno

À noite, graças a Deus, o panorama é outro e o astral muda completamente. Esta é uma energia sutil que desperta o que há de melhor no ser humano. Sentimentos nobres e altruístas proporcionam uma convivência refinada entre as pessoas. Uma vontade de contribuir para que tudo dê certo faz as coisas fluírem melhor. Noite agradável. Bons sonhos.

DIA 11 DE JULHO – SEXTA-FEIRA

Fase Lunar: Crescente
Lua no Signo: Sagitário
Lua Fora de Curso: Início – às 12h53

ASPECTOS DIÁRIOS DA LUA	ENTRADA	EXATO	SAÍDA
Lua conjunção Plutão	04h16	09h14	14h09
Lua trígono Júpiter	07h52	12h53	17h55

Lua conjunção Plutão

Para as pessoas que são ligadas ao seu lar, é uma excelente oportunidade para fazer arrumações, mudanças e modificações que dêem um vida nova para sua casa. Seja um novo posicionamento na mobília da casa, seja restaurando um móvel, ou pintando uma parede. Também é muito favorável para se livrar daquelas quinquilharias que não têm mais utilidade. No trabalho vai dar tudo de si.

Lua trígono Júpiter

Uma notícia benéfica enche-o de otimismo e fé para começar a semana com o pé direito. Seja você também portadora de boas notícias, de estímulos, de elogios, de presentes, ou de qualquer coisa que engrandeça ou enobreça o espírito de alguém que estava precisando de uma forcinha. Você se sentirá bem com isso! Está contando os minutos para o fim do expediente, porque hoje quer se sentir livre e sem compromisso.

DIA 12 DE JULHO – SÁBADO

Fase Lunar: Crescente
Lua no Signo: Capricórnio – a partir das 05h21
Lua Fora de Curso: Término – às 05h21

ASPECTOS DIÁRIOS DA LUA	ENTRADA	EXATO	SAÍDA
Lua sextil Urano	04h15	09h14	14h13
Lua oposição Saturno	08h36	13h37	18h38
Lua sextil Marte	14h13	19h17	00h21 (13/07)
Lua oposição Vênus	16h48	22h16	03h48 (13/07)

Lua em Capricórnio

As pessoas se dão conta do que é necessário fazer. Sabem quais são as suas responsabilidades e obrigações e se munem da disposição para assumi-las. Realizar suas ambições neste perído vai ser muito gratificante, porque a sensação do dever cumprido será muito agradável. A auto-suficiência, disciplina e determinação contagiarão o estado de espírito das pessoas, fazendo com que consigam levar a cabo tudo que demande esforço. A Lua em Capricórnio traz à tona seu lado realista e pragmático.

Lua sextil Urano

Aqui o novo, o alternativo e o diferente é que estão favorecidos, então não desperdice o começo deste sábado trancado em casa. Pode encontrar-se com pessoas que não vía há algum tempo, mas que de alguma maneira permanecia *ligado*. Pode surgir algum programa ou um convite de última hora, não hesite em aceitá-lo. Uma pequena viagem repentina seria ideal. Atividades ao ar livre ou que reúnam um grande número de pessoas estão protegidas.

Lua oposição Saturno

É bem provável que o ambiente familiar neste momento seja sentido como uma fonte de aborrecimentos. Não se deixe abater, pois logo, logo isso vai passar. É que às vezes a cobrança incomoda e este é um desses momentos. Se possível, tire um cochilo após o almoço.

Lua sextil Marte

Este aspecto traz ânimo, vigor físico e estimula as pessoas a exercerem sua autonomia. Para os adeptos, é uma excelente oportunidade para praticar esporte. Se por acaso houver e se você gostar, hoje está favorável para assistir a um bom jogo de futebol, ou ir ao autódromo para apreciar um bom *pega* nas pistas de alta velocidade. Este contato harmônico entre Lua e Marte dá coragem para tomar a iniciativa de procurar *aquela pessoa*, mas estava evitando por pura timidez. Ouse, que dará certo.

Lua oposição Vênus

Antes de comprar alguma coisa deve pensar na utilidade e serventia do produto, para não se arrepender depois, desperdiçando dinheiro com supérfluos que ficarão esquecidos no fundo do armário. Hoje, a tentação será grande para atacar doces e guloseimas nas padarias, lanchonetes e delicatessens, principalmente se estiver passando por algum tipo de frustração afetiva. Diversão é a palavra mágica para esta noite.

Dia 13 de Julho – Domingo

Fase Lunar: Cheia às 16h21
Lua no Signo: Capricórnio
Lua Fora de Curso: Início – às 16h21

Lunação de Julho
Lua cheia às 16h21, horário de Brasília
Lua cheia no signo de Capricórnio em 20°59'
Duração até a próxima lunação: 29/07/2003

Aspectos Diários da Lua	entrada	exato	saída
Lua oposição Sol	10h57	16h21	21h47

Lua oposição Sol

Neste domingo, situações chegam ao seu ponto máximo. É o momento para se tomar uma decisão prática e racional que resolva certas questões de maneira definitiva. Não vai dar mais pra ficar *empurrando com a barriga...* Pode surgir crise nas parcerias, no relacionamento ou em trabalho de equipe. A causa está ligada a divergências com comando e autoridade.

Lunação de Julho
Fase Lunar: Cheia em 13/07/2003 às 16h21, horário de Brasília
Lua no Signo: 20° 59' de Capricórnio.

O mapa da lunação para a Lua cheia de Capricórnio aponta para um cenário ameno e promissor.

O Sol – entrando na casa 8 – e a Lua – na 2 – ressaltam a atenção para a área financeira. Há sinais de equilíbrio entre índice de produção na economia e arrecadação de orçamento público e um comportamento mais estimulante das taxas de juros. A economia parece respirar com mais folga, inclusive com a retomada de crescimento devido ao bom desempenho das ex-

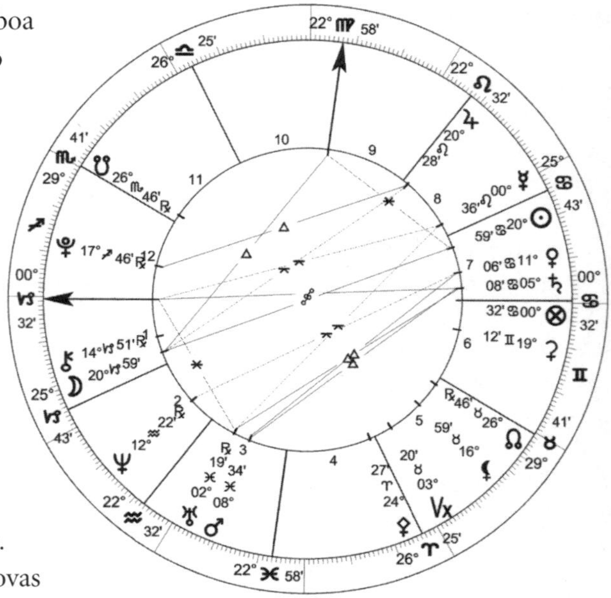

portações. Quem garante isto é uma boa aliança de Júpiter na casa 9 a Plutão – o mestre das restaurações. Alianças, acordos, parcerias, coligações e associações de toda espécie estão muito bem estruturadas e solidificadas devido à presença de Saturno e Vênus na casa 7.

Bom momento para quem quer se casar ou formalizar relacionamentos. A maior parte de nossas atividades deve ser portanto realizada em parceria. Favorecimento para o setor de transportes, comunicação e educação. O momento apresenta propostas novas e muita dinâmica para este setor. Esta lunação é particularmente ativa para os nascidos no terceiro decanato do signo de Câncer e de Capricórnio. As pessoas nascidas nos últimos graus de Áries e de Libra também são afetadas. Os cancerianos devem aproveitar este momento para balancear melhor suas vidas e seus relacionamentos. O equilíbrio entre a emotividade e tendência a se envolver excessivamente com as pessoas e com as situações e uma capacidade de manter distância, estabelecer limites e lidar com o real é que vão garantir a colheita de bons frutos nesta Lua cheia. Também combinar emoção e razão sem que uma se sobreponha a outra reforçará os benefícios desta lunação. Diminuir o espírito excessivamente resguardado dos capricornianos através de um envolvimento maior com os outros e aumentar a autosuficiência emocional e atuação no presente, no caso dos cancerianos, são o grande presente desta Lua cheia. Todos podem aproveitar a Lua cheia no signo de Capricórnio para estimular as qualidades deste signo: perseverança, pontualidade, economia, seriedade, viver no presente e dentro dos recursos disponíveis.

Dia 14 de Julho – Segunda-feira

Fase Lunar: Cheia
Lua no Signo: Aquário – a partir das 07h38
Lua Fora de Curso: Término – às 07h38

Aspectos Diários da Lua	entrada	exato	saída
Lua oposição Mercúrio	05h24	11h21	17h21
Lua conjunção Netuno	23h40	04h52 (15/07)	10h06 (15/07)

Lua em Aquário

Um estado de espírito mais sociável e de agregação tomará conta das pessoas. Um clima de euforia e eletricidade estará no ar. Uma disposição para experimentar o novo, o inusitado será a tônica dominante. O que sair da norma, da rotina, do convencional cativará o espírito das pessoas. Experimentar a sensação de liberdade e de conceder liberdade proporcionará um imenso bem-estar. Uma idéia genial pode cruzar a sua mente, criando uma alternativa e uma visão totalmente nova para uma antiga questão.

Lua oposição Mercúrio

É melhor ter discernimento com o que se fala, porque você pode ser mal interpretado, ou ver o seu nome envolvido em fofocas. Dia de difícil concentração. Muita dispersão. Muito movimento. Muitas possibilidades. Muitas opções. Muitos caminhos. Pode se envolver discutindo com alguém por puro orgulho ou vaidade.

Lua conjunção Netuno

No fim da noite, um excesso de sensibilidade pode gerar variação de humor, o que vai dificultar a convivência doméstica. Uma certa melancolia invade-o. Sensação impalpável de incerteza, insegurança e tristeza. Uma avaliação equivocada dos prórpios sentimentos ou dos sentimentos dos outros pode produzir uma decepção emocional.

Dia 15 de Julho – Terça-feira

Fase Lunar: Cheia
Lua no Signo: Aquário
Lua Fora de Curso: Início – às 19h58

Aspectos Diários da Lua	ENTRADA	EXATO	SAÍDA
Lua sextil Plutão	09h04	14h20	19h37
Lua oposição Júpiter	14h35	19h58	01h23 (16/07)

Lua sextil Plutão

No fim do dia, a influência de Plutão ajuda-o a finalizar tarefas pendentes, a retomar serviços essenciais que havia deixado de lado. Momento oportuno para consultas médicas, check-ups e exames de rotina, pois as chances de um diagnóstico preciso e eficaz são maiores. Estando com as pessoas, evite ficar na superfície ou esconder os seus sentimentos em relação a elas. É um daqueles raros momentos em que pode acontecer um encontro forte onde as almas se *encontram*. Sem máscaras.

Lua oposição Júpiter

No fim da tarde torna-se ansioso para se livrar de seus compromissos e obrigações profissionais. Quer mais é ficar de *bobeira*... Deve ter cuidado com a tendência para gastar em demasia contando com receitas futuras que podem não se concretizar. É melhor não dar um passo maior que as pernas.

Dia 16 de Julho – Quarta-feira

Fase Lunar: Cheia
Lua no Signo: Peixes – a partir das 12h14
Lua Fora de Curso: Término – às 12h14

ASPECTOS DIÁRIOS DA LUA	ENTRADA	EXATO	SAÍDA
Lua conjunção Urano	10h51	16h16	21h43
Lua trígono Saturno	16h46	22h18	03h52 (17/07)

Lua em Peixes

O ritmo está mais desacelerado e não tem pressa para nada. Maior solidariedade entre as pessoas permite que conte com a ajuda delas. As pessoas tendem a dar uma explicação sobrenatural ou mística aos acontecimentos da vida e pensam que algumas coisas acontecem para as quais as explicações não são deste mundo. Há uma tendência a se seguir o fluxo natural das coisas e não de combatê-las ou resistir a elas, acreditando-se, mais do que nunca, que elas acontecem se tiverem de acontecer.

Lua conjunção Urano

Excelente momento para cortar hábitos, pessoas e sentimentos que percebe que só empatam a sua vida. Imprevistos de última hora podem forçá-lo a mudar compromissos que havia planejado e acabar aceitando situações de improviso. Nada sai como esperado ou combinado. Relaxe portanto e viva o momento.

Lua trígono Saturno

O final da noite promete um sono reparador com a digna sensação de que o dever foi cumprido. As coisas estão em ordem na sua cabeça e sabe de cor a sua agenda da manhã seguinte. Melhor, está disposto a cumpri-la. Sob esta combinação consegue seguir à risca tudo o que foi planejado. Essa influência planetária é famosa por sua capacidade de fazer com que aproveite muito bem o tempo, de modo que o seu rendimento seja irretocável..

DIA 17 DE JULHO – QUINTA-FEIRA

Fase Lunar: Cheia
Lua no Signo: Peixes

ASPECTOS DIÁRIOS DA LUA	ENTRADA	EXATO	SAÍDA
Lua conjunção Marte	00h16	05h01	10h38
Lua trígono Vênus	11h39	17h51	00h06 (18/07)
Lua quadrado Plutão	15h13	20h50	02h29 (18/07)

Lua conjunção Marte

Aqui é o momento para iniciar um novo ciclo, começar um novo empreendimento, pois está com coragem e autonomia para dar esse *pontapé inicial.* O vigor está em alta, o que favorece a prática de esporte e atividades que exijam uma disposição física maior. Que tal começar aquela adiada ginástica!

Lua trígono Vênus

Gentilezas são bem recebidas e bem retribuídas quando está sob esta influência. No trabalho, um clima de harmonia e disposição para agradar às pessoas estimula a adesão e a aceleração de acordos. Maior produtividade se usar de diplomacia e cortesia para alcançar seus objetivos.

Lua quadrado Plutão

Ânimo mais exaltado, passional e radical. Podem se esperar reações mais exarcerbadas num clima hostil. Tendência à radicalização e a reações de extravasamentos. Contra-indicado para atividades que reúnam um grande número de pessoas em ambiente fechado. Suspeitas, sentimento de perda e sensação de abandono podem interferir no bom andamento de uma relação.

Dia 18 de Julho – Sexta-feira

Fase Lunar: Cheia
Lua no Signo: Áries – a partir das 20h20
Lua Fora de Curso: das 11h49 às 20h20

Aspectos Diários da Lua	ENTRADA	EXATO	SAÍDA
Lua trígono Sol	05h38	11h49	18h04

Lua em Áries

Quando a Lua está passando pelo signo de Áries as pessoas se sentem mais entusiasmadas, dinâmicas e audazes. O período é de bastante atividade, impulso e disposição. Elas têm a energia das crianças e a disposição dos atletas. As reações virão por impulso e não temperadas pela razão. As pessoas estarão intolerantes com filas, atrasos e esperas. É melhor evitar serviços demorados.

Lua trígono Sol

Esta combinação promete harmonia e equilíbrio. É uma boa ocasião para se mostrar o que se quer e o que se sente. Esclareça os seus objetivos e persiga-os. Os relacionamentos íntimos são beneficiados por esta influência, que promete paz e harmonia para esta tarde. Um momento de reflexão.

Dia 19 de Julho – Sábado

Fase Lunar: Cheia
Lua no Signo: Áries

Aspectos Diários da Lua	ENTRADA	EXATO	SAÍDA
Lua quadrado Saturno	01h46	07h40	13h37
Lua trígono Mercúrio	13h38	20h12	02h08 (20/07)
Lua sextil Netuno	14h18	20h36	03h36 (20/07)

Lua quadrado Saturno

Espírito crítico acentuado. Quando está sob esta influência, sente dificuldades para expressar suas emoções, o que pode ser interpretado pelas pessoas como uma certa frieza. Pode encontrar dificuldades para cumprir as tarefas que havia agendado para esta manhã.

Lua trígono Mercúrio

Do começo da tarde em diante os diálogos, os contatos e todas as formas de comunicação estão facilitados. É um bom momento para conversar com as pessoas, trocar informações, divulgar assuntos que quer propagar. A noite em companhia de pessoas vai ser muito agradável. Conversar horas e nem sentir o tempo passar. Um assunto vai emendar no outro.

Lua sextil Netuno

Sorte este aspecto ter caído num sábado, já que o contato harmônico entre Lua e Netuno traz relaxamento e encantamento. Para quem precisa de um descanso é uma ótima oportunidade. Para aqueles que querem agradar a pessoa amada, este é um excelente momento para presenteá-la com flores e/ou bombons finos. Neste sábado, ir ao cinema para assistir a um bom filme é a melhor diversão.

Dia 20 de Julho – Domingo

Fase Lunar: Cheia
Lua no Signo: Áries

Aspectos Diários da Lua	ENTRADA	EXATO	SAÍDA
Lua trígono Plutão	01h00	06h58	12h57
Lua quadrado Vênus	03h50	10h30	17h11
Lua trígono Júpiter	09h24	15h30	21h38
Lua quadrado Sol	21h28	04h02 (21/07)	10h38 (21/07)

Lua trígono Plutão

Esta influência irá proporcionar disposição para enfrentar qualquer dificuldade que se apresente nesta manhã de domingo. Bom para reencontrar pessoas que estavam afastadas, recuperar antigos amigos e tentar tudo outra vez. Aproveite para extravasar o que estiver incomodando. O desabafo fará bem e corrigirá algumas situações.

Lua quadrado Vênus

Desaconselhável para organizacão de festas e eventos. Quando está sob esta influência deve-se precaver contra gastos excessivos e desnecessários com supérfluos. O estado geral é de indolência, menor tolerância à frustração e maior exigência de gratificação.

Lua trígono Júpiter

Durante este dia o céu o presenteia com este belíssimo aspecto. Este aspecto também é conhecido por trazer benefícios, bom humor e otimismo. Sair para encontrar os amigos, ir ao teatro ou tomar um chope à beira-mar são boas opções para esta noite. Ir a lugares diferentes e conhecer pessoas novas também é uma ótima opção para hoje.

Lua quadrado Sol

Esta combinação planetária é própria da fase da Lua minguante. Há um conflito natural entre o que quer alcançar e a disposição para investir no que for necessário para realizar os seus objetivos. Há também uma diferença frustrante entre o que sente em relação ao mundo interior e exterior causado pelo estado de ânimo. Esta influência vai se prolongar até a manhã desta segunda-feira.

Dia 21 de Julho – Segunda-feira

Fase Lunar: Minguante às 04h00
Lua no Signo: Touro – a partir das 07h49
Lua Fora de Curso – das 04h02 às 07h49

Aspectos Diários da Lua	ENTRADA	EXATO	SAÍDA
Lua sextil Urano	05h59	12h02	18h06
Lua sextil Saturno	14h07	20h16	02h26 (22/07)
Lua sextil Marte	21h33	03h42 (22/07)	09h50 (22/07)

Lua em Touro

Quando a Lua está passando pelo signo de Touro as pessoas tendem a estar mais cautelosas. Há um sentimento predominante de apego, de desejo de segurança e bem-estar e de proteger aquilo que já possuem (bens, dinheiro e relacionamentos). A palavra risco, aqui, é *carta fora do baralho*. Deve aproveitar para dar continuidade e conduzir projetos e atividades já iniciados, porque é mais garantido. As pessoas estão querendo conforto e dando preferência a lugares que ofereçam facilidades como ar-condicionado, manobrista, sossego, bons serviços, entrega no domicílio. Tudo que os poupe de esforço.

Lua sextil Urano

É o estado de descondicionamento por excelência. Ideal para quebrar hábitos, fazer mudanças de rotina , alterar dietas e largar vícios. Disposição para fazer coisas novas e implementá-las em seu cotidiano. Fazer uma surpresa para quem você ama vai reacender a chama da paixão do seu relacionamento afetivo.

Lua sextil Saturno

Se você precisar contratar qualquer tipo de serviço, chame um profissional, e não uma pessoa ou firma com pouca experiência para resolver o problema. É melhor pagar um pouco mais caro e ter uma solução definitiva. Lembre-se de que o *barato pode sair caro*. À tarde, com uma determinação acentuada e com uma capacidade produtiva, vai conseguir concluir os trabalhos, cumprir todos os prazos e resolver todas as pendências.

Lua sextil Marte

Nesta noite você é estimulado por um sopro extra de energia e, em vez de a disposição cair, tem uma injeção de ânimo. Deixe para o final da noite para acelerar o ritmo das atividades e concluir tarefas que dependiam exclusivamente da sua atuação. Mostrar-se sincero e autêntico facilita o entrosamento com uma pessoa de que você quer se aproximar. Se alguma coisa anda mal resolvida, tome a iniciativa e solucione.

Dia 22 de Julho – Terça-feira

Fase Lunar: Minguante
Lua no Signo: Touro

Aspectos Diários da Lua	ENTRADA	EXATO	SAÍDA
Lua quadrado Netuno	02h21	08h27	14h33
Lua quadrado Mercúrio	12h31	19h40	02h47 (23/07)

Lua quadrado Netuno

Você é facilmente invadido por um anseio de sonhar por dias melhores... principalmente se o seu momento anda meio sem graça. Surgem pessoas frágeis e talvez até pessimistas. Pode aparecer alguém implorando a sua ajuda ou para *chorar no seu ombro*. É melhor ser cauteloso, porque essas pessoas contaminam o ar com melancolia e podem sugar a pouca energia que resta em você.

Lua quadrado Mercúrio

Do começo da tarde em diante até a madrugada de quarta-feira, Lua e Mercúrio se encontram numa influência desarmônica, complicando as conversas, os diálogos e todos os tipos de negociação. Instabilidade é o mínimo que se pode esperar. Mudanças de idéias, disse-me-disse, informações que não se confirmam são comuns sob esta combinação planetária.

Dia 23 de Julho – Quarta-feira

Fase Lunar: Minguante
Lua no Signo: Gêmeos – a partir das 20h43
Lua Fora de Curso – das 06h15 às 20h43

Aspectos Diários da Lua	ENTRADA	EXATO	SAÍDA
Lua quadrado Júpiter	00h11	05h23	11h35
Lua sextil Vênus	00h27	06h15	13h03
Lua sextil Sol	15h40	22h16	04h51(24/07)
Lua quadradoUrano	18h43	00h46 (24/07)	06h49 (24/07)

Lua em Gêmeos

As pessoas estão mais ligadas nas informações que surgem, seja por jornal, noticiário, Internet ou até mesmo num simples bate-papo. Todo mundo quer estar por dentro do que está acontecendo. Não fique de fora! Neste período, estar a par dos assuntos mais importantes que estão circulando é essencial. Uma boa informação aqui pode ser valiosa e fará toda a diferença. Sob a influência da Lua em Gêmeos as pessoas ficam mais inquietas e tendem a dispersar, por esse motivo, reuniões sérias e importantes e não renderem o esperado. Em compensação, reuniões casuais, encontros nos bares serão altamente estimulantes e inspirarão novas idéias.

Lua quadrado Júpiter

Quando está sob esta influência, você é tomado por um desejo de romper pequenas regrinhas e obrigações que o mantêm permanentemente sob controle: dietas, horários, controle de despesas. Tente não se frustrar muito e permita fazer alguma coisa mais inconseqüente e que não traga muitos prejuízos. Isso vai lhe fazer bem. Evite aceitar compromissos que você já ache de antemão maçantes, eles parecerão insuportáveis.

Lua sextil Vênus

Bom no começo da manhã, o dia pode surpreendê-lo com romances e encontros amorosos. Demonstrações de afeto e carinho são muito bem recebidos. A beleza pode estar em pauta e os tratamentos estéticos são muito bem-sucedidos. Vale a pena se arrumar bem para ir a um encontro. Mesmo de negócios. Neste caso, a boa aparência causará excelentes efeitos. Faça gentilezas e será alvo de gentilezas.

Lua sextil Sol

Sob esta influência fica fácil encontrar o apoio e a compreensão das pessoas para se chegar a um consenso a respeito de qualquer assunto. Momento que beneficia a criatividade e os trabalhos em grupo, principalmente àqueles mais rebuscados intelectualmente. Bom momento para se expor, para colocar suas idéias e opiniões, especialmente numa reunião de trabalho. Apresentar trabalhos ou fazer palestras também estão favorecidos nesta noite.

Lua quadrado Urano

À noite uma situação inesperada pode provocar uma resposta emocional que foge do seu controle. Situações pressionantes e opressoras serão a gota d'água para romper com tudo e começar mais uma vez da estaca zero.

Dia 24 de Julho – Quinta-feira

Fase Lunar: Minguante
Lua no Signo: Gêmeos

Aspectos Diários da Lua	ENTRADA	EXATO	SAÍDA
Lua quadrado Marte	10h18	16h52	22h53
Lua trígono Netuno	15h01	21h01	02h59 (25/07)

Lua quadrado Marte

Não estranhe também se acordar com um pouco de mau humor e irritadiço com as pressões que vão surgir logo pela manhã. Acalme-se, tente não levar as coisas na *ponta da faca* e principalmente não se indisponha à toa com as pessoas. Aproveite o excedente de vitalidade despertado por estes planetas e *malhe*. Eis um bom uso desta energia. Adie as decisões mais importantes para amanhã, quando você estará menos inclinado a agir por impulso e na base da primeira coisa que lhe veio a cabeça.

Lua trígono Netuno

Momento mágico. Influência cósmica. Aqui é só deixar as coisas acontecerem naturalmente que tudo flui melhor. Abra mão do controle e deixe as coisas rolarem. Os resultados vão ser bastante significativos. Na relação afetiva pode rolar uma sintonia perfeita, é só você criar um clima de romance e de encantamento. Aproveite os bons fluidos.

Dia 25 de Julho – Sexta-feira

Fase Lunar: Minguante
Lua no Signo: Gêmeos
Lua Fora de Curso: Início – às 18h39

Aspectos Diários da Lua	ENTRADA	EXATO	SAÍDA
Lua oposição Plutão	01h57	07h54	13h50
Lua sextil Mercúrio	11h02	17h52	00h39 (26/07)
Lua sextil Júpiter	22h08	03h54 (26/07)	09h38 (26/07)

Lua oposição Plutão

Pela manhã, esta difícil influência trazida pela combinação de Lua e Plutão pode tornar este começo de sexta-feira um pouco pesado. Sentimentos mal resolvidos e emoções acumuladas podem explodir e prejudicar o relacionamento a ponto de colocá-lo em xeque. Evite provocar discussões e exigências de pessoas próximas, pois o clima está propício a dramas.

Lua sextil Mercúrio

Essa combinação planetária protege todas as formas de transação comercial, assinaturas de contratos e expedição de documentos. Aproveite para organizar papéis. Nunca lhe pareceu tão fácil. Uma boa hora para procurar objetos perdidos... e achá-los. Esta é uma boa hora também para descobrir alguma informação que seja normalmente difícil de se obter. Hoje, depois do expediente, o *happy hour* é uma boa pedida e é bem provável que seja bastante procurado.

Lua sextil Júpiter

Excelente combinação planetária para uma sexta-feira à noite. Um clima de aventura toma conta do seu ser. O desejo de se divertir é aumentado exponencialmente. Escolha o seu programa predileto, seja na companhia de amigos ou do seu par ideal. Festas, celebrações e eventos terão ótima repercussão e são ótimas opções para esta noite.

Dia 26 de Julho – Sábado

Fase Lunar: Minguante
Lua no Signo: Câncer – a partir das 08h24
Lua Fora de Curso: Término – às 08h24

Aspectos Diários da Lua	entrada	exato	saída
Lua trígono Urano	06h19	12h08	17h56
Lua conjunção Saturno	15h39	21h30	03h15 (27/07)
Lua trígono Marte	22h08	03h54 (27/07)	09h38 (27/07)

Lua em Câncer

Esta é uma Lua que provoca um humor emotivo nas pessoas. Pode se emocionar por qualquer coisa. Está *cheia da emoção*. É muito gratificante para um canceriano rever velhos amigos, estreitar laços com pessoas que de alguma forma fazem a sua história. Você tem saudades de reviver o passado. É tempo de muitas emoções, está muito mais sensível do que racional. Deve ter cuidado para não magoar e não ser magoado. Está carente e grato por *colo.* Nesses dias a qualidade canceriana imprime um estado de espírito mais introspectivo e reservado.

Lua trígono Urano

Facilidade para enxergar alternativas e flexibilidade para alterar planos e atitudes se as circunstâncias mudarem de uma hora para outra. Alta capacidade de improviso. Não vá com nada programado, deixe *pintar o clima* do momento e responda espontaneamente a ele. Criatividade, liberdade e ousadia para se dar passos novos, arriscar novas atividades, conhecer pessoas novas e experimentar outros caminhos. Todas as mudanças estão facilitadas.

Lua conjunção Saturno

Quando a Lua se aproxima de Saturno você se ocupa de questões mais sérias e deixa as frivolidades de lado. Pode sentir o peso da responsabilidade e recuar por não se achar pronto para determinados assuntos. Sob esta influência, prefere se recolher e ficar quieto em seu canto, deixando para outro momento as atividades sociais. Neste momento é difícil encontrar apoio e suporte das pessoas, seja porque elas não têm tempo disponível ou porque aos olhos delas suas dificuldades não passam de simples carência.

Lua trígono Marte

Já tarde da noite deste sábado, graças a essa combinação, tem excelente disposição, energia e ânimo para resolver em poucas horas assuntos que dependam exclusivamente da sua própria iniciativa, capacidade de decisão acentuada, que o ajuda a tomar atitudes e resolver pendências. Essa excelente influência planetária é responsável pelo dinamismo desta noite e pelo humor, que não se abate diante dos momentos que pedirão luta e pronta reação.

DIA 27 DE JULHO – DOMINGO

Fase Lunar: Minguante
Lua no Signo: Câncer

DIA 28 DE JULHO – SEGUNDA-FEIRA

Fase Lunar: Minguante
Lua no Signo: Leão – a partir das 17h17
Lua Fora de Curso: das 16h26 às 17h17

ASPECTOS DIÁRIOS DA LUA	ENTRADA	EXATO	SAÍDA
Lua conjunção Vênus	10h18	16h26	22h33
Lua conjunção Sol	21h57	03h54 (29/07)	09h48 (29/07)

Lua em Leão

Sob a influência da passagem da Lua pelo animado signo de Leão você fica mais tentado a ser feliz. Nesses dias deve reservar algumas horas para o lazer. Neste período, o confiante signo de Leão generosamente empresta a você um senso de singularidade e percebe como é único e especial. Uma sensação de alegria e o ânimo renovado tomam conta de você. Isso é particularmente importante para quem estiver se sentindo meio *down*. A contagiante energia de Leão tende a *levantar* as pessoas. Quando a Lua está em Leão, as pessoas ficam mais calorosas, extrovertidas e com um estado de espírito mais aberto.

Lua conjunção Vênus

Esta belíssima combinação vem presentear a sua segunda-feira, que vai ser atípica por causa disso. Sob esta influência as pessoas estão mais solícitas e receptivas, assim como mais atentas às necessidades das outras pessoas. Um toque de beleza e sedução *caem como uma luva*, principalmente para quem está a fim de encantar alguém... dificilmente essa pessoa conseguirá resistir. Quando a Lua encontra a Vênus formando um aspecto fluente, a interação social flui com mais facilidade. Use o seu charme e peça as coisas com jeitinho, que todos os seus favores serão atendidos. Os romances e os encontros amorosos são estimulados nesse período. Se você estava de olho em alguém... este é o momento!

Lua conjunção Sol

Deve aproveitar esta noite para refletir o que quer colocar em prática na sua vida no decorrer dos próximos 30 dias. Esta energia é muito propícia para plantar as sementes dos seus projetos que deseja concretizar. No relacionamento afetivo, o clima é de harmonia e as pessoas estão mais unidas, agindo como se fossem uma só.

Dia 29 de Julho – Terça-feira

Fase Lunar: Nova às 03h51
Lua no Signo: Leão

Lunação de Julho
Lua nova às 03h51, horário de Brasília
Lua nova no signo de Leão em 05°46'
Duração até a próxima lunação: 27/08/2003

Aspectos Diários da Lua	entrada	exato	saída
Lua oposição Netuno	09h42	15h09	20h33
Lua trígono Plutão	19h42	01h08 (30/07)	06h26 (30/07)

Lua oposição Netuno

Pode sentir um sono fora do comum nesta terça-feira. Bocejos aleatórios e incontroláveis serão muito comuns. Deve evitar atividades que exijam muita concentração, especialmente se houver algum tipo de risco envolvido, seja ele físico ou financeiro, porque a desatenção pode pôr tudo a perder.

Lua trígono Plutão

O tom desta noite é de mudança. A começar pela ligação harmônica entre Lua e Plutão, que favorece todas as formas de renovação, restauração e transformação. Tudo sem dor, sem drama, sem estresse. É mais fácil abrir mão de velhos hábitos, dependências e condicionamentos antigos quando se está sob a proteção desses planetas.

Lunação de Julho
Fase Lunar: Nova em 29/07/2003 às 03h52, horário de Brasília
Lua no Signo: 5°46' de Leão.
Vigência: até a próxima Lua nova em 27/08/2003

Chegou a vez da Lua nova em Leão. O cenário continua promissor protegendo principalmente o setor produtivo da economia.

Na casa 2 se encontra a Lua nova ladeada por planetas bastante benéficos: Vênus e Júpiter. Uma onda de prosperidade, crescimento e novos negócios agita a economia.

O inimigo a ser temido é Netuno – na casa 8 –, ameaçando desestabilizar o orçamento público devido a mau gerenciamento e gastos indevidos. É um excelente momento para concretizar projetos que já tinha em mente mas talvez faltassem os meios. Agora o dinheiro circula com mais abundância

Saturno bem posicionado na casa 1 desta lunação indica um período de estabilidade em geral e de autonomia para o país. Quem estava esperando uma boa hora para começar um negócio próprio ou para trabalhar como autônomo deve encontrar motivos suficientes para fazê-lo agora.

O setor das exportações continua em uma excelente fase graças à dinâmica e renovadora presença de Urano e Marte na casa 9. Novos produtos com certeza devem disputar – com sucesso – o mercado internacional.

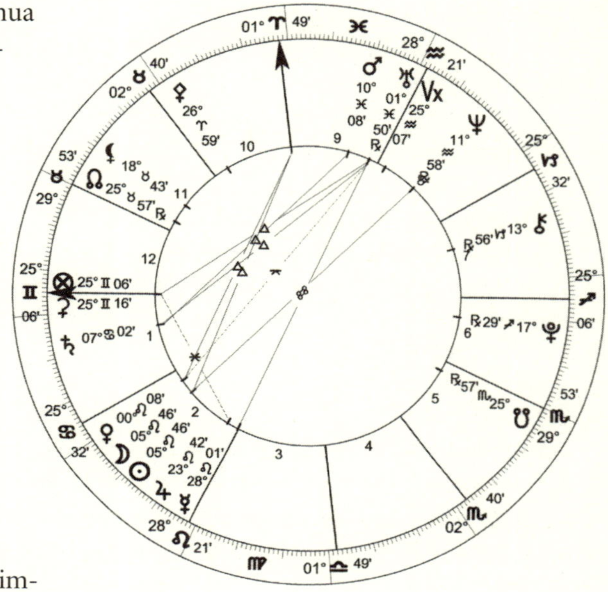

Esta lunação é sobretudo benéfica para os nascidos no primeiro decanato nos signos de Leão e Aquário. Estão tencionadas por ela os que nasceram nos primeiros decanatos dos signos de Touro e Escorpião. Bom mês para os leoninos usarem todo o entusiasmo, autoconfiança e alegria de viver – típicos deles – para imprimir uma nova direção em suas vidas. Este é um ponto de partida muito fértil. Idéias, sementes plantadas aqui germinarão com muito brilho ao longo do mês. Todos podem aproveitar a Lua nova no signo de Leão para estimular as qualidades deste signo: exuberância, auto-estima, generosidade e um coração valente.

Dia 30 de Julho – Quarta-feira

Fase Lunar: Nova
Lua no Signo: Virgem – a partir das 23h27
Lua Fora de Curso: das 12h47 às 23h27

Aspectos Diários da Lua	ENTRADA	EXATO	SAÍDA
Lua conjunção Júpiter	07h20	12h47	18h12
Lua conjunção Mercúrio	19h01	00h59 (31/07)	06h55 (31/07)
Lua oposição Urano	21h17	02h35 (31/07)	07h51 (31/07)

Lua em Virgem

Sob a influência da passagem da Lua pelo criterioso signo de Virgem as pessoas ficam com um estado de espírito mais tímido, mais reservado e mais racional. Nesses dias, as pessoas estarão mais solícitas e prestativas, logo será mais fácil conseguir o apoio das pessoas, principalmente na área profissional. Se precisar de ajuda ou de um conselho racional para um problema que o está atormentando emocionalmente, não há melhor período para receber dicas eficazes e práticas para solucioná-los. Durante a passagem da Lua pelo pragmático signo de Virgem não é o momento para se ocupar com sonhos, devaneios, delírios e *papo furado,* o melhor aqui é adotar uma conduta realista e prática.

Lua conjunção Júpiter

A manhã está propícia para exercícios, caminhadas e longos passeios. Abrigue apenas pensamentos e sentimentos positivos. Lembre-se de alguém de que você goste muito, ou de uma situação benéfica que você viveu e absorva este espírito e passe uma linda manhã. Você pode estar criando sem saber uma cadeia vibratória que permitirá que muita coisa boa chegue até você. Exercite a fé.

Lua conjunção Mercúrio

Esta influência deixa a sua mente mais ágil, pensando com rapidez e encontrando saídas para qualquer situação que se apresente. Consegue também se expressar de forma mais incisiva, convencendo os outros a respeito de suas opiniões. Por outro lado, esta combinação também provoca uma grande agitação, correria e ansiedade.

Lua oposição Urano

A noite desta quarta-feira promete ser agitada. Muitos imprevistos fazem cancelar programas, aceitar compromissos de última hora e mudar completamente suas previsões. A energia desta noite é de aceleração, liberdade e flexibilidade para o que quer que apareça. Não force ninguém a fazer o que não quer. Não deixe ninguém forçá-lo a fazer o que não quer. É melhor cada um ficar solto com espaço e tempo para fazer o que bem entende. Uma inquietação maior pode atrasar o sono.

Dia 31 de Julho – Quinta-feira

Fase Lunar: Nova
Lua no Signo: Virgem

Aspectos Diários da Lua	entrada	exato	saída
Lua sextil Saturno	07h02	12h21	17h40
Lua oposição Marte	11h58	17h13	22h27

Lua sextil Saturno

A manhã está bastante produtiva e você consegue executar com eficiência as tarefas agendadas. Tudo está dentro da ordem e do previsto, o que sempre causa uma sensação de conforto e segurança. Por todo o dia desta quinta-feira você fica sob a influência harmônica desses dois planetas, fazendo com que ponha em prática tudo o que foi planejado. Tudo o que for decidido neste momento tem a marca da perseverança e simplesmente consegue se manter fiel ao que promete para si mesmo.

Lua oposição Marte

À tarde o clima começa a ficar mais agitado. É melhor sair, dar uma volta, despender um pouco da energia acumulada e esfriar a cabeça. Sob esta influência planetária qualquer coisa irrita-o e o faz reagir de uma maneira automática sem pensar nas conseqüências. Neste caso, esqueça o primeiro impulso, ele será o pior conselheiro. Melhores momentos virão para você resolver as coisas com mais inteligência e numa oportunidade melhor. Sem causar danos a si próprio ou aos outros.

CALENDÁRIO LUNAR DE

Agosto

dom	seg	ter	qua	qui	sex	sáb
					1 NOVA lua VIR	**2** NOVA 03h48 lua LIB
3 NOVA lua LIB	**4** NOVA lua ESC 07h13	**5** CRESCENTE 04h26 lua ESC	**6** CRESCENTE lua SAG 10h11	**7** CRESCENTE lua SAG	**8** CRESCENTE lua CAP 13h03	**9** CRESCENTE lua CAP
10 CRESCENTE lua AQU 16h24	**11** CRESCENTE lua AQU	**12** CHEIA 01h48 lua PEI 21h20	**13** CHEIA lua PEI	**14** CHEIA lua PEI	**15** CHEIA lua ARI 05h01	**16** CHEIA lua ARI
17 CHEIA lua TOU 15h53	**18** CHEIA lua TOU	**19** MINGUANTE 21h47 lua TOU	**20** MINGUANTE lua GEM 04h41	**21** MINGUANTE lua GEM	**22** MINGUANTE lua CAN 16h45	**23** MINGUANTE lua CAN
24 MINGUANTE lua CAN	**25** MINGUANTE lua LEO 01h49	**26** MINGUANTE lua LEO	**27** NOVA 14h24 lua VIR 07h27	**28** NOVA lua VIR	**29** NOVA lua LIB 10h41	**30** NOVA lua LIB
31 NOVA lua ESC 13h00						

Céu do Mês

O Sol avançando no seu território favorito – signo de Leão – não se cansa de brilhar. Todos se sentem mais autoconfiantes e vivos sob a sua luz. A vida parece mais generosa. A melhor conduta para se ter diante de qualquer situação é de dignidade. Leão agradece.

Colado em Vênus, por todo o mês de agosto, o prazer de viver fica ainda mais intenso. Curtir, fazer o que se gosta, realizar-se material e amorosamente é com essa dupla mesmo. Um excelente momento para o amor e para se enxergar com extrema lucidez oportunidades financeiras. Na primeira semana do mês infelizmente Netuno vem atrapalhar um pouco essa festa. Não é incomum sentir indolência e uma vontade de simplesmente fugir dos problemas, deixar todas as providências para depois... para os outros... para a Providência...

Entre os dias 7 e 16, no entanto, Sol e Plutão resgatam energia, ânimo e disposição. Há um aumento de poder para pessoas que ocupam posições de poder e precisam dele. Conseguem forças para perseguir objetivos que em outras épocas não teriam nem coragem de desejar.

Sol e Júpiter, numa aliança embatível – na metade do mês –, torna tudo tão possível e claro graças ao aumento da sorte, da fé e da prosperidade. Do dia 24 até ao final do mês é hora do Sol iluminar o signo de Virgem e nesta posição favorecer todas as pequenas tarefas e obrigações. Você vai botar a vida em dia, arrumar a casa, organizar a agenda e cuidar da saúde.

O Sol continua no *tête-à-tête* com Vênus, que também se juntou a ele no dia 22. Tratamentos de beleza são altamente beneficiados. E o cuidado com a alimentação é visivelmente adotado. O convívio com a natureza passa a ser uma fonte incomparável de prazer.

Sob Virgem, os prazeres são simples! A indústria de medicamentos e o setor de saúde recebem especial benefício. Produtos naturais são muito mais procurados. Campanhas ligadas a ecologia, limpeza urbana, saneamento básico e coleta seletiva de lixo têm grande êxito. Afinal, Virgem é o signo mais preocupado com limpeza e preservação da natureza.

Marte e Urano – muito próximos – complicam a atuação do Sol lançando uma tensa oposição. Tensão é o resultado! Um corre-corre, mudanças de última hora, cancelamentos, adiamentos obrigam-no a improvisar o tempo todo e a ter que alterar planos e horários. Acidentes são mais comuns sob essa eletrizante influência. Muito cuidado ao lidar com eletricidade ou instalações elétricas. Sobrecargas podem causar curtos-circuitos e interrompimentos de energia. Esta é uma combinação que facilmente causa rupturas. Não as provoque.

A boa notícia é que Júpiter também entra no signo de Virgem, no dia 28 de agosto, juntando-se ao Sol, Mercúrio e Vênus. Esta constelação é sempre protetora e promissora. Júpiter permanecerá no signo de Virgem até setembro de 2004. Neste segundo semestre de 2003 está disposto a prestar os seus melhores serviços para os nascidos nos dois primeiros decanatos dos signos da terra: Virgem, Touro e Capricórnio. Aproveitem!

Mercúrio, completamente à vontade em seu domicílio no signo de Virgem, ensina-o a pensar prático. Nunca será tão capaz de pôr ordem nas idéias e atenção aos pequenos detalhes. Tarefas são minuciosamente bem cumpridas.

Uma oposição de Urano logo na primeira semana do mês deixa-o um pouco aturdido. Interrupção nas comunicações, falhas no sistema, celulares fora do ar, acidentes que desviam o trânsito, incidentes que modificam horários de ônibus e aviões atrapalham seus planos de organizar as tarefas e pôr tudo em dia. Deve-se contar com mudanças de opinião de última hora ou negociações de acordos e contratos que pareciam fechados. *C'est la vie!*

Em seguida, é a vez de Marte também se opor aos planos de Mercúrio, entre os dias 7 e 10. Imprudência ao dirigir pode causar acidentes perfeitamente evitáveis. Se estiver irritado, não dirija. Esta combinação astrológica é a mais propensa à irritação, pressa e tomadas de decisões erradas. É muito difícil conseguir adesão e convergência de opinião. Nem tente!

Graças aos céus, Saturno e seu habitual bom senso aconselha Mercúrio nos dez primeiros dias do mês. Com essa assessoria, pode perfeitamente ser racional e pensar na maneira mais produtiva, lógica e funcional de resolver qualquer questão. Que tal começar botando papéis e documentos em ordem? Esta é uma tarefa exemplar para essa dupla. Depois do dia 10 até o dia 16 Plutão vem perturbar a trajetória de Mercúrio. As palavras ganham o risco de uma arma disparada sem alvo. Cuidado com o que você fala e para quem você fala. Guarde os assuntos sigilosos para você. Verifique as informações e os comentários que receber. Podem ser falsos e mal-intencionados. Renove seguros e guarde com cuidado objetos de valor – principalmente veículos –, pois esta combinação é propícia a roubos, prejuízos e perdas.

Bem no final do mês – do dia 29 até o dia 20 de setembro – Mercúrio ingressa de novo em movimento retrógrado, prejudicando o uso dos meios de comunicação, meios de transportes, recebimento e envio de informações e fazendo com que negociações, acordos e contratos sofram muitas idas e vindas e discussões infindáveis de pormenores.

Vênus no signo de Leão até o dia 22 recebe uma oposição de Netuno – do dia 6 ao dia 10 –, fazendo com que cometa enganos facilmente na condução do dinheiro e de negócios em que seja leigo. Melhor não arriscar. Os romances também podem ser fontes de enganos e desilusões, devido a sentimentos que foram suscitados por fantasia e não por uma real avaliação das circunstâncias. Felizmente, a partir do dia 10 até o dia 16 Plutão vem ao encontro da Vênus e promove muitos reencontros, aprofundamento e reconciliações amorosas. Também é salvo de maus passos na vida material e tem a chance de se recuperar de eventuais prejuízos e resgatar fontes de ganhos. A partir do dia 18 e prosseguindo mesmo depois que Vênus entra no signo de Virgem – depois do dia 23 – é agraciado pela mais auspiciosa combinação celeste: Vênus e Júpiter. Amor, prazer, prosperidade são os votos desta generosa dupla.

Marte e Urano, ainda muito próximos no céu, desafia Vênus na última semana de agosto, podendo trazer rupturas no orçamento e despesas para as quais não estava preparado. É bom não estar com as contas no limite. Os relacionamentos também podem sofrer um impacto inesperado e serem duramente conturbados por circunstâncias e atitudes totalmente imprevistas. A tolerância é menor. Portanto, alivie a pressão!

Mais uma vez Saturno vem prestar auxílio a Vênus e fazê-lo sensatamente dar valor aos relacionamentos duradouros e consistentes. Também de quebra dá uma mãozinha na organização e replanejamento das finanças. Com calma e bom senso tudo tem jeito, avisa ele!

Júpiter já em Virgem na última semana do mês tem um complicado encontro com Urano. Nada bom para o mercado financeiro. Há muito mais risco no risco, avisam eles!

Posições Diárias da Lua

Dia 1 de Agosto – Sexta-feira

Fase Lunar: Nova
Lua no Signo: Virgem
Lua Fora de Curso: Início – às 06h02

Aspectos Diários da Lua	ENTRADA	EXATO	SAÍDA
Lua quadrado Plutão	00h49	06h02	11h14

Lua quadrado Plutão

Esta sexta-feira começa com uma difícil influência trazida pela combinação de Lua e Plutão que pode tornar esta manhã um pouco pesada. Não deixe que uma reação exagerada baseada em mágoas passadas e rancores que não foram digeridos contamine uma situação que esteja acontecendo agora. Ela não tem nada a ver com o que aconteceu antes. Separe as coisas.

Dia 2 de Agosto – Sábado

Fase Lunar: Nova
Lua no Signo: Libra – a partir das 03h48
Lua Fora de Curso: Término – às 03h48

Aspectos Diários da Lua	ENTRADA	EXATO	SAÍDA
Lua sextil Vênus	07h41	13h21	18h59
Lua quadrado Saturno	14h33	20h11	01h41 (03/08)
Lua sextil Sol	15h59	21h31	03h03 (03/08)
Lua trígono Netuno	19h03	00h09 (03/08)	05h17 (03/08)

Lua em Libra

Sob esta influência as pessoas sentem-se com maior disposição para fazer acordos justamente porque fica mais fácil chegar a um equilíbrio nas diferenças. É aconselhável que se opte por uma atitude sempre mais diplomática e educada diante de qualquer constrangimento que se apresente.

Caprichar na aparência, vestir-se bem e apresentar-se com todo charme e sedução é a melhor forma de agradar as pessoas quando a Lua transita neste estético signo de ar. Simples expressões como: bom-dia, boa-tarde, obrigado e com licença causam um efeito encantador e aumentam as suas chances de sucesso quando a Lua passa no cordial signo de Libra.

Lua sextil Vênus

Esta belíssima combinação Lua-Vênus vem presentear este sábado, beneficiando todas as atividades de prazer e divertimento, e propiciando alegria, sedução e satisfação nos afetos. Queira bem! Esta influência também protege todos os assuntos ligados a dinheiro, principalmente até o começo desta tarde.

Lua quadrado Saturno

Para aqueles que o sábado ainda é dia de *pegar no batente* é melhor não sair de casa em cima da hora, do contrário chegará atrasado ao trabalho, seja porque a sua condução o deixou na mão ou porque o trânsito está engarrafado. Evite deixar tudo para última hora, porque assim você corre o risco de não conseguir fazer o que havia programdo para hoje.

Lua sextil Sol

Aspecto próprio da Lua crescente, em que encontra segurança, clareza e confiança para perseguir os objetivos sem precisar forçar a sua natureza para realizá-los. Há uma perfeita harmonia entre as partes, você e o outro, o interno e o externo. Revele as suas intenções, se quiser que algo aconteça. O universo conspira a favor. Esta combinação vai proporcionar grandes benefícios para os encontros entre os casais nesta noite. Faça bom uso desta magnífica energia.

Lua trígono Netuno

Esta combinação planetária sempre deixa as pessoas mais sensíveis e capazes de perceber e respeitar a sensibilidade dos outros. Neste dia será mais fácil conseguir a colaboração das pessoas e fazer com que elas ajam por você por meio de seus sentimentos mais nobres. Faça o mesmo. Esteja atento às provas e aos sinais sutis que o universo vai enviar. Você pode estar recebendo uma indicação preciosa do melhor caminho a seguir, ou uma *lição* sobre alguma coisa que você precisa corrigir para que melhores resultados ocorram. Abra a alma para recebê-las.

Dia 3 de Agosto – Domingo

Fase Lunar: Nova
Lua no Signo: Libra
Lua Fora de Curso: Início – às 22h34

Aspectos Diários da Lua	Entrada	Exato	Saída
Lua sextil Plutão	04h34	09h42	14h49
Lua sextil Júpiter	18h49	00h16 (04/08)	05h41 (04/08)

Lua sextil Plutão

É um excelente dia para se aproximar mais estreitamente de alguém. Prefira os encontros íntimos aos sociais. Dará mais resultado. Uma dica: se estiver com alguém, esteja presente de corpo e alma. Completamente. Por inteiro. É a única maneira de um relacionamento funcionar bem sob a proteção desta influência planetária.

Lua sextil Júpiter

A noite é brindada com esta influência planetária que costuma ser portadora de boa sorte. O que depender de uma resposta favorável, dará certo. Tente agora. Tudo prospera e se propaga sob esta combinação. Tente ser portador de boas notícias, de estímulo e de encorajamento para quem precisar. Você será recompensado por ter dado esta *injeção de ânimo.*

Dia 4 de Agosto – Segunda-feira

Fase Lunar: Nova
Lua no Signo: Escorpião – a partir das 07h13
Lua Fora de Curso: Término – às 07h13

Aspectos Diários da Lua	ENTRADA	EXATO	SAÍDA
Lua trígono Urano	04h51	09h57	15h00
Lua sextil Mercúrio	14h33	20h10	01h41 (05/08)
Lua trígono Saturno	15h23	20h32	01h49 (05/08)
Lua quadrado Vênus	15h59	21h33	03h06 (05/08)
Lua trígono Marte	18h51	23h57	05h00 (05/08)
Lua quadrado Netuno	22h08	03h16 (05/08)	08h20 (05/08)
Lua quadrado Sol	22h58	04h28 (05/08)	09h56 (05/08)

Lua em Escorpião

A natureza profunda do signo de Escorpião beneficia trabalhos, tarefas e estudos que exijam concentração, pesquisa e investigação. Ideal para mergulhar em tarefas que envolvam assuntos pelos quais você é apaixonado. Não se dará conta de as horas passarem! Devido à natureza radical deste signo, é muito produtivo aprofundar assuntos que só conhece superficialmente e *meter a cara* nos estudos. Sucesso nas atividades que envolvam restauração, consertos, detetização, reformas e mudanças de toda espécie. Ideal para fazer arrumações e jogar coisas fora. Também para achar coisas perdidas, descobrir endereços, informações e serviços impossíveis de se encontrar! Aproveite bem esta passagem da Lua pelo signo de Escorpião, porque esta é uma boa oportunidade para ficar mais íntimo de alguém e aprofundar os laços e sentimentos.

Lua trígono Urano

Está menos complicado abandonar hábitos indesejáveis e cortar vínculos, sentimentos e situações que não mais deseja cultivar. Se você quiser pôr no esquecimento alguém ou algum assunto e não tinha êxito, esta é a hora de fazê-lo. Situações repentinas surgem, entretanto você vai encontrar o apoio necessário para resolvê-las.

Lua sextil Mercúrio

Bom para transações comerciais, contratos, aluguéis e negociações em geral. Compra de equipamentos, máquinas e carro também estão protegidas sob a boa influência deste aspecto. Viagens e deslocamentos facilitados. Com essa influência é *fácil, fácil* conseguir informações, dados, contatos e entrevistas que normalmente não são tão acessíveis. Estudos, cursos, concursos e testes de conhecimento são muito positivos neste dia. Diálogos e todas as formas de comunicação são mais bem-sucedidas quando esta influência planetária está vigente.

Lua trígono Saturno

A perseverança, a paciência e a disciplina de Saturno serão suas aliadas para enfrentar de forma mais produtiva as circunstâncias precipitadas pela energia uraniana. Saturno, cronômetro do tempo, sabe muito bem a melhor hora de agir, controlando os seus impulsos, para canalizá-los no momento mais apropriado. Uma boa estratégia facilita o alcance de um objetivo. Sob esta influência, deve ser objetivo e fazer uso do bom senso, para priorizar o que for mais importante.

Lua quadrado Vênus

Só deseja fazer o que gosta e o que não envolva custo muito alto. Quem está em dieta terá mais dificuldade em resistir às tentações da gula. Quem é consumidor compulsivo terá mais dificuldade de resistir às tentações de comprar tudo que as vitrines oferecem. Para os que estão carentes, este dia aumenta a necessidade de companhia, de carinho e de se sentir amado. Mas nem sempre serão compreendidos ou atendidos. Pode sofrer frustrações esperando mais atenção e afeto do que podem oferecer. Hoje, só deseja o que é bom e agradável.

Lua trígono Marte

Sob esta influência recebe uma dose extra de energia, tendo assim a disposição e o entusiasmo necessários que exijam pique, coragem e ousadia. Beneficia especialmente os trabalhos que possam ser executados com maior autonomia. À noite, encontros marcados de última hora ou aceitos de forma impulsiva trarão o clima de aventura que esta influência sugere.

Lua quadrado Netuno

Felizmente esta combinação só nos *pega* já tarde da noite. O sono virá fácil e reconfortante. Preste atenção nos sonhos desta noite, eles podem parecer confusos mas trazem mensagens muito significativas. Você poderá acordar *mexido* por causa delas. Tente entender essas emoções. Você se sentirá melhor. Algo que você vem há muito tempo desejando será vivido intensamente esta noite – através de um sonho.

Lua quadrado Sol

Os pares essenciais arquetípicos – Sol e Lua – encontram-se em posição desarmônica. Pode-se esperar um conflito maior entre os casais e uma rivalidade entre parceiros, com mais dificuldade de as pessoas chegarem a acordos e consensos. Não é um bom momento para reconciliações ou conversas mais difíceis em que é preciso um nível maior de entendimento e de compreensão.

Dia 5 de Agosto – Terça-feira

Fase Lunar: Crescente às 04h26
Lua no Signo: Escorpião

Aspectos Diários da Lua	ENTRADA	EXATO	SAÍDA
Lua quadrado Júpiter	21h12	02h26 (06/08)	07h32 (06/08)

Lua quadrado Júpiter

Quando estamos sob esta influência é perseguido por um sentimento indefinido de insatisfação. Tudo à sua volta pode parecer... pouco. Quer mais... não sabe bem o quê. Há também uma tendência a criar expectativas em relação a pessoas e a situações maiores do que elas se apresentam.

Dia 6 de Agosto – Quarta-feira

Fase Lunar: Crescente
Lua no Signo: Sagitário – a partir das 10h11
Lua Fora de Curso: das 02h22 às 10h11

Aspectos Diários da Lua	entrada	exato	saída
Lua quadrado Urano	07h42	12h47	17h51
Lua quadrado Marte	21h26	02h28 (07/08)	07h31 (07/08)
Lua quadrado Mercúrio	22h35	04h13 (07/08)	09h47 (07/08)

Lua em Sagitário

Quando a Lua passa pelo expansivo signo de Sagitário, devem procurar meios de crescer profissionalmente e abrir os horizontes para expectativas e desafios que os façam evoluir. Cursos, estudos e concursos estão beneficiados. Ousar sair da rotina trará mais êxito do que o cumprimento de tarefas comuns. Atividade de rua, visita a clientes e contatos em geral são uma forma produtiva de utilizar o tempo de trabalho nesses dias. O espírito de aventura, a ousadia e a extroversão – todas fortes características sagitarianas – favorecem os flertes, as paqueras e os romances mais leves, onde têm folga, espaço e liberdade. Nos relacionamentos estáveis é recomendável explorar novidades, um pouco de aventura e muita alegria para tornar o convívio mais estimulante.

Lua quadrado Urano

Esta combinação causa ansiedade, inquietação e agitação. Nada sai como previsto. Os imprevistos obrigam-no a alterar os planos na última hora, o que gera correria e tensão. Vontade de largar tudo, tirar folga, sair de férias, atinge a vida afetiva e também os compromissos sociais e familiares.

Lua quadrado Marte

À noite o clima estará mais agitado. Uma inquietação maior pode atrasar o sono. Você deve estar querendo resolver uma questão que vem lhe incomodando de qualquer maneira. Esqueça isso. É pura ansiedade.

Lua quadrado Mercúrio

Se você não quiser que assuntos seus não sejam prejudicados por interferência alheia e externa, fique calado, divulgue apenas o necessário e o que tiver sido confirmado. Informações levianas passadas neste momento costumam custar caro. Ter mil idéias, se atropelar no meio do caminho e não fazer nem a metade é outra típica conseqüência desta instável influência planetária.

Dia 7 de Agosto – Quinta-feira

Fase Lunar: Crescente
Lua no Signo: Sagitário

Aspectos Diários da Lua	entrada	exato	saída
Lua trígono Vênus	00h11	05h19	10h53
Lua sextil Netuno	00h57	06h02	11h08
Lua trígono Sol	05h35	11h02	16h29
Lua conjunção Plutão	10h31	15h35	20h40

Lua trígono Vênus

Bom dia. Predisposição afetuosa das pessoas. Bom humor. Favorece a aproximação entre pessoas. Romance e sedução no ar. No trabalho, na medida do possível, dê preferência às atividades de que você goste particularmente de fazer. Capriche na apresentação estética dos seus trabalhos e na sua apresentação pessoal. Isso renderá uma simpatia extra.

Lua sextil Netuno

A manhã está cordial e as pessoas compreensivas e colaboradoras. Uma série de acasos e coincidências felizes dá um empurrãozinho para que as coisas se encaixem e aconteçam da melhor maneira possível. Tente fazer contato com uma pessoa dos seus sonhos... milagres podem acontecer.

Lua trígono Sol

Relacionar-se com grupos e amigos é particularmente proveitoso neste período. Você é capaz de entender as necessidades das outras pessoas sem perder de vista o reconhecimento dos seus próprios desejos. Relações com o sexo oposto estão beneficiadas. Está capaz de fazer amizades e estabelecer uma verdadeira comunicação emocional com os outros em bases realistas, sólidas e duradouras.

Lua conjunção Plutão

Ânimo predisposto à transformação. As atividades ligadas ao campo de restauração e reforma estão particularmente beneficiadas. Se você está passando por uma crise afetiva, perdoar, limpar as mágoas e tocar para a frente é o melhor que tem à fazer. Não adianta nada ficar acumulando ressentimentos.

Dia 08 de Agosto – Sexta-feira

Fase Lunar: Crescente
Lua no Signo: Capricórnio – a partir de 13h03
Lua Fora de Curso – 06h01 às 13h03

Aspectos Diários da Lua	ENTRADA	EXATO	SAÍDA
Lua trígono Júpiter	00h51	06h01	11h11
Lua sextil Urano	10h27	15h31	20h36
Lua oposição Saturno	22h02	03h11 (09/08)	08h23 (09/08)

Lua em Capricórnio

No trabalho, estudos e tarefas, o clima geral é de produtividade. A eficiência aumenta e a concentração também. Excelente momento para organizar, fazer planos de longo prazo e estabelecer estratégias e medidas concretas para realizá-las. A compra de bens duráveis, cortes no orçamento, medidas de organização e o setor que lida com colocação de empregos estão em alta nesses dias. Quando a Lua transita pelo signo de Capricórnio as emoções ficam mais frias. O clima de romantismo arrefece e as demonstrações de afeto são mais tímidas. No entanto, é o melhor momento para botar a cabeça no lugar – baixar o sentimentalismo e avaliar em termos práticos o que a relação oferece de sólido e concreto.

Lua trígono Júpiter

Esta sexta-feira começa em alto-astral. Aos que são adeptos, uma caminhada ou exercícios em lugares abertos darão ânimo para cumprir com todos os compromissos desse dia. Há uma espécie de sorte no ar, fazendo com que tudo se resolva de forma mais fácil. Pode ser surpreendido com benefícios ou com a generosidade das pessoas; também deve se portar de forma generosa se precisarem da sua ajuda ou de uma palavra de estímulo.

Lua sextil Urano

Abertos a novidades, você está disposto a começar o dia deixando para trás o que o aborrece e tomando atitudes que mudem alguma coisa em suas vidas. Facilidade para romper hábitos e livrar-se de pessoas e circunstâncias restritivas. Ideal para experimentar um programa diferente e cancelar compromissos chatos. Permita-se fazer só o que você quer – experimente esta liberdade.

Lua oposição Saturno

Aquele encontro que você havia programado e estava ansiando por ele pode ser cancelado no último minuto. Sob esta combinação, as pessoas se sentem mais avessos à vida social e ao contato com os outros. É mais difícil encontrar apoio e carinho das pessoas a seu redor quando o céu arma esta desafiante influência. É melhor ficar cada um na sua, fazendo a parte que lhe cabe e de preferência contando consigo mesmo. Momentos mais íntimos e mais afetuosos virão depois.

Dia 9 de Agosto – Sábado

Fase Lunar: Crescente
Lua no Signo: Capricórnio
Lua Fora de Curso – Início: às 11h57

Aspectos Diários da Lua	ENTRADA	EXATO	SAÍDA
Lua sextil Marte	00h01	04h57	10h01
Lua trígono Mercúrio	06h22	11h57	17h23

Lua sextil Marte

Neste sábado você acorda com pique total e com a energia renovada. Atividades físicas, exercícios e a prática de esporte serão muito bem-vindos nesta manhã e encarados como recreação e não como obrigação. Comprar carro ou levar o seu para uma revisão ou conserto também vai ser de grande valia nesta manhã. Qualquer atividade que exija um grande dispêndio de energia física está sendo beneficiada por esta influência planetária.

Lua trígono Mercúrio

O comércio será favorecido especialmente se estiver ligado ao entretenimento, diversão e lazer. Também pode esperar um bom movimento no comércio de hortifrúti e pescados nas feiras que atendem aos consumidores. Os digitadores e quem trabalha nas telecomunicações também terão um turno de trabalho tranqüilo.

Dia 10 de Agosto – Domingo

Fase Lunar: Crescente
Lua no Signo: Aquário – a partir das 16h24
Lua Fora de Curso: Término – às 16h24

Lua em Aquário

Atividades que estimulem a convivência em grupo, que reúna um grande número de pessoas e que tenham um apelo criativo e arrojado serão as mais procuradas. Dê preferência aos ambientes espaçosos e ao ar livre. Nada de grude e cobranças. Dê liberdade e se dê liberdade. Isto tornará a relação mais estimulante. Numa paquera, tente uma abordagem ousada. Dê preferência a conhecer novas pessoas em vez de insistir em histórias que nunca mudam. Ótimos dias para se dar uma virada na vida afetiva e surpreender alguém que pensava que você nunca seria capaz disto. Busque as novidades no seu setor de trabalho e se atualize. A rotina e a repetição das tarefas não serão muito produtivas. É melhor criar! Nesses dias experimente algo diferente. Apresente idéias e projetos novos.

Dia 11 de Agosto – Segunda-feira

Fase Lunar: Crescente
Lua no Signo: Aquário

Aspectos Diários da Lua	Entrada	Exato	Saída
Lua conjunção Netuno	07h22	12h36	17h52
Lua oposição Vênus	16h29	22h18	03h59 (12/08)
Lua sextil Plutão	17h23	22h40	04h09 (12/08)
Lua oposição Sol	20h06	01h49 (12/08)	07h43 (12/08)

Lua conjunção Netuno

Sensibilidade aguçada. Com a intuição apurada, você é capaz de perceber o que se passa no mundo invisível e de antever o que está reservado para um futuro próximo. É pura clarividência que esta combinação proporciona. Não deve ter medo de certas revelações, e sim ter a capacidade de interpretar corretamente as mensagens.

Lua oposição Vênus

Esta combinação traz a necessidade de compensar algum tipo de falta de gratificação, por isso está mais propenso a consumir de forma impulsiva, seja comprando supérfluos ou gastando mais do que pode. Ser gentil e diplomático neste período atrai resultados positivos, assim como a colaboração de outras pessoas para ajudá-lo nas tarefas mais extenuantes. A tendência é tentar escapar das tarefas mais difíceis. Pode sentir ciúmes se for preterido em relação a alguém, mesmo que seja no ambiente de trabalho, não precisa ser necessariamente numa questão afetiva.

Lua sextil Plutão

Esta combinação vem para recuperar o terreno perdido neste dia. Tudo aquilo que acumulou durante o dia e parecia não ter mais fim, com a entrada dessa revigorante energia você vai ter disposição para concluir essas pendências até o final do expediente. Sob esta influência, pôr um ponto final naquilo que o incomoda. À noite, dedicar-se de corpo e alma na relação afetiva proporcionará momentos inesquecíveis.

Lua oposição Sol

Este é o aspecto típico da Lua cheia. Sempre nesta oposição há uma tendência maior a conflitos e confrontos. Mas também é uma forte energia de complementaridade e colaboração. Deve sempre, sob esta combinação, procurar parceiros para fazer o que quer que seja. É uma energia avessa à solidão. Intimamente pode se sentir dividido entre os seus sentimentos e necessidades emocionais e aquilo que a sua consciência e lucidez manda-o fazer. Essa é uma dura batalha.

Dia 12 de Agosto – Terça-feira

Fase Lunar: Cheia às 01h48
Lua no Signo: Peixes – a partir das 21h20
Lua Fora de Curso – das 15h36 às 21h20

Lunação de Agosto
Lua cheia à 01h48, horário de Brasília
Lua cheia no signo de Aquário em 19°05'
Duração até a próxima lunação: 27/08/2003

Aspectos Diários da Lua	entrada	exato	saída
Lua oposição Júpiter	10h08	15h37	21h05
Lua conjunção Urano	18h15	23h39	05h05 (13/08)

Lua em Peixes

Todas as atividades que envolvam água ou praticadas em ambientes perto de água são beneficiadas. Tudo que faz sonhar e esquecer um pouco a dura realidade é muito procurado: ir ao cinema, dançar, ouvir música, assistir a shows, etc. Um clima idílico, mágico e romântico aproxima as pessoas. A imaginação pode ser uma grande aliada para pensar numa forma de atrair alguém que você ama. Para os apaixonados, este é um grande momento. Maior facilidade para compreender e entrar em sintonia com seu parceiro.

Lua oposição Júpiter

Sob esta influência você é tomado por uma certa indolência, por isso provavelmente negligenciará tarefas extenuantes, deixando-as para um outro dia. Deve ter cuidado com a euforia, para não se exceder nas compras, seja comprando algo extravagante que as pessoas não vão usar e deixar esquecido no fundo de um armário qualquer.

Lua conjunção Urano

Excelente momento para cortar hábitos, pessoas e sentimentos que você percebe que só empatam a vida. Imprevistos de última hora podem forçá-lo a mudar compromissos e acabar aceitando situações de improviso. Nada sai como esperado ou combinado. Relaxe portanto e viva o momento.

DIA 13 DE AGOSTO – QUARTA-FEIRA

Fase Lunar: Cheia às 16h21
Lua no Signo: Peixes

ASPECTOS DIÁRIOS DA LUA	ENTRADA	EXATO	SAÍDA
Lua conjunção Marte	07h38	13h02	18h28
Lua trígono Saturno	07h48	13h20	18h54

Lua conjunção Marte

Uma certa irritação, sem nenhuma explicação aparente, pode ocorrer nesta manhã. Isso acontece quando está sob a influência desta bélica energia. O melhor a fazer é ir à luta. Arrume um motivo para lutar por ele, pois é a melhor forma de você canalizar esta energia.

Lua trígono Saturno

Você está comprometido com o trabalho e a produção. Se precisar de ajuda, deve buscar a colaboração de pessoas experientes. Com paciência e perseverança, consegue ultrapassar as adversidades que se apresentam. Quando sob esta inflência, tem uma visão sóbria e realista da vida.

Lunação de Agosto

Fase Lunar: Cheia em 12/08/2003 à 01h47, horário de Brasília
Lua no Signo: 19º 05' de Aquário

O mapa da lunação analisado para a Lua cheia de Aquário traz a oposição entre o Sol no signo de Leão e a Lua no signo de Aquário ocupando as casas 3 e 9. Os setores do comércio, trocas, comunicação estão bastante ativos. Pode-se esperar um aumento das transações comerciais tanto no mercado interno quanto no mercado externo. É um excelente cenário para lançamento de novos produtos e para campanhas de publicidade e divulgação. O setor automobilístico também está em fase de comemoração. Tudo isto se deve à pre-

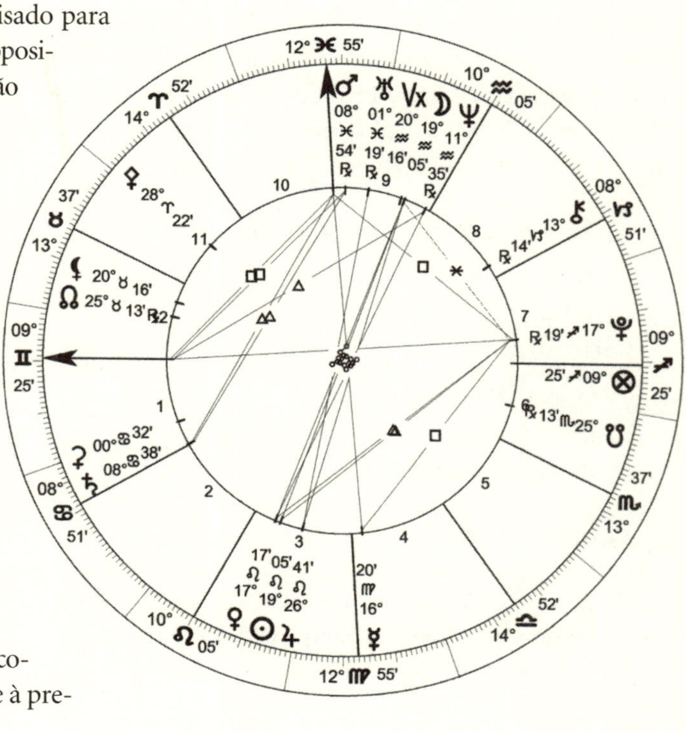

sença dos benéficos planetas Vênus e Júpiter – ao lado do Sol. A Lua cheia em Aquário na casa 9 chama a atenção para a pauta de exportações e comportamento do Brasil no mercado externo. A posição de Netuno próximo a esta lunação pode produzir um quadro instável no preço e na oferta de produtos comercializados no mercado internacional. Será difícil manter as taxas e os índices previstos. O setor jurídico e as reformas que rondam esta área também estarão sendo verificados. O setor produtivo da economia continua estável e dando sinais de segurança e credibilidade, graças à posição de Saturno na casa 2 desta lunação.

É Plutão quem vem criar a maior tensão neste período. Colocado em posição de destaque na casa 7 – em franca desarmonia com Mercúrio, na casa 4 –, revela possibilidades de sérios conflitos com países vizinhos, envolvendo o setor comercial e também no setor habitacional e agrário, onde as questões são sempre mais profundas do que as medidas paliativas destinadas a eles. Um risco maior de acidentes permeia todo este período. Algumas alianças e coligações serão duramente desafiadas por necessidade de pronunciamento sobre questões muito delicadas para as quais têm posições muito distintas.

Esta lunação é particularmente forte para os nascidos no terceiro decanato dos signos de Leão e Aquário. Afeta também os que nasceram nos últimos decanatos dos signos de Touro e Escorpião. Para os leoninos, este é o momento especial para equilibrarem melhor suas vidas e seus relacionamentos.

O equilíbro entre a capacidade de manter o bem-estar e se importar também com o bem-estar alheio é o que vai lhe trazer os benefícios desta Lua cheia. Combinar a sua capacidade amorosa com o desprendimento dos aquarianos reforçará a colheita de bons resultados. Diminuir a tendência ao egocentrismo e à vaidade para os leoninos, através de um sentimento mais solidário e altruísta, e aumentar a apreciação pelos bons momentos da vida e a valorização das relações pessoais para os aquarianos, é o presente desta Lua cheia. Todos podem aproveitar a Lua cheia em Aquário para estimular as pessoas. As qualidades deste signo são criatividade, desprendimento, curiosidade e originalidade.

Dia 14 de Agosto – Quinta-feira

Fase Lunar: Cheia
Lua no Signo: Peixes
Lua Fora de Curso – Início: às 07h30

Aspectos Diários da Lua	Entrada	Exato	Saída
Lua quadrado Plutão	00h03	05h02	10h38
Lua oposição Mercúrio	01h24	07h30	13h35

Lua quadrado Plutão

Surgem situações fora do seu controle para atrapalhá-lo, o que o deixa profundamente irritado, principalmente se sofre algum tipo de dano ou prejuízo. Sob esta influência deve evitar os confrontos, porque as pessoas estão com os ânimos exaltados e tendem a reagir de forma hostil. Os acordos nesse período são praticamente impossíveis. Um clima de suspeita e a sensação de abandono podem quebrar a paz de uma relação íntima.

Lua oposição Mercúrio

Dados e informações que não forem suficientemente conferidos podem interferir no julgamento objetivo dos fatos. Dispersão, muito palavrório, prejudica a concentração nas tarefas mais produtivas. Mantenha atenção no que interessa. Encontros provocam discussão de assuntos diversos e é difícil chegar a alguma conclusão. Fale diretamente com as pessoas ou deixe recados muito claros, pois a comunicação está falha.

Dia 15 de Agosto – Sexta-feira

Fase Lunar: Cheia
Lua no Signo: Áries – a partir das 05h01
Lua Fora de Curso: Término – às 05h01

Aspectos Diários da Lua	ENTRADA	EXATO	SAÍDA
Lua quadrado Saturno	16h35	22h28	04h23 (16/08)
Lua sextil Netuno	21h21	03h11 (16/08)	09h03 (16/08)

Lua em Áries

Atividades físicas e esportivas são mais do que benéficas quando a Lua está neste dinâmico signo – são necessárias. Melhor momento para se começar um programa de condicionamento físico. Na pior das hipóteses, mexa-se, caminhe, gaste energia. São dias excelentes para se fazer atividades que despendam grande esforço físico. As tarefas mais fáceis de serem realizadas serão as que dependam exclusivamente de você. Vá sozinho, faça sozinho que dá mais certo.

Você está totalmente sem espírito de equipe. Nesses dois dias de Lua no signo de Áries, você consegue fazer uma porção de coisas que normalmente não faria nem em duas semanas. Tudo que precisar de coragem e de autoridade também sai mais fácil: dar ordens, dispensar serviços que não interessem mais, etc. Todas as atividades que envolvam disputa e concorrência são mais facilmente encaradas quando a Lua transita neste signo tão à vontade com a competição.

Lua quadrado Saturno

Não deve desperdiçar o seu precioso tempo dando excessiva atenção às frustrações, porque, se agir assim, deixará o pessimismo tomar conta do seu dia. Esta combinação é conhecida por trazer dificuldades ou prejuízos para as negociações imobiliárias: aluguel, aquisição e investimentos em imóveis devem ser evitados nesta tarde.

Lua sextil Netuno

No fim da noite você tem uma sensação de paz e realização. Esta combinação proporciona sentimentos refinados e apurados. Aumento das situações do acaso, das coincidências, devido à maior sintonia entre as pessoas. Um clima de romance e encantamento aproxima as pessoas nesta noite.

Dia 16 de Agosto – Sábado

Fase Lunar: Cheia
Lua no Signo: Áries

Aspectos Diários da Lua	entrada	exato	saída
Lua trígono Plutão	08h41	14h34	20h29
Lua trígono Vênus	20h16	02h56 (17/08)	09h37 (17/08)
Lua trígono Sol	21h22	03h50 (17/08)	10h21 (17/08)

Lua trígono Plutão

Momento favorável para transformar e regenerar situações que já deram o que tinham de dar. Beneficia os encontros íntimos, porque há um clima maior de erotismo no ar.

Lua trígono Vênus

Esta noite está prometendo, pois foi abençoado com esta belíssima combinação planetária. Sob esta influência, a paquera, o namoro, o flerte estão favorecidos. Nada de ficar num canto *chupando o dedo*. É o momento de você usar todo o seu charme e as suas armas de sedução para conquistar quem você deseja. O resto... é pura diversão e prazer.

Lua trígono Sol

O contato harmônico no céu entre Lua e Sol é extremamente favorável. Como a Lua simboliza o feminino e o Sol o masculino, estar na companhia com alguém do sexo oposto será produtivo e poderá render bons frutos. Sob esta influência, a clareza do Sol ilumina suas emoções e sentimentos (Lua), por isso se coloca de forma clara e precisa em relação ao que sente. Não há conflitos, nem desejos contraditórios, já que há um bom equilíbrio entre emoção (Lua) e razão (Sol).

Dia 17 de Agosto – Domingo

Fase Lunar: Cheia
Lua no Signo: Touro – a partir das 15h53
Lua Fora de Curso: das 11h37 às 15h53

Aspectos Diários da Lua	entrada	exato	saída
Lua trígono Júpiter	05h30	11h37	17h44
Lua sextil Urano	12h06	18h06	00h07 (18/08)

Lua em Touro

Quando a Lua passa pelo plácido signo de Touro são preferidos os lugares relaxantes e de preferência perto do verde e da natureza. Ambientes calmos, sem muito barulho e corre-corre, também facilitarão a prática de qualquer atividade. Comer bem, tratar-se bem, comprar alimentos mais requintados e freqüentar clínica de estética e salão de beleza são atividades procuradas e prazerosas quando a Lua está neste vaidoso signo. Fazer compras é uma atividade prazerosa nesses dias. Transações financeiras, investimentos, poupança, aquisição de bens de valor são atividades fertilizadas com a passagem da Lua neste signo atento às coisas da matéria. Um dos signos mais afetuosos do zodíaco, Touro convida-o a se aproximar das pessoas, ser carinhoso, dar presentes e adoçar seu comportamento e palavras. Um signo muito sensual que estimula a manifestação física do afeto através de carícias, tato, beijos, afagos...

Lua trígono Júpiter

Esta combinação promete um domingo calmo, tranqüilo e alegre. Um clima de alto-astral facilita todos os tipos de relacionamentos. O otimismo propagado por esta energia vai fazer com que todos tenham fé no futuro e que podem esperar por dias melhores. Ótimo momento para se divertir na companhia de pessoas queridas, especialmente se for ao ar livre.

Lua sextil Urano

Um almoço com os amigos ou um churrasco que reúna um grande grupo serão muito bem-sucedidos neste domingo. O clima é de companheirismo e todos estão participativos, ajudando no sucesso da atividade. Esta influência facilita a reunião de diferentes grupos; todos vão se enturmar com muita facilidade, mesmo as pessoas que estão se conhecendo pela primeira vez.

Dia 18 de Agosto – Segunda-feira

Fase Lunar: Cheia
Lua no Signo: Touro

Aspectos Diários da Lua	ENTRADA	EXATO	SAÍDA
Lua sextil Marte	01h21	07h18	13h14
Lua sextil Saturno	04h33	10h40	16h48
Lua quadrado Netuno	08h51	14h54	20h59

Lua sextil Marte

Esta energia propicia muita disposição para começar a semana. Você inicia o dia em velocidade máxima resolvendo várias questões em pouquíssimo tempo e sem perder o comando da situação. Tudo sai conforme você planejou. O que depender exclusivamente de você será resolvido muito rapidamente liberando-o para outras atividades.

Lua sextil Saturno

Deve aproveitar este momento de disciplina e perseverança para concluir tarefas ou atividades que estava evitando por considerá-las difíceis e trabalhosas. Também é uma ótima oportunidade para colocar em prática suas metas e ambições. Deve se esforçar agora para poder colher os benefícios num futuro próximo.

Lua quadrado Netuno

À tarde, as coisas começam a mudar de figura. Uma certa preocupação pode inibi-lo ou atrapalhar o seu rendimento no fim do expediente. O ritmo fica mais moroso e as horas custam a passar. E o seu único desejo é o de livrar-se das obrigações e rumar logo para casa.

Dia 19 de Agosto – Terça-feira

Fase Lunar: Minguante às 21h47
Lua no Signo: Touro

Aspectos Diários da Lua	ENTRADA	EXATO	SAÍDA
Lua trígono Mercúrio	08h03	14h32	21h01
Lua quadrado Sol	15h10	21h49	04h27 (20/08)
Lua quadrado Vênus	15h48	22h36	05h25 (20/08)
Lua quadrado Júpiter	19h18	01h30 (20/08)	07h42 (20/08)

Lua trígono Mercúrio

Guarde mais para a tarde alguma conversa difícil ou delicada que você queira ter com alguém. Pode ser com filho, marido, empregados ou até uma conversa de negócios. Esta influência planetária coloca as pessoas em mesma sintonia, de modo que as palavras são mais bem articuladas e ouvidas. Há uma receptividade maior para se ouvir e entender o que o outro tem a dizer.

Lua quadrado Sol

Esta combinação sempre gera algum tipo de inquietação e ansiedade. Algum tipo de obstáculo surge para dificultar a realização de alguma intenção. Estranhos sentimentos de insegurança podem abalar a certeza de que precisa ter para lutar pelos seus objetivos. Esta influência gera tensão e conflito entre desejos e emoções. Vai ter um desgaste energético muito maior para conseguir realizar o que deseja.

Lua quadrado Vênus

Quer fugir da dura realidade, especialmente de tarefas árduas e difíceis. O melhor a ser feito é tentar dar uma *voadinha* durante o expediente, assim o dia acaba mais rápido e você consegue dar a tão sonhada relaxada. Tome um sorvete ou coma uma deliciosa sobremesa, isso vai preencher sua necessidade de gratificação, causada por esta combinação.

Lua quadrado Júpiter

À noite uma certa insatisfação começa a incomodá-lo. Nada lhe agrada, tudo parece tão tedioso.

Uma ótima dica é uma boa leitura, que seja particularmente significativa para você e que também lhe proporcione compreensão e sabedoria. Quem trabalha no período noturno, desmotivado por esta influência, vai fazer somente o estritamente necessário e *nem uma vírgula a mais*.

Dia 20 de Agosto – Quarta-feira

Fase Lunar: Minguante
Lua no Signo: Gêmeos – a partir das 04h41
Lua Fora de Curso: de 01h30 às 04h41

Aspectos Diários da Lua	ENTRADA	EXATO	SAÍDA
Lua quadrado Urano	00h39	06h43	12h47
Lua quadrado Marte	13h03	18h59	00h56 (21/08)
Lua trígono Netuno	21h36	03h38 (21/08)	09h38 (21/08)

Lua em Gêmeos

Atividades que oferecem múltiplas opções, variedades, diversidades e curiosidades serão as mais interessantes neste período que a Lua passa pelo versátil signo de Gêmeos. Shopping centers, hipermercados, galerias comerciais e grandes papelarias parecerão um paraíso... os consumidores estão ávidos por novidades. Vão querer olhar tudo. Todas as lojas, todas as seções, todos os lançamentos. Dificilmente resistirão à tentação de comprar CDs, livros, revistas e quinquilharias. Nas relações não há um único conflito que a Lua em Gêmeos não possa solucionar, se as pessoas tiverem cabeça para o diálogo. Tudo será esclarecido. Sem dramas. É o momento indicado para expressar verbalmente seus sentimentos. Parece que as palavras saem oportunas e inspiradas. Um bom papo nesses dias é capaz de *ligar* alguém mais do que insinuações eróticas ou carícias ardorosas. Os casais que tiverem interesses em comum ou afinidade de cabeça serão os mais privilegiados.

Lua quadrado Urano

O período da manhã é marcado por um inesperado ritmo frenético. Assuntos de última hora surgem de todos os lados impedindo que feche o expediente na hora habitual. Você é obrigado a mudar o rumo de seus planos e aceitar compromissos ou situações de improviso. É uma agitação só. É um verdadeiro frenesi. Encontros agendados podem ser cancelados ou remanejados. É bom reconfirmá-los.

Lua quadrado Marte

Esta combinação traz um aumento desordenado da energia marciana: inquietação, impaciência, impulsividade, ansiedade e agressividade. Um clima de competitividade está presente no ar, por isso mesmo será difícil conseguir a cooperação de outras pessoas. Todos estão mais preocupados com suas próprias atividades. A tendência aqui é cada um por si... assim funcionará melhor.

Lua trígono Netuno

Esta é uma combinação planetária responsável também por um clima de suavidade e benevolência entre as pessoas. Uma série de acasos e coincidências fazem as circunstâncias se encaixarem e parece que as coisas acontecem magicamente. Sem que precise forçar nada ou interferir em nada.

Dia 21 de Agosto – Quinta-feira

Fase Lunar: Minguante
Lua no Signo: Gêmeos

Aspectos Diários da Lua	entrada	exato	saída
Lua oposição Plutão	09h29	15h29	21h28

Lua oposição Plutão

Uma conversa franca e direta pode ser necessária para esclarecer de uma vez por todas algum mal-entendido que está *atravessado na sua garganta*. No trabalho, um clima de desconfiança e o ciúme vão impedir que você receba o apoio de seus colegas, ao contrário, deve ficar muito atento para não ser vítima de algum tipo de sabotagem.

Dia 22 de Agosto – Sexta-feira

Fase Lunar: Minguante
Lua no Signo: Câncer – a partir das 16h45
Lua Fora de Curso: das 15h16 às 16h45

Aspectos Diários da Lua	ENTRADA	EXATO	SAÍDA
Lua quadrado Mercúrio	00h07	06h12	12h26
Lua sextil Júpiter	08h45	14h45	20h44
Lua sextil Sol	08h51	15h16	21h38
Lua sextil Vênus	11h05	17h40	00h11 (23/08)
Lua trígono Urano	12h39	18h31	00h21 (23/08)

Lua em Câncer

O canceriano é louco por casa. Para ele, cuidar da casa, arrumar gavetas é uma *bárbara* atividade. Procurar apartamento, visitar lojas de decoração, comprar roupa de cama e mesa torna-se, para os nascidos deste signo, e principalmente quando a Lua está transitando nele, uma atividade irresistível. Gostam de comer bem, fazer bons pratos e de chamar os amigos para comprovarem suas habilidades culinárias. A Lua em Câncer é muito chegada a relacionamentos próximos.

Câncer gosta de usufruir amizades antigas, coisas do passado e romances. É o melhor momento para buscar no passado as pessoas amadas e queridas que se perderam na sua luta diária pela vida. Câncer, um dos mais românticos signos, libera no ar um clima que favorece encontros amorosos e demonstrações de sentimentos e emoções no seu estado puro.

Lua quadrado Mercúrio

Tem de ficar atento ao que fala neste dia, particularmente no período da manhã. Não pode deixar que nenhum detalhe escape, porque a tendência aqui é que uma simples palavra mal colocada pode causar algum tipo de desentendimento. Sob esta influência você se comunica de forma mais impulsiva, não dando tempo de filtrar o que pode ser dito e o que não deveria ser dito. Acaba falando o que não devia e cria situações delicadas.

Lua sextil Júpiter

Desde a manhã, esta amena influência planetária é responsável por um clima de otimismo, entusiasmo e confiança para se obter bons resultados no que quer que se proponha a fazer. Confie em você mesmo e não se intimide diante de algo que normalmente acharia difícil de realizar. Esta é uma combinação de sorte e bons frutos que costumam ser colhidos.

Lua sextil Sol

Esta é uma energia que o faz contente por ser quem é e com a sua capacidade de realização. Como resultado, pode sentir orgulho de si mesmo. Há maior convicção e clareza do que se deseja. Pode dissipar dúvidas e integrar desejos com as suas emoções. Favorecimento especial para os casais.

Lua sextil Vênus

Sob esta influência as pessoas estão mais solícitas e receptivas, assim como mais atentas às necessidades um dos outros. Quando a Lua encontra Vênus, formando um aspecto fluente, a interação social flui com mais facilidade. Um toque de beleza e sedução *caem como uma luva*, principalmente para quem está a fim de encantar alguém... dificilmente essa pessoa conseguirá resistir. Use o seu charme e peça as coisas com *jeitinho*, que será atendido.

Lua trígono Urano

Durante todo o dia uma energia elétrica se encarrega de despachar os problemas e os entraves. Tudo ganha dinamismo, perde a inércia e... segue adiate. Todas as mudanças estão facilitadas. Se você quiser se aproximar de alguém, não use estratégias e não *faça jogo*.

Seja franco, espontâneo e se expresse com liberdade e autenticidade. Com esta combinação, é mais fácil abrir mão de hábitos, sentimentos e situações que o impedem de dar novos passos.

Dia 23 de Agosto – Sábado

Fase Lunar: Minguante
Lua no Signo: Câncer

Aspectos Diários da Lua	entrada	exato	saída
Lua trígono Marte	00h11	05h19	10h59
Lua conjunção Saturno	05h59	11h50	17h38

Lua trígono Marte

Hoje você conta com muita disposição e dinamismo. Seja para qualquer tipo de atividade, em pouco tempo resolve muita coisa. Aproveite para resolver pendências que vão se acumulando e nunca tem tempo para elas. Você é capaz de maior independência e autonomia. As tomadas de atitude trarão rápidos resultados.

Lua conjunção Saturno

Trabalhos domésticos e reparos no lar deixados de lado devem ser providenciados neste sábado. Se necessário contrate mão-de-obra especializada, não vá chamando qualquer curioso, do contrário o trabalho vai levar mais tempo para ser executado e o prejuízo pode acabar sendo maior. Bom momento para quem está procurando nova moradia. O sonho de uma bela casa pode ser concretizado.

Dia 24 de Agosto – Domingo

Fase Lunar: Minguante
Lua no Signo: Câncer
Lua Fora de Curso: Início – às 17h51

Aspectos Diários da Lua	entrada	exato	saída
Lua sextil Mercúrio	12h06	17h51	23h33

Lua sextil Mercúrio

Pode esperar grande movimentação no comércio, nos shoppings e supermercados. Excelente para fazer contatos, pedir informações, para expressar os pensamentos. Qualquer coisa que dependa da comunicação ou da burocracia tenderá a fluir melhor. A mente está ágil e muitas idéias poderão surgir. Será muito agradável encontrar amigos e trocar idéias.

DIA 25 DE AGOSTO – SEGUNDA-FEIRA

Fase Lunar: Minguante
Lua no Signo: Leão – a partir de 01h49
Lua Fora de Curso: Término – à 01h49

ASPECTOS DIÁRIOS DA LUA	ENTRADA	EXATO	SAÍDA
Lua oposição Netuno	16h50	22h14	03h37 (26/08)

Lua em Leão

Todas as atividades sociais, como festas, reuniões, inaugurações e comemorações são favorecidas e fazem sucesso. Todas as atividades que precisam de criatividade e originalidade também são favorecidas pela passagem da Lua pelo signo de Leão. Atividade como o penhor, venda e compra de jóias serão estimuladas nesse período. É um ótimo momento para ir ao cabelereiro e fazer um *up grade* na aparência. Beneficia particularmente os processos de clareamento o cabelo, fazer *luzes* ou *reflexo*. A Lua transitando pelo romântico signo de Leão confere uma natureza mais calorosa nas relações afetivas. O namoro será muito prazeroso nesses dias. Um clima de paixão revigora as relações que andavam *murchas*. Os afetos são demonstrados de forma espontânea e natural. Por isso, se você está a fim de alguém, é o melhor momento para se declarar. Sob esta influência é comum que se exija uma exclusividade maior do parceiro nesses dias. Quem está sozinho tem nas amizades uma ótima possibilidade de desfrutar uma boa companhia.

Lua oposição Netuno

À tarde e até o final da noite esta energia traz um clima de passividade e falta de objetivos. Possibilidade de ficar mais frágil emocionalmente e sensível.Mais sonolentos e desligados do que de costume, convém checar a agenda e prestar atenção no trânsito. É melhor se ocupar de coisas que façam bem à alma. Tais como ouvir músicas suaves, praticar meditação e relaxamento ou, até mesmo, dançar. Ir à igreja, templo ou qualquer outro estabelecimento onde você entra em contato com algo elevado. Praticar a caridade. São formas saudáveis de canalizar esse estado emocional confuso e ilusório.

DIA 26 DE AGOSTO – TERÇA-FEIRA

Fase Lunar: Minguante
Lua no Signo: Leão
Lua Fora de Curso – Início: às 08h59

ASPECTOS DIÁRIOS DA LUA	ENTRADA	EXATO	SAÍDA
Lua trígono Plutão	03h39	08h59	14h19

Lua trígono Plutão

É uma combinação planetária de cura emocional e regeneração física. Ótimo para ir ao médico, fazer um check-up ou exames. Para terapias também é excelente. Sentimentos que estavam em seu íntimo mais profundo são trazidos à tona e poderão ser liberados. Favorável para se retomar projetos ou empreendimentos. Se você perdeu uma chance, uma oportunidade, agora é a hora de resgatá-la. Corra atrás.

Dia 27 de Agosto – Quarta-feira

Fase Lunar: Nova às 14h24
Lua no Signo: Virgem – a partir das 07h27
Lua Fora de Curso: Término – às 07h27

Lunação de Agosto
Lua nova às 14h24, horário de Brasília
Lua nova no signo de Virgem em 04°02'
Duração até a próxima lunação: 26/09/2003

Aspectos Diários da Lua	ENTRADA	EXATO	SAÍDA
Lua conjunção Júpiter	02h09	07h28	12h45
Lua oposição Urano	03h29	08h42	13h53
Lua conjunção Sol	08h51	14h26	20h00
Lua oposição Marte	11h29	16h35	21h39
Lua trígono Vênus	13h25	19h07	00h46 (28/08)
Lua sextil Saturno	19h59	01h10 (28/08)	06h21 (28/08)

Lua em Virgem

Durante a passagem da Lua pelo produtivo signo de Virgem será um domingo atípico. O ócio, o descanso e o lazer ficarão para depois, primeiro vamos querer cumprir com suas obrigações e aproveitar o tempo livre para resolver pendências que se acumularam e estão incomodando-o. Durante a passagem da Lua pelo organizado signo de Virgem, a desordem e a falta de higiene desestabilizam-no, então deve *arregaçar as mangas* e *pôr a mão na massa.* Fazer arrumações, consertos e faxinas vai fluir de maneira mais fácil e vai lhe proporcionar uma gratificação especial por ver onde existia o caos... a ordem e a paz foram reestabelecidas.

Ótimo momento para revirar o fundo do baú e fazer uma *limpa*, selecionando aquilo que ainda tem utilidade ter preocupação. O que sobrar deve ser dado às pessoas, que darão vida nova a esses objetos. Ter preocupação com o bem-estar do parceiro, ajudá-lo em alguma tarefa ou resolver um problema para ele serão as verdadeiras atitudes amorosas compatíveis com o prestativo signo de Virgem.

Lua conjunção Júpiter

Esta harmoniosa configuração astrológica é uma bênção e propicia ainda mais à religiosidade e à união ao sagrado. Cultive somente atos, pensamentos e palavras positivas. Você conta com otimismo e boa vontade. É benéfico às viagens, aos estudos de ordem elevada e às questões ligadas à religião.

Lua oposição Urano

Hoje nada de pegar no pé de ninguém, nem *forçar a barra.* A demonstração de sentimentos como posse ou ciúmes será mal interpretada e vista como tolhimento de liberdade. Está avesso a qualquer tipo de pressão ou impedimento. Uma energia nervosa faz com que fique mais agitado, a rotina se desprograme, aconteçam imprevistos, enfim, perde o controle das situações. O melhor a ser feito neste domingo será passear em lugares amplos, espairecer por meio de atividades leves e descompromissadas. Esfrie a cabeça e não tome atitudes precipitadas.

Lua conjunção Sol

Muito favorável, este aspecto traz maior harmonia entre os casais. Também consegue alinhar suas emoções com a inteligência. E percebe com mais clareza seus sentimentos e propósitos. Devido a uma maior lucidez, você tem condições de resolver conflitos internos. Excelente momento para dar início a uma atividade que quer que perdure em sua vida.

Lua oposição Marte

Pode ocasionar aumento da ansiedade e mau humor. Convém ter cuidado com reações precipitadas e se acautelar de situações que ofereçam risco, particularmente no trânsito deve ter atenção com a imprudência alheia. Por outro lado, é um bom momento para tomar uma iniciativa, principalmente se convidar alguém para sair. Tem confiança em seu potencial para isso.

Lua trígono Vênus

Num clima de cortesia e muito afeto, as pessoas se tornam sociáveis e bem-humoradas. Torna-se fácil se agradarem entre si. A predisposição para a harmonia beneficia acordos e alianças. Superfavorável aos relacionamentos amorosos.. Se você está só, jogue seu charme em alguém que desperte seu interesse. Os serviços de estética, cabeleireiros, o mercado da moda e o artístico estão particularmente beneficiados, devido ao bom gosto e senso estético apurado proporcionados por esta energia.

Lua sextil Saturno

Projetos que exijam um tempo mais longo devem ser pensados e providenciados agora. Esta combinação favorece a estabilização de vínculos e compromissos na vida afetiva. Estabelecer planos comuns neste momento fortalece a relação. Os laços mais antigos serão preferidos pela segurança que oferecem. Momento favorável para oficializar uniões.

Lunação de Agosto
Fase Lunar: Nova em 27/08/2003 às 14h26, horário de Brasília
Lua no Signo: 04º 02' de Virgem
Vigência: até 26/09/2003

O mapa da lunação analisado para a Lua nova de Virgem destaca Saturno bem angular – na casa 7 – reforçando o momento de estruturação e consolidação das diretrizes do governo. Felizmente, parece que o país está sendo mais conduzido pelas forças produtivas da sociedade do que pela dependência da atuação do poder público.

A Lua nova está posicionada na casa 8 – setor das finanças – e mais uma vez muito bem acompanhada pelos benéficos planetas Vênus e Júpiter.

Toda área ligada a arrecadação, orçamento público e comportamento das taxas e juros tem uma excelente chance de funcionar bem sob a análise minuciosa do signo de Virgem e pela fartura prometida pelos prósperos Júpiter e Vênus.

Empresas e produtos novos estão à espera de vantagens fiscais. Quem precisa de empréstimo e financiamentos – sempre tão caros no Brasil – pode encontrar um momento raro de beneficiamento. Alguma tensão e necessidade de rápida adaptação ao mercado internacional

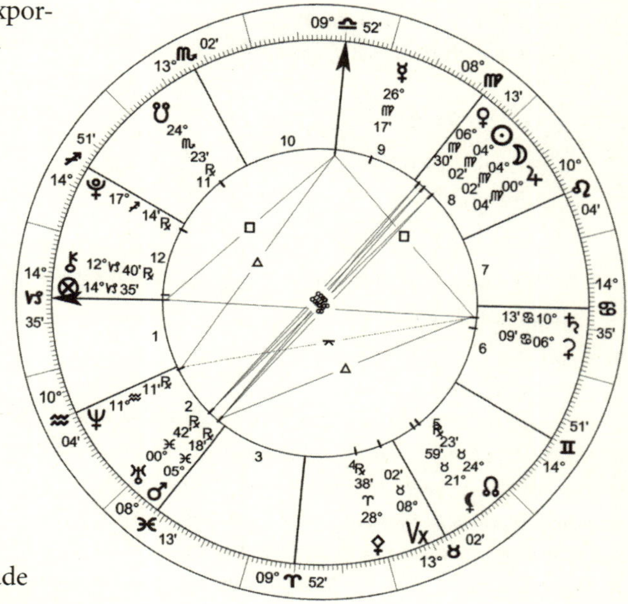

põem em risco o desempenho das exportações, devido à provocadora oposição entre Vênus e Marte. Disputas sérias em vista no mercado externo.

As pessoas afetadas por esta lunação são principalmente as nascidas no primeiro decanato dos signos de Virgem e de Peixes. Os nascidos em Gêmeos e Sagitário serão duramente afetados se não se propuserem a fazer as coisas de maneira organizada, detalhada e caprichada.

Bom mês para os nascidos em Virgem usarem toda a sua capacidade analítica e de seleção para escolherem uma direção nova em suas vidas. Uma atividade começada aqui promete bons frutos, desde que se priorizem os projetos de porte menor e que dependam de um trabalho mais minucioso. Todos podem aproveitar a Lua nova no signo de Virgem se puderem estimular em si o comportamento do signo: criterioso, organizado, eficiente e prestativo.

Dia 28 de Agosto – Quinta-feira

Fase Lunar: Nova
Lua no Signo: Virgem

Aspectos Diários da Lua	ENTRADA	EXATO	SAÍDA
Lua quadrado Plutão	07h58	13h05	18h11
Lua conjunção Mercúrio	23h23	04h16 (29/08)	09h28 (29/08)

Lua quadrado Plutão

Para quem ficar hoje em casa é uma excelente oportunidade para fazer arrumações, mudanças ou modificações que dêem uma vida nova para sua casa. Favorável para se livrar de quinquilharias. Faça doações de objetos que não tenham serventia, porque assim você estará contribuindo para uma nova utilidade. Isto propiciará uma notável sensação de bem-estar. Para quem estiver procurando imóvel, é provável que tenha êxito. Esta energia é benéfica para curas e regenerações em geral.

Lua conjunção Mercúrio

Quem trabalha à noite tem de ficar atento à dispersão e à dificuldade de entendimento com os colegas de trabalho. Num simples encontro com os amigos ou numa reunião familiar, a comunicação ficará prejudicada, porque assuntos diferentes vão entrar em pauta e as pessoas vão expressar pontos de vista e será muito difícil alcançar uma convergência nesses assuntos. Esta combinação também traz alguns imprevistos para as viagens e os deslocamentos.

Dia 29 de Agosto – Sexta-feira

Fase Lunar: Nova
Lua no Signo: Libra – a partir das 10h41
Lua Fora de Curso: das 04h26 às 10h41

Aspectos Diários da Lua	entrada	exato	saída
Lua quadrado Saturno	23h12	04h16 (30/08)	09h20 (30/08)

Lua em Libra

Quando a Lua transita pelo signo de Libra as atividades mais favorecidas são as que lidam com arte, beleza e estética. Salões de beleza, lojas de decoração, modas e joalheria estão entre os setores beneficiados por esta Lua. Atividades sociais como festa, reuniões e comemorações são bem-sucedidas. Um jantar com clima romântico num restaurante elegante e requintado é uma boa pedida para esses dias. Bares e restaurantes, inclusive com a predominância de mesas reunindo grupos de pessoas, aumentam sua freqüência quando a Lua transita pelo signo mais avesso à solidão.

Tratamentos de beleza são muito procurados e são muito bem-sucedidos, pois há um aumento natural do bom gosto e dos acertos em tudo que envolve a aparência. A passagem da Lua pelo signo de Libra torna-se um bom período para casamentos. A passagem da Lua pelo signo de Libra favorece a harmonia nos relacionamentos. Fazer as pazes, pedir desculpas, paquerar, convidar alguém para sair, começar novas amizades... tudo isso dará certo.

Em compensação, este é o signo mais sensível à falta de reciprocidade. Para Libra só serve equilíbrio e *mão dupla*.

Lua quadrado Saturno

No fim da noite, um clima estranho pode invadir a sua vida afetiva. De repente você fica inseguro e não tem confiança para se portar de forma espontânea. Certas cobranças podem surgir como um peso na relação afetiva. Pode se sentir abandonado, já que as pessoas mais próximas não vão estar disponíveis, ocupadas com seus próprios afazeres.

Dia 30 de Agosto – Sábado

Fase Lunar: Nova
Lua no Signo: Libra
Lua Fora de Curso: Início – às 15h37

Aspectos Diários da Lua	entrada	exato	saída
Lua trígono Netuno	00h20	05h22	10h23
Lua sextil Plutão	10h36	15h37	20h39

Lua trígono Netuno

Esta é uma belíssima combinação planetária, que envia muita inspiração, sensibilidade e predisposição para a cooperação e a ajuda mútua. Procure se manter *antenado* com as forças cósmicas, com as energias do bem e aproveite esta proteção emanada do céu. Favorável à prática da filantropia. Trata-se de uma energia que favorece à resolução de problemas e impasses como num passe de mágica. Dê ouvidos à sua intuição.

Lua sextil Plutão

Neste sábado, uma energia favorável a todo tipo de reforma ou transformação. Seja na casa ou nas emoções. Fazer um mergulho profundo em si mesmo e lidar com *fantasmas* que afetam a sua vida será mais fácil. Este aspecto é indicado para a recuperação de afetos. Se for este o seu caso, aproveite para perdoar, eliminar mágoas e ir fundo na relação. Você se dará conta de que tudo o que for verdadeiro florescerá.

Dia 31 de Agosto – Domingo

Fase Lunar: Nova

Lua no Signo: Escorpião – a partir das 13h00

Lua Fora de Curso: Término – às 13h00

Aspectos Diários da Lua	ENTRADA	EXATO	SAÍDA
Lua trígono Urano	08h55	13h56	18h57
Lua sextil Júpiter	09h29	14h35	19h42
Lua trígono Marte	15h03	19h59	00h56 (01/09)
Lua sextil Sol	21h43	03h07 (01/09)	08h31 (01/09)

Lua em Escorpião

A passagem da Lua pelo provocador signo de Escorpião desencadeia uma maior intensidade sexual nos relacionamentos. Há mais predisposição ao ciúme, desconfiança, cobrança e possessividade. É melhor os casais permanecerem sozinhos em vez de freqüentarem grupos e reuniões sociais. Tudo é sentido no seu grau máximo: o melhor e o pior. Este é portanto um mau momento para ter uma conversa franca. Cuidado para não ficar remoendo águas passadas ou amargando ofensas que não foram intencionais.

Lua trígono Urano

Num clima de maior despreocupação e desapego, você pode processar mudanças necessárias em sua vida com muito mais facilidade. Conta com liberdade para atuar do seu jeito. Hábitos, dietas e a própria rotina poderão ser alterados sem complicações. Ideal para desabafar emoções contidas. Seja espontâneo na demonstração de seus sentimentos.

Lua sextil Júpiter

Esta influência proporciona uma energia bastante positiva. O otimismo será seu grande aliado. O exercício da fé e a crença em uma força superior o ajudarão a transpor dificuldades. Para quem for religioso, ir à missa ou ao culto de sua preferência trará uma ótima vibração. Deve agir com generosidade e espírito de grandeza. Favorável a viagens.

Lua trígono Marte

Este domingo está ótimo para caminhadas ao ar livre, para a prática de esportes, jogos e competições. Lugares amplos e abertos serão os preferidos. Aceitar propostas de última hora, impulsivamente, dará bons resultados. Expresse de forma verdadeira e espontânea os seus sentimentos. Encontros físicos tornam-se mais ousados e estimulantes.

Lua sextil Sol

Excelente aspecto que confere clareza para discernir melhor as situações. Representando o feminino e o masculino, este famoso par celeste, quando em harmonia, emana uma vibração favorável ao entendimento entre casais. Unido à Lua nova, e ao signo de Escorpião, beneficia concepções, gestações e nascimentos. É um momento de força criativa e grande fertilidade! Em todos os sentidos.

CALENDÁRIO LUNAR DE Setembro

dom	seg	ter	qua	qui	sex	sáb
	1 NOVA lua ESC	2 NOVA lua SAG 15h32	3 CRESCENTE 09h33 lua SAG	4 CRESCENTE lua CAP 18h52	5 CRESCENTE lua CAP	6 CRESCENTE lua AQU 23h16
7 CRESCENTE lua AQU	8 CRESCENTE lua AQU	9 CRESCENTE lua PEI 05h08	10 CHEIA 13h36 lua PEI	11 CHEIA lua ARI 13h10	12 CHEIA lua ARI	13 CHEIA lua TOU 23h50
14 CHEIA lua TOU	15 CHEIA lua TOU	16 CHEIA lua GEM 12h32	17 CHEIA lua GEM	18 MINGUANTE 01h36 lua GEM	19 MINGUANTE lua CAN 01h07	20 MINGUANTE lua CAN
21 MINGUANTE lua LEO 11h03	22 MINGUANTE lua LEO	23 MINGUANTE lua VIR 17h05	24 MINGUANTE lua VIR	25 MINGUANTE lua LIB 19h49	26 NOVA 00h07 lua LIB	27 NOVA lua ESC 20h53
28 NOVA lua ESC	29 NOVA lua SAG 21h58	30 NOVA lua SAG				

Céu do Mês

O Sol já entrando nos graus médios no signo de Virgem continua a favorecer os pequenos assuntos diários e compromissos corriqueiros. Nada como o prazer virginiano de estar com a vida em dia. Os setores de medicamentos, indústria químico-farmacêutica, saúde e práticas ligadas à ecologia continuam em alta.

Acompanhando o Sol, Mercúrio, Vênus e Júpiter engrossam a fileira dos planetas presentes neste produtivo signo da terra. É hora de pôr ordem em tudo e cumprir tarefas que em outras ocasiões acharíamos maçantes.

Sol e Vênus lado a lado por quase todo o mês lembram as pessoas que podem fazer quase tudo prazerosamente. As atividades ligadas a moda, estética e decoração estão prestigiadas. Tratamentos de beleza são mais procurados por todo o mês. Ainda sob a tutela deles é muito fácil criar um clima de harmonia e ternura nos relacionamentos amorosos. A vida material também entra nos eixos por meio de um cálculo muito mais apurado das despesas.

Saturno em bom contato com o Sol nos dez primeiros dias do mês aumenta sua capacidade de produção e de se concentrar nos assuntos realmente importantes. Bom momento para procurar emprego ou contar com uma boa avaliação profissional. Os profissionais em geral estão com um bom desempenho e cumprindo o combinado. Colheita de esforços longamente empreendidos. Eficiência e credibilidade maior para figuras que ocupam cargos de autoridade e muita responsabilidade.

Entre os dias 9 e 15 Plutão não facilita em nada o desempenho do Sol. Há um aumento sensível de violência e predisposição a desentendimento e conflitos em torno de disputas de poder. No dia 24, o Sol salta para o signo de Libra e exige que a atmosfera seja toda mais harmônica e que se busquem saídas para os confrontos, soluções diplomáticas e elegantes.

Mercúrio em movimento retrógrado até o dia 20 pede o dobro de atenção e eficiência no uso dos meios de comunicação, transportes, na locomoção em geral e no trato de papéis, contratos e negociações. Para quem pode esperar, é melhor marcar cirurgias para depois de 21 quando Mercúrio retoma o seu movimento direto. Entre os dias 11 e 14 Plutão refaz um aspecto tenso – o que já aconteceu no mês anterior – e provoca intenso conflito quando as palavras são levianamente empregadas. Discrição, sigilo e uma comunicação mais educada garantem melhores resultados. Mais uma vez é aconselhável cautela com objetos de valor e investimentos de vulto maior, pois há uma predisposição para roubos, fraudes e prejuízos. Este mesmo cenário se repete na última semana do mês de setembro.

Vênus em Virgem começa o mês com a proteção de Saturno organizando as finanças e trazendo estabilidade e maturidade aos relacionamentos. Por volta do dia 4 até o dia 9 é interceptada por Plutão. Nestes dias é prudente qualquer endividamento ou gastos desnecessários. Esta é uma energia que dificulta muito a recuperação das finanças e o pagamento de dívidas. Empréstimos, financiamentos, fianças devem ser evitados a qualquer custo neste período.

A vida amorosa também vai ser posta à prova e relacionamentos podem entrar em crise e só sair dela quando forem devidamente enfrentados.

Não será mais uma crise. Será a última! No dia 16 Vênus entre no signo onde se sente melhor – Libra. Beleza, elegância, bons modos, vida social, sedução, encontros amorosos, harmonia nos relacionamentos é o saldo de sua passagem.

Netuno flerta com ela entre 23 e 28 e é difícil não se envolver com o encantamento que eles produzem na atmosfera. Romance, idílio, poesia, mágica são elementos próprios ao amor quando Vênus caminha ao lado de Netuno. Reconciliações que pareciam improváveis ocorrem porque há muito mais compreensão, sintonia e boa vontade entre os amantes. Algum dinheiro que parece ter caído do céu vem oportunamente salvá-lo de algum embaraço financeiro. Também consegue ajuda e boa vontade que em outros momentos pareceriam impossíveis.

Marte no signo de Peixes caminha em movimento retrógrado até o dia 27. Com isto, muitas situações entram em desaceleração ou em compasso de espera. Marte é a força que impulsiona para a frente e puxa o carro de boi. Por algum motivo ele está se recusando a prestar este serviço. Se possível, as pessoas devem evitar cirurgias enquanto Marte estiver em movimento retrógrado. Até o dia 27. É provável também que recuem em algumas ações que precisem ser repensadas ou amadurecidas. Nada precipitado vai dar certo aqui.

Nos dez primeiros dias do mês, Júpiter e Marte não se entendem bem e é um equívoco contar com uma força superior a você. Tendência à ansiedade. Atirar em várias direções só vai prejudicar o acerto do alvo. Do dia 10 em diante, Urano desafia Marte por todo o restante do mês. Quase no mesmo grau – no signo de Peixes – é praticamente impossível livrá-lo da ansiedade, impaciência, intolerância que eles provocam. Esta é uma energia tensa, que predispõe a acidentes e a maior causadora de rupturas que se conhece. Dê folga e espaço para todos à sua volta.

Júpiter, num ângulo provocador com Urano, põe em polvorosa o mercado financeiro nas duas primeiras semanas do mês. Instabilidade é a regra. O risco está em alta. É praticamente impossível fazer previsões. Flutuações no câmbio e nas taxas de juros são prováveis.

Posições Diárias da Lua

Dia 1 de Setembro – Segunda-feira

Fase Lunar: Nova
Lua no Signo: Escorpião

Aspectos Diários da Lua	Entrada	Exato	Saída
Lua trígono Saturno	01h49	06h53	11h57
Lua quadrado Netuno	02h33	07h35	12h37
Lua sextil Vênus	04h24	09h56	15h27

Lua trígono Saturno

A combinação da Lua com Saturno favorece o bom senso, a determinação e fornece uma disposição produtiva que beneficia os investimentos a longo prazo. Bom momento para investir em algo estável. Se você pretende fechar um negócio seguro, aproveite a manhã de hoje.

Lua quadrado Netuno

A manhã também é propícia a perdas de objetos e a alguma desatenção. É aconselhável estar atento, porque há uma tendência à distração que pode causar alguns acidentes. As coisas não funcionam como deveriam e pode haver atrasos e desvios. Você estará com uma disposição mais sonhadora.

Lua sextil Vênus

Há uma predisposição para harmonia, o que favorece em muito os acordos e negociações. Esse benéfico aspecto suaviza o rigor e as exigências tornando tudo mais leve e promete uma manhã bastante agradável. Uma boa idéia é convidar alguém para almoçar ou promover algum tipo de encontro amoroso.

Dia 2 de Setembro – Terça-feira

Fase Lunar: Nova
Lua no Signo: Sagitário – a partir das 15h32
Lua Fora de Curso: das 07h19 às 15h32

Aspectos Diários da Lua	Entrada	Exato	Saída
Lua sextil Mercúrio	02h24	07h19	12h13
Lua quadrado Urano	11h16	16h20	21h25
Lua quadrado Júpiter	12h46	17h56	23h06
Lua quadrado Marte	16h42	21h43	02h43 (03/09)

Lua em Sagitário

Quando a Lua está neste signo de expansão e entusiasmo, você quer se sentir em movimento, indo em alguma direção. Atitudes mesquinhas, pessoas mais limitadas ou situações mais restritas nos causam grande incômodo nesses dias. Quer fartura (seja de afeto, de idéias ou de coisas materiais) e busca as soluções que lhe permite acreditar que tudo é possível.

Lua sextil Mercúrio

A manhã de hoje é excelente para divulgação e contatos. Está com capacidade de expressar suas idéias de um modo claro, compreensível e direto. O comércio costuma ganhar fôlego sob esta influência lunar. É um bom momento para efetuar trocas e buscar informações.

Lua quadrado Urano

A tarde promete mais inquietação e imprevistos. É aconselhável não contar com as coisas como certas, porque em poucos minutos as pessoas podem mudar de idéia. Sente grande necessidade de novidades, mas é bom tomar cuidado com atitudes precipitadas.

Lua quadrado Júpiter

O exagero está no ar! Você tende a um excesso de otimismo. Torna-se muito impaciente e descontente com qualquer coisa que lhe pareça menor. É interessante fazer algo que favoreça o seu desenvolvimento e a sensação de expansão. Mas cuidado com os "negócios da China", porque há uma tendência a prometer mais do que pode de fato fazer.

Lua quadrado Marte

Este aspecto, somado aos demais, faz desse dia bastante ativo, mas sujeito a acidentes. Ele favorece a irritabilidade e inquietação e aumenta a precipitação. Mais do que nunca vale a pena tomar cuidado com as atitudes impensadas, com os impulsos desenfreados. Não está tomando as decisões mais acertadas no momento! Para quem já tem tendência, a noite promete insônia. Chega ao fim do dia bastante agitado.

DIA 3 DE SETEMBRO – QUARTA-FEIRA

Fase Lunar: Crescente – a partir das 09h33
Lua no Signo: Sagitário

ASPECTOS DIÁRIOS DA LUA	ENTRADA	EXATO	SAÍDA
Lua quadrado Sol	04h05	09h35	15h05
Lua sextil Netuno	05h10	10h17	15h24
Lua quadrado Vênus	12h03	17h41	23h19
Lua conjunção Plutão	15h47	20h56	02h04 (04/09)

Lua quadrado Sol

A desarmonia entre a Lua e o Sol pela manhã provoca uma grande sensação de desencontro, principalmente nos relacionamentos. Pode haver erros de avaliação das necessidades e da receptividade do público em relação a produtos ou propostas. Prevalece um sentimento geral de divisão e de descontentamento.

Lua sextil Netuno

Procure dar algum encanto à sua rotina e entrar em contato com os níveis mais sutis da sua personalidade. Está bastante aberto às influências espirituais e seria interessante buscar alguma prática espiritual no dia de hoje. Há favorecimento para fazer esse mergulho interno.

Lua quadrado Vênus

Nos relacionamentos pode haver discussões. Melhor não exigir muito do parceiro(a). Não deve contar com o bom humor ou com a amabilidade dos outros. Esse é um dia onde as coisas não estão muito facilitadas. Também não é um bom dia para encontros amorosos ou sociais. Está de algum modo dividido e pode errar na abordagem e até mesmo no modo de se vestir para alguma ocasião. Melhor ficar mais *na sua*.

Lua conjunção Plutão

Este é mais um dos aspectos do dia que indica a necessidade de um mergulho interno e de lidar com as coisas de um modo mais profundo. Não está interessado só nas aparências. E se torna mais radical no que diz respeito aos seus sentimentos. Talvez seja o momento de desabafar alguma mágoa contida sem medo de trazer à tona alguns segredos.

Dia 4 de Setembro – Quinta-feira

Fase Lunar: Crescente
Lua no Signo: Capricórnio – a partir das 18h52
Lua Fora de Curso: das 08h24 às 18h52

Aspectos Diários da Lua	Entrada	Exato	Saída
Lua quadrado Mercúrio	03h29	08h24	13h19
Lua sextil Urano	05h10	10h17	15h24
Lua trígono Júpiter	16h51	22h07	03h24 (05/09)
Lua sextil Marte	19h09	00h15	05h21 (05/09)

Lua em Capricórnio

No fim da tarde, com a entrada da Lua no signo de Capricórnio, uma disposição mais séria e responsável estará no ar. Não é um bom momento para estar desocupado ou fazendo coisas sem um objetivo prático de maior alcance. Deve aproveitar a passagem da Lua neste signo para introduzir maior disciplina e perseverança em suas vidas. Pode contar com o bom senso das pessoas nesse momento, bem como com a sua capacidade de avaliação sobre as situações.

Lua quadrado Mercúrio

Não é aconselhável marcar reuniões, fazer comunicados, memorandos ou publicações pela manhã. Assinaturas de contratos, assim como aquisição de veículos ou imóveis devem ser adiadas para a parte da tarde. As informações chegam truncadas e tem dificuldade em escolher as palavras para expressar suas idéias.

Lua sextil Urano

Este aspecto favorece tudo o que for inaugural e fora dos seus padrões habituais. Que tal, por exemplo, experimentar, na hora do almoço, um prato que você nunca provou? Fazer atividades diferentes ou apenas fazê-las de um modo diferente do comum é extremamente aconselhável no dia de hoje. E, principalmente no meio da tarde, você encontrará energia suficiente para ousar e ser mais autêntico e original. Aproveite!

Lua trígono Júpiter

Atitudes justas e nobres estão em alta e promoverão imenso bem-estar. O dia é muito favorável para atividades que atraiam o grande público e também para tudo que diga respeito a processos legais.

A combinação do aspecto extremamente benéfico com a Lua transitando pelo signo de Capricórnio promete decisões muito acertadas. E também favorece as relações que envolvam compromisso, tornando-as mais estimulantes. Pode apostar no mais grandioso em todos os assuntos.

Lua sextil Marte

À noite haverá maior disposição para tomar as providências necessárias e buscar aquilo que lhe proporcione bem-estar. Há um sentimento maior de autonomia e de possuir as armas para enfrentar os desafios que se apresentem. Deve aproveitar o momento para "travar as lutas" necessárias de um modo mais justo e delicado. Não é preciso "enfrentar o inimigo" com agressividade, basta saber impor-se.

DIA 5 DE SETEMBRO – SEXTA-FEIRA

Fase Lunar: Crescente
Lua no Signo: Capricórnio

ASPECTOS DIÁRIOS DA LUA	ENTRADA	EXATO	SAÍDA
Lua oposição Saturno	08h44	13h59	19h14
Lua trígono Sol	11h33	17h10	22h48
Lua trígono Vênus	20h54	02h40 (06/09)	08h27 (06/09)

Lua oposição Saturno

O difícil aspecto entre a Lua e Saturno durante o dia torna aconselhável ter atitudes o mais sensata e responsável possível. Todos se tornam mais exigentes e talvez você tenha que responder por algumas irresponsabilidades cometidas antes. De qualquer modo, este aspecto fornece a noção muito clara do tamanho dos passos que pode dar. Ele obriga-o a se comprometer com os seus sentimentos.

Lua trígono Sol

Este aspecto favorece os encontros e a sensação de que as coisas estão no lugar. Sente uma harmonia interna que lhe traz a calma necessária para levar adiante o que pretende fazer durante o dia. De algum modo as coisas parecem fluir. É também um bom momento para resolver questões difíceis nos relacionamentos, pode ter mais clareza sobre o que quer e sente.

Lua sextil Vênus

A noite também será marcada por um ânimo mais afetuoso e um clima de sedução e aproximação entre as pessoas. É um bom momento para fazer acordos e alianças. Se você tem uma proposta amorosa a fazer, desde que seja algo com o que você possa se comprometer, pode aproveitar a noite de hoje. Faça uso de diplomacia e delicadeza para alcançar o que almeja.

DIA 6 DE SETEMBRO – SÁBADO

Fase Lunar: Crescente
Lua no Signo: Aquário – a partir das 23h16
Lua Fora de Curso: das 09h44 às 23h16

Aspectos Diários da Lua	Entrada	Exato	Saída
Lua trígono Mercúrio	04h47	09h44	14h42

Lua em Aquário

A Lua em Aquário favorece todos os tipos de amizade e de empreendimentos comunitários. Este é um signo igualitário e muito voltado para as necessidades sociais. Deve buscar ter atitudes mais autênticas, menos ditadas pela vaidade ou pelo medo de desapontar, ou não atender às expectativas do outro. É um bom momento para ser você mesmo e expressar a sua originalidade. A Lua em Aquário promove um período onde deseja experimentar coisas novas e ter liberdade para quebrar antigos padrões.

Lua trígono Mercúrio

Este aspecto favorece todos os tipos de comunicação, de expressão e trocas de informação. As mensagens chegam aonde devem chegar sem mal-entendidos ou interrupções. Os caminhos estão facilitados. É um bom dia para circular, para fazer os contatos necessários. Enfim, para colocar as coisas em movimento em sua vida e fazer isso de um modo encadeado e contínuo.

Dia 7 de Setembro – Domingo

Fase Lunar: Crescente
Lua no Signo: Aquário

Aspectos Diários da Lua	Entrada	Exato	Saída
Lua conjunção Netuno	13h20	18h40	00h02 (08/09)

Lua conjunção Netuno

Este encontro da Lua com Netuno favorece todos os serviços e campanhas que visem ao bem-estar público, principalmente se a isto estiver associado algum tipo de atividade artística. Está banhado em um espírito solidário e cooperativo. Está também mais aberto e sensível aos sentimentos dos outros e pode compreender o que se passa sem que seja necessário nenhum tipo de explicação racional. Estar em sintonia com as camadas mais sutis de si mesmo e das pessoas que o cercam.

Dia 8 de Setembro – Segunda-feira

Fase Lunar: Crescente
Lua no Signo: Aquário
Lua Fora de Curso: Início – às 06h02

Aspectos Diários da Lua	Entrada	Exato	Saída
Lua sextil Plutão	00h39	06h02	11h27

Lua sextil Plutão

Você esrá disposto a lidar com assuntos bastante profundos e ganha força para regenerar e transformar a sua vida e enfrentar as crises que surgirem. Deve procurar esclarecer qualquer mal-entendido para não dar margem a dúvidas. É um bom momento para recuperar relacionamentos que estavam de algum modo deteriorados. Todos estão dispostos a dar uma segunda chance, perdoar e esquecer as mágoas.

DIA 9 DE SETEMBRO – TERÇA-FEIRA

Fase Lunar: Crescente
Lua no Signo: Peixes – a partir das 05h08
Lua Fora de Curso: Término – às 05h08

ASPECTOS DIÁRIOS DA LUA	ENTRADA	EXATO	SAÍDA
Lua conjunção Urano	00h04	05h31	11h00
Lua conjunção Marte	03h37	09h01	14h26
Lua oposição Júpiter	04h46	10h21	15h58
Lua trígono Saturno	20h30	02h06 (10/09)	07h43 (10/09)

Lua em Peixes

Quando a Lua está em Peixes torna-se mais vulnerável ao clima dos ambientes e percebe as situações mais através das emoções do que da consciência. A passagem da Lua por esse signo favorece a interiorização e dá novo fôlego ao mercado da arte e da fantasia. Todos ficam mais sensíveis e imaginativos. Uma maior tendência à espiritualidade e a práticas que favoreçam o contato com o seu mundo interno também pode ser esperada.

Lua conjunção Urano

A manhã de hoje é um bom momento para fazer todos os tipos de atualizações. Não se obrigue a manter a rotina e não combine nada que não possa ser desmarcado. Os imprevistos acontecem e podem quebrar alguns acordos preestabelecidos. Você pode se ver obrigado a alterar os seus compromissos do dia. Não se apegue ao passado, abra espaço para o acaso favorável. Muitas idéias e até mesmo sentimentos inesperados podem surgir no decorrer do dia. Aproveite os *insights*.

Lua conjunção Marte

As atitudes mais diretas e espontâneas estão favorecidas. Não fique parado esperando que as coisas aconteçam. Aproveite o dia para resolver assuntos pendentes. Todos estão um pouco impacientes com atrasos e obstáculos, portanto seja despachado e dê ritmo às suas atividades.

Lua oposição Júpiter

A necessidade de ampliar os horizontes e de mudar o rumo das coisas pode levá-lo a atitudes aventureiras profissionalmente. Mas pode haver erros de avaliação das condições do mercado. Pela manhã, até o meio da tarde, o seu julgamento não está muito confiável e um pouco de fantasia pode estar interferindo. Há uma certa impaciência para cumprir as tarefas menores. Cuidado para não superestimar os resultados das suas atitudes.

Lua trígono Saturno

À noite você estará disposto a fazer alguns sacrifícios em nome de objetivos maiores ou que favoreçam a um grande número de pessoas. Esse aspecto é extremamente propício para a realização de muitos de seus sonhos. Está com uma disposição bastante produtiva e pode realizar no concreto muitas das coisas que imagina.

Dia 10 de Setembro – Quarta-feira

Fase Lunar: Cheia – às 13h36
Lua no Signo: Peixes

Lunação de Setembro
Lua cheia às 13h36, horário de Brasília
Lua cheia no signo de Peixes em 17°34'
Duração até a próxima lunação: 10/10/2003

Aspectos Diários da Lua	Entrada	Exato	Saída
Lua quadrado Plutão	07h29	13h06	18h44
Lua oposição Sol	07h33	13h37	19h43
Lua oposição Mercúrio	09h45	14h57	20h11
Lua oposição Vênus	20h25	02h42 (11/09)	09h01 (11/09)

Lua quadrado Plutão

Esse é um dia difícil, começando por esse encontro desarmônico entre a Lua e Plutão. Procure estar entre pessoas que você confia e com as quais se sente acolhido. Não é o momento de enfrentar as crises ou situações mais agudas. Poupe-se, mantenha-se de algum modo à parte dos conflitos. Faça coisas que lhe dêem conforto e paz de espírito.

Lua oposição Sol

Esse aspecto corresponde à fase da Lua cheia. Pode ser um dia bastante tenso para relacionamentos que estejam em crise. Pessoas que não esperava podem ter atitudes hostis ou rivalizar com você. Mas também alguém que não imaginava que pode ser muito importante para você. As emoções estão alteradas. É melhor evitar os conflitos. Não subestime os seus rivais e adversários. É bom não provocar ninguém. Facilmente descarrega suas emoções e pode ocorrer um desgaste energético.

Lua oposição Mercúrio

Este difícil aspecto entre a Lua e Mercúrio pode favorecer muito aos mal-entendidos. Não está sabendo expressar com suficiente clareza seus sentimentos e, como os ânimos estão um tanto alterados, isso pode causar graves erros de interpretação. Os deslocamentos também não estão favorecidos. Há uma energia irrequieta no ar e os humores estão um tanto instáveis. Você pode ter que lidar com pontos de vista bastante diferentes dos seus.

Lua oposição Vênus

O dia termina com essa oposição que torna os contatos, os encontros, os ânimos pouco agradáveis. A harmonia, o conforto e o bem-estar não estão favorecidos, de modo que possa se sentir desamparado, sem gratificação e passar uma noite de algum modo desagradável. O melhor a fazer é dormir e descansar para repor as energias.

Lunação de Setembro
Fase Lunar: Cheia em 10/09/2003 às 13h35, horário de Brasília
Lua no Signo: 17º 34' de Peixes

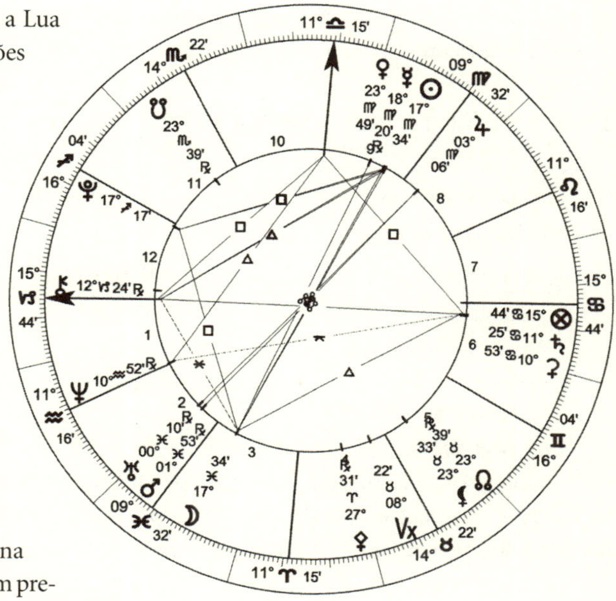

O mapa da lunação levantado para a Lua cheia de setembro apresenta tensas posições entre as casas 3 e 9 (onde se encontra esta lunação) em aspecto desarmônico com Plutão na casa 12. O conflito maior pode ser esperado na área do poder judiciário, que deverá ser bastante visado pela impresa. Por sua vez, os setores de transportes, comunicação e comércio devem enfrentar sérios desafios, inclusive com chances de fiscalização e auditoria em alguns de seus órgãos. O setor automobilístico também não está com um bom desempenho. Prejuízo na balança comercial com taxas de câmbio desfavoráveis e com uma modificação na oferta dos produtos internacionais também prejudicam a atuação do país neste setor. A previdência social, uma área há muito tempo para se reformada, encontrará neste mês desafios importantes. A presença de Plutão na casa 12 sugere uma tendência a se fazer as coisas de forma velada. O que deve ser frontalmente combatido. Todas as ações ilícitas e que encobrem dados e fatos pioram ainda mais o quadro que se anuncia. Questões éticas importantes estarão em pauta. Ainda com esta posição, pode-se esperar uma crise mais aguda no já crítico setor penitenciário. Há indícios de especulação e manipulação nas taxas de câmbio devido à imprevisível oposição entre Urano, Marte e Júpiter nas casas 2 e 8. Esta lunação é particularmente ativa para os nascidos no segundo decanato de Virgem e Peixes.

Afeta também as pessoas nascidas no segundo decanato dos signos de Gêmeos e Sagitário.

Para os virginianos, este é um bom momento para balancearem melhor suas vidas e seus relacionamentos. O equilíbrio entre sensibilidade e análise racional, entre uma visão poética da vida, sem perder o juízo dos fatos, é o benefício desta Lua cheia.

Diminuir o espírito excessivamente crédulo dos piscianos, através de análise mais atenciosa da situação e aumentar a flexibilidade dos virginianos, através da aceitação dos fatos como eles se apresentam, é o grande presente desta Lua cheia. Todos podemos aproveitar a Lua cheia em Peixes para estimular as qualidades deste signo: compreensão, doação, entrega, sensibilidade, aceitação e altruísmo.

DIA 11 DE SETEMBRO – QUINTA-FEIRA

Fase Lunar: Cheia
Lua no Signo: Áries – a partir de 13h10
Lua Fora de Curso: de 02h42 às 13h10

Lua em Áries

Quando a Lua transita pelo vigoroso signo de Áries, tudo tende a andar mais rápido, a se resolver de uma hora para outra. Fica impaciente com qualquer tipo de demora ou atraso e quer se desvencilhar dos obstáculos. Está mais enérgico e tonificado. Deve tratar bem os outros e esperar ser tratado de um modo direto, franco e espontâneo. Quer agir, tomar atitudes. É um bom momento para empreender algo que dependa de iniciativa e de um empurrão inicial.

Dia 12 de Setembro – Sexta-feira

Fase Lunar: Cheia
Lua no Signo: Áries
Lua Fora de Curso: Início – 22h40

Aspectos Diários da Lua	Entrada	Exato	Saída
Lua sextil Netuno	04h13	10h02	15h52
Lua quadrado Saturno	05h36	11h28	17h21
Lua trígono Plutão	16h48	22h40	04h35 (13/09)

Lua sextil Netuno

A manhã será marcada por coincidências agradáveis. Pode esperar alguma ajuda anônima e cooperação. Uma disposição solidária torna o dia propício a investimentos que favoreçam os setores mais desatendidos da sociedade. A busca de uma harmonia interna deve ser privilegiada e práticas que conduzam a estados mais elevados de alma podem ser extremamente benéficas no momento.

Lua quadrado Saturno

Esta não é uma combinação muito fácil. Sente com mais força o peso das frustrações e questiona muito o amor dos outros por você. Fica mais carente e reage com muita severidade a críticas e a qualquer falta de afeto. Há muita preocupação com a segurança material, o que muitas vezes leva a um exagero de economia que só torna o clima ainda mais pesado e favorece o mau humor.

Lua trígono Plutão

No fim da tarde e à noite, este encontro da Lua com Plutão favorecerá uma abordagem mais profunda das situações e uma investigação do seu sentimento e motivação. Portanto, não seja superficial, encare as situações, aproveite a oportunidade de "cortar o mal pela raiz". Se você anda doente ou está passando por algum problema, este aspecto promete recuperação.

Dia 13 de Setembro – Sábado

Fase Lunar: Cheia
Lua no Signo: Touro – a partir de 23h50
Lua Fora de Curso: Término – 23h50

Aspectos Diários da Lua	Entrada	Exato	Saída
Lua sextil Urano	17h57	23h55	05h54 (14/09)
Lua sextil Marte	20h24	02h18 (14/09)	08h14 (14/09)

Lua em Touro

A passagem da Lua neste signo favorece a manutenção, a segurança e a prudência. As pessoas ficam mais atentas ao que dá prazer e conforto, causando um sentimento de proteção. Bom momento para valorizar aquilo que se possui e dar continuidade a algo. Todas ficam mais dadas a demonstrações concretas de afeto, mais dispostas a abraçar, beijar e ao contato físico de um modo geral. O comércio de comida, móveis e jardinagem tende a se favorecer nesses dias.

Lua sextil Urano

Este encontro da Lua com Urano favorece o contato com assuntos ou situações diferentes do usual. É também muito favorável para o súbito entendimento de algo que parecia obscuro ou que não queria aceitar. Deve aproveitar esses momentos para fazer as atualizações necessárias em sua vida.

Lua sextil Marte

Este é um aspecto que favorece as iniciativas. Mostrar-se produtivo, disposto a enfrentar os obstáculos pode trazer benefícios e causar muito bem-estar. Aja de modo bastante acertado e não tenha medo das conseqüências. É um bom momento para dizer o que você pensa e para marcar o seu território.

Dia 14 de Setembro – Domingo

Fase Lunar: Cheia
Lua no Signo: Touro

Aspectos Diários da Lua	Entrada	Exato	Saída
Lua trígono Júpiter	01h31	07h39	13h47
Lua quadrado Netuno	15h27	21h30	03h33 (15/09
Lua sextil Saturno	17h21	23h27	05h33 (15/09)
Lua trígono Mercúrio	22h36	04h19 (15/09)	10h03 (15/09)

Lua trígono Júpiter

Este aspecto que ocorre durante a madrugada e pela manhã beneficia a concepção, fertilização e os partos. Ele é bastante benéfico e proporcionará bom humor e uma disponibilidade alegre. Favorece também as atividades que atraiam grande público. O encontro da Lua com Júpiter promove a autoconfiança, de modo que, apesar dos obstáculos, você conseguirá manter o prumo e acreditar nas possibilidades que o futuro lhe reserva.

Lua quadrado Netuno

À tarde, no entanto, talvea haja alguns contratempos. Atrasos, confusão de informações e desconcentração podem prejudicar o andamento das coisas. Está mais preguiçoso e passivo e pode se sentir bastante desvitalizado. É aconselhável tirar uma soneca ou pelo menos diminuir o ritmo para evitar maiores desacertos.

Lua sextil Saturno

No final da tarde poderá recuperar um pouco de produtividade. Retome o "bom senso" e as coisas se tornarão um pouco mais confiáveis do que no decorrer da tarde. Pode aproveitar para concluir algumas tarefas pendentes.

Lua trígono Mercúrio

No fim da noite, está mais comunicativo e os diálogos estão extremamente favorecidos. É um ótimo momento para tentar se explicar. Faça a escolha mais acertada das palavras sob a influência deste aspecto e pode contar com a receptividade do outro. A mente fica mais afiada e é bom fazer uso dessa clareza de entendimento. Ótimo para estudar, fazer pesquisas ou simplesmente ler livros e revistas.

Dia 15 de Setembro – Segunda-feira

Fase Lunar: Cheia

Lua no Signo: Touro

Aspectos Diários da Lua	Entrada	Exato	Saída
Lua trígono Sol	15h08	21h47	04h27 (16/09)

Lua trígono Sol

Os casais são especialmente beneficiados por esta combinação harmônica entre os dois corpos celestes que representam respectivamente o feminino e o masculino. Este aspecto traz muita tranqüilidade, entendimento e confiança para os relacionamentos. As coisas estão no lugar, o que favorece um sentimento geral de muito bem-estar e a vida flui com mais facilidade. Sabe bem o que quer e não tem nenhuma dificuldade de buscar o que mais beneficia afetivamente. Novamente, este é um momento favorável para concepções e nascimentos. Esta combinação da Lua em Touro fazendo trígono com o Sol torna o período bastante fértil.

Dia 16 de Setembro – Terça-feira

Fase Lunar: Cheia

Lua no Signo: Gêmeos – a partir de 12h32

Lua Fora de Curso: de 12h26 às 12h32

Aspectos Diários da Lua	Entrada	Exato	Saída
Lua quadrado Urano	06h20	12h26	18h31
Lua quadrado Marte	08h15	14h17	20h19
Lua trígono Vênus	08h29	15h19	22h08
Lua quadrado Júpiter	15h22	21h35	03h48 (17/09)

Lua em Gêmeos

Quando a Lua está em Gêmeos, todos estão mais abertos para fazer contatos, trocar idéias, oferecer informações. Impera certa camaradagem e espontaneidade nos relacionamentos. Há maior facilidade em ver os dois lados de uma situação. Não tem disposição para se dedicar por muitas horas a uma única atividade ou pensamento. Quer variar, trocar, ver inúmeras possibilidades, mudar de interesses. O que pode levar a certa inquietação. Lugares que tenham variedades de opções e serviços serão os preferidos. Bom período para o comércio de livros, revistas e cultura de um modo geral.

Lua quadrado Urano

O dia de hoje será marcado por um aumento de impaciência e ansiedade. A descontinuidade nos serviços e alguns imprevistos pode tornar as atividades um tanto improdutivas. É melhor evitar situações estressantes e manter-se disponível para mudanças de última hora. É provável que haja necessidade de alterar a rotina. Não é aconselhável forçar decisões porque isso pode precipitar alguns cortes. Pode-se aguardar alguma virada brusca do tempo, como precipitação de chuvas inesperadas.

Lua quadrado Marte

Esta combinação provoca reações mais agressivas. Os ânimos ficam um tanto tensos quando a Lua se encontra em desarmonia com Marte. É recomendável tomar o dobro de cuidado no trânsito. Há tendência a atrair um público pouco fiel e pode-se esperar trocas, devoluções e pedidos de reembolso por conta de compras feitas por impulso. Para aproveitar melhor o dia, encontre formas mais saudáveis e cautelosas de gastar a energia acumulada.

Lua trígono Vênus

Este aspecto torna o dia propício a encontros amorosos e favorece os contatos de um modo geral. Ele também ameniza o humor. Pode apostar em um aumento na venda de produtos voltados para o público feminino e de artigos que ajudem a criar um "clima" para encontros ou que melhorem o "astral". Assim como maior procura por lugares de lazer, como bares, cinemas e shows.

Lua quadrado Júpiter

Procure controlar a tendência aos exageros, seja no que se refere a gastos, emoções ou comida! Qualquer atitude ou sentimento pode ser *demais* no dia de hoje. O grande problema desta combinação planetária é a tendência a superestimar oportunidades e situações.

Dia 17 de Setembro – Quarta-feira

Fase Lunar: Cheia

Lua no Signo: Gêmeos

Aspectos Diários da Lua	Entrada	Exato	Saída
Lua trígono Netuno	04h17	10h22	16h26
Lua quadrado Mercúrio	08h36	14h28	20h21
Lua oposição Plutão	17h41	23h45	05h48 (18/09)

Lua trígono Netuno

Este aspecto beneficia o mercado de artes em geral. É uma combinação de muita criatividade e inspiração. Principalmente os escritores estão muito favorecidos no dia de hoje. Também beneficia negócios, produtos ou ambientes de algum modo ligados ao mar. Este aspecto promete encontros e momentos agradáveis nesse tipo de paisagem. Pela manhã, anote os sonhos que tiver tido durante a noite.

Lua quadrado Mercúrio

Este é um aspecto que indica a necessidade de cautela ao assinar contratos, documentos e na lida com a papelada de um modo geral, estando sujeito a mal-entendidos e erros de interpretação. Ele costuma desbaratar o mercado e trazer alguns prejuízos para o comércio. Os dados podem não retratar a realidade, por isso é aconselhável todo tipo de conferência. É provável que o dia seja marcado por muita conversa e pouco trabalho!

Lua oposição Plutão

À noite todos podem estar mais passionais. Deve tentar contornar as divergências para evitar confrontos. Não é um bom momento para atividades que reúnam um número muito grande de pessoas. A mente pode estar trabalhando "a mil" e pode ser tomado por dúvidas sem chegar a nenhuma conclusão.

Dia 18 de Setembro – Quinta-feira

Fase Lunar: Minguante – a partir de 16h01
Lua no Signo: Gêmeos

Aspectos Diários da Lua	Entrada	Exato	Saída
Lua quadrado Sol	09h30	16h03	22h34
Lua trígono Urano	18h53	00h51 (19/09)	06h46 (19/09)
Lua trígono Marte	20h19	02h14 (19/09)	08h07 (19/09)

Lua quadrado Sol

Encontra-se dividido entre um lado mais conservador e o desejo de realizar as suas vontades. Prevalece um sentimento geral de divisão e de descontentamento. Brigas, discussões e até mesmo rompimentos podem ocorrer. Não tem muita resistência e entrega facilmente "os pontos". Isso pode causar queda na produtividade, perda de oportunidades e piorar ainda mais o seu ânimo.

Lua trígono Urano

Este encontro da Lua com Urano à noite pode ser ótima oportunidade para abandonar vícios, acabar com alguns comportamentos compulsivos e modificar a rotina. Está levando as coisas menos a sério e os acontecimentos não o afetam tanto. É um aspecto de desprendimento, objetividade e liberdade.

Lua trígono Marte

A noite promete mais disposição para lidar com os desafios. Expressar os sentimentos de modo honesto e verdadeiro pode ser muito benéfico, causando alívio de tensões acumuladas e tornando o clima bastante descontraído em qualquer ambiente. Procure ter atitudes encorajadoras, isto fortalecerá os vínculos. Este aspecto também pode "esquentar" relacionamentos que vinham esfriando ou "desempatar" o "zero a zero" de algumas paqueras.

Dia 19 de Setembro – Sexta-feira

Fase Lunar: Minguante
Lua no Signo: Câncer – a partir de 01h07
Lua Fora de Curso: de 00h51 às 01h07

Aspectos Diários da Lua	Entrada	Exato	Saída
Lua quadrado Vênus	04h08	10h44	16h59
Lua sextil Júpiter	04h57	10h59	17h18
Lua conjunção Saturno	18h59	00h53 (20/09)	06h43 (20/09)
Lua sextil Mercúrio	19h18	01h08 (20/09)	06h56 (20/09)

Lua em Câncer

Quando a Lua está em Câncer há maior facilidade de viver situações íntimas e aconchegantes. Não está muito disposto a se expor, a enfrentar o "mundo lá fora". Está mais sensível aos que o cercam, há maior *sintonia* em relação às necessidades dos outros e também um aumento da vulnerabilidade, facilitando mágoas e ressentimentos. Todos os assuntos e produtos referentes à casa estão favorecidos. Dá muita importância às suas raízes e tende a rememorar o passado. Busca suas referências. O bem-estar e o conforto emocional costumam ser o parâmetro através do qual julga as situações.

Lua quadrado Vênus

A produtividade está diminuída pela ação de uma energia mais letárgica. Há um aumento excessivo das nossas expectativas nos relacionamentos. De um modo geral, não está fazendo um bom uso do dinheiro; é bom evitar transações comerciais e investimentos. Cuidado com os gastos! Você pode se exceder em luxos desnecessários.

Lua sextil Júpiter

Este aspecto promove mais confiança e generosidade nas relações. Ele também beneficia a concepção e fertilização. Pode indicar um aumento de consumo e subida das ações na Bolsa de Valores em função de um clima otimista. Pessoas conhecidas que ocupem posições privilegiadas podem oferecer ajuda nesse momento. Tudo que promove uma abertura e um crescimento pessoal, intelectual ou material será beneficiado.

Lua conjunção Saturno

No fim da tarde e à noite haverá um aumento na capacidade de autocontrole e disciplina. Se você tem questões objetivas a resolver, deixe para fazer isso durante este período. Todos estão mais interessados no que é sólido e promete durabilidade. É também um ótimo momento para se comprometer afetivamente com alguém. Há maior responsabilidade em relação aos vínculos íntimos e todos estão mais dispostos a trabalhar pela melhoria e segurança dos relacionamentos.

Lua sextil Mercúrio

Este aspecto favorece a comunicação e expressão de idéias, tornando a noite um bom momento para se ter todo tipo de conversa, principalmente no que diz respeito aos relacionamentos. Sabe se fazer entender e pode falar de coisas bastante profundas de um modo leve e agradável.

Dia 20 de Setembro – Sábado

Fase Lunar: Minguante
Lua no Signo: Câncer

Aspectos Diários da Lua	Entrada	Exato	Saída
Lua conjunção Saturno	18h59 (19/09)	00h53	06h43
Lua sextil Mercúrio	19h18 (19/09)	01h08	06h56

Dia 21 de Setembro – Domingo

Fase Lunar: Minguante
Lua no Signo: Leão – a partir de 11h03
Lua Fora de Curso: de 07h21 às 11h03

Aspectos Diários da Lua	Entrada	Exato	saída
Lua sextil Sol	01h14	07h21	13h25
Lua sextil Vênus	19h59	02h05 (22/09)	08h08 (22/09)

Lua em Leão

Quando a Lua está em Leão há maior disponibilidade para viver aquilo que considera "especial". Para estar em situações de evidência, para estar em foco, aparecer, brilhar, acontecer. Há também uma disposição alegre e jovial que faz com que queira ter prazer, se divertir, comemorar. Não está disposto a se submeter a ordens, aceitar limitações ou qualquer tipo de imposição desagradável. Reina um sentimento de merecimento, de importância pessoal, de autoconfiança e de autogratificação. Todos estão mais extrovertidos. É um tempo de brilho e liderança.

Lua sextil Sol

Este é um momento de muita clareza em relação às suas emoções. Reina um sentimento de bem-estar e harmonia. Um contentamento em ser quem é. Está podendo expressar o melhor de si e exercer uma influência positiva sobre aqueles que o cercam. Pode fazer um bom uso da nossa intuição para perceber os anseios e expectativas dos outros e podem surgir boas idéias de como atingir o público em geral. Pessoas mais tímidas ou inseguras podem descobrir ou revelar potenciais ocultos. Projetos que estavam guardados podem mostrar suas possibilidades de desenvolvimento e brilho.

Lua sextil Vênus

Há um clima de sedução e prazer no ar durante a noite de hoje. É um ótimo momento para sair, se divertir e comemorar. Quer e pode se sentir feliz. Todos estão mais agradáveis e dispostos a enxergar as situações pelo seu melhor ângulo. Pode esperar muito favorecimento e facilidades em qualquer empreendimento. Está sabendo seduzir as pessoas para que elas o tratem bem e queiram estar ao seu lado. Vale a pena aproveitar esta benéfica e vibrante combinação astrológica!

Dia 22 de Setembro – Segunda-feira

Fase Lunar: Minguante
Lua no Signo: Leão

Aspectos Diários da Lua	Entrada	Exato	Saída
Lua oposição Netuno	01h12	06h41	12h06
Lua trígono Plutão	13h28	18h51	00h13 (23/09)

Lua oposição Netuno

Pode acordar um tanto desanimado e ainda cansado hoje pela manhã. Será necessário um bom período de descanso e deve evitar sobrecarregar o organismo, pois está mais debilitado e vulnerável a crises alérgicas e resfriados. Deve prestar bastante atenção às dosagens de remédios e evitar o uso de drogas com as quais não está acostumado. De um modo geral, se sentirá insatisfeito nas primeiras horas do dia e desejando que a vida seja menos banal. Uma grande necessidade de viver situações românticas pode afetar os relacionamentos.

Lua trígono Plutão

À tarde, este benéfico aspecto da Lua favorece uma avaliação mais profunda dos seus anseios e lhe dá a força necessária para operar algumas transformações – o que pode ser muito regenerador. Este aspecto também torna o dia propício ao lançamento de qualquer campanha que vise à recuperação, reforma ou saneamento em algum setor. É também um excelente momento para compensar danos e prejuízos. Esse encontro planetário favorece ainda maior aproximação e intimidade com pessoas que ocupem lugares de poder.

Dia 23 de Setembro – Terça-feira

Fase Lunar: Minguante
Lua no Signo: Virgem – a partir de 17h05
Lua Fora de Curso: de 16h34 às 17h05

Aspectos Diários da Lua	entrada	Exato	Saída
Lua oposição Urano	11h20	16h34	21h45
Lua oposição Marte	12h13	17h26	22h37
Lua conjunção Júpiter	22h08	03h23	08h36

Lua em Virgem

Quando a Lua está em Virgem surge a vontade de verificar a qualidade do trabalho desenvolvido e ver o que pode ser melhorado e aprimorado. Consegue racionalizar seus problemas e se dispõe a resolvê-los aos poucos. Impasses podem ser resolvidos se puder "baixar a bola", avaliar as possibilidades e se ater ao que é viável. Há uma disposição para cumprir os compromissos. Quer que as coisas funcionem do modo mais perfeito e irrepreensível. Fica mais capaz de cuidar dos detalhes de qualquer situação, mas há certa dificuldade de ver o conjunto.

Lua oposição Urano

Este aspecto torna as coisas imprevisíveis. O dia trará um forte sentimento de frustração, uma vez que a Lua no signo de Virgem faz você desejar que as coisas funcionem. Não pode contar com nada como certo. Tudo pode virar de última hora. Pode ter que se confrontar com a rebeldia de alguns funcionários ou com a descontinuidade na prestação de algum serviço.

Lua oposição Marte

Os ânimos tendem a ficar alterados e alguma ansiedade pode surgir. Sob a combinação desses dois planetas tão diferentes, costuma agir de modo impulsivo e precipitado, mas isso não é nada aconselhável no momento. Pode "meter os pés pelas mãos" e acabar magoando aqueles de quem mais gosta. Todos estão muito práticos e diretos, faltando sensibilidade e acolhimento. No trabalho podem surgir rivalidades e animosidades em relação a colegas ou funcionários. Dê preferência a atividades que possam ser feitas com maior autonomia ou independência dos outros.

Lua conjunção Júpiter

No fim da noite, madrugada e pela manhã de quarta-feira, pode se sentir mais otimista e capaz de cumprir o que se propõe. Este benéfico encontro da Lua com Júpiter favorece o crescimento em todos os setores. Todos ficam mais bem-humorados e disponíveis. Deve fazer contato com o público. Todos os tipos de treinamento, workshops, aprendizado de técnicas e de melhoria do funcionamento estão extremamente beneficiados.

Dia 24 de Setembro – Terça-feira

Fase Lunar: Minguante
Lua no Signo: Virgem
Lua Fora de Curso:Início – 22h52

Aspectos Diários da Lua	Entrada	Exato	Saída
Lua sextil Saturno	09h10	14h17	19h23
Lua conjunção Mercúrio	11h23	16h44	22h04
Lua quadrado Plutão	17h49	22h52	03h55 (25/09)

Lua sextil Saturno

Este é um aspecto que favorece a profissão. Quando a Lua se encontra com Saturno, sente-se mais eficiente e capaz de cumprir as exigências. Está mais rigoroso e tende a fazer tudo com mais perfeição. Esta combinação beneficia as atitudes sensatas e comedidas. As pessoas se satisfazem com pouco e não cometem desperdícios.

Lua conjunção Mercúrio

Sob esta influência, fale com o coração. Saber exatamente como atingir as pessoas pode ser muito favorável para o lançamento de produtos. É um bom momento para fazer contatos e enviar currículos. Favorece também transações comerciais, contratos, aluguéis, negociação de pequenos itens que envolvam detalhamento. Todos os produtos e serviços populares de custo mais baixo serão bem aceitos.

Lua quadrado Plutão

Este é um aspecto difícil. Procure estar entre pessoas que você confia e com as quais se sente acolhido. Não é o momento de enfrentar as crises ou situações mais agudas. Poupe-se, mantenha-se de algum modo a parte dos conflitos. Faça coisas rotineiras que lhe tragam conforto e paz de espírito.

Dia 25 de Setembro – Quinta-feira

Lua no Signo: Libra – a partir de 19h49
Lua Fora de Curso: Término – 19h49

Aspectos Diários da Lua	Entrada	Exato	Saída
Lua conjunção Sol	18h51	00h10 (26/09)	05h27 (26/09)

Lua em Libra

Esta é a influência mais favorável para acordos, sociedades e parcerias. Está mais disposto a cooperar, a ceder, a entender o lado do outro e a fazer o que for necessário para tornar as situações e emoções mais equilibradas. Prefere a companhia de pessoas mais colaboradoras e busca situações mais justas. Procura ter uma visão mais imparcial e objetiva dos relacionamentos. Foca o que tem em comum com os outros e não se concentra nas diferenças. Quando a Lua passa pelo signo de Libra há favorecimento para os negócios ligados à beleza e estética e ao mundo das artes.

Lua conjunção Sol

No fim da tarde tem início a Lua nova, que ocorre sempre que a Lua se encontra no mesmo signo que o Sol. Mas ela só chega ao grau exato nos primeiros minutos de sexta-feira quando ocorre a lunação. Essa fase da Lua favorece o surgimento de novas oportunidades, mas por enquanto o melhor é manter uma atitude observadora em relação às situações. As coisas ainda estão em potencial e não se sabe ao certo onde vão dar. Nos próximos dias elas se definirão com mais clareza. Tem uma sensação de ânimo renovado e pode ter idéias muito criativas.

Dia 26 de Setembro – Sexta-feira

Fase Lunar: Nova à 00h08, horário de Brasília

Lua no Signo: Libra

Aspectos Diários da Lua	Entrada	Exato	Saída
Lua trígono Netuno	08h19	13h14	18h08
Lua quadrado Saturno	11h22	16h18	21h13
Lua conjunção Vênus	13h25	18h47	00h08 (27/09)
Lua sextil Plutão	19h34	00h28 (27/09)	05h22 (27/09)

Lua trígono Netuno

O dia favorece de modo muito particular todos os assuntos ligados à arte e à beleza. Beneficia atividades que de algum modo lidem com a imagem, ótimo dia para lançamentos de filmes, campanhas publicitárias, exposições, etc. Há maior facilidade em se chegar a um denominador comum que favoreça o conjunto de qualquer empreendimento.

Lua quadrado Saturno

Este aspecto indica a necessidade de que tudo seja feito de modo sério e responsável. As pessoas tornam-se exigentes sobre a qualidade e confiabilidade dos serviços. O espírito crítico está acentuado. Pode esperar atrasos e alguns obstáculos, mas não deixe que as frustrações prejudiquem o seu ânimo. Apesar disso, o dia é muito favorável.

Lua conjunção Vênus

Este é outro aspecto que, combinado com a passagem da Lua pelo signo de Libra, favorece enormemente o mercado da moda, da estética e das artes. É esperado um aumento no consumo de produtos para o público feminino. Um clima de harmonia e disposição para agradar às pessoas favorece os acordos. É um dia excelente para casamentos! Também para encontros a dois – charme, sedução e cordialidade aproximam as pessoas.

Lua sextil Plutão

É um ótimo momento para reencontrar os antigos amigos, recuperar os laços que foram rompidos. Também um excelente período para aprofundar vínculos, tanto profissionais como pessoais. Abrir uma sociedade pode ser vantajoso no momento, pois as pessoas formam laços firmes e estão com grande capacidade de se dedicar. Há um sentimento geral de força interior que o faz superar as dificuldades, proporcionando uma espécie de renascimento em diversos sentidos.

Lunação de Setembro

Fase Lunar: Nova em 26/09/2003 à 00h09, horário de Brasília

Lua no Signo: 02º 38' de Libra

Vigência: até a próxima Lua nova, em 25/10/2003

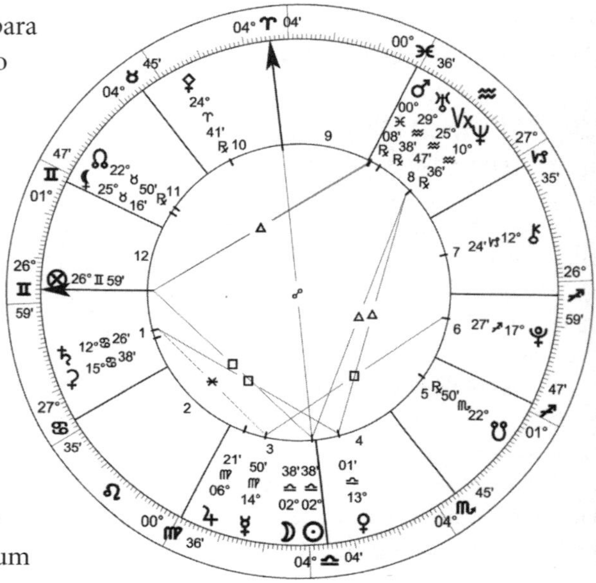

O mapa da lunação analisando para a Lua nova de Libra aponta um franco favorecimento para os setores imobiliário, habitacional e agrícola.

Haveria também um clima de mais concessão e harmonia se fossem dedicados recursos para assentamento de famílias e para os problemas do setor agrário.

Todo mundo cede um pouco daqui, cede um pouco dali e se consegue a rara arte de conciliar interesses. Quem está pensando em se mudar, comprar e vender imóveis ou simplesmente fazer uma reforma encontrará neste céu um momento bastante propício.

Financiamentos para casa própria devem estar facilitados devido a aspectos fluentes vindo da casa 8. Arrecadação, distribuição do orçamento e taxas de juros andam em uma fase bem mais interessante.

O setor das exportações volta a ganhar aceleração com a participação dos ágeis e inovadores planetas Urano e Marte. Possibilidades de novos mercados e de novos produtos na pauta das exportações.

Saturno se sobressai da casa 1 do mapa desta lunação exigindo austeridade nos gastos, já que faz uma desarmoniosa ligação com Vênus na casa 4. Prioridade sim. Supérfluos, não. Um senso maior de justiça inspira a todos, já que esta Lua nova se encontra no signo de Libra. É especialmente estimulante para os librianos e arianos. Os cancerianos e os capricornianos serão desafiados a enfrentar circunstâncias de muita pressão, exigindo deles um comportamento mais sociável e de boa vontade. O céu de outubro convida-o a experimentar as mais sublimes virtudes librianas: diplomacia, capacidade de conciliação, espírito justo, amor à convivência e um inigualável senso estético.

Dia 27 de Setembro – Sábado

Fase Lunar: Nova

Lua no Signo: Escorpião – a partir das 20h53

Lua Fora de Curso: das 20h11 às 20h53

ASPECTOS DIÁRIOS DA LUA	ENTRADA	EXATO	SAÍDA
Lua trígono Urano	15h19	20h11	01h03 (28/09)
Lua trígono Marte	16h12	21h05	01h58 (28/09)

Lua em Escorpião

Reina um clima de paixão, profundidade e transformação quando a Lua faz sua passagem por essa intensa energia zodiacal. É um ótimo momento para resgatar situações consideradas perdidas e para curar velhas feridas. Também é hora de resolver situações que chegaram a um ponto crítico e investigar profundamente intenções e sentimentos. Há um aumento na capacidade de se dedicar inteiramente a algo. Mas também grande tendência a radicalizar. É preciso tomar cuidado para não exagerar.

Lua trígono Urano

Esta é uma combinação que favorece os acasos e promete boas surpresas. É hora de experimentar o novo e ter atitudes mais desprendidas. Às vezes o melhor modo de sair de uma crise ou situação difícil é planejando algo para o futuro e se lançando em novos projetos.

Lua trígono Marte

Este aspecto fornece a força necessária para colocar em ação os seus projetos. Favorece a coragem e a determinação para enfrentar os desafios que surgem. Consegue tomar as melhores atitudes sem precisar pensar muito antes de agir. Todos os lançamentos, inaugurações, iniciativas, propostas mais arrojadas estão protegidos. E demonstrações de liderança e poder serão bem aceitas.

DIA 28 DE SETEMBRO – DOMINGO

Fase Lunar: Nova

Lua no Signo: Escorpião

ASPECTOS DIÁRIOS DA LUA	ENTRADA	EXATO	SAÍDA
Lua sextil Júpiter	03h02	07h59	12h57
Lua quadrado Netuno	09h11	14h04	18h58
Lua trígono Saturno	12h26	17h21	22h16
Lua sextil Mercúrio	21h06	02h28 (29/09)	07h50 (29/09)

Lua sextil Júpiter

Este é um excelente aspecto para explicar questões complexas de modo acessível. É um excelente momento para atividades que dependam da expressão verbal, estimulando o público ouvinte. Pode esperar grande movimento em shoppings, lojas e livrarias. Reina uma maior generosidade e proximidade emocional nos vínculos íntimos.

Lua quadrado Netuno

Procure estar em contato com pessoas nas quais confie e com as quais tenha laços mais profundos. Resguarde-se de experiências que possam ser dolorosas. Há maior dificuldade de concentração e é provável que o dia seja meio "sonolento". Não é favorável para atividades que exijam atenção a detalhes ou precisão.

Lua trígono Saturno

Encontros que aconteçam sob esse aspecto prometem ser duradouros. Um disposição mais séria permite que todos se responsabilizem por seus atos e sentimentos. Você se sente capaz de se sacrificar sem causar danos. Também estão protegidas as obras, reparos e restaurações feitas em casa.

Lua sextil Mercúrio

À noite a mente fica aguçada. Tem uma disposição investigativa que pode favorecer pesquisas e aquisição de importantes informações. Ótimo momento para descobrir alguns "segredos" ou revelar informações. É favorável para discutir assuntos e clarear as questões. Escrever, falar ao telefone, entrar em contato com as pessoas, expressar seus pensamentos e sentimentos pode ser uma forma muito agradável de terminar o dia.

Dia 29 de Setembro – Segunda-feira

Fase Lunar: Nova
Lua no Signo: Sagitário – a partir das 21h58
Lua Fora de Curso: das 21h09 às 21h58

Aspectos Diários da Lua	Entrada	Exato	Saída
Lua quadrado Urano	16h13	21h09	02h07 (30/09)
Lua quadrado Marte	17h17	22h15	03h13 (30/09)

Lua em Sagitário

A passagem da Lua pelo signo de Sagitário marca um período de maior entusiasmo, abertura e otimismo. Você se sente capaz de apostar em algo melhor e de ir em busca de um objetivo. É um bom momento para tocar as coisas para a frente e promover crescimento e desenvolvimento em sua vida. Favorece todos os assuntos ligados ao estrangeiro, relacionamentos à distância e viagens.

Lua quadrado Urano

No fim da tarde e à noite, você tem que lidar com muitos elementos novos e há possibilidade de perder alguma chance por não estar atualizado o suficiente. Pode haver conflitos nos relacionamentos provocados por ciúmes ou sentimento de posse excessivo. Procure ter atitudes mais independentes e dar mais liberdade para as pessoas.

Lua quadrado Marte

À noite você está sob o efeito desta agitada energia, que propicia atitudes agressivas e explosões emocionais por muito pouco. É o chamado *pavio curto*. Todos ficam muito intolerantes a qualquer tipo de pressão. Para ter uma noite mais agradável, evite tais atitudes.

Dia 30 de Setembro – Terça-feira

Fase Lunar: Nova
Lua no Signo: Sagitário

ASPECTOS DIÁRIOS DA LUA	ENTRADA	EXATO	SAÍDA
Lua sextil Sol	04h07	09h28	14h50
Lua quadrado Júpiter	04h56	09h59	15h04
Lua sextil Netuno	10h28	15h28	20h29
Lua conjunção Plutão	22h09	03h12 (01/10)	08h16 (01/10)

Lua sextil Sol

A combinação da Lua com o Sol favorece a sua disposição e vitalidade. Todos os tipos de encontros são beneficiados. Os relacionamentos ficam também protegidos, pois reina maior harmonia entre os pares. Tem mais clareza sobre o seu mundo interno e sente que há uma integração entre aquilo que é e as suas emoções. É um ótimo momento para disseminar idéias.

Lua quadrado Júpiter

A combinação da Lua em aspecto desarmônico com o regente de Sagitário pode exacerbar as características desfavoráveis desse signo e levar a alguma arrogância e excesso de otimismo, o que pode prejudicar uma avaliação mais sensata das oportunidades. Sob esse aspecto, sente uma maior necessidade de avanço e se torna muito intolerante com qualquer tipo de limitação.

Lua sextil Netuno

Esta combinação favorece o setor de frete, franquias e comunicação com o mercado de outros estados. Indica também sucesso de produtos que privilegiem um bom acabamento visual. Está mais disponível a ver o mundo de modo mais poético e sente que há grandes chances de realizar seus sonhos. Preste atenção nas coincidências. Podem surgir ajudas inexplicáveis.

Lua conjunção Plutão

Procure ser bastante honesto com seus sentimentos. Não tente enganar ou "enrolar" porque ninguém está disposto a colocar "panos quentes" ou fingir que não vê. É um bom momento para buscar a sua força interna e se dispor a fazer as transformações necessárias na sua vida. A Lua em Sagitário favorece uma visão clara e propicia a busca de soluções positivas.

CALENDÁRIO LUNAR DE

Outubro

dom	seg	ter	qua	qui	sex	sáb
			1 NOVA lua SAG	2 CRESCENTE 17h09 lua CAP 01h22	3 CRESCENTE lua CAP	4 CRESCENTE lua AQU 05h46
5 CRESCENTE lua AQU	6 CRESCENTE lua PEI 23h16	7 CRESCENTE lua PEI	8 CRESCENTE lua ARI 21h08	9 CRESCENTE lua ARI	10 CHEIA 05h26 lua ARI	11 CHEIA lua TOU 08h05
12 CHEIA lua TOU	13 CHEIA lua GEM 20h45	14 CHEIA lua GEM	15 CHEIA lua GEM	16 CHEIA lua CAN 09h41	17 CHEIA lua CAN	18 MINGUANTE 10h29 lua LEO 20h42
19 MINGUANTE lua LEO	20 MINGUANTE lua LEO	21 MINGUANTE lua VIR 04h02	22 MINGUANTE lua VIR	23 MINGUANTE lua LIB 07h28	24 MINGUANTE lua LIB	25 NOVA 10h49 lua ESC 08h09
26 NOVA lua ESC	27 NOVA lua SAG 07h56	28 NOVA lua SAG	29 NOVA lua CAP 08h37	30 NOVA lua CAP	31 NOVA lua AQU 11h42	

Céu do Mês

Outubro é mês de Libra. O Sol ilumina este signo até o dia 25 deste mês. Ilumina portanto as suas virtudes: elegância, bom gosto, bons modos, diplomacia e busca de equilíbrio e harmonia. Sob Libra tudo é melhor a dois. E todas as melhores soluções vêem do caminho justo do meio. Meias medidas, meio-termo, metade para mim, metade para você. Entre os dias 4 e 8, um acorde harmônico de Netuno ao Sol beneficia as atividades que dependam de colaboração, ajuda mútua, convergência de interesses e busca de ideais comuns. Tudo o que se faz pelo todo, pelo social encontra fácil adesão. Esta é a mais altruísta das combinações celestes. Simultaneamente entre os dias 5 e 12 Saturno fecha um pouco as possibilidades obrigando-o a fazer o dobro de esforço se quiser alcançar mínimos resultados.

Isto é o efeito de uma quadratura ao Sol. Pode sentir que tudo fica mais devagar e que mesmo as tarefas simples encontram grandes obstáculos. É indispensável ser responsável com todos os assuntos que estão sob seu encargo. Saturno cobra caro por suas negligências. Plutão em um harmonioso relacionamento com o Sol entre os dias 10 e 16 recupera a vitalidade que você havia perdido e devolve a chance de obter êxito nos assuntos que foi obrigado a adiar. Pessoas em posição de autoridade e que foram duramente postas à prova e desgastadas graças à influência anterior podem agora voltar a brilhar.

Entre os dias 19 e 23, Mercúrio também em Libra se aproxima do Sol e facilita o uso dos meios de comunicação, meios de transportes, coleta de dados, transmissão de informação e contatos em geral. Circule e comunique-se!

No mesmo período, Urano harmonizado com o Sol torna qualquer tipo de mudança, em qualquer área, "sopa no mel". Do dia 24 em diante o Sol muda completamente a tonalidade de seu brilho. Veste agora as cores de Escorpião. Tudo é mais denso. Intenso. Dramático. Extremo.

Mercúrio também se mudou para o signo de Escorpião e colado ao Sol revela uma visão mais profunda das coisas e o mistério que existe atrás das aparências. Não há combinação melhor para se descobrir coisas. Qualquer postura que precise adotar deve ser total.

Marte, nesta última semana dos mês, apóia o Sol em todas as suas direções. Com isto, você tem mais vigor, coragem e iniciativa para conquistar os alvos que a sua vontade – e somente a sua vontade – determinar. Mais liderança e carisma para chefes e governantes. Bom momento para esportes, campeonatos, disputas e concorrências de toda espécie.

Mercúrio finaliza a sua passagem pelo signo de Virgem na primeira semana do mês. Deve aproveitar estes dias para organizar suas idéias e ver a maneira mais prática e funcional de cumprir as tarefas que o aguardam. Mercúrio em Virgem confere uma mente atenta, aguda e analítica. É difícil errar sob esta influência. Do dia 8 até o dia 24, Mercúrio está em Libra. As suas idéias brotarão quando estiver pensando em dupla.

Portanto trabalhe em conjunto, peça conselhos e ouça os outros. Ótimo momento para corrigir situações constrangedoras através de um bom diálogo. Busque colaboração. Entre os dias 12 e 17, uma influência difícil de Saturno a Mercúrio atrasa as comunicações, o acesso aos lugares, a fluência das idéias e o faz perder um tempo enorme com pequenas tarefas e exigências. Tenha papéis, comprovantes, licenças, contratos e documentação em ordem.

No mesmo período Netuno salva um pouco a pele de Mercúrio lhe proporcionando idéias inspiradas e encontros ao acaso que trazem informações preciosas. Plutão também colabora com Mercúrio entre os dias 15 e 19 e se encarrega de encontrar objetos perdidos e documentos extraviados. Excelente momento para fazer diagnósticos e exames clínicos. Acertos garantidos. Também ideal para consertos, reparos, troca de veículos e equipamentos.

Do dia 25 em diante, Mercúrio já em Escorpião obriga-o a pensar mais fundo nas questões que não estejam resolvidas. Nos dois últimos dias do mês, uma dispersiva influência Netuno a Mercúrio torna-o menos atento e muito mais desconcentrado. É comum perder papéis, esquecer tarefas, confundir compromissos. Organize-se!

Vênus, ainda triunfante no signo de Libra até o dia 9, é homenageada por Plutão logo na primeira semana do mês. Juntos conseguem a arte de restabelecer as finanças e reconciliar amores que andavam afastados. Urano também faz a sua parte e entre os dias 5 e 9 renova relacionamentos que podiam estar desgastados e introduz inesperadamente um novo amor na vida de quem estava só. Profissionais liberais e autônomos são os protegidos desta dupla celeste. Quem estiver pensando em ganhar um extra terá oportunidades ampliadas.

Já em Escorpião a partir do dia 9, Vênus exige agora que os sentimentos sejam mais profundos e as entregas mais intensas. Suscita suspeitas, ciúmes e não perdoa traição. É acompanhada por Marte, entre os dias 10 e 14. Os amores se tornam mais tórridos e sensuais. É praticamente impossível ficar sozinho ou não se sentir atraído por alguém quando esta dupla está em sintonia. Libido em alta! Também é mais fácil e ágil resolver assuntos financeiros e fechar negócios. Boas oportunidades aparecem, mas é para se pegar logo. Elas não esperam!

Depois é a vez de Júpiter beneficiar os atributos de Vênus. Mais uma vez os negócios estão favorecidos e a margem de ganhos está ampliada. Bom momento para melhorar orçamento, fazer boas compras e até pedir aumento. O dinheiro está circulando mais fácil. Saturno também dá o seu apoio na semana de 18 até 23 de outubro. Com a sua presença, está garantida a estabilidade na vida material e na vida amorosa.

Quem construiu com solidez e maturidade negócios e afetos, colherá benefícios duradouros. Promessa de Saturno! Entre os dias 16 e 20, Netuno embola um pouco o meio-de-campo. Com as suas nuvens, incertezas e indefinições, pode iludi-lo em relação ao trato com o dinheiro e a sonhar com benefícios que nunca virão. O mesmo para o coração. Abra o olho!

Marte no signo de Peixes por todo o mês de outubro convida-o a agir de uma maneira mais sutil do que franca. Seguindo mais a direção do vento do que contrariando a maré. Você tem mais força assim. Outra dica: aguardar até o final de qualquer situação antes de decidir-se ou tomar qualquer atitude. Sob Peixes, o melhor vem sempre por último.

Júpiter e Saturno se favorecendo mutualmente por toda a segunda metade do mês dá uma boa notícia. Há fortes indícios de desenvolvimento econômico – e melhor: estável e bem alicerçado. Também há provas de comportamento ético na política e nas instituições oficiais. O mercado financeiro dá sinais de otimismo.

Urano recuou do signo de Peixes e entrou de volta no signo de Aquário, onde permanecerá até o dia 30 de dezembro de 2003. Esses próximos meses devem assistir a saltos na tecnologia e a uma reaceleração das tendências globalizantes do mercado.

Posições Diárias da Lua

Dia 1 de Outubro – Quarta-feira

Fase Lunar: Nova
Lua no Signo: Sagitário

Aspectos Diários da Lua	Entrada	Exato	Saída
Lua sextil Vênus	02h06	07h38	13h12
Lua quadrado Mercúrio	04h48	10h25	16h05
Lua sextil Urano	19h19	00h26 (02/10)	05h34(02/10)
Lua sextil Marte	20h42	01h51 (02/10)	07h01(02/10)

Lua sextil Vênus

Há uma disposição afável no dia de hoje. De um modo geral sente-se mais receptivo e tem atitudes mais sedutoras e agradáveis que podem favorecê-lo. O clima suave desse momento favorece também o desaparecimento de alguns sintomas de origem psicossomática.

Lua quadrado Mercúrio

Esse aspecto costuma produzir certa inquietação mental. Pode haver diversas interrupções nos afazeres. Alguns assuntos de menor importância podem constantemente atrapalhar a sua concentração. É um bom momento para confrontar pontos de vista. Talvez a opinião das pessoas possam ser-lhe útil.

Lua sextil Urano

Você está mais inventivo e ligado no que ocorre. É um bom momento para descobrir algum novo interesse e travar contatos incomuns. Tente experimentar novos prazeres. Comporte-se de modo diferente, evite a rotina ou as tarefas tediosas.

Lua sextil Marte

À noite, pique, energia e ânimo para alcançar seus alvos. Coragem e heroísmo. Capacidade de lutar pelo que acredita e fazer valer, até as últimas conseqüências, seus princípios. Se você precisa tomar alguma decisão que favoreça o seu crescimento pessoal, intelectual, profissional ou a ampliação do seu negócio, esse é o momento certo.

Dia 2 de Outubro – Quinta-feira

Fase Lunar: Crescente – a partir das 17h09
Lua no Signo: Capricórnio – a partir de 01h22
Lua Fora de Curso: da 00h26 às 01h22

Aspectos Diários da Lua	Entrada	Exato	Saída
Lua trígono Júpiter	09h20	14h35	19h52
Lua quadrado Sol	11h35	17h10	22h47
Lua oposição Saturno	18h10	23h23	04h38 (03/10)

Lua em Capricórnio

Capricórnio é um signo da terra; quando a Lua está neste elemento há uma ênfase na praticidade e na concretização. Capricórnio é o signo da responsabilidade, seriedade e da objetividade. É também um signo muito racional, sempre lidando com os dados práticos de qualquer situação. Está interessado nos resultados, onde aquilo vai levar, quais as conseqüências de um ato. Quando a Lua se encontra em Capricórnio, você fica mais disposto a descartar qualquer coisa que não seja segura e confiável. E se interessa pelo que possui estrutura ou pelo que pode gerá-la. Esta energia zodiacal associa-se também a autocrítica e exigência. Tudo deve ser bem-feito, com correção e absoluto domínio e precisão em todas as etapas. Os ânimos estão mais sérios, e um sentimento geral de responsabilidade, dever e compromisso prevalece.

Lua trígono Júpiter

Você tem essa benéfica combinação da Lua com Júpiter, planeta da expansão, do crescimento e da sabedoria. Sob esse aspecto, pode ser surpreendido pela experiência de que há algo maior e mais justo guiando seus passos e as situações da vida. É um bom momento para expandir seus negócios de um modo consciente. Tente contatos com o exterior ou busque mercados geograficamente distantes.

Lua quadrado Sol

Este aspecto pode significar difíceis conflitos que você precisa superar durante o dia. Há um desacordo entre vontade e sentimento. Pode haver também mais disputa e dificuldade de chegar a um consenso. Pode encontrar concorrência em tudo o que pretende fazer. Não é um bom dia para tentar acordos.

Lua oposição Saturno

O encontro da Lua com Saturno pode causar uma espécie de "surto" de responsabilidade e sentimento de restrição. As coisas que não estiverem suficientemente estruturadas ou os acordos pouco confiáveis podem ruir. Mas não se deixe levar por um espírito pessimista. Procure estar com pessoas que tenham um ânimo elevado que possam contagiá-lo.

Dia 3 de Outubro – Sexta-feira

Fase Lunar: Crescente
Lua no Signo: Capricórnio
Lua Fora de Curso: Início – às 20h41

Aspectos Diários da Lua	Entrada	Exato	Saída
Lua quadrado Vênus	10h41	16h30	22h20
Lua trígono Mercúrio	14h42	20h41	02h43 (04/10)

Lua quadrado Vênus

Torna-se mais indeciso e insatisfeito. O clima é desfavorável para pedidos de aumento ou qualquer tipo de benefícios. Gastos extras podem trazer conseqüências hoje. Desgostos pessoais ou reservas afetivas podem interferir no seu rendimento profissional. Está mais carente e com expectativas que dificilmente se cumprirão. Os encontros marcados provavelmente não trarão a satisfação emocional desejada.

Lua trígono Mercúrio

Eventos de caráter cultural e informativo estão favorecidos. Também é um bom dia para tornar pública alguma informação, notícia ou fazer um desmentido. Espera-se um bom movimento no comércio em geral, principalmente no varejo. Aproveite a disposição mais racional da Lua em Capricórnio para buscar as informações necessárias e obter um entendimento mais claro de todas as questões.

Dia 4 de Outubro – Sábado

Fase Lunar: Crescente
Lua no Signo: Aquário – a partir das 05h46
Lua Fora de Curso: Término – às 05h46

Aspectos Diários da Lua	Entrada	Exato	Saída
Lua conjunção Netuno	19h11	00h36 (05/10)	06h02 (05/10)
Lua trígono Sol	20h38	02h29 (05/10)	08h22 (05/10)

Lua em Aquário

Quando a Lua está neste signo, um espírito mais sociável e de agregação toma conta das pessoas. Ficam mais curiosas e interessadas em tudo que saia da norma, do convencional, da rotina. Está mais disposto a mudar hábitos e entrar em contato com tudo que é diferente. É um momento muito favorável para atividades em grupo ou que reúnam um grande número de pessoas. É também um bom dia para lançamento de produtos originais e sem similar no mercado. Dê espaço para o acaso. Ele com certeza conduzirá a boas surpresas. Você está mais criativo e sujeito a *insights* bastante esclarecedores. Tente inovar em todas as áreas da sua vida nesses dias.

Lua conjunção Netuno

Este é um benéfico aspecto que favorece um astral leve e um clima de ajuda mútua. Prepare-se para surpresas agradáveis, coincidências meio "mágicas" e muito romantismo. Mas não espere que as promessas e juras de amor feitas hoje sejam realmente cumpridas. Você está querendo viver um pouco no mundo da fantasia. A criatividade e a intuição estão ampliadas.

Lua trígono Sol

Momento de grande harmonia interna. Muito favorável para entrar em sintonia com as suas emoções e fazer valer sua vontade de modo positivo. Práticas espirituais que o façam entrar em contato com as camadas mais sutis da sua personalidade podem ser extremamente benéficas no dia de hoje. Conflitos internos podem ser resolvidos e dúvidas podem ser dissipadas pelo bom equilíbrio entre razão e emoção.

Dia 05 de Outubro – Domingo

Fase Lunar: Crescente
Lua no Signo: Aquário

Aspectos Diários da Lua	Entrada	Exato	Saída
Lua sextil Plutão	08h04	13h33	10h03
Lua trígono Vênus	22h07	04h13	10h21 (06/10)

Lua sextil Plutão

Ânimo predisposto à transformação e não aceita modificar as coisas na sua vida. É um bom dia para o lançamento de campanhas de reforma e saneamento da vida em comunidade. É também favorável para reformas de propriedades e todas as medidas que beneficiem moradia. É um excelente momento para recuperar um relacionamento que não ia bem ou reencontrar pessoas importantes em sua vida. Não forme laços levianos ou superficiais sob esta influência. Você está interessado em algo além das aparências.

Lua trígono Vênus

A aproximação entre as pessoas está favorecida. A receptividade trazida por essa combinação planetária promove grande capacidade de se colocar no lugar do outro na hora de avaliar uma situação. Essa sintonia tênue favorece os acordos e acarreta muitos benefícios. Pedidos de aumento e negociação de salário ou preço estão beneficiados. Alterne o trabalho com alguma atividade de lazer ou social, assim terá melhor rendimento.

Dia 06 de Outubro – Segunda-feira

Fase Lunar: Crescente
Lua no Signo: Peixes – a partir das 12h21
Lua Fora de Curso: das 11h07 às 12h21

Aspectos Diários da Lua	Entrada	Exato	Saída
Lua conjunção Urano	05h34	11h07	16h40
Lua conjunção Marte	08h02	13h39	19h17
Lua oposição Júpiter	22h40	04h23 (07/10)	10h07 (07/10)

Lua em Peixes

A Lua em Peixes promove um tempo de solidariedade e compaixão. Está em sintonia com o que o cerca e tende a reagir coletivamente de forma coesa. O público está receptivo e moldável, de modo que todos os tipos de lançamentos sejam favorecidos. O básico parece muito banal e deseja um pouco de encantamento em sua vida. É um ótimo momento para dissolver mágoas, tensões e para perdoar. Mas essa Lua também torna tudo mais impreciso, prejudicando sua objetividade. É um momento de mais reação do que de ação. As coisas acontecem por seu próprio movimento, não deve tentar interferir.

Lua conjunção Urano

Essa excelente combinação para a criatividade e para os *insights* traz muita abertura e mudanças. Pode se libertar de vícios e ganhar mais mobilidade afetiva também. Não tente obrigar ninguém a ser igual a você. Procure aceitar as pessoas como elas são, isso causará um imenso bem-estar emocional.

Lua conjunção Marte

Os produtos bem apresentados, de forte apelo para a sensibilidade do público, terão enorme procura. Há uma tendência a comprar por impulso. Está presente uma sensibilidade apurada para as oportunidades no trabalho. Nos relacionamentos, a expressão verdadeira dos sentimentos e a espontaneidade no modo de lidar com as emoções aliviarão todas as possíveis tensões. Romances platônicos podem se concretizar com esse aspecto que favorece encontros físicos e aumenta a iniciativa.

Lua oposição Júpiter

Cuide para não exagerar no consumo de bebida no dia de hoje. A necessidade de viver momentos idílicos e ideais pode favorecer o descontrole no que se refere a substâncias que o permitem sair da *real*. Pode haver erros de avaliação e um aumento de expectativas que não podem ser realizadas.

Dia 7 de Outubro – Terça-feira

Fase Lunar: Crescente
Lua no Signo: Peixes

Aspectos Diários da Lua	Entrada	Exato	Saída
Lua trígono Saturno	06h53	12h33	18h14
Lua quadrado Plutão	15h49	21h30	03h14 (08/10)

Lua trígono Saturno

Aproveite esse encontro benéfico da Lua com Saturno para colocar suas emoções e sentimentos em ordem. Este aspecto favorece a concentração e os procedimentos objetivos. Não receia perder, sabe que tudo um dia termina e aceita de modo sereno.

Lua quadrado Plutão

À tarde e à noite recolha-se e mantenha uma postura introspectiva, pois as coisas estão meio confusas e as energias muito misturadas. Todos estão animicamente mais expostos e captando o clima pesado que pode estar rondando muitos ambientes. Proteja-se, não deixe antigas mágoas se instalarem, prejudicando sua benevolência.

Dia 8 de Outubro – Quarta-feira

Fase Lunar: Crescente
Lua no Signo: Áries – a partir das 21h08
Lua Fora de Curso: Término – às 21h08

Aspectos Diários da Lua	Entrada	Exato	Saída
Lua oposição Mercúrio	21h42	04h26 (09/10)	11h13 (09/10)

Lua em Áries

Áries é o signo da ação, do impulso, da iniciativa, da coragem, da energia. É rápido, veloz. Com a Lua neste signo, você precisa tomar atitudes. Não é um bom momento para ponderar demais. Mas deve tomar cuidado com a precipitação. Durante esses dias, faz melhor as coisas sozinho, sem esperar pelo outro, e indo direto ao ponto. Não deve usar subterfúgios, pois Áries é o signo da espontaneidade. Todos estão mais dinâmicos, entusiasmados e audazes. E também mais intolerantes com atrasos, esperas e serviços demorados. As coisas começadas aqui terão resultados rápidos. Está mais disposto a ousar e pagar o preço das suas decisões.

Lua oposição Mercúrio

À noite, com a entrada desse aspecto no céu, pode haver imprevistos e interrupções no que estiver disposto a fazer. O acesso a Internet, por exemplo, pode estar difícil ou a conexão pode ser muito interrompida.

Forte oposição a algumas das suas idéias pode derivar em discussões mais acaloradas do que o desejado. Procure programas mais tranqüilos e que não dependam do funcionamento de serviços ou meios de comunicação. Os ânimos estão um tanto alterados. E um clima de impaciência domina o momento.

Dia 9 de Outubro – Quinta-feira

Fase Lunar: Crescente
Lua no Signo: Áries

Aspectos Diários da Lua	Entrada	Exato	Saída
Lua sextil Netuno	11h34	17h25	23h18
Lua quadrado Saturno	16h32	22h26	04h20 (10/10)
Lua oposição Sol	23h03	05h28 (10/10)	11h54 (10/10)

Lua sextil Netuno

Há sorte, proteção e benefícios no ar. O lançamento de produtos que alimentem as fantasias, ampliem a perspectiva e favoreçam o sentimento de encantamento e magia está favorecido. Há maior facilidade de adesão e convergência de interesses para tomadas de providências necessárias, principalmente em questões que beneficiem a todos. Favorece o lançamento de campanhas ou produtos que atendam a um público indiscriminado.

Lua quadrado Saturno

No fim da tarde pode sentir-se mais limitado, inseguro e reagir a isso isolando-se do mundo. Deve tomar cuidado para não magoar aqueles que ama com atitudes muito severas. Todos estão muito vulneráveis e sensíveis. À noite pode haver momentos de extrema melancolia e tristeza.

Lua oposição Sol

A Lua cheia tem início no final da noite de hoje, mas só estará precisa no céu na madrugada desta sexta-feira. A oposição entre o Sol e a Lua é por excelência um aspecto de encontros, de interação e complementaridade. É recomendável buscar apoio, dividir as tarefas, oferecer ajuda. Move-se melhor em dupla e deve buscar colaboração.

O grande desafio dessa Lua cheia em Áries é fazer isso sem perder a autonomia e a independência que este signo exige. Pode ser um momento particularmente tenso para relacionamentos que já estejam em crise. Se quiser manter um relacionamento, é aconselhável zelar por ele.

Dia 10 de Outubro – Sexta-feira

Fase Lunar: Cheia – às 04h26
Lua no Signo: Áries
Lunação de Outubro – Lua cheia
Lua cheia às 05h26, horário de Brasília
Lua cheia no signo de Áries em 16°35'
Duração até a próxima lunação: 25/10/2003

Aspectos Diários da Lua	Entrada	Exato	Saída
Lua trígono Plutão	01h46	07h41	13h38

Lua trígono Plutão

A manhã de hoje será marcada por esse poderoso aspecto no céu. É um excelente momento para retomar projetos ou tarefas que estavam pendentes e resolver assuntos deixados de lado por falta de ânimo ou força para solucioná-los. Está disposto a tomar as medidas necessárias e com coragem suficiente para enfrentar todos os tipos de desafios. Mas neste momento todos estão em igualdade de forças. Não deve subestimar os adversários neste dia. Procure não provocar desnecessariamente o estado emocional dos outros, porque as reações podem ser exacerbadas. As diferenças entre parceiros ou casais podem levar a confronto aberto. Sentimentos e emoções reprimidos podem vir à tona. Aproveite para liberá-los de um modo consciente encarando-os de frente. Este é também um período propício para check-ups e diagnósticos.

Lunação de Outubro

Fase Lunar: Cheia em 10/10/2003 às 04h26, horário de Brasília

Lua no Signo: 016° 36' de Áries

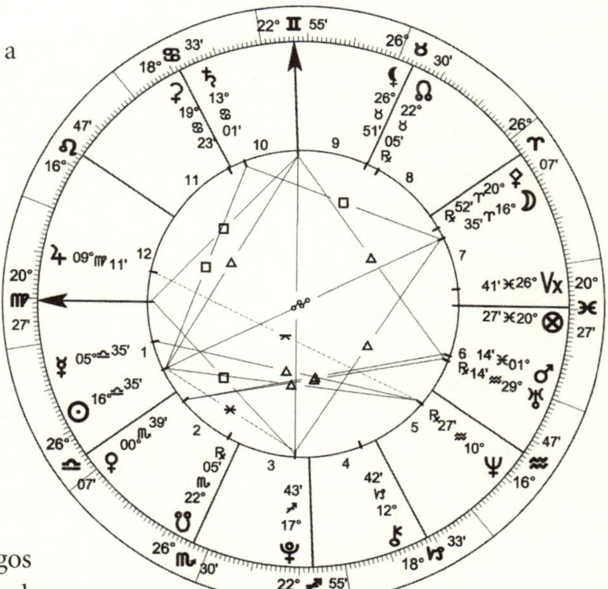

O mapa desta lunação posiciona a Lua em Áries na casa 7 e o Sol em Libra na casa 1 – em uma tensa ligação com Saturno na casa 10.

Uma prova de competência maior por parte dos governantes e de todos aqueles que exercem um cargo de responsabilidade na sociedade será exigida. Sinais de negligência, erros administrativos e descompromissos virão a público, tornando essas figuras impopulares.

Quem ocupa cargos de responsabilidade deve estar à altura desses cargos e dar provas concretas disto. Este é um desses momentos. Alguns embaraços devem ocorrer entre países vizinhos devido à pressão na casa 7 – área de relacionamentos e parcerias. Também há algumas dificuldades na sustentação de algumas alianças políticas. Pode haver desentendimentos sobre o grau de austeridade que o momento pede e sobre o que é considerado, na ocasião, prioritário. Não é o momento mais favorável para casamento ou para formalização de união. Os contratos, acordos e atividades realizados em colaboração encontram mais resistência para um desfecho harmônico entre as partes. As relações em geral, tanto comerciais, políticas como pessoais, também estão mais dificultadas. E mais problemático se associar, encontrar parcerias, melhorar as relações existentes ou buscá-las para quem está sozinho. Em compensação, o setor produtivo da economia está gerando novos empregos e novos serviços. Quem avisa é a dinâmica ligação de Vênus na casa 2 para Urano e Marte na casa 6. A Lua cheia de outubro é significativa para os nascidos no segundo decanato dos signos de Libra e Áries. Afeta ainda as pessoas nascidas no segundo decanato de Câncer e Capricórnio. Os librianos devem aproveitar este momento para equilibrar melhor suas vidas e seus relacionamentos. O equilíbrio entre o excesso de dependência dos outros e uma busca maior de autonomia é o que vai garantir a colheita dos frutos desta Lua cheia. Também combinar uma boa capacidade de julgamento pela imparcialidade com a capacidade de ouvir os instintos reforçará os benefícios desta lunação. Diminuir a tendência excessivamente mental dos librianos através de um envolvimento maior com a ação e aumentar, para os arianos, a capacidade de medir as conseqüências pelo que fazem é o grande presente desta Lua cheia. Todos podem aproveitar esta Lua cheia no signo de Áries para estimular as qualidades deste signo: espírito de aventura, capacidade de decisão, vitalidade, força, liderança e coragem.

Dia 11 de Outubro – Sábado

Fase Lunar: Cheia
Lua no Signo: Touro – a partir das 08h05
Lua Fora de Curso: das 06h31 às 08h05

Aspectos Diários da Lua	Entrada	Exato	Saída
Lua sextil Urano	00h33	06h31	12h31
Lua sextil Marte	04h54	10h59	17h05
Lua oposição Vênus	05h55	12h37	19h20
Lua trígono Júpiter	21h07	03h15 (12/10)	09h25 (12/10)
Lua quadrado Netuno	22h59	05h02 (12/10)	11h05 (12/10)

Lua em Touro

Touro é o signo da estabilidade, da segurança e do conforto. Quando a Lua está neste signo, o que vale é a estabilidade e a consistência. Coisas mutáveis, variáveis, situações instáveis não interessam. Procure organizar a vida do modo mais confortável possível: freqüente lugares agradáveis, crie um ambiente fisicamente confortável, em todos os sentidos: boa comida, bons móveis, roupas macias, pessoas carinhosas e confiáveis.

Lide com o concreto e o palpável, assim conseguirá um acréscimo de bem-estar. Todos estão mais cautelosos e há um predominante sentimento de apego e desejo de segurança. As pessoas estão mais conservadoras, menos impulsivas e usando mais bom senso. É hora de agradar os sentidos, procurar não se estressar, apaziguar os sentimentos, estabilizar as emoções e digerir as idéias.

Lua sextil Urano

Encarar as situações sob um ângulo diferente, dar novas respostas aos velhos problemas, será muito produtivo na manhã de hoje. É importante manter-se aberto e receptivo. Ser espontâneo em relação aos sentimentos pode "destravar" emoções que estavam atrapalhando um relacionamento. Sob essa combinação planetária, um relacionamento com alguém muito diferente de você pode se concretizar e tornar-se uma união confiável e duradoura.

Lua sextil Marte

Deve procurar atitudes encorajadoras e apoiar as iniciativas daqueles que ama. Este pode ser um bom momento para tomar uma atitude que vinha adiando. A sinceridade e a franqueza são características bastante apreciadas no dia de hoje.

Lua oposição Vênus

Pode estar mais possessivo e talvez com mais necessidade de romance. Alguns problemas afetivos, desafetos ou antipatias podem interferir no seu estado de espírito. Definitivamente não é o melhor momento para iniciar uma dieta ou começar uma atividade física. Não está muito disciplinado e tende à indolência. Tem maior exigência de gratificação.

Lua trígono Júpiter

À noite, uma disponibilidade coletiva mais otimista e alegre pode favorecer eventos de grande porte como festivais, shows ou campeonatos – principalmente se tiver alguma associação com o estrangeiro. Agir com espírito de grandeza vai ajudá-lo a superar pequenos obstáculos que prejudicavam uma aproximação.

Lua quadrado Netuno

A combinação da Lua com Netuno pode torná-lo excessivamente passivo e preguiçoso. Está mais para sonhar ou imaginar as soluções do que para providenciá-las. Às vezes se ilude com algo só para facilitar as coisas e para não ser obrigado a fazer as mudanças necessárias. Esteja atento a isso.

Dia 12 de Outubro – Domingo

Fase Lunar: Cheia
Lua no Signo: Touro

Aspectos Diários da Lua	ENTRADA	EXATO	SAÍDA
Lua sextil Saturno	04h18	10h22	16h27

Lua sextil Saturno

Esta combinação beneficia as atitudes sensatas e comedidas. Você se satisfaz com pouco e não comete desperdício. Sente-se também mais eficiente e capaz de cumprir com as exigências. Está mais rigoroso e tende a fazer tudo com mais perfeição. Tudo o que é suficientemente sólido e promete estabilidade interessará as pessoas. É um momento ideal para iniciar atividades cujos resultados virão a longo prazo e em que sejam exigidas manutenção e empenho. Aproveite para estabelecer planos comuns com o parceiro(a), isto fortalecerá o relacionamento.

Dia 13 de Outubro – Segunda-feira

Fase Lunar: Cheia
Lua no Signo: Gêmeos – a partir das 20h45
Lua Fora de Curso: das 19h03 às 20h45

Aspectos Diários da Lua	Entrada	Exato	Saída
Lua quadrado Urano	12h57	19h03	01h09 (14/10)
Lua quadrado Marte	18h30	00h44 (14/10)	06h57 (14/10)

Lua em Gêmeos

Quando a Lua está em Gêmeos todas as formas de sociabilidade e comunicação estão favorecidas. É um excelente período para fazer contatos, encontrar pessoas e explicar suas idéias. Deve manter a mente ocupada e preferir atividades intelectuais. Todos estão mais curiosos e buscando informações, o que pode favorecer o mercado de livros e revistas. A dualidade deste signo pode fazer com que tenha certa dificuldade em fazer escolhas ou decidir. Mas sem dúvida aumenta sua capacidade de enxergar com clareza os diversos lados de uma questão.

É um bom momento para o lançamento de campanhas informativas ou documentários. É provável que o sono torne-se irrequieto, e para os que já têm dificuldade de dormir esse pode ser um período onde a insônia se acentue.

Lua quadrado Urano

Este é um aspecto de inquietação e de grande busca de novidades. Facilmente se entedia com aquilo que está fazendo e tende a "pular" de um assunto para o outro. Será necessário fazer mais intervalos entre uma tarefa e outra para que as coisas funcionem. O dia será cheio de interrupções e mudanças de planos. Procure deixar uma brecha para coisas que precisem ser feitas de última hora. Não conte com nada como garantido.

Lua quadrado Marte

Mais para o fim da tarde um aumento desordenado de energia pode acentuar a inquietação e ansiedade e fazê-lo ter atitudes um tanto precipitadas. É aconselhável tomar o dobro de cautela no trânsito, assim como com qualquer atividade ou esporte de risco. A impaciência, a intolerância e a necessidade de se ver livre das coisas pode forçar acontecimentos que ainda não estavam plenamente maduros. É provável que haja um maior fluxo de público no comércio perto da hora do fechamento e compras serão feitas de modo desordenado e sem pensar. Nem pense em fazer qualquer tipo de pressão ou tentar impor o seu ponto de vista nos relacionamentos.

Dia 14 de Outubro – Terça-feira

Fase Lunar: Cheia
Lua no signo: Gêmeos

Aspectos Diários da Lua	Entrada	Exato	Saída
Lua quadrado Júpiter	10h59	17h13	23h25
Lua trígono Netuno	11h52	17h59	00h05 (15/10)
Lua trígono Mercúrio	18h10	01h20 (15/10)	08h30 (15/10)

Lua quadrado Júpiter

Sob este aspecto, não aceita restrições, exige fartura. Isso pode levar a um consumo desmedido e a todos os tipos de excesso. Tende a exagerar também os sentimentos quando a Lua se combina com Júpiter, de modo que tudo possa assumir proporções incomensuráveis. Está disposto a gastar muito, desde que seja por uma boa causa, o problema é que não está sabendo avaliar as causas que valem a pena!

Lua trígono Netuno

Esta influência torna o dia muito propício a atividades artísticas; lançamentos, exposições, apresentações musicais ou de dança estão favorecidos até o início da noite. Tem muita necessidade de fantasias, de romantismo e de encarar a vida de um modo menos árido. Uma forte sensação de encantamento faz com que tudo ganhe um novo colorido.

Lua trígono Mercúrio

A noite promete muita conversa, encontro com os amigos e momentos muito agradáveis de trocas de idéias e valiosas informações. É um momento de mente ágil e aberta onde de súbito pode entender com total clareza algo que até então lhe parecia incompreensível. Período muito favorável para estudos.

Dia 15 de Outubro – Quarta-feira

Fase Lunar: Cheia
Lua no Signo: Gêmeos

Aspectos Diários da Lua	Entrada	Exato	Saída
Lua oposição Plutão	02h57	09h04	15h10
Lua trígono Sol	10h56	17h35	00h13 (16/10)

Lua oposição Plutão

O dia pode ser um pouco tenso. É melhor não ter uma atitude provocativa diante das situações. O clima deve ser de camaradagem. Procure não tornar as coisas pesadas, tente relevar e faça parte da turma do "deixa disso"... essa é a melhor atitude no momento. Caso contrário, você pode se arrepender amanhã de ter sido tão radical e de ter criado confusão e desarmonia à toa.

Lua trígono Sol

Este aspecto traz clareza e até mesmo uma espécie de intuição para perceber os anseios, expectativas e receptividade do público. Também pode descobrir em você dons e talentos que não conhecia. Pessoas mais tímidas ou inseguras podem mostrar mais autonomia revelando o potencial que estava oculto. Uma disposição objetiva irá facilitar a busca de soluções adequadas para os impasses.

Dia 16 de Outubro – Quinta-feira

Fase Lunar: Cheia
Lua no Signo: Câncer – a partir das 09h41
Lua Fora de Curso: das 07h54 às 09h41

Aspectos Diários da Lua	Entrada	Exato	Saída
Lua trígono Urano	01h52	07h54	13h56
Lua trígono Marte	08h38	14h47	20h54
Lua trígono Vênus	21h37	04h17 (17/10)	10h55 (17/10)

Lua em Câncer

Câncer é o signo do pertencimento, do acolhimento e da receptividade. Quando a Lua se encontra neste signo, torna-se mais sensível e também mais vulnerável afetivamente. Você magoa com mais facilidade e há maior propensão a ressentimentos. A família e os laços afetivos tornam-se muito importantes. Estar próximo das pessoas queridas e cuidar da vida doméstica torna-se fonte de prazer nesses dias. Todos estão mais receptivos e protetores. Todas as atividades ligadas à história, ao passado ou à memória de algo serão privilegiadas.

Lua trígono Urano

Está com a mente afiadíssima e descobre uma grande facilidade de compreender qualquer coisa por mais difícil que pareça. É um excelente momento para tornar os relacionamentos menos monótonos, para "inventar moda", para ser mais criativo. Está com alta capacidade de adaptação e nada lhe parecerá absurdo. Não deixe de aproveitar a inventividade do dia de hoje.

Lua trígono Marte

Hoje é um daqueles raros dias em que age do modo mais correto e mais favorável, quando age por impulso, sem pensar. É como se algo guiasse as suas ações para o melhor desfecho. Ótimo momento para estréias, iniciar turnês, lançamentos e inaugurações. Os relacionamentos e conquistas amorosas estão favorecidos. Tenha atitudes de encorajadoras.

Lua trígono Vênus

A noite promete muita inspiração. Este aspecto favorece enormemente as atividades ligadas à arte, em particular o cinema, a fotografia e a música. Está especialmente sensível às atitudes benevolentes, aos gestos delicados, e isso promoverá muita abertura e favorecimento. Esteja atento à sua intuição, dê ouvidos aos seus sentimentos.

Dia 17 de Outubro – Sexta-feira

Fase Lunar: Cheia
Lua no Signo: Câncer

Aspectos Diários da Lua	Entrada	Exato	Saída
Lua sextil Júpiter	00h39	06h43	12h44
Lua conjunção Saturno	06h01	11h58	17h53
Lua quadrado Mercúrio	16h48	23h39	06h27 (18/10)

Lua sextil Júpiter

Pela manhã não deixe de estar em contato com as pessoas que você admira e reconhece intelectualmente. As conversas podem ser muito enriquecedoras. Em pouco tempo pode aprender muito sobre diversos assuntos. As concepções, fertilizações e partos estão bastante favorecidos na manhã de hoje. O setor imobiliário também pode estar particularmente ativo durante este período do dia.

Lua conjunção Saturno

No período da manhã e nas primeiras horas da tarde haverá uma disposição bastante produtiva que favorecerá o cumprimento de prazos e resolução de pendências. As pessoas estão bem-dispostas para assumir compromissos e cumprir tarefas. A previsibilidade do público permite acerto de estimativa. Privilegie os laços mais antigos em todos os setores, seja profissional, ou amoroso.

Lua quadrado Mercúrio

No fim da tarde, a combinação desarmônica da Lua com Mercúrio tornará as coisas um pouco mais confusas, dificultando a comunicação e o fluxo das atividades. Podem surgir alguns mal-entendidos, pois há maior dificuldade na escolha das palavras apropriadas. Como todos estão muito sensíveis, não é aconselhável tentar conversar ou dar explicações nesse momento, podem acabar magoando alguém sem querer.

Dia 18 de Outubro – Sábado

Fase Lunar: Minguante – a partir das 10h29
Lua no Signo: Leão – a partir das 20h42
Lua Fora de Curso: das 10h32 às 20h42

Aspectos Diários da Lua	Entrada	Exato	Saída
Lua quadrado Sol	04h12	10h32	16h49

Lua em Leão

À noite, a entrada da Lua no signo de Leão promete um alívio das tensões que provavelmente marcarão o dia de hoje. Quando a Lua está em Leão reina um clima de alegria e entusiasmo. O que aquece o seu coração é a sensação de ser especial, único, realmente singular. E, por isso, muitas vezes se permite algumas extravagâncias e pequenas indulgências. Não tolera ser mal interpretado, nem falta de reconhecimento. Sente-se também capaz de gestos mais nobres e generosos. Atitudes mais extrovertidas, um ânimo mais positivo e a expressão de seus talentos estão favorecidos. Um comportamento mais desinibido e a demonstração clara de um afeto sensibilizarão alguém a se aproximar. É uma boa ocasião para todo tipo de comemoração e também para estréias de shows e espetáculos.

Lua quadrado Sol

O dia de hoje promete ser bastante tenso e difícil. Durante sua maior parte, a Lua se encontra fora de curso e fará um único aspecto desarmônico com o Sol. Há um grande desgaste energético em se tentar realizar as coisas. Pode-se esperar um conflito maior entre os casais e uma disputa entre parceiros com maior dificuldade de chegar a um acordo. Tem de fazer um esforço maior para esclarecer as situações. Facetas emocionais e até mesmo infantis das pessoas podem interferir nas decisões mais lúcidas e bem pensadas. As emoções estão prejudicando o bom julgamento dos fatos.

Dia 19 de Outubro – Domingo

Fase Lunar: Minguante
Lua no Signo: Leão

Aspectos Diários da Lua	Entrada	Exato	Saída
Lua oposição Netuno	10h44	16h21	21h56
Lua quadrado Vênus	14h18	20h29	02h37 (20/10)

Lua oposição Netuno

É aconselhável não marcar nada que dependa de precisão, atenção e objetividade no dia de hoje. Está mais desconcentrado e pouco pragmático. Sua avaliação pode ser prejudicada por um excesso de sensibilidade à opinião do outro. Uma maior necessidade de viver situações especiais e de estar envolvido em um clima idílico pode prejudicar os relacionamentos mais habituais. Está mais predisposto a infecções e contágios. E deve tomar um cuidado especial ao fazer uso de remédios com os quais não está acostumado.

Lua quadrado Vênus

Uma maior necessidade de gratificação irá prejudicar a manutenção de qualquer atividade ou projeto que exija disciplina e obrigue a restrições. Nos relacionamentos, sente-se mais carente e com expectativas afetivas que talvez não se cumpram. Está muito sensível a qualquer tipo de deslealdade. E também mais possessivo e exigindo exclusividade. Não é o melhor momento para cobrar pendências.

Dia 20 de Outubro – Segunda-feira

Fase Lunar: Minguante
Lua no Signo: Leão

Aspectos Diários da Lua	Entrada	Exato	Saída
Lua trígono Plutão	00h47	06h19	11h48
Lua sextil Mercúrio	10h40	16h55	23h05
Lua sextil Sol	17h16	23h05	04h51 21/10)
Lua oposição Urano	20h58	02h19 (21/10)	07h38 21/10)

Lua trígono Plutão

Quando a Lua se encontra em harmonia com Plutão, ela revigora suas forças e se sente mais potente e capaz de enfrentar os desafios que surgem. Deixa de lado toda vulnerabilidade e carência afetiva. A auto-estima baseada na certeza de seu potencial ganha um novo impulso. É um ótimo momento para todos os tipos de recuperações.

Lua sextil Mercúrio

Hoje é um dia em que o comércio vai ganhar fôlego. É um momento excelente para divulgação e contatos. Também é favorável tratar dos detalhes pendentes. As idéias estão claras e tem grande capacidade de expressá-las de modo entusiasmado e contagiante. Aproveite para buscar a adesão de que necessita. Um clima afável e colaborador no trabalho favorecerá o cumprimento de todas as tarefas. É o tipo do dia em que trabalha com prazer.

Lua sextil Sol

No fim da tarde, este benéfico aspecto vem se juntar aos demais, fazendo com que reine uma sensação de dever cumprido e de integração interna. A consciência se harmoniza com as emoções de modo que possa ser mais claro com os outros a respeito do que sente. Assim, é mais fácil fazer as coisas funcionarem e a vida flui com mais facilidade também. Esta combinação favorece um sentimento geral de contentamento.

Lua oposição Urano

À noite, o único aspecto desarmônico do dia de hoje. Mas pode aproveitá-lo para ousar maior liberdade e independência em relação àquilo que o cerceia. E também usar a inquietação que ele costuma trazer, para introduzir elementos diferentes em sua rotina. Não deve, porém, usar nenhum tipo de pressão ou mecanismo de coerção para conseguir o que quer. Ninguém está agüentando ser pressionado. Esse pode ser um momento delicado para aqueles que têm predisposição a problemas circulatórios e pressão alta. O sono também pode ser prejudicado pelo excesso de inquietação. É bom deitar-se somente quando estiver exausto e se dar pequenos luxos, como uma roupa de cama especialmente macia.

Dia 21 de Outubro – Terça-feira

Fase Lunar: Minguante
Lua no Signo: Virgem – a partir das 04h02
Lua Fora de Curso: das 02h19 às 04h02

Aspectos Diários da Lua	Entrada	Exato	Saída
Lua oposição Marte	05h21	10h46	16h08
Lua conjunção Júpiter	18h42	23h58	05h12 (22/10)
Lua sextil Saturno	21h58	03h09 (22/10)	08h18 (22/10)

Lua em Virgem

Está mais intolerante com a desordem, a bagunça, a desorganização. Está mais metódico e organizado. Atitudes realistas e pragmáticas têm melhor aceitação. Sente mais afinidade com pessoas, projetos ou situações mais simples e mais possíveis. É um bom momento para trabalhos mentais que requeiram mais atenção, crítica e detalhamento do que criatividade e inovação. Você se sente mais intimista e encontra muito prazer nas coisas simples e rotineiras. As pessoas estarão prestando muita atenção à organização e à qualidade dos produtos e serviços. Esse é um período em que também está mais atento à saúde.

Lua oposição Marte

Está muito impaciente com qualquer obstáculo ao cumprimento das tarefas que se propôs a executar. Uma necessidade desmedida de eficiência e desenvoltura pode levá-lo a conflitos desnecessários. Um excesso de pragmatismo e objetividade pode levá-lo a ferir os sentimentos de alguém que aprecia. Podem também surgir desentendimentos com funcionários, empregados ou colegas de trabalho. Deve tomar o dobro de atenção com os detalhes. Esse aspecto torna o dia sujeito a pequenos acidentes.

Lua conjunção Júpiter

No fim da tarde, a entrada desta favorável combinação irá tornar os ânimos mais otimistas e trará sensação de bem-estar. Sente-se mais inclinado a acreditar nas oportunidades que a vida lhe reserva. A capacidade de extrair o melhor de qualquer situação e a sensação de justiça e de reconhecimento podem tornar essa noite bastante agradável. Principalmente pelo alívio de alguns sentimentos desagradáveis no decorrer do dia.

Lua sextil Saturno

Este é um momento muito favorável para fazer o orçamento e tomar medidas de economia. Está extremamente sensato e cauteloso com relação às suas finanças e com ótima capacidade de avaliação. Aposta no estável e no seguro. Não há risco! No que diz respeito aos relacionamentos, esta é uma fase de manutenção que pode ser fundamental para o desenvolvimento posterior.

Dia 22 de Outubro – Quarta-feira

Fase Lunar: Minguante
Lua no Signo: Virgem
Lua Fora de Curso: Início – às 11h20

Aspectos Diários da Lua	Entrada	Exato	Saída
Lua sextil Vênus	01h42	07h21	12h57
Lua quadrado Plutão	06h12	11h20	16h26

Lua sextil Vênus

Senti muito prazer em ser útil a alguém. Dê preferência às tarefas que você gosta de fazer e às pessoas com quem gosta de estar. O capricho na apresentação do seu trabalho e também o cuidado com a sua aparência pessoal renderão um simpatia extra no dia de hoje. Os relacionamentos ganham muito se compartilhar as tarefas rotineiras com o parceiro(a). Tomar pequenas providências juntos pode valer por um bom programa!

Lua quadrado Plutão

Este é um aspecto difícil que tende a extravasamentos e radicalização. Fazer planos mais humildes e permanecer rigorosamente dentro dos limites ajudará a manter o controle das situações. Cuidado para não se tornar obsessivamente tarefeiro e não saber a hora de parar de trabalhar. A necessidade de manter-se ocupado pode levar a um esgotamento físico ou mesmo emocional. Procure descansar e não se exponha a atritos e discussões.

Dia 23 de Outubro – Quinta-feira

Fase Lunar: Minguante
Lua no Signo: Libra – a partir das 07h28
Lua Fora de Curso: Término – às 07h28

Aspectos Diários da Lua	Entrada	Exato	Saída
Lua trígono Netuno	19h40	00h34 (24/10)	05h27 (24/10)

Lua em Libra

Todos se sentem mais sociáveis, maleáveis e cordatos quando a Lua está no signo de Libra. Tentam buscar o que têm em comum com os que o cercam. Essa posição favorece os acordos, as associações e parcerias. Têm uma disposição mais cooperativa e fogem dos conflitos. A arte, a estética, o bom gosto tornam-se muito importantes quando a Lua está neste signo. Pode-se também apostar no aumento de consumo de roupas, acessórios, maquiagem, artigos de decoração. As gentilezas, os gestos refinados e os ambientes sofisticados são muito valorizados e todos estão em busca do maior índice de harmonia possível em suas vidas. Exageros, falta de tato ou atitudes bruscas são muito prejudiciais em todos os setores. O lema é "manter o charme e a classe"!

Lua trígono Netuno

Momento de grande inspiração e sintonia entre as pessoas. Há um clima de delicadeza, bom gosto e refinamento no ar. Não deixe de dar ouvidos à sua imaginação. A criatividade e as idéias inspiradas estão proliferando! Procure incluir alguma atividade artística na sua agenda hoje à noite – ir ao cinema, teatro, ouvir boa música ou apenas ler um bom livro pode trazer-lhe muito bem-estar.

O processo de eliminação de toxinas do organismo está altamente facilitado neste momento, pois o efeito de limpeza e filtragem naturais está ampliado. É aconselhável beber bastante água. Esse também é um excelente momento para tratamentos conjugados em que se utiliza mais de uma terapia.

Dia 24 de Outubro – Sexta-feira

Fase Lunar: Minguante
Lua no Signo: Libra

Aspectos Diários da Lua	Entrada	Exato	Saída
Lua quadrado Saturno	00h18	05h11	10h03
Lua sextil Plutão	08h09	13h01	17h51

Lua quadrado Saturno

A manhã pode ser marcada por um sentimento de frustração. Tente produzir no seu ritmo, mas não exija demais de si, nem de quem está à sua volta, porque exigência excessiva só aumentará a chance de desacertos. Procure analisar se não está indo além da conta. Na maior parte das vezes os outros não têm nada a ver com o seu mau humor, não podem ser punidos por ele. Seja paciente e não se deixe dominar por suas carências afetivas ou tendência ao pessimismo.

Lua sextil Plutão

Essa combinação o torna mais investigativo e capaz de se aprofundar em qualquer assunto, mas principalmente nos seus sentimentos. Também promove grande profundidade nos vínculos afetivos. Todos estão dispostos a dar uma segunda chance, perdoar e esquecer as mágoas. Esse é um excelente momento para contatar antigos amigos. No caso de contratação de pessoal, deve-se dar preferência a ex-funcionários.

Dia 25 de Outubro – Sexta-feira

Fase Lunar: Nova – às 10h49
Lua no Signo: Escorpião – a partir das 08h09
Lua Fora de Curso: das 06h32 às 08h09
Lunação de Outubro – Lua nova
Lua nova às 10h49, horário de Brasília
Lua nova no signo de Escorpião em 01°41'
Duração até a próxima lunação: 08/11/2003

Aspectos Diários da Lua	Entrada	Exato	Saída
Lua trígono Urano	01h44	06h32	11h19
Lua conjunção Mercúrio	05h37	10h51	15h59
Lua conjunção Sol	05h43	10h49	16h22
Lua trígono Marte	11h25	16h18	21h11
Lua quadrado Netuno	19h57	00h44 (26/10)	05h30 (26/10)
Lua sextil Júpiter	22h37	03h26 (26/10)	08h16 (26/10)

Lua em Escorpião

A entrada da Lua nova em Escorpião marca um período de disposição muito profunda e investigativa acerca dos nossos sentimentos e intenções. Quando a Lua se encontra neste signo, tende a uma abordagem menos inocente e superficial da vida. Busca mais intensidade e consistência em todas as situações. Não se deixa levar pelas aparências e tem suficiente coragem para trazer à tona o que estava oculto. Situações que chegaram a um ponto crítico podem explodir, mas isso será positivo. É aconselhável também eliminar todas as situações que já vêm se arrastando além do prazo.

Lua trígono Urano

É um bom momento para quebrar tabus, principalmente no que diz respeito a vivências sexuais. Algumas surpresas e modificações de última hora podem "virar o jogo" a seu favor. Estão beneficiadas as medidas inovadoras, assim como o contato com diferentes setores. É indicado para se livrar de tarefas, pessoas ou situações que vêm causando qualquer tipo aborrecimento. Assim está abrindo espaço para novos projetos mais avançados.

Lua conjunção Mercúrio

O encontro da Lua com Mercúrio favorece a correta escolha das palavras para uma expressão clara dos sentimentos e necessidades. Sabe conquistar com a sua fala e vale a pena buscar a oportunidade de comunicar e divulgar suas idéias. Essa combinação também irá favorecer todos os tipos de pesquisa, informações. Pode ter um súbito entendimento de algo que até então lhe parecia bastante obscuro.

Lua conjunção Sol

A Lua nova ocorre quando o Sol e a Lua estão em conjunção, ou seja, se encontram no mesmo grau de um signo. Considera-se que esse seja um período de início de partida. Ocorre um alívio das tensões do mês anterior, proporcionando a sensação de estar quite e disponível para começar algo novo.

Lua trígono Marte

Este é um aspecto que traz muita disposição e o ânimo propício a iniciativas e tomada de atitudes. Aqueles que saírem na frente, que se lançarem com mais rapidez, serão favorecidos. Essa combinação significa sempre um acréscimo de coragem para enfrentar os desafios. Pode apostar em um maior consumo de produtos descartáveis e serviços que tornam mais fácil o funcionamento do dia.

Lua quadrado Netuno

À noite, com a entrada desse aspecto desarmônico entre a Lua e Netuno, pode se sentir um pouco menos animado e talvez com alguma tendência à melancolia. É um bom momento para buscar alguma prática espiritual que permita um contato mais profundo com os seus sentimentos. Não deve deixar que as fantasias e ilusões lhe sirvam de guia nesse momento. Pode haver algum tipo de decepção que talvez fosse necessária para reconduzir de modo mais lúcido a sua vida.

Lua sextil Júpiter

Não deixe de aproveitar as oportunidades que podem surgir nesse momento. Não permita que a desconfiança o impeça de buscar suas metas. Mantenha seus princípios e tenha atitudes generosas – isso pode trazer muitos benefícios.

Lunação de Outubro

Fase Lunar: Nova em 25/10/2003 às 10h49, horário de Brasília

Lua no Signo: 01º41' de Escorpião

Vigência: até a próxima Lua nova, em 23/11/2003

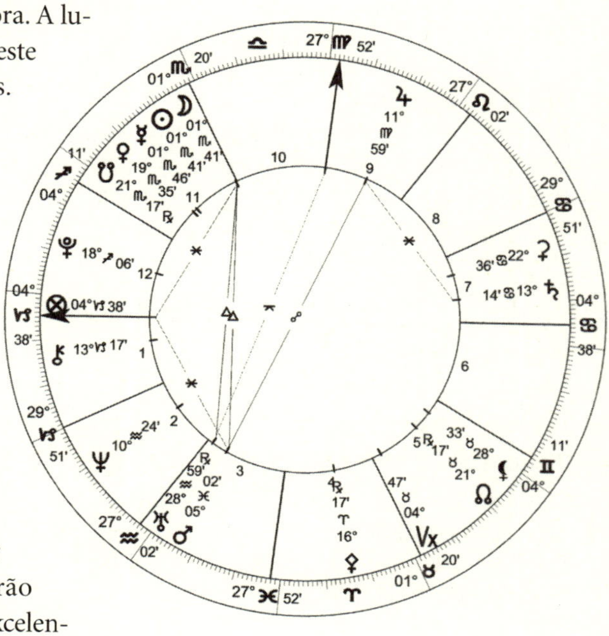

O mapa da Lua nova de outubro tem uma feição muito mais favorável e tranqüilizadora. A lunação em Escorpião cai na casa 11 deste mapa junto com Mercúrio e Vênus. Esta constelação de planetas neste setor dá espaço suficiente para ampla atuação do Congresso. Os projetos não examinados, implantados ou até mesmo votados têm neste mês uma chance incomum. Todas as atividades de grupo terão grande destaque durante a vigência desta lunação. Associações, clubes, partidos, grêmios, sindicatos, ONGs e todas as atividades que agrupem pessoas e que tenham um caráter participativo da comunidade estarão com energia total. É um momento excelente para se unir forças. Também para se pensar finalmente em projetos que distribuam melhor as oportunidades, a renda e os benefícios para um maior número da população. Esta é uma energia de distribuição.

Júpiter bem posicionado na casa 9 dá sinais de recuperação do bom desempenho nas exportações e do Brasil no cenário internacional. As pessoas nascidas nos signos de Escorpião e Touro / Aquário e Leão – do primeiro decanato – são as mais instigadas por esta lunação em Escorpião. Inicia-se um bom mês para os nascidos no signo de Escorpião fazerem aquilo para o qual têm um genuíno talento. Recomeçar tudo de novo. Desde que deixem para trás os resíduos do mês anterior. O que fizerem ou pensarem aqui vai prevalecer por todo o mês, mas é necessário que façam com sentimento.

Todos podem aproveitar a Lua nova no signo de Escorpião para estimular em si as qualidades deste controvertido signo: intensidade, profundidade, garra e coragem emocional.

Dia 26 de Outubro – Domingo

Fase Lunar: Nova
Lua no Signo: Escorpião

Aspectos Diários da Lua	Entrada	Exato	Saída
Lua trígono Saturno	00h28	05h14	10h00
Lua conjunção Vênus	12h42	17h54	23h06

Lua trígono Saturno

Pela manhã quer ver os resultados concretos das suas ações. É grande a capacidade de se comprometer e de consolidar seus vínculos. É um bom momento para investir na segurança. Está com grande capacidade de autocontrole, além de acentuada determinação, o que o faz tomar as decisões acertadas. Consertos na casa, obras e reparos estão favorecidos.

Lua conjunção Vênus

Este benéfico aspecto promete uma tarde extremamente agradável! É muito favorável para seduzir e agradar os outros, recebendo benefícios em troca da nossa disposição afetuosa. Está sabendo usar todos os meios para se fazer amar. Sabe ser delicado, cuidadoso e acolhedor. Os encontros amorosos estão em alta.

Dia 27 de Outubro – Segunda-feira

Fase Lunar: Nova
Lua no Signo: Sagitário – a partir das 07h56
Lua Fora de Curso: das 06h16 às 07h56

Aspectos Diários da Lua	Entrada	Exato	Saída
Lua quadrado Urano	01h29	06h16	11h03
Lua quadrado Marte	12h17	17h12	22h08
Lua sextil Netuno	19h48	00h38 (28/10)	05h29 (28/10)
Lua quadrado Júpiter	23h02	03h56 (28/10)	08h51 (28/10)

Lua em Sagitário

Quando a Lua está em Sagitário quer se sentir em movimento, *indo* em alguma direção e também eleva as suas expectativas. Fica mais disposto a perseguir um objetivo grandioso, ir em busca de algo espetacular. Sente-se muito incomodado com atitudes mesquinhas, pessoas mais limitadas, ou situações mais restritas. Em compensação, a fartura (seja de afeto, de idéias ou de coisas materiais) lhe causa imenso bem-estar. Fica desinteressado no que é conhecido, no que está muito próximo ou ao alcance das mãos. Sente necessidade de expansão, de abrir os horizontes, de ampliar seus conhecimentos.

Lua quadrado Urano

Tem a sensação de que não vai suportar mais um dia comum cheio de tarefas repetitivas, atividades rotineiras. No entanto, essa é uma sensação exagerada causada por uma súbita ansiedade. Quer ter contato com tudo que está distante de si, que é diferente e fora do padrão. Está disposto a ousar em todos os níveis. Não faça nada que possa ser motivo de arrependimento mais tarde.

Lua quadrado Marte

Este é um outro aspecto de impaciência e de precipitação. Qualquer impedimento torna-se insuportavelmente irritante. Não quer parar para pensar, não admite atrasos e o clima geral é de provocação e inquietação. Todos estão a ponto de explodir. É preciso muito autocontrole. Uma boa idéia é extravasar a energia através de exercícios físicos. Mas cuidado para não exagerar e é bom não tentar nenhum tipo de esporte de risco.

Lua sextil Netuno

No início da noite os ânimos estarão mais amenos. Uma boa idéia é usar essa benéfica combinação planetária para planejar aquela viagem dos sonhos, mas não se detenha nisso por muito tempo. Apenas use a sua inspiração para dar um toque mágico na sua vida.

Lua quadrado Júpiter

Nas últimas horas da noite a entrada desse aspecto no céu causa de novo certa ansiedade e sensação de desacerto. Tem uma necessidade maior de aventura causada por uma sensação de insatisfação emocional. Pode se sentir insatisfeito nos vínculos mais próximos e com vontade de buscar novos rumos. É melhor não tomar nenhum tipo de atitude com base nesse sentimento.

Dia 28 de Outubro – Terça-feira

Fase Lunar: Nova
Lua no Signo: Sagitário

Aspectos Diários da Lua	Entrada	Exato	Saída
Lua conjunção Plutão	08h21	13h14	18h08

Lua conjunção Plutão

Este potente encontro planetário, que produz grande capacidade de regeneração e que representa uma poderosa energia de cura em diversos níveis, pode indicar vivências bastante benéficas, se bem usado. Essa é uma energia extremamente regeneradora e potencializadora. Você encontra a justa medida de força interna para promover profundas transformações. Não se intimida diante do perigo. Há muita determinação e vontade de levar as coisas até o fim. Há também grande magnetismo no ar favorecendo os encontros.

Dia 29 de Outubro – Quarta-feira

Fase Lunar: Nova
Lua no Signo: Capricórnio – a partir de 08h37
Lua Fora de Curso: de 06h52 às 08h37

Aspectos Diários da Lua	Entrada	Exato	Saída
Lua sextil Urano	01h55	06h52	11h50
Lua sextil Sol	13h14	18h37	00h02 (30/10)
Lua sextil Marte	14h21	19h30	00h40 (30/10)
Lua sextil Mercúrio	18h21	00h02 (30/10)	05h44 (30/10)

Lua em Capricórnio

A Lua em Capricórnio promove um tempo de planejamento e produtividade em alta. Tem uma disposição mais produtiva quando a Lua transita por esse signo. Estamos dispostos a pagar o preço dos nossos objetivos e ficamos muito determinados. Temos uma visão bastante realista e prática do que nos acontece. Sente-se mais cauteloso e disciplinado. Pode-se apostar no consumo de bens básicos e necessários. De um modo geral, as pessoas estarão basicamente preocupadas com a vida profissional e sentem que sua segurança emocional vem do trabalho e da condução de sua carreira. Para uma boa noite de sono será necessário ter cumprido todos os compromissos do dia, resolvido as pendências e planejado racionalmente o dia seguinte. A Lua em Capricórnio também estimula o espírito crítico e a necessidade de fazer as coisas com perfeição e excelência.

Lua sextil Urano

Se você pensa em modificar algo na sua carreira, se lançar em um novo mercado, introduzir novos elementos, admitir ou demitir empregados, dar uma "mexida" nas coisas, este é um momento muito favorável. Todos os produtos e serviços que tornem mais ágil o andamento das coisas serão mais utilizados hoje pela manhã. É também um ótimo período para propor novas alternativas, buscar novos clientes ou tentar uma nova abordagem do público. É hora de abrir espaço para projetos mais arrojados e mais atualizados.

Lua sextil Sol

Um grande bem-estar o invadirá no dia de hoje. A reconfortante sensação de que as coisas estão no seu devido lugar e tudo parece se encaixar na medida certa. Aproveite a reunião de aspectos benéficos no céu no dia de hoje para lançar suas idéias, projetos e produtos. Esse é um daqueles momentos frutíferos em que as forças geradoras se encontram bastante ativas.

Lua sextil Marte

À tarde, pique, energia e ânimo para alcançar seus alvos. Capacidade de lutar pelo que acredita e para levar às últimas conseqüências seus princípios. Atitudes mais ousadas e corajosas trarão benefícios. Deve encorajar e apoiar as iniciativas daqueles que ama. Se você precisa tomar alguma decisão que favoreça o seu crescimento pessoal, intelectual, profissional ou a ampliação do seu negócio, este é o momento certo.

Lua sextil Mercúrio

No fim do dia a entrada de mais este aspecto benéfico facilitará enormemente todos os tipos de comunicação. Os contatos, troca de idéias e informações serão bastante beneficiados. Uma conversa informal em um ambiente amistoso pode render frutos inesperados. Não deixe de aproveitar a clareza de idéias, facilidade de expressão e raciocínio prático do momento. Isto pode ser usado em todos os setores da sua vida. Que tal terminar o dia com uma esclarecedora conversa com o parceiro(a)? Hoje as emoções estão "no lugar", na medida certa para uma abordagem sensata de qualquer problema sem risco de mal-entendidos.

DIA 30 DE OUTUBRO – QUINTA-FEIRA

Fase Lunar: Nova
Lua no Signo: Capricórnio

ASPECTOS DIÁRIOS DA LUA	ENTRADA	EXATO	SAÍDA
Lua trígono Júpiter	00h56	06h04	11h14
Lua oposição Saturno	01h42	06h46	11h52

Lua trígono Júpiter

Pessoas conhecidas, em posição vantajosa, podem favorecer e trazer ajuda profissional. Há um clima favorável a que se fechem os melhores negócios. É um bom momento para fazer treinamento, workshops, cursos de especialização e tudo que privilegie a formação intelectual trazendo uma possibilidade de aprimoramento para a vida profissional. Reunir pessoas de outras sedes e de outros estados reforçará os objetivos a serem alcançados. Também estão favorecidos os contatos com o estrangeiro.

Lua oposição Saturno

Este é um difícil aspecto que torna o humor um tanto pesado. Pode haver alguns atrasos ou cancelamentos que dificultem o cumprimento das tarefas. Pode se deparar com exigências que não esperava. De algum modo, está sendo testado na sua competência e precisa estar à altura das críticas. É bom estar bem preparado se pretende passar por algum tipo de avaliação neste momento. Isso vale para todos os setores, inclusive o afetivo.

DIA 31 DE OUTUBRO – SEXTA-FEIRA

Fase Lunar: Nova
Lua no Signo: Aquário – a partir das 11h42
Lua Fora de Curso: das 06h07 às 11h42

ASPECTOS DIÁRIOS DA LUA	ENTRADA	EXATO	SAÍDA
Lua sextil Vênus	00h24	06h07	11h53
Lua quadrado Sol	20h40	02h25 (01/11)	08h13

Lua em Aquário

Com a Lua em Aquário, um clima de euforia e eletricidade estará no ar. Idéias originais e inovadoras costumam passar por sua mente. Fica mais criativo, mais ousado e costuma ter *insights*. Há maior facilidade de se libertar de restrições e de abandonar as preocupações. Tem pouca tolerância com qualquer tipo de controle. Sente também grande necessidade de modernizar a rotina, de atualizar conhecimentos e de munir-se de tecnologia. Reina um espírito mais gregário – tem vontade de estar com os amigos ou de encontrar pessoas com as quais compartilha idéias e pontos de vista. Essa Lua favorece a aceitação das diferenças e o contato com situações ou pessoas. Promove também uma disposição mais democrática de todos ao lidar com os assuntos comuns.

Lua sextil Vênus

O contato no ambiente de trabalho está facilitado e reina um clima de gentileza que promoverá ajuda, cooperação e produtividade. O mundo da moda e da estética pode ser beneficiado com idéias inovadoras e com um gosto bastante original. Serviços e produtos tradicionais não serão muito procurados no dia de hoje. Que tal surpreender as expectativas de modo charmoso e sedutor? Todos estão muito receptivos aos menores gestos de afeto.

Lua quadrado Sol

À noite, a quadratura da Lua com o Sol pode trazer desconforto interno. Fica mais suscetível e irritável. É aconselhável se afastar das situações ou pessoas que costumam provocá-lo causando desgaste energético. Prevalece um sentimento geral de divisão e descontentamento. É comum, nesses momentos, ressaltar as incompatibilidades em detrimento das afinidades que tem com alguém. Há chance de surgirem graves conflitos que só poderão ser amenizados através do respeito mútuo às individualidades.

CALENDÁRIO LUNAR DE

Novembro

dom	seg	ter	qua	qui	sex	sáb
						1 CRESCENTE 02h25 lua AQU
2 CRESCENTE lua PEI 17h52	3 CRESCENTE lua PEI	4 CRESCENTE lua PEI	5 CRESCENTE lua ARI 03h03	6 CRESCENTE lua ARI	7 CRESCENTE lua TOU 14h29	8 CHEIA 23h12 lua TOU
9 CHEIA lua TOU	10 CHEIA lua GEM 03h15	11 CHEIA lua GEM	12 CHEIA lua CAN 16h11	13 CHEIA lua CAN	14 CHEIA lua CAN	15 CHEIA lua LEO 03h49
16 CHEIA lua LEO	17 MINGUANTE 02h13 lua VIR 12h37	18 MINGUANTE lua VIR	19 MINGUANTE lua LIB 17h43	20 MINGUANTE lua LIB	21 MINGUANTE lua ESC 19h24	22 MINGUANTE lua ESC
23 NOVA 20h58 lua SAG 19h03	24 NOVA lua SAG	25 NOVA lua CAP 18h32	26 NOVA lua CAP	27 NOVA lua AQU 19h48	28 NOVA lua AQU	29 NOVA lua AQU
30 CRESCENTE 15h16 lua PEI 00h26						

CÉU DO MÊS

Mês de novembro é mês de eclipse. Um eclipse lunar total no dia 9 e um solar total no dia 23. Lembre-se de que os eclipses sempre geram crise, aceleração e intensificação de acontecimentos e inversão brusca de tendências. Por isso nunca se deve, nas proximidades desse fenômeno, estar vivendo situações no limite. Ele se rompe.

Nas águas de Escorpião, o Sol se aprofunda até o dia 23. Recebe homenagens de Marte, Júpiter, Saturno e um breve desencontro com Netuno. Na primeira semana do mês, Marte e Sol se entendem, proporcionando um grau extra de audácia, entusiasmo e decisão para perseguir o que se quer. Liderança visível para figuras que ocupam cargos de autoridade e poder. Saúde com muito mais chance de restabelecimento. Entre os dias 13 e 10, Sol e Júpiter em total harmonia incitam a crescer, a prosperar e a buscar horizontes de vida mais amplos. Saturno também dá a sua bênção e consolida todos os projetos que estejam bem fundamentados e planejados. Esta é uma energia de realização.

Só Netuno está desafinando. Na primeira semana do mês tenta trazer um pouco de caos e nebulosidade para os seus objetivos. Pode se sentir apático e confuso sem saber bem que direção seguir. Quando é assim, o melhor é dar passos pequenos e trilhar caminhos já conhecidos. Na metade do mês, entre os dias 19 e 22, Urano em uma quadratura com o Sol impõe mudanças inesperadas e alterações de caminho. O melhor é viver cada dia e ir improvisando. A partir do dia 23, o Sol se muda para o signo de Sagitário. Este sim ilumina longos caminhos e alvos distantes.

Mercúrio também em Escorpião até o dia 12 aconselha a se mergulhar nos assuntos que se quer resolver de uma vez por todas. Saturno auxilia esta tarefa dando concentração e organização mental. Este é o tipo do momento para se lidar com burocracia, pôr papéis em ordem e aprender assuntos difíceis de assimilar. Boa ocasião para prestar exames, provas e concursos. Também na primeira semana do mês, Júpiter numa interessante aliança com Mercúrio favorece o comércio, todas as formas de divulgação, compra de veículos e equipamentos, resoluções de papéis e estudos em geral. Entre os dias 9 e 13, Urano quase dá uma rasteira em Mercúrio. Ocorre mais predisposição a acidentes, interrupção de comunicação, queda de sistema ou de abastecimento de energia. Muitos contratempos obrigam-nos a interromper assuntos e tarefas no meio. Pessoas mudam de opinião desorganizando o que já estava planejado. É melhor tentar cumprir o máximo de tarefas num lugar só. O tempo não está bom para deslocamentos e locomoção. Agora em Sagitário, a partir do dia 13, Mercúrio leva-o a pensar grande e a abarcar muitos assuntos e tarefas ao mesmo tempo.

Limite não é com Sagitário. Lado a lado com Vênus, também neste signo por quase todo o mês de Novembro, o comércio fica muito mais movimentado e com ofertas extremamente atraentes. Bons negócios surgem de vários lados. Você recebe mais propostas do que nunca. No amor, o diálogo é o melhor recurso para se aproximar de alguém que quer seduzir. Sociabilidade, inteligência e afinidade mental serão armas poderosas de conquista.

Marte se desentende com Mercúrio entre os dias 22 e 28. Qualquer discordância pode levar a sérias polêmicas. Acidentes são causados por pura pressa e impaciência. Decisões tomadas são equivocadas por pura precipitação. Conselho: calma. Evite o convívio com pessoas e assuntos que o irritam. Por exemplo: tarefas repetitivas, engarrafamentos... e por aí vai.

Netuno lança uma proposta de aliança com Mercúrio entre os dias 17 e 21. Mais inspirado e imaginativo, você consegue visualizar soluções que não lhe ocorriam. Bom momento para lançamento de filmes, shows, danças e qualquer espetáculo ligado à música e à imagem. Os encontros casuais são portadores de interessantíssimas mensagens. Saiba lê-las.

Júpiter não está de bem com Mercúrio e também entre os dias 21 e 27 o atropela com assuntos variados e pequenas tarefas diversificadas. Você tem a impressão de que o dia não rende o suficiente. Conclusão: tarefas não concluídas. Mais para a última semana do mês, entre os dias 23 e 29, Plutão encosta em Mercúrio e faz uma imensa pressão. Precisa ter muito cuidado com as palavras e ser o mais neutro possível. Deve ser cauteloso com objetos de valor, pois esta combinação aumenta a predisposição a roubos, perdas e danos.

Vênus em Sagitário, entre os dia 27 e 3 de novembro, já cansada das formas possessivas de amor de Escorpião, prefere agora os romances leves e as aventuras amorosas. Tudo muito alegre, livre e solto. Netuno a visita entre os dias 9 e 15 e ensaia com ela uma cena de encantamento e sedução difícil de resistir. O céu está impregnado de sedução. Pode também ser beneficiado por algum dinheiro mágico que lhe permitirá realizar algum benefício. Entre os dias 10 e 15, Marte provoca Vênus. É praticamente impossível ter da mesma pessoa carinho e atração. Sentimentos e desejos não estão coincidindo. O dinheiro sai rápido e gastamos por impulso. Se pensasse um pouquinho mais, daria outro destino ao seu dinheiro. Faça isto!

Do dia 13 ao 17, Vênus e Júpiter provocam novos abusos de gastos. É difícil se manter na linha. Mais uma vez há uma preferência de aventuras à frente e uma baixa para relacionamentos monótonos e sem o gosto de conquista. Agora é Plutão que encosta em Vênus entre os dias 15 e 20. Você pagará caro se contrair dívidas acima da sua capacidade. Amores em crise ou sob muita pressão podem não sobreviver. Esta é uma energia de finalização... e de renascimento.

Marte avança pelo signo de Peixes ainda por todo o mês de novembro. Uma posição harmônica de Saturno a Marte, entre os dias 9 e 22, dá suficiente disciplina e fôlego para que empreenda os mais árduos esforços. Ideal para atividades, inclusive tratamentos de saúde, cujos resultados só são sentidos depois de um longo tempo. Obras são bem planejadas e bem executadas sob essa influência. Líderes e governantes podem e devem assumir atitudes que impliquem desafios e metas de longo prazo. Chegam lá!

A partir do dia 9, até o final do mês, Júpiter, numa expansiva oposição a Marte, redobra a sua força. Com isto, você se envolve em atividades demais e estende seus limites. Acha que pode enfrentar tudo e num prazo improvável. Lembre-se: onipotência é um dos maiores pecados humanos. *Pegue mais leve!* Na última semana do mês, Plutão acrescenta mais pressão a Marte. Brigas, disputas, hostilidades são encontradas nas mais variadas circunstâncias. É melhor não cutucar a fera e evitar assim reações explosivas. Esta é uma energia que expõe mais à violência e ao perigo. Fuja dela! Nas três primeiras semanas de novembro, Júpiter ainda faz bons contatos com Saturno. Promete crescimento econômico, desenvolvimento estável, sólido e bem alicerçado. As instituições políticas se mostram amadurecidas e bem ancoradas. Na última semana do mês, uma influência desarmônica entre Júpiter e Plutão desafia o mercado financeiro e pode trazer perdas de grande porte. Desequilíbrio nas taxas de câmbio, alta do dólar e crise no setor de energia não são incomuns quando esta combinação celeste se forma.

Posições Diárias da Lua

Dia 1 de Novembro – Sábado

Fase Lunar: Crescente – às 02h25
Lua no Signo: Aquário

Aspectos Diários da Lua	Entrada	Exato	Saída
Lua conjunção Netuno	00h48	06h09	11h33
Lua quadrado Mercúrio	05h00	11h07	17h17
Lua sextil Plutão	14h57	20h24	01h53 (02/11)

Lua conjunção Netuno

Este encontro da Lua com Netuno favorece todos os serviços e campanhas que visem ao bem-estar público, principalmente se a isto estiver associado algum tipo de atividade artística. Está banhado em um espírito solidário e cooperativo.

Lua quadrado Mercúrio

Pode haver dificuldade em concluir acordos por falta de convergência de idéias e interesses. Dados que não retratam a realidade, que não foram suficientemente conferidos ou que estão sujeitos a muita flutuação interferem no julgamento objetivo dos fatos. Há tendência a muita conversa e pouca concretização.

Lua sextil Plutão

Há maior sensibilidade para assuntos ligados à política, ao poder e às medidas que emanam deles. As propostas mais verdadeiras terão maior êxito, pois há grande capacidade de distinguir o falso do verdadeiro. Este aspecto favorece os reencontros de todos os tipos. Mas deve dar uma atenção especial aos amigos mais antigos – é uma boa oportunidade de revê-los.

Dia 2 Novembro – Domingo

Fase Lunar: Crescente
Lua no Signo: Peixes
Lua Fora de Curso: das 17h41 às 17h52

Aspectos Diários da Lua	Entrada	Exato	Saída
Lua oposição Urano	10h18	15h51	21h25
Lua quadrado Vênus	11h32	17h41	23h52

Lua em Peixes

A Lua transitando pelo signo de Peixes traz à tona suas fantasias e tende a buscar um sentido maior em tudo o que faz. Está mais passivo do que ativo, mais disposto a imaginar as soluções do que a praticá-las. Fica menos resistente e com menos vontade de enfrentar os desafios. Prevalece um espírito mais contemplativo. Sente-se mais em sintonia com o que o cerca. Tende a dar explicações mais irreais para o que lhe acontece e tem mais fé no inexplicável. Excelente momento para se dedicar a práticas espirituais ou que promovam bem-estar interno. Durante este período é comum aumentar o número de bagagens extraviadas e objetos perdidos. Há também falta de precisão nos horários, atrasos, desencontros.

Lua oposição Urano

Clima de ansiedade e impaciência. Estará mais vulnerável aos imprevistos, a rompimentos de compromisso e a mudanças de rumo de uma hora para outra. É aconselhável confirmar o que tiver marcado para a tarde de hoje, pois muitas coisas podem não estar seguras como você supunha. O andamento das tarefas e do trabalho pode ser prejudicado por falta dos funcionários, atrasos, cancelamentos, tornando o dia um tanto improdutivo.

Lua quadrado Vênus

Não exija de você e dos outros muita dedicação ao trabalho e não faça muitas coisas sem reconhecimento. Procure introduzir na sua rotina atividades que lhe dão prazer. Não tente coagir ou exigir muito do outro. Tentar obrigar alguém a agir ou fazer algo do modo que você quer é especialmente contra-indicado. O potencial de agradar e seduzir está comprometido. E todos estão mais fechados e com tendência a se isolar.

DIA 3 DE NOVEMBRO – SEGUNDA-FEIRA

Fase Lunar: Crescente
Lua no Signo: Peixes

ASPECTOS DIÁRIOS DA LUA	ENTRADA	EXATO	SAÍDA
Lua conjunção Marte	03h32	09h21	15h12
Lua trígono Sol	08h02	14h11	20h22
Lua trígono Saturno	12h57	18h38	00h20 (04/11)
Lua oposição Júpiter	13h35	19h21	01h09 (04/11)
Lua trígono Mercúrio	20h09	02h42 (04/11)	09h18 (04/11)
Lua quadrado Plutão	22h51	04h36 (04/11)	10h23 (04/11)

Lua conjunção Marte

Se você tem decisões, resoluções ou atitudes a tomar, aproveite a manhã de hoje. Com certeza você vai poder agir em sintonia com o momento, sem arrogância ou autoritarismo e não vai ferir os sentimentos de ninguém. A sensibilidade proporcionada pela Lua em Peixes torna qualquer atitude mais suave e delicada. Todos estão bem-dispostos e com um alto-astral.

Lua trígono Sol

Esta é uma outra combinação que indica ânimo e disposição na manhã de hoje. Há harmonia entre as emoções e a vontade, de modo que busca aquilo que lhe traz bem-estar emocional. Isto gera um sentimento de contentamento com o que você é e torna-o contagiante. Pode sentir uma integração maior em tudo, como se as coisas estivessem no lugar de acordo com sua natureza e função.

Lua trígono Saturno

Este aspecto favorece a concentração e os procedimentos objetivos. Recorra a ajuda de profissionais. Não é o momento de buscar serviços amadores. Pode haver muito benefício e acerto se recorrer a pessoas mais velhas e experientes durante este período. Não receie ousar.

Lua oposição Júpiter

À tarde pode se sentir mais inclinado a atividades que não requeiram muito esforço. É tomado por um desejo de que as coisas fossem mais fáceis ou que pudessem ser providenciadas num "passe de mágica". Pode esperar maior busca de serviços de cartomantes e todos os tipos de práticas esotéricas. É preciso tomar cuidado, pois há tendência de criar expectativas ou esperar favores que não podem ser atendidos.

Lua trígono Mercúrio

À noite, esta favorável combinação planetária proporcionará conversas um tanto inspiradas e esclarecedoras. É um momento de grande inspiração para escritores ou todos aqueles que associem arte e comunicação. Recolher-se para ler um bom livro pode trazer muito bem-estar e quem sabe até levar a importantes conclusões.

Lua quadrado Plutão

Aproveite para investigar profundamente suas motivações emocionais. Não se furte a esse mergulho interno. Mas não tome nenhuma atitude no momento. Não tem discernimento suficiente e pode ser movido por impulsos ainda pouco trabalhados. Os ânimos podem tornar-se um tanto austeros e radicais. Não é hora de agir, o movimento deve ser para o interior, não precisa ser externalizado.

Dia 4 de Novembro – Terça-feira

Fase Lunar: Crescente
Lua no Signo: Peixes
Lua Fora de Curso: Início – às 04h36

Aspectos Diários da Lua	Entrada	Exato	Saída
Lua trígono Saturno	(03/11)	(03/11)	00h20 (04/11)
Lua oposição Júpiter	(03/11)	(03/11)	01h09 (04/11)
Lua trígono Mercúrio	(03/11)	02h42 (04/11)	09h18 (04/11)
Lua quadrado Plutão	(03/11)	04h36 (04/11)	10h23 (04/11)

A Lua fica fora de curso a partir das 04h36 da madrugada de hoje, quando faz o último aspecto exato com Plutão. Este é um momento onde as coisas estarão de algum modo "fora de foco", gerando incertezas e descontinuidade. Não tome nenhuma decisão importante nem inicie nenhuma atividade para a qual você espere desdobramentos futuros. As coisas podem não sair como planejadas ou tornarem-se "estéreis".

É melhor dedicar-se às atividades rotineiras, ao que já foi previamente planejado e ater-se a assuntos sem grande relevância durante o dia de hoje.

DIA 5 DE NOVEMBRO – QUARTA-FEIRA

Fase Lunar: Crescente
Lua no Signo: Áries – a partir das 03h03
Lua Fora de Curso: Término – às 03h03

ASPECTOS DIÁRIOS DA LUA	ENTRADA	EXATO	SAÍDA
Lua trígono Vênus	01h45	08h16	14h49
Lua sextil Netuno	17h38	23h33	05h29
Lua quadrado Saturno	22h54	04h49 (06/11)	10h45 (06/11)

Lua em Áries

Quando a Lua está transitando pelo signo de Áries as pessoas se sentem mais entusiasmadas, dinâmicas e audazes. É um período de bastante atividade, impulso e disposição. "Não passa de hoje" pode ser a sensação dominante nesses dias. Sabem com muita clareza quais são as coisas que "só dependem delas" e estão dispostas a fazê-las logo. Ficam mais intolerantes com a espera, sem paciência para indecisões ou obstáculos. Querem resolver logo as coisas ao modo delas! Não estão interessadas em "enrolação" ou meias palavras – buscam respostas claras, objetivas diretas.

Lua trígono Vênus

Este aspecto extremamente benéfico promete facilidade no cumprimento de tarefas e favorecimento das decisões que forem tomadas no período. É um bom momento para pedir aumento, favores ou cooperação. Todos estão dispostos a ajudar, principalmente se a ajuda servir para tornar mais ágil algum procedimento ou para pôr algo em andamento. Isso pode significar acesso a patrocínios e contribuições. Ótimo momento para inaugurações, estréias e lançamentos. Estão favorecidos todos os "começos".

Lua sextil Netuno

No fim da tarde, esta suave combinação pode trazer a sutileza e sensibilidade necessária para tomar as atitudes mais favoráveis no que diz respeito aos romances. Aproveite as horas do início da noite para declarar seu afeto a alguém. O espírito solidário favorecido por esse aspecto faz com que possa encontrar alguém disposto a aderir, com sua força e entusiasmo pessoal, à sua causa.

Lua quadrado Saturno

Nas últimas horas da noite é provável que todos estejam com um ânimo mais crítico e severo nas suas atitudes. Podem surgir alguns obstáculos. Mas os problemas que surgirem serão frutos da inexperiência ou da falta de responsabilidade e seriedade anteriores. O que estiver seguro e for baseado na sincera avaliação das possibilidades e na verdadeira competência não sofrerá abalos.

DIA 6 DE NOVEMBRO – QUINTA-FEIRA

Fase Lunar: Crescente
Lua no Signo: Áries

Aspectos Diários da Lua	Entrada	Exato	Saída
Lua trígono Plutão	09h27	15h26	21h26

Lua trígono Plutão

Durante o dia de hoje será brindado por um único e potente aspecto harmônico no céu. Não deve desperdiçar um dia tão favorável! Aproveite para pôr em andamento aquilo que é fundamental para você e que vem adiando há muito tempo. Sente-se com disposição e força necessária para fazer as transformações realmente importantes na sua vida. E não deseja perder mais tempo com o que já terminou. Caso esteja adoentado ou com algum problema, o dia promete recuperação.

Dia 7 de Novembro – Sexta-feira

Fase Lunar: Crescente
Lua no Signo: Touro – a partir das 14h29
Lua Fora de Curso: das 12h16 às 14h29

Aspectos Diários da Lua	Entrada	Exato	Saída
Lua sextil Urano	06h15	12h16	18h18

Lua em Touro

Quando a Lua transita por Touro, todos sentem maior necessidade de conforto e de segurança. As coisas descartáveis, os relacionamentos pouco confiáveis, os lugares desconfortáveis tornam-se muito desagradáveis. Querem usufruir a boa comida e a sensação de confiança e bem-estar. Tendem a não arriscar, pois não querem passar pelo incômodo de uma escolha errada ou de perder algo ou alguém que valorizam. Todos estão de algum modo mais apegados ao que possuem e pouco afeitos a situações passageiras. Reina maior objetividade e buscam as soluções mais simples.

Lua sextil Urano

Há uma disposição leve e o clima é de despreocupação. O lançamento de produtos e serviços que simplifiquem e tornem mais ágil a execução das tarefas terá grande aceitação. Propor alternativas mais práticas que solucionem os impasses é altamente produtivo. Pode ser muito vantajoso aconselhar-se com pessoas que contrariem seu ponto de vista. Preste atenção nas idéias originais. Mesmo que esteja determinado a não fazer mudanças, fique atento às possibilidades e sugestões inovadoras no decorrer do dia.

Dia 8 de Novembro – Sábado

Fase Lunar: Cheia – às 23h12
Lua no Signo: Touro
Lunação de Novembro – Lua cheia
Lua cheia às 23h12, horário de Brasília
Lua cheia no signo de Touro em 16°13'
Duração até a próxima lunação: 23/11/2003

Aspectos Diários da Lua	Entrada	Exato	Saída
Lua sextil Marte	05h06	11h24	17h41
Lua quadrado Netuno	05h33	11h37	17h42
Lua sextil Saturno	10h47	16h51	22h55
Lua trígono Júpiter	13h14	19h24	01h33 (09/11)
Lua oposição Sol	16h35	23h14	05h53 (09/11)

Lua sextil Marte

Procure dar força e manter o entusiasmo daqueles que estão à sua volta. Mesmo que haja algum desânimo, lembre-se de que é possível tomar atitudes acertadas usando o bom senso. Nem sempre é preciso lutar pelo que quer, às vezes basta saber defender a sua vontade e manter a posição.

Lua quadrado Netuno

Este aspecto indica um excesso de sensibilidade que pode gerar variação de humor. É comum ser invadido por uma espécie de letargia que o torna negligente com as tarefas. É aconselhável ser mais rigoroso nos prazos de validade e no armazenamento e conservação dos produtos.

Lua sextil Saturno

Aproveite o dia para fazer compras visando à reforma da casa. Se você pretende fazer algum tipo de reforma ou construção, é um bom momento para planejar e contratar os serviços necessários. Está especialmente econômico e com grande noção de custo e benefício. Todos estão podendo pensar antes de agir e sabendo avaliar pragmaticamente as situações. Não são esperadas compras por impulso e é provável que sejam mais procurados os artigos de primeira necessidade.

Lua trígono Júpiter

Esta é uma combinação altamente benéfica que, pelo menos nas primeiras horas da tarde, pode trazer grande bem-estar e uma abordagem mais otimista em relação ao presente. Aproveite o momento para repor suas energias e deixar entrar um pouco de esperança e de sentimento de justiça em sua vida.

Lua oposição Sol

No meio da tarde, com a entrada da Lua cheia, pode sentir-se de algum modo desafiado e haver tendência a descargas emocionais. Um excesso de agitação e alteração emocional pode produzir maior desgaste energético. Não convém provocar a rivalidade dos outros. O melhor é buscar parceria ou pedir colaboração, será muito mais produtivo. A Lua cheia pode ser um período de culminância ou de frustração, vai depender de ter enfrentado e cumprido as etapas de crescimento propostas na fase anterior.

Lunação de Novembro
Fase Lunar: Cheia em 08/11/2003 às 23h12, horário de Brasília
Lua no Signo: 16º 13' de Touro
Eclipse Lunar Total
Vigência: até o próximo eclipse lunar, em 04/05/2004

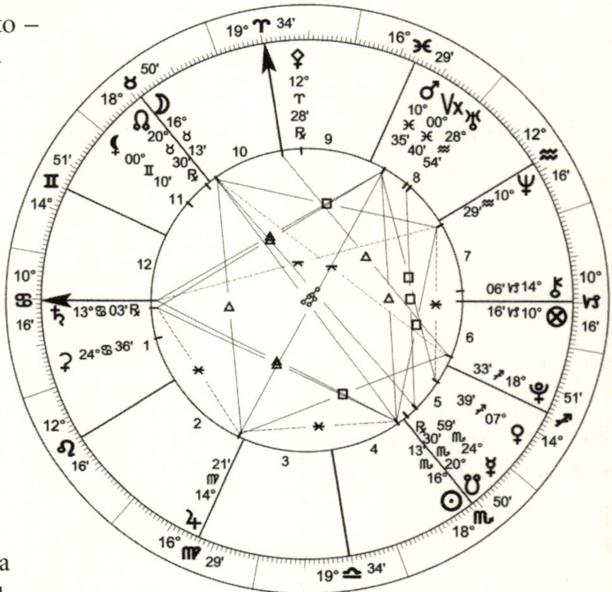

Saturno volta a ocupar lugar de destaque em uma lunação. Agora absoluto – encostado no ascendente –, manda excelentes aspectos para Marte na casa 8 e para o Sol na casa 5. O quadro é de estabilidade. O país goza de mais definição e auto-suficiência na condução dos seus assuntos internos. Para quem estava pensando em procurar emprego, trocar de trabalho, abrir um negócio ou se tornar autônomo, encontrará neste período uma situação muito mais segura e previsível. O que destoa um pouco neste quadro é a pressão de Netuno na casa 8 para a Lua no signo de Touro na casa 11 e o Sol em Escorpião na casa 5. Com isto os investimentos de risco e as especulações passam a ser ainda mais inseguros e deve-se dar preferência a investimentos mais conservadores. Netuno sinaliza que há alguma nebulosidade e gestão pouco firme na área financeira, no orçamento, nas taxas de juros e na arrecadação. Cuidado. O dinheiro público costuma evaporar quando nas mãos do dispersivo Netuno. Vai vigiar melhor a prestação de contas? Esta lunação é particularmente ativa para os nascidos no segundo decanato dos signos de Escorpião e Touro; também é complicada para os nascidos no segundo decanato de Aquário e Leão. Este é um bom momento para os nascidos no signo de Escorpião equilibrarem suas vidas e seus relacionamentos. Uma típica tendência deste signo a fazer uma crise de tudo deve ser compensada por uma disposição a encarar as coisas de uma maneira mais simples. Às vezes as coisas se mostram exatamente como são. A excessiva desconfiança dos escorpianos pode ser agora equilibrada pelo espírito pragmático – mais básico – dos taurinos. Diminuir o excesso de drama para os escorpianos e aumentar a capacidade dos taurinos é o grande presente desta Lua cheia. Todos podem aproveitar a Lua cheia de Touro para estimular as qualidades deste signo: afabilidade, simplicidade, ternura, bom senso, lealdade, constância e praticidade. Esta lunação coincide com a ocorrência de um eclipse. Lunar. Total.

Em decorrência desse fenômeno, pode-se esperar um agravamento de crises, aumento de inquietação, nervosismo e maior incidência de imprevistos. O eclipse lunar sempre provoca sobrecarga emocional e traz acontecimentos que afetam a vida psíquica das pessoas. Devem portanto se ater às atividades que lidem com o mundo concreto e que lhes aumente o contato com a realidade. Durante o eclipse lunar ocorre um confronto entre passado e futuro. Algum tipo de apego deverá ser sacrificado em benefício de possibilidades futuras. Devem dar chance ao que ainda não foi tentado e desistir de experiências com base em resultados conhecidos.

DIA 9 DE NOVEMBRO – DOMINGO

Fase Lunar: Cheia

Lua no Signo: Touro

ASPECTOS DIÁRIOS DA LUA	ENTRADA	EXATO	SAÍDA
Lua oposição Mercúrio	12h44	19h45	02h46 (10/11)
Lua quadrado Urano	18h54	01h00 (10/11)	07h07 (10/11)

Lua oposição Mercúrio

Este não será um domingo propício a encontros, bate-papos ou de trocas agradáveis em qualquer nível. Está com certa dificuldade de comunicação e pode deparar com idéias muito opostas às suas. Os deslocamentos, o trânsito e as pequenas viagens não estão favorecidos. O melhor seria passar o dia confortavelmente instalado em casa, preparar uma boa comida e tentar não se expor aos empecilhos e dificuldade de interação que reina no momento.

Lua quadrado Urano

Somada à anterior, no fim da tarde, esta combinação pode significar um ânimo mais irritável e bastante ansiedade. Essa inquietação pode ser muito prejudicial no momento. Não há garantias de que as coisas "diferentes" que deseja fazer para escapar do tédio tenham êxito e pode terminar o dia ainda mais frustrado e irritado.

DIA 10 DE NOVEMBRO – SEGUNDA-FEIRA

Fase Lunar: Cheia

Lua no Signo: Gêmeos – a partir das 03h15

Lua Fora de Curso: da 01h00 às 03h15

ASPECTOS DIÁRIOS DA LUA	ENTRADA	EXATO	SAÍDA
Lua oposição Vênus	17h07	23h57	06h44 (11/11)
Lua trígono Netuno	18h31	00h38 (11/11)	06h46 (11/11)
Lua quadrado Marte	20h22	02h42 (11/11)	09h03 (11/11)

Lua em Gêmeos

Quando a Lua está em Gêmeos, sente-se mais versátil e tem maior facilidade de adaptação. Está inquieto e tende a falar coisas que são verdadeiras apenas no momento. Sente vontade de andar, encontrar pessoas e também fica mais curioso e com necessidade de informação. Projetos começados agora podem não ser levados até o fim porque há muitas propostas tentadoras. O comércio e todos os tipos de troca estão muito favorecidos. O público jovem consumidor de cultura será o mais receptivo.

Lua oposição Vênus

Está afetivamente mais imprevisível. Quer experimentar novos prazeres, mudar as escolhas, variar os programas. Não suporta nenhum tipo de cobrança ou restrições. Reina um clima de amor livre no ar e ter de cumprir compromissos pode parecer extremamente desagradável. Deixe solto, improvise.

Lua trígono Netuno

A noite pode ser cheia de surpresas agradáveis, coincidências meio "mágicas" e muito romantismo. As atividades artísticas estão favorecidas no dia de hoje. Os melhores programas são aqueles que envolvem algum tipo de arte: cinema, exposições, balés, shows. Quer estar cercado de estímulos à sua sensibilidade.

Lua quadrado Marte

Esta combinação provoca um aumento descontrolado de energia. Pode significar muita "dor de cabeça", tanto no sentido figurado quanto no físico! A necessidade de agir e tomar iniciativas pode não ser bem dosada e o clima um tanto irresponsável do momento pode causar desacertos. É provável que todos estejam de algum modo mais ousados nas abordagens e podem ficar bastante tentados a "pular a cerca". É bom fazer um esforço redobrado antes de agir!

Dia 11 de Novembro – Terça-feira

Fase Lunar: Cheia
Lua no Signo: Gêmeos

Aspectos Diários da Lua	Entrada	Exato	Saída
Lua quadrado Júpiter	02h59	09h10	15h20
Lua oposição Plutão	11h04	17h10	23h17

Lua quadrado Júpiter

Você se sente um tanto impaciente e com necessidade de ampliar os horizontes. Tem maior necessidade de aventura. Pode ser um período de exageros no consumo de bebida, comida e cigarro. O dia está muito estimulante e acelerado, o que pode levar a ansiedade e inquietação. Não é um dia de muita produtividade, é aconselhável fazer as tarefas mais leves e menos desgastantes. Há grande propensão a se deixar levar pela "lábia" de alguém. Procure avaliar com mais cuidado as oportunidades que surgirem.

Lua oposição Plutão

A perigosa mistura de uma tendência à radicalização com a necessidade de variedade pode fazer com que tome decisões precipitadas apenas para poder "mudar de assunto". Esta combinação também pode indicar a possibilidade de roubos ou furtos. Evite maiores prejuízos guardando com mais segurança estoques, dinheiro ou artigos de valor. É aconselhável verificar seguros e, se necessário, refazê-los. Adie reuniões se a pauta ou as pessoas envolvidas forem hostis.

Dia 12 de Novembro – Quarta-feira

Fase Lunar: Cheia
Lua no Signo: Câncer – a partir das 16h11
Lua Fora de Curso: das 13h58 às 16h11

Aspectos Diários da Lua	Entrada	Exato	Saída
Lua trígono Urano	07h54	13h58	20h01

Lua em Câncer

Quando a Lua se encontra neste signo, você fica mais sensível e menos racional. As emoções muitas vezes afloram e há maior propensão a mágoas e ressentimentos. Estar próximo das pessoas queridas, cuidar dos laços íntimos e da vida doméstica parece mais importante e torna-se fonte de prazer nesses dias. Valoriza mais os vínculos e busca se aproximar das pessoas que ama. Todos estão mais receptivos e protetores. Os assuntos e produtos referentes à casa estão favorecidos. Você dá muita importância às raízes e tende a rememorar o passado. Busca referências. Todos ficam mais sensíveis e de certo modo melindrados. Se ofende por pouco, pois está pleno de acolhimento. O bem-estar e o conforto emocional costumam ser o parâmetro através do qual julga as situações.

Lua trígono Urano

Já que o tema dominante é a família e os laços íntimos, que tal quebrar alguns padrões de comportamento que vêm atrapalhando a convivência e tornando o relacionamento excessivamente monótono e desinteressante? É um bom momento para ousar novos modos de interagir em família e também uma excelente oportunidade de adquirir maior independência sem nenhum prejuízo do afeto. No setor profissional estão beneficiadas todas as medidas de atualização e renovação. Lembre-se, não é preciso descartar o antigo, basta estar disponível para fazer os *up dates* necessários para um funcionamento mais arrojado e integrado às exigências atuais. Isto vale para todos os setores da vida!

Dia 13 de Novembro – Quinta-feira

Fase Lunar: Cheia
Lua no Signo: Câncer

Aspectos Diários da Lua	Entrada	Exato	Saída
Lua trígono Marte	11h28	17h42	23h55
Lua conjunção Saturno	12h08	18h06	00h04 (14/11)
Lua sextil Júpiter	16h20	22h33	04h25 (14/11)

Lua trígono Marte

Esta combinação favorece concepção e fertilização. Você hoje será capaz de impulsionar muitas coisas na sua vida. Tome a iniciativa de se aproximar de alguém, pois o momento é favorável. Em todas as situações, expresse seus sentimentos de modo verdadeiro e espontâneo. Esse tipo de atitude está beneficiado no dia de hoje e facilitará um desfecho positivo.

Lua conjunção Saturno

Este encontro da Lua com Saturno torna o período da tarde bastante produtivo. As coisas fluem do modo mais acertado possível e todos estão dispostos a assumir responsabilidades e a manter um alto nível de disciplina. Não é um bom momento para tomar atitudes mais levianas ou deixar as coisas no ar. É hora de se comprometer, estabilizar os vínculos e responsabilizar-se em relação aos afetos.

Lua sextil Júpiter

Este aspecto fecha o dia, já bastante beneficiado, de modo ainda mais favorável. Todas as atividades favorecidas que atraiam um grande público. É também um bom momento para todo tipo de expansão: novos pontos de venda, exportação, representações em outros estados e franquias. A alma, nesse momento, pensa grande e tem bastante confiança para promover o crescimento. O setor imobiliário pode estar especialmente ativo no fim da tarde de hoje. Há uma disponibilidade coletiva otimista e alegre.

Dia 14 de Novembro – Sexta-feira

Fase Lunar: Cheia
Lua no Signo: Câncer
Lua Fora de Curso: Início – às 11h40

Aspectos Diários da Lua	Entrada	Exato	Saída
Lua trígono Sol	05h12	11h40	18h06

Lua trígono Sol

O dia promete muita disposição e os relacionamentos estão especialmente favorecidos. Momento de grande harmonia interna. Os propósitos estão claros, sabe muito bem o que quer e está disposto a tomar as providências necessárias. É um momento muito favorável para fazer valer a sua vontade de modo positivo. Tende a revelar potenciais ocultos e as coisas podem frutificar. Partos e concepções também estão altamente beneficiados. Tem mais facilidade de realizar os desejos porque está em harmonia com as suas emoções.

Dia 15 de Novembro – Sábado

Fase Lunar: Cheia
Lua no Signo: Leão – a partir das 03h49
Lua Fora de Curso: Término – às 03h49

Aspectos Diários da Lua	Entrada	Exato	Saída
Lua trígono Mercúrio	07h05	13h43	20h17
Lua oposição Netuno	18h27	00h13 (16/11)	05h56 (16/11)

Lua em Leão

Alegria e entusiasmo quando a Lua está em Leão. Quer comemorar a vida e as coisas boas. Reina um sentimento de que a vida vale a pena. Está menos disposto a se sujeitar. Quer atenção e reconhecimento. Paira no ar o sentimento do “eu mereço”. É um tempo de extroversão, brilho e liderança. Não deixe de exaltar as qualidades, tanto as suas como a dos outros. Um bom elogio pode trazer muitos benefícios no momento. Fica especialmente sensível a qualquer tipo de deslealdade. O melhor é agir abertamente, sem subterfúgios.

Lua trígono Mercúrio

A manhã e a tarde são favoráveis para transações comerciais, contratos, aluguéis. É também um excelente período para lançamento de campanhas publicitárias, divulgação e publicação. As pessoas estão extrovertidas, comunicativas e falantes, o que favorece todos os tipos de contatos, entrevistas e comunicação. Aproveite para enviar o seu currículo e ponha ênfase nos seus talentos.

Lua oposição Netuno

No fim da tarde, esta combinação planetária traz um pouco de indolência e torna as coisas mais indefinidas. Terá uma necessidade extra de encantamento e glamour, o que pode levar a gastos excessivos e a uma tendência a se deixar iludir por propostas enganadoras. Desconfie de tudo o que parecer perfeito demais. A necessidade de ter o que há de melhor pode prejudicar a capacidade de avaliação realista das situações.

DIA 16 DE NOVEMBRO – DOMINGO

Fase Lunar: Cheia
Lua no Signo: Leão

ASPECTOS DIÁRIOS DA LUA	ENTRADA	EXATO	SAÍDA
Lua trígono Vênus	06h12	12h30	18h45
Lua trígono Plutão	10h11	15h51	21h29
Lua quadrado Sol	20h12	02h16 (17/11)	08h17 (17/11)

Lua trígono Vênus

Há uma predisposição afetuosa das pessoas e impera o bom humor. Essa combinação favorece a aproximação, o romance e a sedução. É esperado grande procura de lugares de lazer e entretenimento. O mercado da moda, da estética e das artes também estará beneficiado. Quer nos dar prazer e viver momentos alegres e agradáveis. Isto também irá aumentar a busca por serviços que favoreçam os consumidores e usuários como serviços de entrega, manobristas, descontos – todos os tipos de privilégios e agrados.

Lua trígono Plutão

Esta combinação favorece os reencontros de toda ordem: antigos amigos, colegas ou namorados e parceiros. Aproveite para liberar sentimentos e emoções reprimidas, pois elas podem vir à tona. Está disposto a tomar as medidas necessárias para solucionar as pendências e com coragem suficiente para enfrentar todos os tipos de desafios. Também é um excelente momento para fazer a reforma e os consertos que vinham sendo adiados.

Lua quadrado Sol

À noite, o clima torna-se mais pesado e pode haver alguns conflitos entre os casais. Tende a ficar mais ressentido por qualquer falta de atenção e falta bom senso e lucidez para esclarecer os problemas que possam surgir. É de se esperar uma disputa entre as forças mais progressistas e as conservadoras, o que pode prejudicar os novos projetos em todos os setores. Se houver vitória em alguma negociação ou acordo, será mais por pressão da parte mais forte do que por coesão e acordo.

Dia 17 de Novembro – Segunda-feira

Fase Lunar: Minguante – a partir das 02h13
Lua no Signo: Virgem – a partir das 12h37
Lua Fora de Curso: das 10h40 às 12h37

Aspectos Diários da Lua	Entrada	Exato	Saída
Lua oposição Urano	05h07	10h40	16h09
Lua quadrado Mercúrio	22h59	05h05	11h07

Lua em Virgem

Quando a Lua se encontra no criterioso signo de Virgem, torna-se mais exigente e crítico do que o usual. Aumenta os critérios de seletividade. É um ótimo momento para se organizar e cuidar dos pequenos detalhes. Hábitos saudáveis serão preferidos durante o período e resultados tão visíveis que pensará em adotá-los para sempre. Tem necessidade de ser mais realista e pragmático. O que não serve mais deve ser criteriosamente descartado; sentirá grande bem-estar ao fazer esse tipo de limpeza. Favorável para iniciar um novo estudo ou um novo emprego. Está também mais crítico com relação às suas emoções. Mais comedido afetivamente.

Lua oposição Urano

Esta combinação pode ser extremamente estressante, em especial no período em que a Lua transita pelo signo de Virgem. Ela traz um alto índice de imprevisibilidade nas situações e prejudica bastante a ordem e organização de horários, agendas e funcionamento dos serviços. Procure manter a calma e ordene seus pensamentos. Busque planejar os imprevistos abrindo espaço para que eles ocorram. Não marque muitas coisas no dia. Não exija muito de si. Pense, de antemão, em alternativas para o caso de surpresas.

Lua quadrado Mercúrio

À noite, este aspecto vem se somar ao anterior favorecendo ainda mais a irritabilidade e estresse. As coisas não estão funcionando com a rapidez que deveriam. Melhor não contar com a compreensão dos outros e também desconfie um pouco do seu próprio entendimento. As informações podem estar chegando um pouco truncadas. Conselho: procure ter jogo de cintura.

Dia 18 de Novembro – Terça-feira

Fase Lunar: Minguante
Lua no Signo: Virgem

Aspectos Diários da Lua	Entrada	Exato	Saída
Lua sextil Saturno	06h17	11h37	16h55
Lua oposição Marte	10h11	15h42	21h11
Lua conjunção Júpiter	11h31	16h54	22h13
Lua quadrado Plutão	17h12	22h30	03h45 (19/11)
Lua quadrado Vênus	18h54	00h41 (19/11)	06h26 (19/11)

Lua sextil Saturno

Você será de algum modo reconhecido por sua eficiência, zelo e capacidade de cumprir com a sua palavra. Nas primeiras horas da manhã reina um espírito produtivo e é um bom momento para tornar mais ágil as providências do dia. Pense em seus projetos, planeje a longo prazo. Trabalhos de natureza administrativa podem ser bem-sucedidos no período, assim como providências nas áreas de segurança e previdência.

Lua oposição Marte

Nas últimas horas da manhã, com a entrada dessa instável combinação da Lua com Marte, é de esperar um clima mais hostil e irritável. Comportamentos impulsivos podem levar a ações equivocadas que atrapalham o bom andamento das atividades. O ambiente de trabalho, ou o relacionamento com empregados e funcionários, pode ser alvo de disputas e conflitos. Rancores podem ser expressos criando confrontos de forças.

Lua conjunção Júpiter

A necessidade de ampliar e promover o crescimento pode levar a um incremento dos negócios e atividades. A melhor dica é usar o bom humor para criar um clima mais leve que favoreça os contatos e a convivência.

Lua quadrado Plutão

No fim da tarde e à noite o clima volta a estar mais tenso. Todos estão mais desconfiados e atentos aos menores sinais. Não é um bom momento para tentar enganar ninguém! Estão com o faro e os ouvidos muito aguçados para perceber pequenas incoerências e detalhes que não se encaixam. Este aspecto promove também uma tendência à radicalização que pode tornar muito tensas todas as situações e o clima sujeito a rompimentos.

Lua quadrado Vênus

Sob esse aspecto, não há segurança suficiente para seduzir ou usar de charme nas situações. Não é favorável para festas ou eventos sociais. Está dividido e se sentindo impotente e sem ânimo. Para quem já apresenta distúrbio no aparelho reprodutivo ou de taxas hormonais podem surgir problemas.

Dia 19 de Novembro – Quarta-feira

Fase Lunar: Minguante
Lua no Signo: Libra – a partir das 17h43
Lua Fora de Curso: das 12h16 às 17h43

Aspectos Diários da Lua	Entrada	Exato	Saída
Lua sextil Sol	08h44	13h59	19h14

Lua em Libra

Quando a Lua se encontra neste signo, a cortesia, a diplomacia e o charme estão em alta. Há maior sensibilidade para a beleza e harmonia. O trabalho em equipe fica estimulado. É o melhor período para dividir tarefas, partilhar projetos e incluir alguém nos seus objetivos. Há preferência por pessoas mais colaboradoras e situações mais justas e equilibradas. Cercar-se de coisas e pessoas bonitas e gentis, fazer gestos galantes, vestir-se bem e caprichar na aparência irá trazer muito bem-estar e com certeza favorecimentos. É um momento em que deve procurar contornar as situações em vez de confrontá-las. É a melhor atitude para inibir os adversários.

Lua sextil Sol

Este é um benéfico e harmônico aspecto que irá tornar o dia de hoje extremamente agradável. Você se sente bem-disposto e tem bastante clareza a respeito dos objetivos e desejos. Por isso há maior facilidade de esclarecer os sentimentos e de resolver qualquer tipo de conflito. Estão beneficiados todos os acordos, pois as pessoas estão naturalmente com um espírito colaborador e benevolente. Todos querem estar cercados de prazer. E o sentimento de integração interna lhe permite apreciar e se deixa contagiar por todo tipo de beleza. Esta combinação faz com que possa usufruir o melhor da Lua em Libra.

Dia 20 de Novembro – Quinta-feira

Fase Lunar: Minguante
Lua no Signo: Libra

Aspectos Diários da Lua	Entrada	Exato	Saída
Lua trígono Netuno	06h38	11h39	16h39
Lua sextil Mercúrio	09h29	14h59	19h57
Lua quadrado Saturno	10h01	15h04	20h36
Lua sextil Plutão	20h30	01h27 (21/11)	06h23 (21/11)

Lua trígono Netuno

Momento de muita inspiração. O clima de romantismo, os gestos sutis, as emoções refinadas favorecem todos os setores. Reina uma grande sintonia que dispensa explicações ou manifestações óbvias de afeto. Compreende o que o outro deseja por um simples olhar e está de tal modo afinado que é incapaz de cometer indelicadezas. Momento altamente favorável para todos os tipos de arte e para tudo que requeira sofisticação.

Lua sextil Mercúrio

Este aspecto indica que a maioria dos problemas que porventura surgirem no dia de hoje poderá ser resolvida se puder conversar sobre o assunto. Há uma grande facilidade com a escolha das palavras apropriadas. Todos estão sabendo seduzir através das palavras. Têm grande facilidade em expressar os sentimentos e também sabendo ouvir o outro. Estão especialmente "galanteadores". Não perca a oportunidade de se manifestar – isso vale para todos os setores: declare suas intenções, suas idéias, expresse seus desejos, consiga adesão para seus projetos por meio da explicação clara e convincente dos seus objetivos.

Lua quadrado Saturno

Esta é uma combinação que pode trazer algumas frustrações. Não está suficientemente disciplinado e pode sentir alguma insegurança sobre a capacidade de atender às exigências. Mas não permita que isso comprometa o "bom astral" do dia de hoje. Apenas esteja preparado para algumas críticas e procure estar à altura delas. Não tenha atitudes irresponsáveis e tudo correrá bem.

Lua sextil Plutão

Este é um outro benéfico aspecto do céu de hoje. O encontro da Lua com Plutão promove um tempo de recuperação para qualquer assunto que esteja precisando de um novo vigor. Isto vale para as oportunidades também. Reina um clima de segunda chance no ar. Está pronto e disposto a transformar as coisas na sua vida de modo harmônico, sem conflitos.

Dia 21 de Novembro – Sexta-feira

Fase Lunar: Minguante
Lua no Signo: Escorpião – a partir das 19h24
Lua Fora de Curso: das 17h45 às 19h24

Aspectos Diários da Lua	Entrada	Exato	Saída
Lua sextil Vênus	02h43	08h04	13h24
Lua trígono Urano	12h53	17h45	22h35

Lua em Escorpião

Quando a Lua se encontra em Escorpião, você se sente bastante inclinado aos encontros e aventuras sexuais, pois há um forte clima de erotismo no ar. Ela traz também muita alteração de humor e tende a levar as coisas na base do "tudo ou nada". Há uma maior sensibilidade para ofensas e insultos. Discussões, conversas desafiadoras ou ultimatos podem ter conseqüências mais radicais e definitivas além do esperado.

Lua sextil Vênus

Este benéfico aspecto suaviza o humor e a radicalidade da Lua em Escorpião. Há uma predisposição para harmonia, o que favorece em muito os acordos e negociações. Se você pretende agendar um almoço de negócios, hoje é um ótimo dia para isso. Mas também é favorável para um almoço romântico! Estão beneficiados tanto os pedidos de aumento como os encontros mais ardorosos.

Lua trígono Urano

É um bom momento para testar a sua inventividade no modo de lidar com as situações. Este é um ótimo período para abandonar as coisas que já não servem mais e que o faz sentir que está "marcando passo". Não perca a oportunidade de se atualizar e de promover mudanças na sua vida! A ousadia e a criatividade sexual serão muito apreciadas no dia de hoje. Todos estão dispostos a experimentar algo novo.

Dia 22 de Novembro – Sábado

Fase Lunar: Minguante
Lua no Signo: Escorpião

Aspectos Diários da Lua	Entrada	Exato	Saída
Lua quadrado Netuno	07h42	12h29	17h15
Lua trígono Saturno	10h43	15h28	20h13
Lua sextil Júpiter	16h32	21h19	02h07 (23/11)
Lua trígono Marte	17h53	22h48	03h42 (23/11)

Lua quadrado Netuno

O humor pode estar especialmente instável nas primeiras horas da manhã. É um dia propício a perdas de objetos, a enganos com relação a prazos e muitos esquecimentos. É aconselhável prestar uma atenção extra a tudo que se faz. As coisas não funcionam como deveriam e pode haver atrasos e desvios. Problemas referentes a umidade, como vazamentos, infiltrações e mofo, estão ampliados.

Lua trígono Saturno

Aproveite o momento de sabedoria e bom senso para lidar com as emoções. Sente-se maduro emocionalmente e apto para lidar objetivamente com os sentimentos. Encontrará disciplina e determinação suficiente em si mesmo para buscar os objetivos. E está disposto a trabalhar e levar o tempo que for necessário para conseguir chegar aonde deseja.

Lua sextil Júpiter

Este aspecto promove expansão e ampliação dos vínculos. Se você está sozinho é provável que encontre parceria na noite de hoje. E com certeza escolherá alguém que trará muitos benefícios e que será responsável pelo seu crescimento em alguma área da vida. Se você já tem um relacionamento, a noite promete momentos de grande entusiasmo e compreensão. Definitivamente esse não é um dia para ficar em casa e se fechar!

Lua trígono Marte

A noite favorece as decisões e promete muita disposição para lidar com os desafios. Está disposto a lutar por aquilo que quer e a estimular os que estão à sua volta a fazer o mesmo. Relacionamentos que vinham esfriando podem ser bastante aquecidos agora. Não perca a oportunidade de ousar e de tomar a iniciativa. Tenha atitudes diretas e honestas, isso irá facilitar e encurtar as "negociações".

Dia 23 de Novembro – Domingo

Fase Lunar: Nova – a partir das 20h58
Lua no Signo: Sagitário – a partir das 19h03
Lua Fora de Curso: das 17h28 às 19h03
Lunação de Novembro – Lua nova
Lua nova às 20h58, horário de Brasília
Lua nova no signo de Sagitário em 01°14'
Duração até a próxima lunação: 08/12/2003

Aspectos Diários da Lua	Entrada	Exato	Saída
Lua quadrado Urano	12h44	17h28	22h12
Lua conjunção Sol	15h56	20h59	02h03 (24/11)

Lua em Sagitário

Quando a Lua está em Sagitário há um clima de entusiasmo, disseminação, abertura, otimismo. É um tempo de fartura. Vale a pena apostar em algo melhor. É também um ótimo momento para se aprofundar em algum conhecimento e para desafios intelectuais. Todos estão querendo tocar as coisas para a frente e buscando as melhores soluções para os problemas. Há uma sensação de possibilidade que faz com que ninguém recue diante dos obstáculos. É muito favorável à franqueza e beneficia as conquistas.

Lua quadrado Urano

O dia será agitado e pode se sentir inquieto e ansioso. Não é hora de pressionar ou exigir o comprometimento de ninguém. Todos se sentem de certo modo “sufocados” e com necessidade de respirar novos ares. Muitas coisas podem ser antecipadas e pegá-los ainda despreparados. Os sistemas automáticos e eletrônicos podem apresentar problemas. Melhor fazer *backups*.

Lua conjunção Sol

Com a entrada da Lua nova, você pode apostar nas coisas, mas não sabe ao certo o que vai colher. Nos próximos dias muita coisa vai ser revelada e esclarecida, mas ainda falta muita informação para se ter uma idéia clara das situações. Tudo ainda está em sua forma rudimentar e incipiente, a observação será a melhor conselheira. Há um estado geral de entusiasmo, renovação e esperança, mas ainda não pode avaliar os resultados, apesar da convicção de que novas chances possam surgir.

Lunação de Novembro
Fase Lunar: Nova em 23/11/2003 às 20h58, horário de Brasília
Lua no Signo: 01º 14’ de Sagitário
Eclipse Solar Total
Vigência: até o próximo eclipse solar, em 19/04/2004

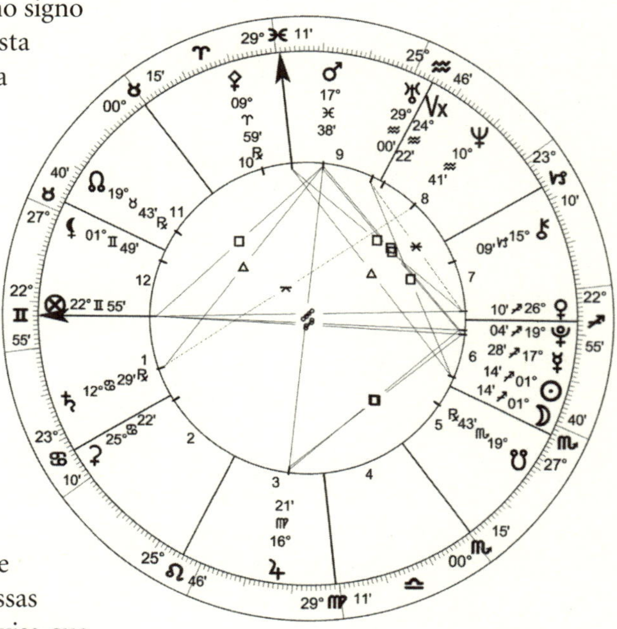

A presença de muitos planetas no signo de Sagitário, que se juntaram a esta lunação, cria uma atmosfera de certa ousadia e um espírito otimista e confiante. Sempre necessário quando se quer produzir qualquer tipo de desenvolvimento e avanço. Esta Lua nova de Sagitário centraliza toda a atenção na casa 6. O índice de empregos e as atividades geradoras de emprego são os temas de importância maior nesta Lua nova. Os setores ligados à saúde são outro ponto a ser claramente exposto neste momento. Uma desafiadora quadratura de Urano exige medidas renovadoras para todas essas áreas. Saturno, pousado na casa 1, avisa que tudo que foi feito de maneira cautelosa, realista e bem planejada está maduro para dar bons frutos. Muito pode ser viabilizado e realizado agora.

A Lua nova de Sagitário instiga-o a pensar grande e a conquistar suas metas com espírito de aventura e confiança próprios de quem tem certeza de alcançá-las. O eclipse solar total ocorre na Lua nova quando o Sol e a Lua estão no mesmo signo e a Lua oculta o Sol. Este eclipse afeta principalmente as pessoas nascidas no primeiro decanato dos signos de Sagitário e Gêmeos e de Virgem e Peixes.

O eclipse solar provoca um confronto entre passado, presente e futuro, mas é o passado que deve prevalecer. Dominará a memória e as influências do passado. Lembranças de velhos assuntos, de problemas e sentimentos voltam a ocupar a sua mente. Hábitos e reflexos condicionados ganham força e fica mais difícil rompê-los. As correntes que defendem a tradição ganham destaque neste período, e movimentos que pareciam deslocados da História voltam à cena. As pessoas tendem a se sentir mais consoladas e confiantes pelos valores já conhecidos e até surrados. O passado, neste momento, sem dúvida oferece mais conforto. Onde o presente não oferece solução melhor e o futuro parece se esquivar, as experiências bem-sucedidas e realizações que vingaram no passado podem ser reaproveitadas.

No eclipse solar o presente é o árbitro que julga e corrige os erros do passado. O que for relevante para o presente será perpetuado e utilizado como reserva de experiência. Nos eclipses solares, como o Sol é parcial ou totalmente ocultado, é a vitalidade que pode ser mais intensamente afetada. Como o Sol também representa a luz da consciência, a clareza e capacidade de julgamento podem estar prejudicadas. Avaliações feitas neste período serão incompletas e distorcidas. As decisões raramente serão corretas e sábias, pois não vê as coisas sob uma perspectiva ampla e objetiva.

DIA 24 DE NOVEMBRO – SEGUNDA-FEIRA

Fase Lunar: Nova
Lua no Signo: Sagitário

ASPECTOS DIÁRIOS DA LUA	ENTRADA	EXATO	SAÍDA
Lua sextil Netuno	07h10	11h54	16h38
Lua quadrado Júpiter	16h14	21h00	01h47 (25/11)
Lua quadrado Marte	18h50	23h45	04h40 (25/11)
Lua conjunção Mercúrio	20h03	01h11 (25/11)	05h58 (25/11)
Lua conjunção Plutão	20h26	01h18 (25/11)	06h33 (25/11)

Lua sextil Netuno

Este aspecto dominará o período da manhã até o meio da tarde, quando então entrarão combinações mais difíceis. Aproveite a inspiração e a leveza de ânimos que ele proporciona para colocar em andamento alguns sonhos que você vem alimentando. É um momento muito propício ao planejamento de viagens. Este aspecto favorece todo tipo de ajudas anônimas e de coincidências meio "mágicas".

Lua quadrado Júpiter

A quadratura da Lua com o regente de Sagitário pode significar uma superestimação das possibilidades e uma necessidade quase pueril de se aventurar de forma irresponsável. Exige dos outros uma compreensão e disponibilidade inviáveis. Este aspecto costuma comprometer o humor e causar exaltações. Cuide para não dar uma de "dono da verdade".

Lua quadrado Marte

Este é um aspecto de risco. É preciso ter cuidado na hora de avaliar as armas de que dispõe para enfrentar as situações. Elas podem não ser as apropriadas. Para abater um passarinho não é preciso um tiro de canhão! Todos estão mais arrogantes e dispostos a criar confusão por muito pouca coisa. Forte tendência a precipitação.

Lua conjunção Mercúrio

No fim da noite pode estar com as idéias mais claras e com maior facilidade de negociar seus pontos de vista e esclarecer as situações. É um bom momento para encontrar as soluções para alguns impedimentos. Está mais inventivo e tem capacidade de analisar os diversos lados de uma questão. É favorável para pequenas viagens.

Lua conjunção Plutão

Este aspecto favorece o magnetismo e a determinação. Encontra internamente a força necessária para se lançar em projetos mais grandiosos. Pode revelar algum potencial oculto e forças misteriosas parecem estar trabalhando a seu favor.

DIA 25 DE NOVEMBRO – TERÇA-FEIRA

Fase Lunar: Nova
Lua no Signo: Capricórnio – a partir das 18h32
Lua Fora de Curso: das 16h58 às 18h32

ASPECTOS DIÁRIOS DA LUA	ENTRADA	EXATO	SAÍDA
Lua conjunção Vênus	10h44	15h57	21h11
Lua sextil Urano	12h10	16h58	21h47

Lua em Capricórnio

A Lua em Capricórnio marca um período de pragmatismo e objetividade em todos os assuntos. Sente que não tem tempo a perder e se preocupa com questões como segurança, carreira e status. Os profissionais de melhor nível são mais procurados durante esses dias. Exige competência e capacitação. Costuma fazer uma avaliação prática dos objetivos e dos recursos de que dispõe. Vizualiza as coisas como realmente são, não abre espaço para fantasias ou ilusões.

Lua conjunção Vênus

Este é um aspecto de ganhos e benefícios. O espírito geral é de amabilidade e gentileza, o que facilita todos os tipos de negociação. Todos estão mais dispostos a cooperar. Este é um período de grande produtividade – o bom humor e a cordialidade se associam à determinação, fazendo as coisas fluírem de um modo ameno e agradável. Invista na sua imagem pública. Procure estar com as pessoas que possam favorecer a sua carreira em situações mais informais.

Lua sextil Urano

Aproveite o clima de produtividade do momento para abrir novas frentes. Hoje é um daqueles dias em que fazer duas ou mais coisas ao mesmo tempo pode render mais e conseguir melhores resultados no final. Pequenos intervalos ou interrupções nas tarefas podem trazer agradáveis surpresas ou ajudá-lo a executar melhor o que estava fazendo. Uma boa idéia pode surgir numa pausa para um café.

Dia 26 de Novembro – Quarta-feira

Fase Lunar: Nova
Lua no Signo: Capricórnio

Aspectos Diários da Lua	Entrada	Exato	Saída
Lua oposição Saturno	09h36	14h28	19h21
Lua trígono Júpiter	16h39	21h37	02h36 (27/11)
Lua sextil Marte	20h45	01h52 (27/11)	07h02 (27/11)

Lua oposição Saturno

Hoje é um bom dia para buscar aconselhamento com profissionais ou pessoas que já passaram pelo que você está passando em qualquer setor. É provável que você não esteja enxergando as alternativas e alguém de fora poderá ver as coisas com maior nitidez. Não se detenha diante das impossibilidades. Assuma a responsabilidade que lhe cabe e procure se aprimorar e sanar as faltas ou defeitos.

Lua trígono Júpiter

Com a entrada desta benéfica combinação planetária no meio da tarde, o clima fica menos tenso e pode encontrar novamente ânimo e renovar sua fé nas possibilidades que a vida oferece. Seja o mais ético possível em todos os assuntos; isto renderá benefícios. Tudo deve ser feito com dignidade e correção. Um novo horizonte poderá se descortinar.

Lua sextil Marte

À noite haverá grande dinamismo e disposição para resolver todos os assuntos. As coisas saem com rapidez, sem atrasos ou impedimentos. As pessoas estão mais resolutas e dispostas a tomar as atitudes necessárias para dar andamento às situações. Uma avaliação prática a respeito da sua força e coragem para enfrentar os desafios pode favorecer as iniciativas mais acertadas e frutíferas. Ótimo momento para lançamentos, inaugurações, competições e conquistas.

Dia 27 de Novembro – Quinta-feira

Fase Lunar: Nova
Lua no Signo: Aquário – a partir das 19h48
Lua Fora de Curso: de 01h52 às 19h48

Aspectos Diários da Lua	Entrada	Exato	Saída
Lua sextil Sol	23h53	05h24 (28/11)	10h58 (28/11)

Lua em Aquário

A Lua em Aquário promove um tempo em que todos estão voltados para questões mais abrangentes que digam respeito a assuntos comunitários. Estão mais gregários, mais sociáveis e menos egocêntricos. Questões pessoais não são muito relevantes nesse momento. Estão com uma visão mais abrangente e tem facilidade de manter a distância necessária para avaliar as situações de modo imparcial. Não está afeito a chantagens emocionais, nem a muitas manifestações de carinho ou proximidade. Sente-se pressionado com qualquer cobrança. O público está mais aberto a novidades e de modo geral menos conservador ou preconceituoso. Se você tem um projeto, um produto ou idéia que tenha elementos originais, é o melhor momento para lançá-lo com alto índice de aceitação.

Lua sextil Sol

Esta combinação dos dois luminares (Sol e Lua) é bastante benéfica e favorece, acima de tudo, a disposição e a vitalidade. Sente-se bem-disposto para buscar aquilo que oferece as melhores soluções, pois tem bastante clareza sobre os objetivos. Sente que há uma integração entre razão e emoção. Os relacionamentos estão bastante protegidos, pois reina uma maior harmonia e capacidade de aceitação entre os pares. É muito favorável para se distribuir tarefas de modo que cada um atue segundo a sua posição e competência. É hora de valorizar as diferenças e usá-las de modo favorável.

Dia 28 de Novembro – Sexta-feira

Fase Lunar: Nova
Lua no Signo: Aquário

Aspectos Diários da Lua	Entrada	Exato	Saída
Lua conjunção Netuno	09h04	14h16	19h30
Lua sextil Plutão	23h50	05h09 (29/11)	10h30 (29/11)

Lua conjunção Netuno

Use essa sutil combinação planetária para ver as coisas de modo mais requintado. O dia de hoje tem um potencial de encantamento que não deve ser negligenciado. Vale a pena dedicar algumas horas a atividades menos práticas e rotineiras. Conquiste as oportunidades, crie um "clima" envolvente que favoreça o assunto que você deseja tratar. É provável que aconteçam coisas que você não saiba explicar.

Lua sextil Plutão

Aproveite o desapego do momento para se libertar de ressentimentos, raivas e controles. Se você está em uma situação em que se sente negligenciado ou abandonado, aproveite a noite para recuperar interna e silenciosamente o seu poder. Talvez seja um bom momento para você se afastar.

Dia 29 de Novembro – Sábado

Fase Lunar: Nova
Lua no Signo: Aquário
Lua Fora de Curso: Início – às 22h47

Aspectos Diários da Lua	Entrada	Exato	Saída
Lua sextil Mercúrio	10h47	16h47	22h51
Lua conjunção Urano	17h20	22h47	04h15 (30/11)

Lua sextil Mercúrio

Este aspecto favorece um raciocínio rápido e lógico. Os assuntos científicos e as argumentações racionais estão extremamente beneficiados no período. A inventividade de Aquário aliada à destreza de

Mercúrio pode tornar mais ágil o funcionamento do dia. Não deixe de aproveitar a facilidade de comunicação, de fazer contatos e o grande espírito de abertura do dia de hoje.

Lua conjunção Urano

No último minuto as coisas ainda podem virar. Tudo se move com muita rapidez. Não feche a porta para o inesperado, boas surpresas podem acontecer. Campanhas ou projetos comunitários têm todas as chances de sucesso hoje.

Dia 30 de Novembro – Domingo

Fase Lunar: Crescente – a partir das 15h16
Lua no Signo: Peixes – a partir das 00h26
Lua Fora de Curso: Término – à 00h26

Aspectos Diários da Lua	Entrada	Exato	Saída
Lua sextil Vênus	02h01	08h05	14h12
Lua quadrado Sol	09h15	15h16	21h20
Lua trígono Saturno	17h10	22h44	04h21 (01/12)

Lua em Peixes

A Lua transitando pelo signo de Peixes traz à tona fantasias e tende a buscar um sentido maior em tudo o que faz. É tempo de maior introspecção e recolhimento. As artes de modo geral ficam favorecidas no período porque todos buscam formas mais sutis de expressão. Reina um sentimento de compaixão. Tem maior facilidade de abrir mão do que possui e de oferecer sacrifícios. É preciso cuidado porque facilmente assume papel de vítima.

Lua sextil Vênus

O senso estético e a sensibilidade para a beleza estão particularmente estimulados. Procure estar entre pessoas afetuosas e delicadas, pois todos estão mais sensíveis. Aproveite a manhã fazendo algo de que realmente goste e que alimente a sua alma. Não desperdice esse momento favorável do dia.

Lua quadrado Sol

Tem de fazer um esforço maior para esclarecer as situações, pois há tendência a deixar as coisas no ar, o que provoca graves mal-entendidos. Principalmente à tarde, um sentimento de descontentamento e certa melancolia podem invadi-lo. Tudo está muito vulnerável, pois tanto as chances quanto os obstáculos se apresentam. Deve fazer um esforço extra para não ser reticente e nem permitir que sejam com você. Há uma baixa de energia que pode predispor ao surgimento de algumas doenças ou mal-estares.

Lua trígono Saturno

Este aspecto será muito bem-vindo com a entrada da Lua em sua fase crescente. Ele permite que encare os limites de modo maduro e favorece a avaliação sensata das suas genuínas possibilidades. É hora de concentrar os esforços. Nada de atirar em todas as direções para não dissipar as forças. Faça um levantamento imparcial dos seus planos. Abandone aqueles que não produzem bons rendimentos.

CALENDÁRIO LUNAR DE

Dezembro

dom	seg	ter	qua	qui	sex	sáb
	1 CRESCENTE lua PEI	2 CRESCENTE lua ARI 08h57	3 CRESCENTE lua ARI	4 CRESCENTE lua TOU 20h31	5 CRESCENTE lua TOU	6 CRESCENTE lua TOU
7 CRESCENTE 17h51 lua GEM 09h27	8 CHEIA 18h36 lua GEM	9 CHEIA lua CAN 22h12	10 CHEIA lua CAN	11 CHEIA lua CAN	12 CHEIA lua LEO 09h41	13 CHEIA lua LEO
14 CHEIA lua VIR 19h07	15 CHEIA lua VIR	16 MINGUANTE 15h41 lua VIR	17 MINGUANTE lua LIB 01h47	18 MINGUANTE lua LIB	19 MINGUANTE lua ESC 05h20	20 MINGUANTE lua ESC
21 MINGUANTE lua SAG 06h16	22 MINGUANTE lua SAG	23 NOVA 07h43 lua CAP 05h56	24 NOVA lua CAP	25 NOVA lua AQU 06h14	26 NOVA lua AQU	27 NOVA lua PEI 09h10
28 NOVA lua PEI	29 NOVA lua ARI 16h09	30 CRESCENTE 08h03 lua ARI	31 CRESCENTE lua ARI			

Céu do Mês

O Sol brilhando nas cores fortes do fogo – em Sagitário – aumenta a alegria de viver, a confiança e o faz mirar horizontes mais amplos e metas mais altas. Este signo sempre recompensa comportamentos éticos e atitudes positivas. Experimente-os! Na primeira semana de dezembro, Netuno ensaia com o Sol uma fascinante coreografia. Tudo lhe parecerá abençoado. O acaso, o destino, a sorte, a Providência – todos estão de plantão para conduzir a sua vida da maneira mais mágica possível. Alguns sonhos se mostrarão possíveis. Esta influência também convida-o a somar forças e trabalhar em benefício de um bem-estar comum. Todo mundo está mais bonzinho. Na segunda semana, Júpiter provoca o Sol num desarmonioso contato. Desejar mais do que se tem... tentar mais do que se pode... assumir mais do que se tem capacidade serão erros a ser evitados neste período. O mundo não acaba amanhã... não precisa *abraçá-lo* num único gesto. No mesmo período, Plutão cola no Sol e só complica as coisas. Questões sérias de poder vão estar em evidência. Quem manda mais e quem manda em quem será a tônica da semana. Situações que não estavam bem resolvidas e vinham sendo tratadas com paliativos exigirão medidas contundentes. Evite se expor em ambientes predispostos à violência. Urano vem propor soluções criativas e alternativas surpreendentes para toda essa tensão, entre os dias 19 e 22. No dia 23, o Sol já em Capricórnio quer saber de disciplina, autocontrole, procedimentos maduros e mais produtividade. *Pé no freio e pé no chão* são os lemas deste realista signo da Terra.

Junto com Mercúrio – também no signo de Capricórnio – é conduzido a pensar e enxergar as medidas mais práticas e rentáveis possíveis para qualquer situação. Lembre-se: este é um signo econômico, que detesta perder tempo. Também a partir do dia 23, Marte – agora já no signo de Áries – vem *botar lenha na fogueira.* Uma sensação de emergência, pressa, nos enche de ansiedade e nos lembra de que o ano está acabando e que precisamos acelerar para concluir o que falta. É uma correria só. Aliás, como todo final de ano... Mais do que nunca... não deixe tudo para última hora. Saturno também se junta ao Sol em uma tensa oposição. Se fizer um balanço do ano talvez tenha a sensação de que não cumpriu tudo que planejou. Não é para se preocupar... é para planejar melhor, mais eficiente e realisticamente os planos para o próximo ano. Mercúrio em Capricórnio – desde o dia 3 de dezembro até o dia 30 – põe-lhe bastante juízo na cabeça e o faz concentrar-se em idéias do tamanho da realidade. Assim poderá executá-las. Tudo muito na ponta do lápis. É o lema deste signo. Mercúrio recebe uma ajudazinha de Vênus na primeira semana do mês, tornando mais ágeis negócios e facilitando o trato com dinheiro. Relacionamentos baseados em forte afinidade mental e bom diálogo se aproximam ainda mais.

Uma oposição de Saturno entre os dias 11 e 17 dificulta mais o trânsito, que, nesta época do ano, já não é dos melhores. Pequenas tarefas consomem um tempo enorme. Pequenos detalhes só surgem para atrasar ainda mais as coisas. Balanços, pagamentos, papéis, licenças, certificados e todo trato com a burocracia estão emperrados. Pelo visto, o comércio, sempre tão pródigo no final do ano, só vai aquecer na segunda metade do mês.

Do dia 18 até 6 de janeiro de 2004, Mercúrio, em movimento retrógrado, complica ainda mais o trânsito, os meios de comunicação, correio e a transmissão de informação já congestionados nesta época. Não deixe compra de passagens, reserva de hotéis ou viagens para a última hora.

Mercúrio e Marte sofrem um confronto entre os dias 26 e 29. Ânimos exaltados, impaciência, pressa, decisões precipitadas são típicas manifestações desta inquieta combinação astrológica. Evite pessoas e atividades que normalmente já o irritam. Calor... congestionamentos... lugares cheios... longas esperas... acrescente o que quiser a esta lista!

Vênus, também em Capricórnio até o dia 21, sofre uma oposição de Saturno na segunda semana do mês. Com esta dupla não se deve gastar sem antes ter feito uma rigorosa seleção e planejamento do quanto tem... do quanto pode... Responsabilidade e dinheiro caminham juntos quando está sob essa dura influência celeste. Um amor que não vem dando provas de futuro e de compromisso sério pode ter o seu tempo esgotado.

Júpiter vem ao encalço de Vênus a partir do dia 9 até o dia 16, para dar um pouco de alegria a este mês festivo. Comemorações, prazeres, flertes, presentes, brindes e declarações de quanto você gosta de alguém e alguém de você são a marca desta generosa dupla. Ofertas interessantes do mercado tornam acessíveis alguns sonhos de consumo. Se faça feliz! Do dia 22 até o final do mês,Vênus, no signo de Aquário, tira um pouco a exigência de seriedade e podemos assim conhecer gente nova, curtir um pouco... sem muito compromisso. Pode também pensar para o próximo ano formas diferentes e muito criativas de fazer dinheiro.

Marte, totalmente afinado com Vênus desde o dia 23, confirma o clima de romance, sedução e erotismo no ar. Algum dinheiro que estava esperando ainda pode sair nesta última semana do ano. Os negócios não cessaram. Nos últimos dias do mês, Netuno e Vênus convidam-no a esquecer de tudo e simplesmente sonhar e imaginar tudo que idealmente queira e se deixe extasiar com essas imagens.

Marte em Peixes até o dia 16 ainda lhe sugere agir de maneira mais sinuosa do que direta. Muitos de seus objetivos têm sido conquistados justamente por causa dessas ações que aproveitam o fluxo das coisas e não forçam a barra. Mas, a partir do dia 17, Marte entra com toda força em seu domicílio no signo de Áries. Aí é para ser mesmo ativo, empreendedor, ousado e fazer as coisas acontecerem. Aqui quem espera não alcança! Nos dois últimos dias do ano, Saturno impõe a Marte um ritmo de desaceleração. Afinal, é fim de ano. Não vai mesmo conseguir realizar muito mais. E tampouco na primeira semana do próximo ano.

Feliz Ano-Novo!!!!!!!!!

DIA 1 DE DEZEMBRO – SEGUNDA-FEIRA

Fase Lunar: Crescente
Lua no Signo: Peixes

ASPECTOS DIÁRIOS DA LUA	ENTRADA	EXATO	SAÍDA
Lua oposição Júpiter	02h36	08h19	14h03
Lua quadrado Plutão	06h45	12h28	18h12
Lua conjunção Marte	11h02	17h00	23h01

LUA OPOSIÇÃO JÚPITER

Durante a manhã será preciso pôr alguns limites. Está com tendência a exagerar e dispersar energia. É aconselhável fazer atividades que promovam uma sensação de liberdade. Mas não se aventure demais por caminhos desconhecidos. Cuidado para não fazer gastos excessivos contando com receitas futuras que podem não ocorrer.

Lua quadrado Plutão

Este é um aspecto difícil. Procure estar entre pessoas que você confia e com as quais se sente acolhido. Não é o momento de enfrentar as crises ou situações mais agudas. Poupe-se, mantenha-se de algum modo à parte dos conflitos. Faça coisas que lhe ofereçam conforto e paz de espírito.

Lua conjunção Marte

Algumas decisões tomadas por impulso podem ser bastante acertadas. Elas podem desencadear acontecimentos favoráveis e liberar processos que estavam emperrados ou sem solução. Tome iniciativas sem esperar por um pedido ou por uma ordem. Hoje os lugares abertos e amplos terão maior preferência. Encontros marcados de última hora ou inesperados estão favorecidos.

DIA 2 DEZEMBRO – TERÇA-FEIRA

Fase Lunar: Crescente
Lua no Signo: Áries – a partir das 08h57
Lua Fora de Curso: das 07h40 às 08h57

ASPECTOS DIÁRIOS DA LUA	ENTRADA	EXATO	SAÍDA
Lua quadrado Mercúrio	01h10	07h40	14h13
Lua quadrado Vênus	16h59	23h32	06h08 (03/12)
Lua trígono Sol	23h31	05h58 (03/12)	12h13 (03/12)

Lua em Áries

Quando a Lua se encontra em Áries, de um modo geral você fica mais ousado e corajoso. Está disposto a agir e a tomar as providências necessárias para resolver as situações. E também mais impaciente com indecisões e adiamentos. Emocionalmente mais ousado e também mais infantil. Há uma preferência geral por investimentos de resultados rápidos e de algum risco. Todos estão mais estimulados para começar novos empreendimentos.

Lua quadrado Mercúrio

Pela manhã, pode haver alguns desentendimentos com vizinhos, irmãos ou pessoas próximas. Procure não se expor a fofocas. Concentração em baixa. Dificuldade de levar as tarefas até o fim; provavelmente haverá muita interrupção e desvios. Não é um bom dia para fazer comunicados. As ordens podem não ser bem entendidas e acabar agindo de modo incorreto. Procure prevenir-se sendo compreensivo.

Lua quadrado Vênus

A impaciência da Lua em Áries aliada a essa combinação com Vênus pode levar a muita precipitação nos relacionamentos. Quer resolver logo e rápido todas as questões e pode fazer abordagens totalmente inconvenientes. Melhor pensar um pouco antes de encostar alguém na parede. Está mais indelicado e não há um clima afetuoso e receptivo. Muito cuidado na hora de comprar. A tendência é gastar por impulso com coisas que não têm nada a ver com você e que vão se transformar em um verdadeiro "elefante branco"!

Lua trígono Sol

No fim da noite, este aspecto será responsável por um grande bem-estar. Ótimo momento para os relacionamentos, principalmente os que estavam "incubados", que podem se concretizar no momento. Tem maior clareza sobre o que quer e assim tudo parece fluir com mais facilidade.

Dia 3 de Dezembro – Quarta-feira

Fase Lunar: Crescente
Lua no Signo: Áries

Aspectos Diários da Lua	Entrada	Exato	Saída
Lua sextil Netuno	00h20	06h16	12h27
Lua quadrado Saturno	02h27	08h21	14h17
Lua trígono Plutão	17h18	23h18	05h20 (04/12)

Lua sextil Netuno

Momento favorável para o contato com as artes e para os profissionais deste assunto. Este aspecto promete ajudas. Favorece as coincidências agradáveis e causa um aumento da crença nas possibilidades que a vida oferece. Atitudes menos egoístas e projetos ou produtos que visem beneficiar um grande número de pessoas estão favorecidos no momento.

Lua quadrado Saturno

Alguns obstáculos podem se colocar no seu caminho. A tendência geral é de paralisação. Trabalhe com o mínimo necessário, reduza tudo ao que é essencial, pois, assim, você consegue administrar melhor. Não tenha medo de errar. Os erros podem ser grandes aliados no caminho do acerto.

Lua trígono Plutão

À noite todos estarão com disposição para solucionar as questões pendentes e eliminar o que for inútil. Este aspecto favorece as transformações. Tem coragem para tomar decisões e pôr ponto final nas situações. Está mais autônomo, capaz de caminhar com seus próprios pés e não tem medo de enfrentar os obstáculos que possam surgir. Se você deseja recuperar algo que tenha perdido, seja um emprego, um objeto, uma pessoa ou até mesmo um estado de espírito, não fique parado. É hora de agir.

Dia 4 de Dezembro – Quinta-feira

Fase Lunar: Crescente
Lua no Signo: Touro – a partir das 20h31
Lua Fora de Curso: das 18h 53 às 20h31

Aspectos Diários da Lua	Entrada	Exato	Saída
Lua sextil Urano	12h49	18h53	00h57 (05/12)
Lua trígono Mercúrio	19h39	02h26	09h12 (05/12)

Lua em Touro

A Lua em Touro favorece o bem-estar, o conforto e a segurança. Está mais teimoso, mas também muito mais firme e confiável. É um ótimo momento para dar continuidade às coisas começadas e para fazer a manutenção daquilo que possui. Os relacionamentos são favorecidos pela disposição para a estabilidade emocional. Financeiramente também está mais estável e preferindo todos os artigos e serviços que ofereçam maior garantia.

Lua sextil Urano

Todos estão mais receptivos a novidades em todos os setores. Está acolhendo o novo com o objetivo de melhorar o que já possui. Este é um ótimo período para fazer *up grades* em todos os sentidos! Atitudes mais originais podem ser extremamente favoráveis. É um bom momento para o lançamento de novos produtos no mercado de gêneros alimentícios. A inventividade e a criatividade estarão trabalhando a seu favor.

Lua trígono Mercúrio

Este encontro planetário favorece a retórica, a expressão das idéias e os sentimentos. É provável que você esteja de tal modo otimista, positivo e seguro que conseguirá convencer a mais pragmática e pessimista das criaturas a investir em algum projeto grandioso... ou, quem sabe, a investir em você!

Dia 5 de Dezembro – Sexta-feira

Fase Lunar: Crescente
Lua no Signo: Touro

Aspectos Diários da Lua	Entrada	Exato	Saída
Lua trígono Vênus	11h51	18h39	00h46 (06/12)
Lua quadrado Netuno	12h33	18h40	01h28 (06/12)
Lua sextil Saturno	14h18	20h21	02h25 (06/12)

Lua trígono Vênus

O dia será envolvido em um clima de disponibilidade amorosa que irá provocar mais intimidade entre as pessoas. Problemas de origem psicossomática tendem a desaparecer em função da disposição agradável do período. Atitudes e gestos que demonstrem atenção, cuidado e preocupação com o bem-estar do outro serão observados e beneficiados.

Lua quadrado Netuno

Procure estar em contato com pessoas nas quais confie e com as quais tenha laços mais profundos. É aconselhável tentar resguardar-se de experiências que possam ser traumáticas afetivamente. As relações unilaterais, sejam de que tipo for (amorosas, familiares ou até mesmo profissionais), tendem a não se sustentar nesse momento.

Lua sextil Saturno

Excelente momento para estabilizar as uniões. Está mais inclinado a se comprometer com as pessoas que ama. Faz escolhas confiáveis, sensatas e rentáveis. E investimentos seguros a longo prazo. Está disposto a tomar as providências necessárias para manter na vida tudo o que lhe dá prazer e conforto.

Dia 6 de Dezembro – Sábado

Fase Lunar: Crescente
Lua no Signo: Touro

Aspectos Diários da Lua	Entrada	Exato	Saída
Lua trígono Júpiter	02h06	07h38	13h112
Lua sextil Marte	04h48	10h25	16h05

Lua trígono Júpiter

Este é um aspecto benéfico em todos os sentidos. As relações com o estrangeiro estão grandemente favorecidas e não deve pensar duas vezes antes de decidir qualquer assunto que prometa crescimento ou expansão. Está com excelente capacidade de julgamento das situações. É um bom momento para consolidar romances platônicos. Devemos ter atitudes mais grandiosas e generosas nos relacionamentos.

Lua sextil Marte

Confie na sua capacidade de encontrar as soluções que tenham o menor custo com um maior benefício. Este é um aspecto que favorece as iniciativas. Mostrar-se disposto a enfrentar os obstáculos pode causar muito bem-estar e trazer favorecimentos. Pode agir de modo bastante acertado e não deve ter medo das conseqüências. É um excelente momento para marcar o seu território e defender o que é seu.

Dia 7 de Dezembro – Domingo

Fase Lunar: Crescente
Lua no Signo: Gêmeos
Lua Fora de Curso: das 07h56 às 09h27

Aspectos Diários da Lua	Entrada	Exato	Saída
Lua quadrado Urano	02h06	07h38	13h112

Lua em Gêmeos

Quando a Lua se encontra no signo de Gêmeos, torna-se mentalmente mais ativo e versátel. Consegue cruzar dados, buscar informações com grande facilidade. Fazer contatos, interagir com os que o cercam está favorecido no período. Está mais disposto a conhecer pessoas. Todos querem estar mais informados e têm maior necessidade de circular e trocar conhecimentos no ambiente. O comércio e a imprensa ganham também muita agilidade. Nos relacionamentos, as conversas estão beneficiadas. Não está especificamente sedutor, mas com certeza é companhia muito agradável e divertida.

Lua quadrado Urano

O dia será marcado pela combinação da Lua com Urano, o que pode torná-lo ávido por viver momentos divertidos e diferentes da rotina. No entanto há tendência a cometer excessos nessa busca por novidade. Este é um aspecto de ansiedade e agitação. Não ponha tudo a perder por uma impaciência momentânea. Tente colocar-se de um ponto de vista eqüidistante em relação a todos os seus interesses. Procure incluir alternativas e não ultrapasse os limites do bom senso.

Dia 8 de Dezembro – Segunda-feira

Fase Lunar: Cheia – a partir das 18h36
Lua no Signo: Gêmeos
Lunação de Dezembro – Lua cheia
Lua cheia às 18h36, horário de Brasília
Lua cheia no signo de Gêmeos em 16°13'
Duração até a próxima lunação: 23/12/2003

Aspectos Diários da Lua	Entrada	Exato	Saída
Lua trígono Netuno	01h42	07h48	13h54
Lua oposição Sol	11h59	18h38	01h16
Lua quadrado Júpiter	15h34	21h41	03h48 (09/12)
Lua oposição Plutão	19h14	01h19	07h24 (09/12)

Lua trígono Netuno

Escritores, jornalistas e todos aqueles que lidam com as palavras serão especialmente beneficiados por esta combinação que promete muita inspiração e criatividade. Também está favorecido o mercado de artes em geral. Produtos, negócios e ambientes que possuam alguma ligação com o mar serão preferidos na manhã de hoje e é provável que a praia esteja cheia no período. Terá vontade de estar mais perto da orla, o que promete encontros e momentos agradáveis nessa paisagem. Anote os eventuais sonhos da noite.

Lua oposição Sol

Há maior dificuldade em estabelecer um consenso sobre qualquer coisa. Não deve provocar o estado emocional de ninguém porque as reações podem ser um tanto inesperadas. Torna-se facilmente ressentido com as pessoas que não correspondem aos seus afetos e que não colaboram do modo que esperava. Há também mais preocupação com a reciprocidade quando a Lua e o Sol se encontram em oposição.

Lua quadrado Júpiter

À tarde, você estará mais arrebatado e aventureiro, porém isso pode causar alguns problemas. Deve tentar combater a ansiedade e tomar cuidado para não "sair do tom" tendo uma postura exagerada. Todos estarão mais insaciáveis e querendo explorar todas as possibilidades.

Lua oposição Plutão

Não confie demais nas pessoas, mantenha alguma reserva. O momento é propício a pequenos infortúnios; não facilite, não se exponha nem dê oportunidade para isso acontecer. Alguns segredos que mantinha muito bem guardados podem ser revelados durante este período. "Não cutuque a onça com vara curta", você pode encontrar fortes oponentes e se surpreender com algumas reações rancorosas.

Lunação de Dezembro

Fase Lunar: Cheia em 08/12/2003 às 18h36, horário de Brasília

Lua no signo: 16º 20' de Gêmeos

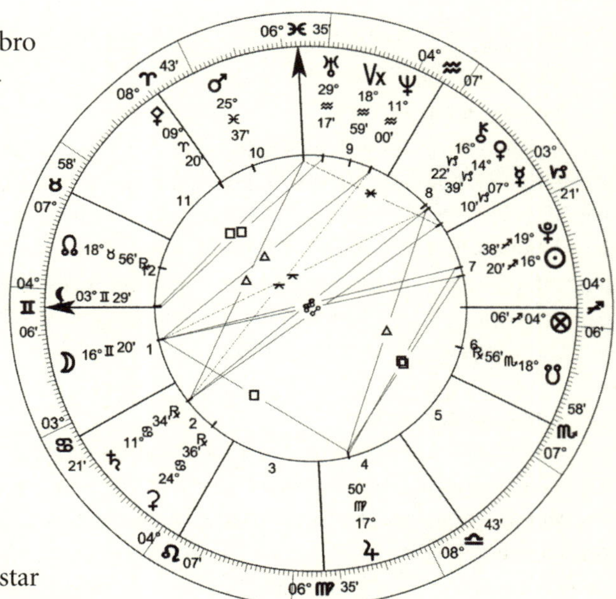

O mapa da Lua cheia de dezembro devolve a ênfase para a área das alianças, associações e relacionamentos em geral, quando coloca o Sol em Sagitário na casa 7 e a Lua em Gêmeos na 1. A proximidade de Plutão a esta lunação anuncia que as coisas neste setor não estão nada fáceis. Para começar, não é um período protegido para se casar ou formalizar compromissos. É uma energia muito tensa para isto. Quanto às alianças políticas, comerciais, empresariais e os relacionamentos com os países vizinhos... bem, esses parecem estar enfrentando uma crise de disputa de poder. Alguns expurgos e "fins de caso" devem ocorrer. O desafio de uma quadratura desta lunação com Júpiter – na casa 4 – indica que boa parte dessa crise pode estar centrada no setor agrário, habitacional e na tão necessária reforma que parece que nunca chega.

Saturno na casa 2 em oposição a Vênus e Mercúrio na casa 8 anuncia que o dinheiro quase não dá e pede de novo cortes, enxugamentos e austeridade. De novo, o bom julgamento do que é prioritário e fundamental. Apesar deste quadro, o Poder Executivo mostra sinais de liderança e agilidade com a presença de Marte na casa 10. Para os nascidos no signo de Sagitário, é um bom momento para equilibrarem suas vidas e relacionamentos. A sua típica tendência de buscar sempre metas grandiosas e distantes pode ser equilibrada pela curiosidade de os geminianos se interessarem e encontrarem um mar de oportunidades ali na esquina. Bem ao alcance das mãos. Equilibrar um conhecimento mais formal e elevado, próprio dos sagitarianos, com a coleta de informações e dados, próprio dos geminianos, é o que vai propiciar um resultado inteligente nesta Lua cheia.

Todos podem aproveitar a Lua cheia no signo de Gêmeos para estimular em si as qualidades deste signo: inteligência, adaptabilidade, perspicácia, flexibilidade e o amor pelas idéias e pelas palavras.

Dia 9 de Dezembro – Terça-feira

Fase Lunar: Cheia
Lua no Signo: Câncer – a partir das 22h12
Lua Fora de Curso: das 20h49 às 22h12

Aspectos Diários da Lua	Entrada	Exato	Saída
Lua quadrado Marte	07h58	14h19	20h39
Lua trígono Urano	14h46	20h49	02h51 (10/12)

Lua em Câncer

Durante a passagem da Lua pelo signo de Câncer, receber em casa, cozinhar e dedicar-se à vida doméstica criando uma atmosfera de acolhimento e intimidade é muito prazeroso. Todos estão mais voltados para o que é familiar e conhecido. Tem também necessidade de sentir o amparo das relações mais pessoais. Fica mais emotivo e sensibilizado por lembranças. Parece-lhe indispensável rever e reviver algumas emoções ou situações. Os relacionamentos mais antigos que possuem alto índice de familiaridade estão protegidos no momento. Feiras de antiguidades, brechós, assim como bairros antigos, pequenos vilarejos repletos de história serão muito visitados.

Lua quadrado Marte

Não tome decisões pela manhã. Está se sentindo atingido por qualquer motivo e muito vulnerável à hostilidade alheia. As coisas de última hora não serão bem-sucedidas. Melhor trabalhar com uma margem de tempo. Suas reações instintivas estão um tanto caóticas e pode tomar atitudes bastante inconvenientes.

Lua trígono Urano

Às vezes o melhor modo de sair de uma crise ou situação difícil é planejando algo para o futuro e abrindo espaço para novos projetos. Compre algum aparelho doméstico novo, um lançamento no mercado. Não deixe de aproveitar a oportunidade de trazer algo diferente para a sua vida. É um bom dia para convidar alguém a ir pela primeira vez a sua casa. Contar a sua vida para alguém que ainda não tem muita intimidade pode ser muito enriquecedor no dia de hoje.

Dia 10 de Dezembro – Quarta-feira

Fase Lunar: Cheia
Lua no Signo: Câncer

Aspectos Diários da Lua	Entrada	Exato	Saída
Lua oposição Mercúrio	09h48	16h18	22h45
Lua conjunção Saturno	15h05	21h2	02h58 (11/12)

Lua oposição Mercúrio

Este aspecto pode prejudicar um pouco o andamento da manhã. Tome um cuidado extra com as palavras; há maior facilidade de magoar alguém. A falta de compreensão pode gerar muitos mal-entendidos. Você pode revelar algo que não desejava durante uma conversa ou estar muito radical e provocante na sua maneira de dizer as coisas. Todas as situações que exigem sigilo e discrição estão prejudicadas e pode ser obrigado a dar conta disso.

Lua conjunção Saturno

Favorável para contratação de empregados e profissionais para serviços da casa. Bom período para oficializar uniões e para se comprometer em assuntos e questões familiares. É um bom dia para visitar pais, avós e parentes com os quais não tem contato cotidiano e conferir se precisam de alguma ajuda.

Dia 11 de Dezembro – Quinta-feira

Fase Lunar: Cheia
Lua no Signo: Câncer

Aspectos Diários da Lua	Entrada	Exato	Saída
Lua oposição Vênus	03h18	09h56	16h07
Lua sextil Júpiter	04h11	10h10	16h31
Lua trígono Marte	22h43	04h54 (12/12)	11h03 (12/12)

Lua oposição Vênus

Não encontrará uma disposição amigável das pessoas. Falta delicadeza e sutileza de modo geral. O melhor é lidar apenas com o básico, e de modo bastante simples também. Não há receptividade para gestos, situações, produtos ou ambientes mais requintados.

Lua sextil Júpiter

É um excelente momento para atividades que dependam da expressão verbal; saberá estimular o público ouvinte. Também é muito bom para explicar questões complexas de modo compreensivo. Processos, regulamentações, questões legais estão favorecidas. Ótimo momento para assinar contratos favoráveis. Pode esperar grande movimento em shoppings, lojas e livrarias.

Lua trígono Marte

Esta combinação favorece concepção e fertilização. No fim da noite de hoje e amanhã, pela manhã, há favorecimento para impulsionar muitas coisas na sua vida. Tome a iniciativa de se aproximar de alguém – é um momento favorável. Em todas as situações, expresse seus sentimentos de modo verdadeiro e espontâneo; este tipo de atitude está beneficiado no período e facilitará um desfecho positivo.

DIA 12 DE DEZEMBRO – SEXTA-FEIRA

Fase Lunar: Cheia
Lua no Signo: Leão
Lua Fora de Curso: das 04h54 às 09h41

ASPECTOS DIÁRIOS DA LUA	ENTRADA	EXATO	SAÍDA
Lua trígono Marte	22h43 (11/12)	04h54	11h03

Lua em Leão

Durante a passagem da Lua pelo signo de Leão, não está disposto a se sujeitar e aceitar limitações. A alegria e o entusiasmo estão em alta. Todas as atividades de lazer estão favorecidas. Quer se divertir, dar boas risadas. O ânimo é contagiante. Atitudes mais demonstrativas e desinibidas beneficiarão o andamento de todos os assuntos. É um ótimo momento para comemorar e abrir o coração. Desatenções e tratamentos rotineiros podem ser considerados uma ofensa neste período. É um bom momento para pedir empréstimos e também para ir em busca daquilo que acha que merece. A Lua em Leão promete um período de maior visibilidade e reconhecimento dos seus talentos pessoais.

DIA 13 DE DEZEMBRO – SÁBADO

Fase Lunar: Cheia
Lua no Signo: Leão

ASPECTOS DIÁRIOS DA LUA	ENTRADA	EXATO	SAÍDA
Lua oposição Netuno	01h28	07h16	13h02
Lua trígono Plutão	18h11	23h55	05h38
Lua trígono Sol	21h28	03h40 (14/12)	09h50 (14/12)

Lua oposição Netuno

Pode haver variação de humor durante a manhã, pois está especialmente sensível às situações. Os esquemas e horários podem não ser cumpridos. É provável que deixe várias coisas por fazer. Acha que as coisas devem se resolver milagrosa e definitivamente e não está a fim de se esforçar muito.

Lua trígono Plutão

No fim da tarde tudo melhora consideravelmente. Revigora as forças e se sente mais potente e capaz de enfrentar os desafios que surgem. Há um sentimento geral de força interior que nos faz superar as dificuldades e passar uma espécie de renascimento em diversos sentidos. Deixa de lado toda vulnerabilidade e carência afetiva. A auto-estima baseada na certeza de seu potencial ganha um novo impulso. É um ótimo momento para todos os tipos de recuperações.

Lua trígono Sol

Ótima energia e bastante vitalidade. Aproveite! Tudo funciona melhor e parece fluir com facilidade sob esse benéfico aspecto. Promete muita harmonia, capacidade de lidar com as emoções e grande satisfação interior. Sente-se seguro e acolhido. Uma boa idéia é distribuir tarefas de acordo com a competência de cada um. Todos estão dispostos a colaborar. Inclusive, pode descobrir potenciais ocultos até aqui. É extremamente favorável para reconciliações e para o início de relacionamentos.

DIA 14 DE DEZEMBRO – DOMINGO

Fase Lunar: Cheia
Lua no Signo: Virgem – a partir das 19h07
Lua Fora de Curso: das 18h06 às 19h07

ASPECTOS DIÁRIOS DA LUA	ENTRADA	EXATO	SAÍDA
Lua oposição Urano	02h06	07h38	13h112

Lua em Virgem

A Lua em Virgem promove seletividade, facilidade de lidar com os detalhes e aumenta a capacidade crítica e analítica. Também sente-se mais produtivo e disposto a ser útil e ajudar. É excelente para organização. Promete escolhas bastante funcionais, facilitando as providências práticas. Fica mais intolerante com a desordem, a bagunça, a desorganização. Não é um momento para exibicionismo ou reações muito dramáticas. Está mais pragmático e bem mais discreto na abordagem das situações. Atitudes realistas têm melhor aceitação. Sente-se mais intimista e encontrá muito prazer nas coisas simples. Aprecia mais o contato com a natureza. E também mais atento à saúde.

Lua oposição Urano

Não é raro se sentir desatualizado e ansioso por mudanças. Algumas novas idéias, no entanto, podem encontrar resistência. Não conte com segurança e garantias nos seus vínculos. De uma hora para outra você pode se surpreender. O melhor é manter-se aberto para improvisar.

DIA 15 DE DEZEMBRO – SEGUNDA-FEIRA

Fase Lunar: Cheia
Lua no Signo: Virgem

ASPECTOS DIÁRIOS DA LUA	ENTRADA	EXATO	SAÍDA
Lua sextil Saturno	10h08	15h38	21h06
Lua trígono Mercúrio	12h12	17h51	23h27
Lua conjunção Júpiter	23h27	04h55 (16/12)	10h22 (16/12)

Lua sextil Saturno

O dia promete bastante sensatez e as emoções estarão no lugar. Tem uma noção mais exata do tamanho dos passos que pode dar, o que favorece a competência com que demonstra o talento. Isso provavelmente se fará sentir especialmente no trabalho e no cumprimento das tarefas diárias. Pode ser brindado com excelentes desempenhos de papéis. Todos estarão dispostos a fazer críticas construtivas e a se responsabilizarem pelas suas faltas.

Lua trígono Mercúrio

É favorável para o bom funcionamento de todos os serviços. Predispõe ao entendimento. Conversar, tentar explicar, mandar e-mails, escrever algo será o melhor modo de lidar com as situações no dia de hoje.

Lua conjunção Júpiter

Há um clima de muita generosidade e quer exibir o melhor de si. É um momento favorável para atividades que atraiam o grande público. O único problema é que tudo está superdimensionado e sente necessidade de lidar com as coisas de modo grandioso. As atividades de ensino serão muito favorecidas por um desempenho mais criativo.

Dia 16 de Dezembro – Terça-feira

Fase Lunar: Minguante – a partir das 07h43
Lua no Signo: Virgem
Lua Fora de Curso: Início – às 15h49

Aspectos Diários da Lua	Entrada	Exato	Saída
Lua quadrado Plutão	02h18	07h45	13h10
Lua trígono Vênus	09h53	15h43	21h30
Lua quadrado Sol	09h53	15h49	21h43
Lua oposição Marte	20h52	02h25 (17/12)	07h57 (17/12)

Lua quadrado Plutão

Alguma necessidade de controle e suspeitas podem surgir. Pode ser invadido por sentimentos que imaginava já ter superado. Tente não medir forças nem fazer exigências no momento, isso pode pôr muita coisa a perder. Não é hora, nem o momento para "encostar ninguém na parede" ou para extravasar ressentimentos contidos. Tente se controlar.

Lua trígono Vênus

Este aspecto aguça o romantismo e predispõe para a harmonia. Qualquer assunto pode ter um desfecho favorável se usar delicadeza e um pouco de charme. Providências que reúnam benefício de saúde e estética têm grande sucesso. Fazer orçamentos, apresentar custos e cobranças têm bons resultados. Uma boa idéia é alternar o trabalho com alguma atividade de lazer.

Lua quadrado Sol

Muitas situações podem se apresentar de forma dúbia. Mais do que nunca precisará considerar os prós e os contras na hora de tomar uma decisão. Este aspecto também proporciona uma sensação de descontentamento. O público pode estar bastante dividido e indeciso. Não há acordo entre desejos e emoções, o que dificulta as escolhas.

Lua oposição Marte

A noite promete ânimos um tanto exaltados. Procure saber o que o outro deseja antes de impor a sua vontade. A tendência é ter atitudes egoístas e muita dificuldade de ceder. Cuidado para não ser indelicado justamente com as pessoas que mais gostam de você. Melhor não se envolver em discussões ou se expor a situações que normalmente o deixam irritado.

DIA 17 DE DEZEMBRO – QUARTA-FEIRA

Fase Lunar: Minguante
Lua no Signo: Libra – a partir das 01h47
Lua Fora de Curso: Término – à 01h47

ASPECTOS DIÁRIOS DA LUA	ENTRADA	EXATO	SAÍDA
Lua quadrado Saturno	15h40	20h51	02h00 (18/12)
Lua trígono Netuno	16h15	21h28	02h40 (18/12)
Lua quadrado Mercúrio	18h32	23h43	04h51 (18/12)

Lua em Libra

Durante a passagem da Lua por Libra, está em uma fase de harmonia com os outros. Pode ceder e conceder porque não faz questão de ter razão – prefere ter a companhia dos outros. Fazer as pazes, reconciliar-se e equilibrar uma relação é favorável neste período. A sociabilidade deste signo garante sucesso para todos os eventos que reúnam pessoas. É o signo mais avesso à solidão. Pode-se esperar um aumento de público em bares e restaurantes e todos acompanhados. É um ótimo período para conhecer alguém por intermédio de uma outra pessoa. É um bom dia para flertar, jogar charme, fazer galanteios. Relações menos equilibradas podem ser postas em xeque aqui. Sua maior exigência é de equilíbrio e ponderação.

Lua quadrado Saturno

Talvez seja preciso renunciar a algo. É preciso procurar o "princípio de realidade" para lidar com as situações. Tente impor limites e reduzir as alternativas para ficar oscilando tanto. Reduza as atividades durante o dia.

Lua trígono Netuno

Extremamente favorável para as artes de modo geral. Todos estão muito refinados em seus gostos e interesses. O glamour está no ar! Aproveite para dar um toque mais charmoso em sua vida. Dê asas à sua imaginação.

Lua quadrado Mercúrio

À noite, o trânsito pode estar caótico e haver dificuldade de meios de transporte. Será preciso ter um certo "jogo de cintura" para resolver as coisas a tempo. Verifique e confirme qualquer dado obtido. Cuidado na hora de assinar contratos ou fechar negócios. Não deixe que sua vaidade o faça cair na "lábia" de alguém.

DIA 18 DE DEZEMBRO – QUINTA-FEIRA

Fase Lunar: Minguante
Lua no Signo: Libra

Aspectos Diários da Lua	Entrada	Exato	Saída
Lua sextil Plutão	07h21	12h29	17h35
Lua sextil Sol	18h24	23h51	05h15 (19/12)
Lua quadrado Vênus	19h22	00h53 (19/12)	06h23 (19/12)
Lua trígono Urano	23h37	04h39 (19/12)	09h40 (19/12)

Lua sextil Plutão

Este é um momento em que podemos recuperar o poder. Está acreditando mais no seu potencial e tem grande chance de virar o jogo a seu favor. Neste período a verdade é uma grande arma para convencer alguém. Seja sincero e honesto no modo de abordar as situações. Use a grande força do momento e o potencial reabilitador que o aspecto favorece para realmente curar, limpar e sanear a sua vida. Estão favorecidas todas as medidas mais radicais que visam a uma transformação em todos os setores.

Lua sextil Sol

Este aspecto é responsável por grande bem-estar. Está disposto, cheio de energia e confiante. Favorece muito os relacionamentos. Reina um sentimento de harmonia e as emoções estão no lugar. Está podendo ser bastante claro a respeito do que sente e quer. Um sentimento geral de contentamento favorece as melhores soluções e elimina ressentimentos.

Lua quadrado Vênus

Cuidado para não gastar mais do que pretendia ou ser o único a pagar a conta no final da noite. Uma exagerada necessidade de gratificação pode torná-lo um tanto auto-indulgente. O aspecto é desfavorável para atividades que exijam disciplina e austeridade, como dietas e corte de despesas.

Lua trígono Urano

No fim da noite surge essa benéfica combinação que favorece os acasos e promete boas surpresas. É hora de experimentar o novo e tentar atitudes mais desprendidas. Tenha uma postura mais aberta, igualitária. Tente descobrir as diferenças que merecem ser exaltadas. Procure estar em ambientes em que possa encontrar pessoas diferentes ou fazer algo que possa trazer novas idéias ou interesses para a sua vida.

Dia 19 de Dezembro – Sexta-feira

Fase Lunar: Minguante
Lua no Signo: Escorpião – a partir das 05h20
Lua Fora de Curso: das 04h39 às 05h20

Aspectos Diários da Lua	Entrada	Exato	Saída
Lua trígono Saturno	18h11	23h05	03h58 (20/12)
Lua quadrado Netuno	19h06	00h02 (20/12)	04h57 (20/12)
Lua sextil Mercúrio	20h23	01h09 (20/12)	05h54 (20/12)

Lua em Escorpião

Quando a Lua se encontra em Escorpião lida de modo mais intenso com tudo que lhe acontece. Há uma tendência a buscar o que se esconde por trás das aparências, o que pode tornar todos mais desconfiados e investigativos. Ela também promove um período de recuperação e de grande capacidade de regeneração. Os contatos podem ser bem mais profundos e há muito magnetismo no ar.

Lua trígono Saturno

À noite, com a entrada desta combinação, é um ótimo momento para pôr em prática objetivos. É também muito favorável para pensar em seguros e todos os tipos de medidas preventivas. Aproveite para avaliar seriamente as bases nas quais você se sustenta. Tome providências "saneadoras".

Lua quadrado Netuno

Este aspecto pode torná-lo mais vulnerável ao "clima" dos ambientes. Está menos resistente e facilmente absorve o que está em volta. Estabeleça critérios de avaliação. Se você não estiver certo a respeito de algo, peça ajuda. Não tenha um comportamento ingênuo. Use mecanismos de verificação e controle. E se proteja espiritual, psíquica e fisicamente.

Lua sextil Mercúrio

Não deixe de conversar sobre o que o incomoda, busque explicações. Não perca a oportunidade de se entender e entender aqueles que o cercam. É provável que você consiga se fazer entender sem precisar de muitas palavras. Todos estão "sacando" as coisas no ar e com rapidez.

Dia 20 de Dezembro – Sábado

Fase Lunar: Minguante
Lua no Signo: Escorpião

Aspectos Diários da Lua	Entrada	Exato	Saída
Lua sextil Júpiter	06h59	11h52	16h44

Lua sextil Júpiter

Use esse período em que está com os mecanismos de censura menos potentes para ousar algo que você nunca se sentiu capaz. Esta combinação traz muito bem-estar e confiança na sua capacidade de ultrapassar os obstáculos. Estabeleça metas e objetivos mais grandiosos. Há uma disponibilidade coletiva mais otimista e entusiasmada, o que pode incrementar os negócios, favorecer o comércio. Este também pode ser um bom momento para investigar de modo profundo as crenças e os princípios éticos.

Dia 21 de Dezembro – Domingo

Fase Lunar: Minguante
Lua no Signo: Sagitário – a partir das 06h16
Lua Fora de Curso: das 05h43 às 06h16

Aspectos Diários da Lua	Entrada	Exato	Saída
Lua quadrado Urano	00h54	05h43	10h32
Lua sextil Vênus	01h11	06h25	11h39
Lua trígono Marte	05h55	10h55	15h54
Lua sextil Netuno	19h37	00h23 (22/12)	05h10 (22/12)

Lua em Sagitário

A entrada da Lua em Sagitário traz uma ampliação dos horizontes, a crença nas oportunidades futuras e aumento de autoconfiança. Momentos de muito otimismo, entusiasmo e ótimo humor estão enormemente favorecidos. Todos estão mais éticos e justos. Está disposto a atos heróicos e não pretende trair os seus princípios. É um momento de muita nobreza de espírito. Tem uma forte sensação de que a sorte está do seu lado, o que favorece o pensamento positivo.

Lua quadrado Urano

Está especialmente insubmisso, o que pode causar sérios atritos em todas as relações. Não suporta nenhuma ordem, ter de cumprir nenhuma obrigação. Tem vontade de virar tudo de "pernas pro ar"! Uma boa idéia é buscar um novo interesse e se dedicar a ele durante a manhã. Fará muito bem.

Lua sextil Vênus

Este aspecto favorece os encontros, os contatos e o prazer. Há muita receptividade para propostas de divertimento e lazer. Os convites serão aceitos com facilidade, ninguém está querendo fazer "jogo duro". Quer realmente viver momentos agradáveis em ambiente exóticos ou diferentes do habitual. Se você quer propor alguma coisa a alguém com sucesso, use uma situação de lazer para fazer isso.

Lua trígono Marte

Esta é uma outra combinação bastante favorável do dia de hoje. Está mais direto, mais arrebatado e cheio de energia. Quer realmente se aventurar. Pessoas com um astral baixo, indecisas ou sem iniciativa são especialmente desagradáveis no momento. Pense positivo, enfrente seus medos. É sucesso garantido!

Lua sextil Netuno

Esse aspecto significa uma espécie de proteção astral para o momento. Algo para além da vontade está guiando seus passos pelo melhor caminho. Não deixe de aproveitar o potencial de encantamento no ar. Simplesmente se deixe levar pela magia que essa noite promete.

Dia 22 de Dezembro – Segunda-feira

Fase Lunar: Minguante
Lua no Signo: Sagitário

Aspectos Diários da Lua	Entrada	Exato	Saída
Lua quadrado Júpiter	07h11	11h57	16h43
Lua conjunção Plutão	09h33	14h19	19h05

Lua quadrado Júpiter

Este pode ser um momento de euforia excessiva. Pode estar um tanto pretensioso e muito auto-indulgente. Deve se perguntar se não está fazendo algo apenas por vaidade. Pode ficar de algum modo "maníaco", querendo tudo ao mesmo tempo e com muita dificuldade de ceder ou aceitar algo que lhe pareça menor do que seus sonhos grandiosos desejavam. É preciso tomar cuidado com tal postura. Ela não será favorável.

Lua conjunção Plutão

Este é outro aspecto que pode significar uma radicalização que deve ser refreada. No lado positivo, esta combinação promete muito magnetismo e força pessoal. Talvez seja um bom momento para produzir internamente a perda de algo que está lhe fazendo mal.

Perder no íntimo muitas vezes protege-o de perder de fato algo. Favoráveis todas as medidas de saneamento, limpeza e eliminação. Demitir empregados, limpar gavetas, armários, eliminar o que já não serve mais. Também muito benéfico para todas as profissões que incluam uma abordagem mais profunda do ser humano ou de qualquer questão.

Dia 23 de Dezembro – Terça-feira

Fase Lunar: Nova – a partir de 07h42
Lua no Signo: Capricórnio – a partir das 05h56
Lua Fora de Curso: das 05h30 às 05h56
Lunação de Dezembro – Lua nova
Lua nova às 07h42, horário de Brasília
Lua nova no signo de Capricórnio em 01°08'

Aspectos Diários da Lua	Entrada	Exato	Saída
Lua sextil Urano	00h44	05h30	10h17
Lua conjunção Sol	02h37	07h44	12h50
Lua quadrado Marte	07h31	12h29	17h28
Lua conjunção Mercúrio	15h37	20h04	00h32 (24/12)
Lua oposição Saturno	17h44	22h30	03h17 (24/12)

Lua em Capricórnio

É hora de batalhar a sua posição social e de aperfeiçoar a carreira. Todos estão mais sérios, compenetrados e dispostos a produzir. A competência, o profissionalismo, a responsabilidade pelos seus atos, assim como a capacidade de enfrentar as mais difíceis situações sem esmorecer, estão extremamente favorecidos. Durante a passagem da Lua pelo rigoroso signo de Capricórnio, torna-se muito mais exigente.

Lua sextil Urano

É um ótimo dia para propor novas alternativas, buscar novos clientes ou tentar uma nova abordagem do público. É hora de abrir espaço para projetos mais arrojados e mais atualizados. Pode receber ajuda de pessoas que estejam fora da sua área ou do seu ambiente.

Lua conjunção Sol

Este encontro mensal dos astros, agora no signo de Capricórnio, aumenta consideravelmente a autoconfiança e capacidade de seguir o seu caminho. Atitudes responsáveis, sérias e exigentes serão muito beneficiadas. Mas não é hora de colocar obstáculos ou ficar imobilizado diante dos problemas, e sim de buscar as soluções em todas as áreas.

Lua quadrado Marte

Durante o dia há tendência à irritabilidade. Alguma dificuldade de alcançar os objetivos pode tornálo hostil. Há tendência à agressividade. É recomendável adiar encontros e evitar qualquer tipo de confronto. Está meio de "cabeça quente" e não saberá agir do melhor modo. Também é aconselhável cautela ao dirigir. Não desconte sua irritação no trânsito.

Lua conjunção Mercúrio

Aspecto muito favorável para o comércio e contratos. Pode apostar em um aumento de circulação de produtos. Também é um bom momento para iniciar novos cursos, assistir a seminários, fazer trabalhos acadêmicos ou ainda lançar ou enviar livros para editoras. Este aspecto também se torna mais ágil e versátil.

Lua oposição Saturno

Esta é mais uma combinação difícil do dia. Não é hora de contar com recursos excedentes nem com a sorte, é melhor ter uma atitude sensata em todos os setores e fazer um balanço justo e impessoal do seus recursos. Uma boa idéia é parar, recuar e ver se há pendências a serem resolvidas. Use o tempo para preparar-se e aprimorar-se. Este aspecto obriga-o a encarar a necessidade de se tornar adulto!

Lunação de Dezembro
Fase Lunar: Nova em 23/12/2003 às 07h42, horário de Brasília
Lua no Signo: 01° 08' de Capricórnio
Vigência: até a próxima Lua nova em 21/01/2004

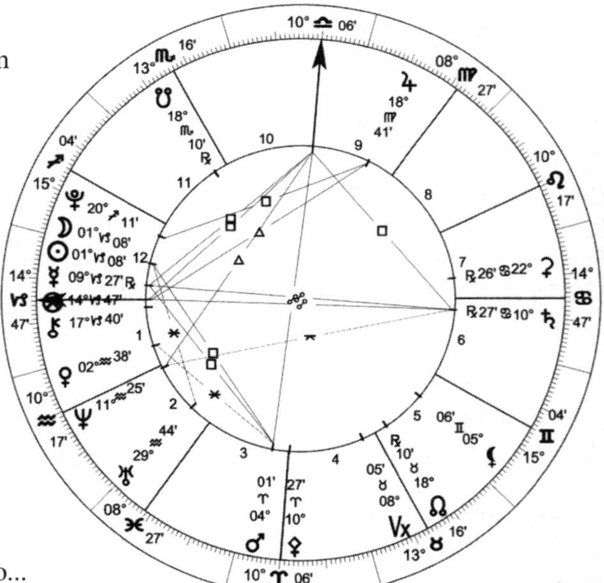

A Lua nova de dezembro, em Capricórnio, ocupa junto com Mercúrio e Plutão a casa 12 do mapa da lunação.

A presença do Sol e da Lua nesta área faz da situação dos excluídos, dos menos favorecidos e das instituições que deveriam lhes prestar apoio o ponto crítico a ser exposto no momento. O que for de responsabilidade coletiva e de participação de todos da comunidade será estimulado. Nunca em outro momento terá sido tão certa a expressão... *se todos fizessem a sua parte...* Esta é também uma indicação de que bons frutos e boas soluções estão silenciosamente em gestação. Concentrar-se na maturação dos empreendimentos que estão em andamento e não se apressar nos lançamentos nem nas divulgações é o mais seguro. Alguma coisa muito importante e novas tendências muito poderosas estão sendo germinadas. Esta lunação é particularmente ativa para os nascidos no primeiro decanato dos signos de Capricórnio e de Câncer. Afeta, ainda, as pessoas nascidas no primeiro decanato dos signos de Áries e Libra.

Para os capricornianos, este é um bom momento para planejarem um novo começo em suas vidas. O Ano-Novo se aproxima e um novo ciclo nesta Lua se inicia. O que você fizer ou pensar aqui será o padrão que se desenvolverá por todo o próximo mês, mas são necessárias perseverança e competência para os projetos vingarem. Todos podem aproveitar a Lua nova de Capricórnio para estimular em si as qualidades deste signo: determinação, disciplina, autosuficiência, responsabilidade, capacidade de planejamento e trabalho.

FELIZ ANO-NOVO!

DIA 24 DE DEZEMBRO – QUARTA-FEIRA

Fase Lunar: Nova
Lua no Signo: Capricórnio
Lua Fora de Curso: Início – às 11h53

ASPECTOS DIÁRIOS DA LUA	ENTRADA	EXATO	SAÍDA
Lua trígono Júpiter	07h02	11h53	16h44

Lua trígono Júpiter

Este único aspecto benéfico no céu no dia de hoje promete muita alegria, confiança, otimismo e espírito de cooperação na noite de Natal. Use o bom humor para facilitar todos os assuntos. É um bom momento para ampliar suas metas e tomar resoluções. Pode contar com a boa disposição dos que o cercam para conseguir seus objetivos. Hoje ninguém está disposto a "travar" o caminho de ninguém. Todos querem que as coisas aconteçam e há uma tendência ao encorajamento. Tome apenas certo cuidado com as investidas mais ambiciosas. Lembre-se de que a Lua estará fora de curso durante a maior parte do dia. Mas não deixe de aproveitar o alto-astral do momento.

DIA 25 DEZEMBRO – QUINTA-FEIRA

Fase Lunar: Nova
Lua no Signo: Aquário – a partir das 06h14
Lua Fora de Curso: Término – às 06h14

ASPECTOS DIÁRIOS DA LUA	ENTRADA	EXATO	SAÍDA
Lua conjunção Vênus	09h52	15h07	20h20
Lua sextil Marte	09h56	15h18	20h46
Lua conjunção Netuno	20h18	01h20 (26/12)	06h25 (26/12)

Lua em Aquário

O dia de Natal será marcado pela entrada da Lua no igualitário signo de Aquário. Todos estão com uma disposição menos egoísta, voltados para questões mais humanitárias e dispostos a fazer algo que beneficie a todos. O dia está repleto de aspectos positivos, o que irá fazê-lo viver as melhores vibrações deste signo. Há maior sensação de liberdade. A falta de preconceitos e uma disposição menos tradicional permitirão o contato com diversos tipos de pessoas e renderão ótimas conversas e construtivas argumentações. Está menos apegado ao que possui e também pouco afeito a arroubos afetivos. Há um clima de bom senso e possibilidade de resolver todas as questões de modo racional. Isto dará um toque mais comunitário e menos familiar ou pessoal a este dia de Natal.

Lua conjunção Vênus

Este encontro da Lua com Vênus – planeta do amor e da sedução – traz um clima de delicadeza, sensibilidade e muita receptividade. É extremamente benéfico e promete momentos muito agradáveis para o dia. É bem visto aos olhos dos outros e também tem um olhar benévolo e afetuoso para os que o cercam. Todos estão mais sedutores e gentis. Obtêm favores e benefícios com facilidade. Não deixe de trocar presentes. Um presente, não importa o valor, é sempre uma boa forma de demonstrar o seu afeto e reconhecimento por alguém.

Lua sextil Marte

Esta combinação, somada à anterior, beneficia especialmente os encontros e os relacionamentos no dia de hoje. É um ótimo momento para tomar atitudes contando com o encorajamento de todos. Está bastante desenvolto, com facilidade de encontrar soluções e com iniciativa para providenciar o que for necessário. Todos os tipos de iniciativa estão extremamente favorecidos.

Lua conjunção Netuno

À noite, esta refinada e mágica combinação planetária irá brindá-lo com momentos de muito encantamento e grande sentimento de compaixão. Neste Natal, mais do que em outros, não deixe de doar um pouco de si. Isso irá lhe fazer muito bem! Este aspecto pode significar uma espécie de bálsamo para os sofrimentos e pode ajudar, com atitudes ou palavras inspiradas, a aliviar a dor de alguém.

Dia 26 de Dezembro – Sexta-feira

Fase Lunar: Nova
Lua no Signo: Aquário

Aspectos Diários da Lua	Entrada	Exato	Saída
Lua sextil Plutão	11h10	16h19	21h30

Lua sextil Plutão

Todas as medidas que visem ao saneamento da vida comunitária estão favorecidas. Há um interesse mais profundo por questões sociais, o que pode ser muito positivo e de fato reformador. É um bom dia para retomar projetos abandonados, a sorte pode virar e aquilo que parecia impossível ou que não tinha aceitação pode de repente se mostrar possível. Há maior facilidade em distinguir o verdadeiro do falso, as propostas viáveis das que não levam a nada. É um ótimo momento para reencontrar os antigos amigos, recuperar os laços que foram rompidos.

DIA 27 DE DEZEMBRO – SÁBADO

Fase Lunar: Nova

Lua no Signo: Peixes – a partir das 09h10

Lua Fora de Curso: das 08h58 às 09h10

ASPECTOS DIÁRIOS DA LUA	ENTRADA	EXATO	SAÍDA
Lua conjunção Urano	03h42	08h58	14h17
Lua sextil Mercúrio	11h13	16h03	20h55
Lua sextil Sol	13h31	19h17	01h07 (28/12)
Lua trígono Saturno	21h46	03h08	08h33 (28/12)

Lua em Peixes

A Lua em Peixes promove um tempo de solidariedade e compaixão. Você fica mais sensibilizado pelos sofrimentos e tristezas alheias e sente mais necessidade de ajudar os menos favorecidos. Está em sintonia com o que o cerca e tende a reagir coletivamente de forma coesa. É um ótimo momento para dissolver mágoas, tensões e para perdoar. Mas esta Lua também torna tudo mais impreciso prejudicando sua objetividade. Deve usar essa influência para trazer mais encantamento para sua vida. É melhor usar ativamente seu potencial de sedução em vez de ser vítima.

Lua conjunção Urano

Se você quiser terminar qualquer assunto no dia de hoje, o melhor é interromper o que está fazendo, ir buscar uma outra atividade inteiramente diferente e depois retomar aquele assunto. É impossível ficar muitas horas concentrado em uma única tarefa no dia de hoje. Tudo está sujeito a rupturas e interrupções. Melhor fazer os cortes conscientemente. Esta combinação também pode indicar acasos bastante favoráveis. Abra espaço para o inesperado.

Lua sextil Mercúrio

Ótimo momento para declarações de amor. Sabe expressar os seus sentimentos perfeitamente. Pode inspirar e trazer alento às pessoas por meio de palavras e elas podem ser um veículo de esperança e otimismo. E também usar e abusar dos meios de comunicação. É muito favorável para listas de adesão.

Lua sextil Sol

Este aspecto favorece o contato e o entendimento entre as pessoas. Os casais estão particularmente favorecidos no momento. Está disposto a fazer acordos e encontrar o melhor modo de viver o relacionamento. Tem bastante intuição para perceber se há receptividade. Há muito bem-estar interno e os sentimentos estão em harmonia com a sua vontade. Está disposto a acolher o que lhe acontece.

Lua trígono Saturno

Hoje é o tipo do dia que não se importará de fazer alguns sacrifícios em nome de objetivos maiores ou que favoreçam a um grande número de pessoas. Este aspecto é extremamente favorável para a realização de muitos de seus sonhos. Está com uma disposição bastante produtiva e pode realizar de fato muitas das coisas que imagina.

Dia 28 de Dezembro – Domingo

Fase Lunar: Nova
Lua no Signo: Peixes
Lua Fora de Curso: Início – às 22h04

Aspectos Diários da Lua	Entrada	Exato	Saída
Lua oposição Júpiter	13h40	19h12	00h47 (29/12)
Lua quadrado Plutão	16h30	22h04	03h41 (29/12)

Lua oposição Júpiter

Tende a exagerar os sentimentos quando a Lua se combina com Júpiter. Coisas pequenas podem assumir grandes proporções. Está extremamente sensível e de cerro modo dado à melancolia e desilusão. Deve tentar controlar as expectativas, para não se basear em falsas esperanças. O melhor é fazer um esforço extra para avaliar bem as situações.

Lua quadrado Plutão

Alguns segredos ou coisas que você julgava esquecidas para sempre podem vir à tona. É preciso encará-las. Busque sintonizar com o que há de mais profundo em você. Procure manter-se mais agregado e dentro dos limites... as coisas podem ter conseqüências mais radicais. O melhor é não se expor.

Dia 29 de Dezembro – Segunda-feira

Fase Lunar: Nova
Lua no Signo: Áries – a partir das 16h09
Lua Fora de Curso: Término – 16h09

Aspectos Diários da Lua	Entrada	Exato	Saída
Lua quadrado Mercúrio	13h08	18h20	23h34

Lua em Áries

Ótimo momento para pôr em prática os projetos e resolver as situações adiadas. É bom para dar um impulso na nossa vida. Não fique passivo diante das circunstâncias. Seja espontâneo e franco, estas atitudes estão em harmonia com a energia de Áries. Ouse e assuma os riscos de suas decisões. Você terá uma intensa sensação de que tudo depende só de você. Há muita energia e disposição, mas também mais impaciência e precipitação. Sente que possui as armas necessárias para travar as lutas que surgirem. Só deve ter cuidado para não subestimar os adversários e provocar conflitos desnecessários.

Lua quadrado Mercúrio

Pode haver certa dificuldade de se fazer entender no dia de hoje. A pressa em resolver certas questões pode levá-lo a não expressar do melhor modo as suas intenções. A comunicação estará de algum modo comprometida. Os contatos também não estão favorecidos e pode ser indelicado ou indiscreto com os que o cercam. Se for possível, adie os compromissos ou qualquer atividade que dependa de expressão, seja escrita ou falada (palestras, reuniões, memorandos, relatórios, entrevistas) para amanhã.

Dia 30 de Dezembro – Terça-feira

Fase Lunar: Crescente – a partir das 08h02
Lua no Signo: Áries

Aspectos Diários da Lua	Entrada	Exato	Saída
Lua quadrado Sol	01h45	07h56	14h04
Lua conjunção Marte	01h50	08h02	14h26
Lua quadrado Saturno	05h23	11h10	16h59
Lua sextil Vênus	08h03	14h33	20h31
Lua sextil Netuno	08h46	14h37	21h05

Lua quadrado Sol

Este é um aspecto de crise e resistência. Aquilo que pretende passará por um teste e precisará ser defendido. Pode haver disputa e dificuldade de chegar a um consenso em todo os setores. Desavenças, discussões e até mesmo rompimentos podem ocorrer. Pode encontrar concorrência em tudo o que pretende fazer. Não é um bom dia para tentar acordos. Sente-se incompreendido. Sente um desacordo interno.

Lua conjunção Marte

Não é hora de fugir, desistir ou duvidar. Nem tudo dará certo e descobrirá que a sua força tem um limite, mas deve encontrar o entusiasmo suficiente para ousar colocar as coisas em andamento. Este é um período muito movimentado em que tudo de algum modo se acelera. Como o dia será pontuado de obstáculos, um bom conselho é fazer alguma atividade física para escoar um pouco da energia extra.

Lua quadrado Saturno

Pode haver conflito entre as emoções e as necessidades práticas. Pode fazer cobranças de providências que deixou de tomar ou exigir dos outros. Deve tentar equilibrar as coisas: "nem tanto ao mar, nem tanto à terra". Assumir as responsabilidades é um bom modo de lidar com isso. Não deve desanimar diante de alguns "nãos" que talvez receba hoje. Eles o ajudarão a perceber até onde você pode ir.

Lua sextil Vênus

Um pouco de prazer e recompensa não fará nenhum mal no dia de hoje. Alguma mulher pode trazer benefícios no decorrer do período, seja para ajudá-lo a fazer uma escolha, para solucionar um problema ou para consolá-lo. Tente também estar com uma aparência mais agradável e não perca a oportunidade de ser gentil com alguém de quem você gosta. Isso poderá suavizar os ânimos e trazer bastante bem-estar para enfrentar o dia de hoje.

Lua sextil Netuno

Este é um outro aspecto que ameniza o dia. Ele permite que uma disposição mais leve tome conta de você em alguns momentos. Todos estão mais sensíveis e imaginativos. Histórias fantásticas, livros e filmes que descrevam um universo mais fantasioso, principalmente se envolverem um pouco de ação, podem ser muito prazerosos. Tente se dar esse tempo para a fantasia.

Dia 31 de Dezembro – Quarta-feira

Fase Lunar: Crescente
Lua no Signo: Áries

Aspectos Diários da Lua	Entrada	Exato	Saída
Lua trígono Plutão	02h03	08h00	13h59
Lua trígono Mercúrio	18h53	00h28 (01/01/04)	06h05 (01/01/04)
Lua sextil Urano	21h09	03h12 (01/01/04)	09h15 (01/01/04)

Lua trígono Plutão

O dia de hoje será marcado por três aspectos altamente favoráveis no céu. A começar pela potente combinação da Lua com Plutão. Há possibilidade de reencontros na passagem de ano. Alguns relacionamentos que pareciam terminados podem ganhar força e profundidade. É um excelente momento para uma investigação profunda e honesta acerca dos seus sentimentos, anseios e intenções. Tem força para mentalizar os melhores desejos para o ano que se inicia.

Lua trígono Mercúrio

Esta combinação que se estende durante as primeiras horas do próximo ano promete muita camaradagem, leveza de espírito e aproxima muito as pessoas. Está disposto a conversar e se entender com os que o cercam. É uma boa indicação de que o trânsito não estará caótico e haverá facilidade de se deslocar de um lugar para o outro. Todos estão dispostos a circular. Ir a algumas festas diferentes não é uma má idéia para o *réveillon*. Aproveite esse favorecimento do céu!

Lua sextil Urano

Finalmente chegamos a mais uma combinação benéfica da Lua. Que tal fazer algo realmente diferente nesta passagem do ano? Ouse fazer projetos verdadeiramente inovadores na sua vida. Aquilo que parece mais improvável tem chance de se concretizar. Não deixe de aproveitar o extraordinário favorecimento do acaso que este aspecto significa. As coisas feitas de improviso, as atitudes imprevisíveis, as surpresas estão muito beneficiadas no momento.

Aproveite!

Bibliografia

MARKS TRACY. *New moon, full moon.* How to benefit from the lunations and eclipses. Sagitarios Rising. 1981.

ASPECTO, ASTROLOGICAL MAGAZINE. Aquarius workshops, Inc. Primavera de 1985.

THE A.F.A. CIRCLE BOOKS ASTROLOGICAL CALENDAR. Publicado por American Federation of Astrologers, Inc. 1985.

MAYNARD'S, JIM. *Celestial guide. Quicksilver production – An astrological week – at a glance engagement calendar 1985.*

MAYNARD'S, JIM. *Celestial influences – an almanac and textbook of astrology, ephemeris and calendar* – Quicksilver production. 1985.

MOELLER, LUKAS E. *As Influências da Lua.* Record – Nova Era. 1986.

FENTON, SASHA. *A Influência da Lua na Nossa Vida Diária.* Editora Pensamento. 1987.

STARCK, MARCIA. *Earth Mother Astrology.* Llewellyn Publications. 1989.

MONTAIN ASTROLOGER. Edição: agosto/setembro. 1991.

LLEWELLYN'S. Daily Planetary Guide – Astrologer date book. Publicado pela Llewellyn's Publications. 1991.

————————. 1996 – Moon sign book. Ano Lunar Planning Guide.

JULIA e DERECK PARKER. *Os Signos do Sol e da Lua.* Covent Garden Book. 1996.

ANUÁRIO LUNAR 2000. Lunar Agrícola. Editora Kuarup.

DEVORE NICHOLAS. *Enciclopédia Astrológica* . Ed. KIER.

O ECLIPSE DO SÉCULO: 11/08/1999 – RNA – S. P. SPIRO.

Serviços da Autora

Mapa Astral

Interpretação da carta natal fornecendo um preciso diagnóstico da sua personalidade.
Agora também pela Internet: www.marciamattos.com.br

Trânsito e Progressão

Técnica astrológica com duração para um ano.

Revolução Solar

Técnica astrológica a partir do dia do aniversário em cada ano. Recomenda-se fazer um mês antes do aniversário.

Sinastria

Estudo de compatibilidade entre duas ou mais pessoas para se avaliar o grau de afinidade. Indicado para relacionamentos afetivos ou parcerias comerciais.

Astrologia Eletiva

Indicado para a escolha de datas, para abertura de negócios, novos empreendimentos, cerimônia de casamento, cirurgias, etc.

Astrologia Vocacional

Indicado para adolescentes em fase de escolha de profissão e para adultos em busca de novas alternativas. Excelente estudo para adequação entre personalidade, trabalho e profissão. Também disponível na Internet.

Astrologia Infantil

Indicado para pais, educadores ou profissionais da área de saúde.

Astrologia Empresarial

Para delinear melhor os períodos de avanços, estratégias, planejamentos e precauções para negócios.

Astrologia Financeira

Para investidores que queiram consultar as tendências do mercado financeiro.

Cursos

Para iniciantes e para aqueles que queiram desenvolver uma profissão na área astrológica. Novidade – cursos à distância por meio de gravações.

Contatos da Autora na Internet

www.marciamattos.com.br
e-mail: mmattos@alternex.com.br

Informações sobre
próximos lançamentos

Para receber informações sobre os próximos lançamentos da Editora Sextante, queira entrar em contato com nossa Central de Atendimento, dando seu nome, endereço e telefone para:

Editora Sextante
Av. Nilo Peçanha, 155 – Gr. 301 – Centro
20020-100 – Rio de Janeiro – RJ
Tel.: (21) 2524-6760 – Fax: (21) 2524-6755
DDG: 0800-22-6306 (ligação gratuita)
E-mail: atendimento@esextante.com.br

Para saber mais sobre nossos títulos e autores, e enviar seus comentários sobre este livro, visite o nosso site:

www.esextante.com.br